元典心读

孟子心证

王曙光 著

创于1897
商务印书馆
The Commercial Press

图书在版编目（CIP）数据

孟子心证 / 王曙光著. — 北京：商务印书馆，2023
ISBN 978-7-100-21950-1

Ⅰ. ①孟… Ⅱ. ①王… Ⅲ. ①《孟子》—研究
Ⅳ. ①B222.55

中国国家版本馆CIP数据核字（2023）第004354号

孟子心证

王曙光　著

商　务　印　书　馆　出　版
（北京王府井大街36号　邮政编码 100710）
商　务　印　书　馆　发　行
三河市尚艺印装有限公司印刷
ISBN 978-7-100-21950-1

2023年6月第1版　　开本 710×1000　1/16
2023年6月第1次印刷　　印张 36 1/4

定价：188.00元

作者简介

王曙光，山东莱州人，先后获北京大学经济学学士、硕士和博士学位，现任北京大学经济学院教授、北京大学产业与文化研究所常务副所长。主要研究领域为中国发展战略与金融改革、中国农业与农村、中国经济史。已出版《维新中国》《中国扶贫》《中国经济》《中国论衡》《中国农村》等经济学著作三十余部及《老子心诠》《论语心归》《周易心解》等思想史著作多种。

《元典心读》总序

以生命呼应元典，以心灵体悟元典

每个民族都有自己的心灵“元典”。何谓元典？元，有开端、源头、起点、原初之意，也有根本、本原、根基之意。人类的思想、文化与精神世界，不分种族，都必定有一个源头，此后所有的思想从这个源头发源并拓展延续至今。元典是经典中的经典，是经典的开端，是人类思想之根，人类心灵之源，人类文化之基。

在两三千年前的“轴心时代”，两河流域、恒河流域、黄河长江流域、地中海沿岸，几乎同时出现了一批堪称人类思想源头的思想巨人，诞生了可以被称为人类思想元典的伟大思想。这些思想，在各自孤立彼此隔绝的情况下，循着自己的轨迹成长发展。两河流域旧约时代的众先知们，恒河流域的释迦牟尼及其弟子们，黄河长江流域孕育的诸子百家，地中海沿岸所养育的苏格拉底以及希腊罗马诸先哲，他们所创造的元典性的思想，至今还在深刻地影响着人类。可以毫不夸张地说，我们今天的生命和生活，须臾也不可能离开这些元典性的思想以及创造这些思想的先哲们。

人类在几千年的进程中一直倚赖着这些思想，也在流传、诠释、改造着这些思想。一代代人都在诠释元典，并经由这些诠释来创造新的思想，这构成了一个连续的人类思想史。

诠释元典从来不是因为元典必须得到诠释，而是因为一代代人都必须解决现实的问题和困惑。人类虽然在不断前行，但是他们所面临的困惑和挑战，以及人类个体成长所面临的困境与艰辛，数千年来从未改变。先哲面对困惑时所给出的答案，所作出的思考，也必然对我们有参考价值。人类每次面对重大的挑战和艰辛，都不约而同地返观那些民族精神元典，盼望从元典那里得到启示和灵感，从而获得一个民族再出发的力量和智慧。这正是元典的价值所在。一个民族精神的元典，就是这个民族永远的心灵发动机，是永不枯竭的精神的发源地。

更不用说我们无时无刻不生活在既定的“文化”情境中。而这个文化环境，是与先哲的思想密不可分的。不了解先哲的思想，就不可能深刻了解我们所处的文化；不深刻洞察我们所处的文化，我们就难以适应我们的文化环境，就难以在这种文化中获得精神上的丰满、心灵上的和谐与生命上的成长。从这个角度来说，无论你从事何种事业，元典都是通往幸福之路的起点。

总之，这些民族精神元典与我们的生活和生命息息相关。这些元典不仅是文本式的存在，更是超越文本的真实的存在。就如我们身边的空气，看不见，摸不着，但是我们不可须臾离之。

如何读元典？我提出“元典心读”的理念，所谓“元典心读”，就是要以生命呼应元典，以心灵体悟元典。其中的关键，在于要用元典来观照我们的自身，观照我们的生存。

我们必须把生命放进去来阅读元典，必须带着自己的生命困惑和感悟来与古人对话。

只有用自己的心灵来体悟元典，以生命来观照元典，我们才能将死的经典变成活的经典，把死的文本变成活的灵魂，从而把元典变成我们“自己”的心灵的元典，而不是“他人”的或者“古人”的元典。只有把生命放进去来阅读元典，与元典对话，才能得着元典的营养，元典才能与我们的心灵发生深刻的“化学反应”。否则，元典是元典，你是你，无论读多少遍，都是无用功；无论你如何将元典倒背如流，也只是“言语汉”和“古文箱”。

“元典心读”还有一层含义，就是要“新读”。每一代人对元典的诠释都是“崭新”的。数千年前那些伟大先知的思想，一旦注入到后来者的心灵之中，就会激起全新的灵感和体悟，每一代人都会用自己的方式、结合自己的独特境遇和时代风尚、融汇自己所处时代所面临的独特命题和困惑，用自己的心灵来碰撞元典，呼应先知。于是，这种超越时空的呼应和对话，就构成了一个不断延伸的民族精神的长河，这条河流淌不息，而且代代常新，因为每一代人都在元典的基础上注入了新的诠释、新的感悟、新的风尚和新的视角。

阅读经典的意义也在于此。有些人说，无数代先贤已经把这些思想元典解释得非常好了，我们只要读先贤的解释即可，何必徒劳再去阐释，况且我们的解释是永远不可能超越先贤的！这是极其荒谬肤浅的见解。思想元典的意义正在于一代代人的不间断的诠释和发挥，正是由于这些持续的解读和挖掘，元典才有了新鲜的生命，一个民族的思想才可以凭借元典生生不息。在这种意义上，元典就已经不是一个人的思想，而是无数代人的思想的融汇和交响，是整个民族的精神的结晶。如果一种思想元典没有历代持续不断的解读，也就意味着后人与元典的对话业已结束，这个所谓的元典也就失去了存在的意义，它就真正成为博物馆的藏品，而不是活的民族精神的载体，此时这个所谓的元典也就丧失了作为民族精神“元典”的资格。因此，只要这个民族、这个文化还存在，对民族精神元典的解读（包括诠释、批判和对话）就不会停止。

而任何元典，只有具备了“当代性”，只有与当代人的生命呼求与心灵世界相碰撞，才会真正融入当下的世界，融入当代人的生命之中。这正是“元典”的生命力所系，也正是“元典”的魅力所在。从这个角度来说，“元典”从来也没有成为“过去之物”，它们永远不会成为博物馆里被瞻仰的“遗物”，而是活生生地存在于当代人的生活、并时时回应当代人的内心需求的“当下之物”；而且更重要的是，这些“元典”还会引导整个民族走向未来的生活，因此“元典”更是通往一个文明更远将来的“未来之物”。

但切忌将元典神秘化、全能化、庸俗化。将元典神秘化，就是故意把元典搞得玄妙缥缈神乎其神，而这些神秘主义的诠释恰恰不是帮助我们理解元典，而是将我们与元典隔离，使我们疏远元典，把元典视为深不可测玄不可言的东西。有些人在解释元典时故弄玄虚，这些人要么根本就没有理解元典，要么是别有用心蛊惑他人。我们还要切忌将元典全能化，以为这些元典带有某种超能力，可以无所不能。殊不知，元典给我们带来的“能量”全在于我们体悟元典的深度，全在于我们能否以生命和心灵来深深切入元典并从中汲取养分。我们还要切忌将元典庸俗化，元典是用来提升我们的生命、完善我们的人格、滋养和澄静我们的精神的，而不是用来满足我们的低级趣味的。

让我们一起来回归元典，回归本原。只有获得元典的滋养，才能使人生更加丰润；只有获得元典的烛照，才能使人生更加光明澄澈；只有经过元典的引领，才能使人生在正确的航道上前行并获得心灵的幸福与安宁；此时你与元典融汇为一，元典流淌在你身上，犹如祖先遗留给你的血液，元典在里面注入了它强大的文化基因。

王曙光
二〇一四年二月四日初稿
二〇二一年三月十二日修改于善渊堂

目　　录

卷一　梁惠王上……1

一　何必曰利……2

二　与民偕乐……8

三　仁者无敌……15

四　推己及人……22

卷二　梁惠王下……37

五　忧乐天下……38

六　天下主义……52

卷三　公孙丑上……73

七　养浩然气……74

八　王道霸道……102

九　四心四端……114

卷四　公孙丑下……123

十　独立不倚……124

十一　舍我其谁……138

卷五　滕文公上……157
十二　其命惟新……158
十三　劳力劳心……180
卷六　滕文公下……199
十四　独行其道……200
十五　好辩弘道……219
卷七　离娄上……241
十六　家国天下……242
十七　孝亲守身……261
卷八　离娄下……279
十八　深造自得……280
十九　存心顺性……293
卷九　万章上……313
二十　怨慕孝爱……314
二十一　天命民本……338
卷十　万章下……361
二十二　尊德尚友……362
二十三　悦贤养士……381
卷十一　告子上……393
二十四　人本性善……394
二十五　养心存气……410
二十六　立养其大……424
卷十二　告子下……441
二十七　向道志仁……442
二十八　动心忍性……464
卷十三　尽心上……477
二十九　修身俟命……478

三十　执中正己……490
三十一　尚志践形……503
三十二　时雨化之……513
卷十四　尽心下……523
三十三　民贵君轻……524
三十四　美大圣神……533
三十五　寡欲返经……546
三十六　百世之师……558

后　记……566

卷一　梁惠王上

一　何必曰利

1.1

孟子见梁惠王。王曰："叟！不远千里而来，亦将有以利吾国乎？"

孟子对曰："王！何必曰利？亦有仁义而已矣。王曰：'何以利吾国？'大夫曰：'何以利吾家？'士庶人曰：'何以利吾身？'上下交征利而国危矣。万乘之国，弑其君者，必千乘之家；千乘之国，弑其君者，必百乘之家。万取千焉，千取百焉，不为不多矣。苟为后义而先利，不夺不餍。未有仁而遗其亲者也，未有义而后其君者也。王亦曰仁义而已矣，何必曰利？"

【译文】

孟子见梁惠王。梁惠王说："老人家！你不远千里到我这里，是要对我国有很大利益吧？"

孟子回答说："大王，何必张口就谈利呢？只要讲仁义就够了。大王说：'如何对我的国家有利？'大夫则说：'如何对我的封地有利？'士人百姓说：'如何对我自己有利？'这样上下都追逐利益，国家就会危险了。在那些拥有万辆兵车的国家，杀掉其国君的，一定是拥有一千辆兵车的大夫；在拥有一千辆兵车的国家，杀掉其国君的，一定是拥有一百辆兵车的大夫。在拥有万辆兵车的国家，一个大夫拥有千辆兵车，在拥有千辆兵车的国家，一个大夫拥有百辆兵车，这个大夫的产业不可谓不多。假如每个大夫都把仁义放在后面，而把利益放在前面，那么他们不夺取国君的产业是不可能满足的。从来没有一个人讲仁义却遗弃其双亲、怠慢其君上的。大王只要推行仁义之道就可以了，何必老是讲利益呢？”

《孟子》是我国先秦时代重要的儒家经典之一，也是宋以来每一个中国读书人要熟读的“四书”之一。《孟子》一书，在儒家人格修养、政治思想与政治实践诸层面，对后世的读书人产生了深刻的影响。孟子与孔子并称“孔孟”，孔子为儒者心目中的“至圣”，而孟子被尊为“亚圣”，可见他在中国思想史和儒家道统中的地位。

读不同的经典，要注意深刻体悟书中所洋溢出来的先贤气象与人格品位，不可仅仅掠取表面辞章的意思。读《论语》，要体会圣人温柔敦厚、中正平和之气象以及笃行不怠，“知其不可而为之”之勇毅坚卓精神。《论语》中的味道，是一种温暖的味道，正大且活泼，敦穆且富有生命力，有春天意思。与《论语》的人世间温暖味道不同，《老子》是出世间的或超越世间的，清醒中杂以激愤，理性之中杂以嘲讽，有一种秋天寒峻冷峭气息。读《老子》，其味道是冷峻的、超脱的、批判的，理性而犀利。《庄子》中洋溢着一股不食人间烟火之逍遥气息，有一种仙气，上天入地，轻灵飘逸，诡谲神奇，痛快淋漓。《庄子》看破世俗，超然看世间，但内里却不似老子之冷峻。《孟子》是一派大丈夫气，阅读时有一种浩然之气扑面，傲骨嶙峋，至大至刚，磅礴伟岸，其人格气象极其自信、峻伟而张扬。其文风，雄辩滔滔，鞭辟入里，每每引人击节，但其入世之切，用世之急，其骨子里的理想主义情怀，亦表露无遗。我们今日读《孟子》，就是要体味此浩然之大丈夫气，体味这种正大光明的大人君子人格，追慕这种充实伟岸的儒家气象。读老庄，心要放空、放虚，而读孔孟，心要放实、放满，要充满温情与理想之怀抱，才能得着先贤的真精神。

孟子在孔子死后百年左右出生，其时已是战国时代。关于孟子的传记材料，所存极少，在《史记·孟子荀卿列传》中，只有短短一百多字：

> 孟轲，邹人也。受业子思之门人。道既通，游事齐宣王，宣王不能用。适梁，梁惠王不果所言，则见以为迂远而阔于事情。当是之时，秦用商君，富国强兵；楚、魏用吴起，战胜弱敌；齐威王、宣王用孙子、田忌之徒，而诸侯东面朝齐。天下方务于合从连衡，以攻伐为贤，而孟轲乃述唐虞三代之德，是以所如者不合。退而与万章之徒序《诗》、《书》，述仲尼之意，作《孟子》七篇。

从以上孟子的这一百多字的生平材料，我们仅可知孟子的学术思想大约来源于孔子之孙孔伋（子思）一派，但是孟子到底具体师事何人，则不甚清楚。与张仪、苏秦、孙膑、田忌这些人一样，孟子也是辗转各国游说君王，以期实现其政治抱负与个人理想。可是与这些纵横捭阖的成功的游事者不同，孟子在各国几乎都碰壁，其学说不被重视。终其一生，孟子在政治上都是落寞的。他在晚年，终于像孔子一样，知道自己的学说不可能见容于当世，于是退而著述，希望祖述孔子仁义之学，为后世治国者所镜鉴。《孟子》七篇，与《论语》不同。《论语》是孔子的弟子及再传弟子编撰而成，以记载孔子生前教学实况与生平；而《孟子》是孟子本人与弟子万章等人共同编著完成（有部分篇章可能是弟子们独立编撰的）。《论语》文辞简约，而《孟子》则汪洋恣肆，有不可一世之概，与《庄子》一样，成为后世散文之典范。

《孟子》第一卷主要记载孟子与梁惠王（即魏惠王）以及梁襄王、齐宣王的对话，集中阐述其仁政思想。其中开篇第一章即提出“何必曰利”的政治主张。梁惠王召见孟子，其语气有些不够恭敬，有些倨傲：“叟！不远千里而来，亦将有以利吾国乎？”面对急功近利的梁惠王，孟子并未投其所好，大讲富国强兵之道，而是开门见山，抓住梁惠王问话中关键的一个“利”字，直率坦诚地提出自己的仁政观点：“上下交征利而国危”，“苟为后义而先利，不夺不餍。未有仁而遗其亲者也，未有义而后其君者也。王亦曰仁义而已矣，何必曰利？”（1.1）“何必曰利”这四个字，在《告子下》中同样出现过：“为人臣者怀利以事其君，为人子者怀利以事其父，为人弟者怀利以事其兄，是君臣、父子、兄弟终去仁义，怀利以相接，然而不亡者，未之有也。……为人臣者怀仁义以事其君，为人子者怀仁义以事其父，为人弟者怀仁义以事其兄，是君臣、父子、兄弟去利，怀仁义以相接也，然而不王者，未之有也。何必曰利？”（12.4）两次讲“何必曰利”，其宗旨是一致的，就是反对治国者以“利”作为治国理政的核心，而是要将“仁义”作为治国理政的核心。如果治国者以仁义治国，则“王”，如果“上下交征利”，则“亡”。

孟子期待治国者实践他理想中的王道政治，奉行仁义之道，为此他奔走各国，不惜唇焦舌敝，游说各国君王。在这篇对话中，孟子毫不妥协、毫不迂回，而是直截了当地把当时国家政治的弊端指陈出来，即每个人都只顾私利，贪得无厌，“上下交征利”，从而引发无穷无尽的争夺，使国家大乱。对于孟子“上下交征利而国危”这一命题，司马迁在《史记·孟子荀卿列传》的开头，即发出一通感叹：

> 太史公曰：余读《孟子》书，至梁惠王问“何以利吾国”，未尝不废书而叹也。曰：嗟乎，利诚乱之始也！夫子罕言利者，常防其原也。故曰“放于利而行，多怨”。自天子至于庶人，好利之弊何以异哉！

司马迁接着孟子的观点，提出世上“好利之弊”，认为“利诚乱之始”，即逐利乃国家危乱之根源。孔子“罕言利”（《论语·子罕》），也是要“常防其原”，即认为天下祸乱之源乃在于过于贪利而忘仁义。如果结合孔子所处的春秋时期礼崩乐坏、诸侯纷争、天下秩序危殆的历史大背景，我们或许就可以理解孔子立论的缘由了。然而，自古以来，对于孟子的“何必曰利，亦有仁义而已矣”的说法，对于义和利之间的关系，一直存在很大的争议，“义利之辨”也就成为千古聚讼不已的话题。有些人简单地将“何必曰利”理解为孟子完全否定“利”，只强调仁义道德，因此认为孟子是一个彻底的理想主义者，是一个不顾实际、不切实用、空谈仁义的迂腐书生而已。估计梁惠王在听到孟子说“何必曰利”的时候也会产生这个念头，这个迂腐的老夫子，大老远跑过来，就是拿这些迂腐教条来教训我这一国之君？所以梁惠王才认为孟子“迂远而阔于事情”（《史记·孟子荀卿列传》），认为这个执着于仁义教条的老头子实在太迂腐，太不识时务，奉行这些遥远而不切实际的道德理想，岂能实现富国强兵之目的？这是一个极大的误解。

实际上，孟子所谓“何必曰利”，并不是否认每一个人的正当欲望的满足与利益之获取。孟子所主张的民本主义，不正是要追求老百姓的富足和乐与国家的安定强盛吗？这是最大的利益，也是最长远的利益。但民生保障与国家强大这些最大最长远的利益，却不可以凭急功近利投机取巧的方法来一蹴而就，而要有高瞻远瞩的眼光，有着眼长远的战略举措，施仁政、行王道，才能够实现之。如果着眼于眼前的巧取豪夺、苛待百姓，或着眼于攻伐征战、侵凌弱国，而获得当下之利，却忘记培植国本，则徒然助长上下贪得无厌之风气，而无助于实现真正的民富国强。可见，孟子所谓“何必曰利”，乃在于强调君王要重视国家长远之利与根本之利，而不要只顾近利与小利，更不可以不仁不义之手段而逐利。后世治国者对此多存误解，以至于否认人民合理之逐利行为，将义与利绝对对立起来，以至于抑制工商，这是十分不利于经济发展的，是对儒家义利观的曲解。

孟子的民本思想实际上恰恰要鼓励治国者保障老百姓正常的逐利行为，“明君制民之产，必使仰足以事父母，俯足以畜妻子，乐岁终身饱，凶年免于死亡”（1.7），老百姓追求富足安定的生活，要有“恒产”（5.3），这难道不是国家最大的“利”？对这样的合理的逐利需求的满足，乃是治国者安邦定国乃至“王天下”的必要条件，这就是孟子一直强调的“仁人无敌于天下”（14.4）、“国君好仁，天下无敌”（7.7）的逻辑所在。梁惠王不能行仁政，而企图以征战得天下，不啻南辕北辙之举。在《尽心下》中，孟子说：“不仁哉梁惠王也！仁者以其所爱及其所不爱，不仁者以其所不爱及其所爱。”（14.1）仁义之士将自己对待所爱之人（亲人）的方法推而及于所不爱之人（民众），故能“亲亲而仁民”（13.45）；而不仁之人将自己对待所不爱之人的方法推而及于所爱之人，既使百姓生灵涂炭，又殃及自己所爱之亲人。“梁惠王以土地之故，糜烂其民而战之，大败，将复之，恐不能胜，故驱其所爱子弟以殉之，是之谓以其所不爱及其所爱也。”（14.1）梁惠王驱民征战的结果，是兵败、失地、丧子（1.5），惨痛教训不可不汲取。孟子讲“何必曰利”，其核心是劝治国者施仁政、爱百姓、不可以私利私欲驱使百姓，如此则可以得民之心，得民之心则得天下。“得天下有道：得其民，斯得天下矣；得其民有道：得其心，斯得其民矣；得其心有道：所欲与之聚之，所恶勿施，尔也。”（7.9）“所欲与之聚之”，就是为老百姓兴“利”，满足老百姓对“利”的追求，对于这种民众之利、天下之利，孟子是极为赞同的。所以理解孟子的“何必曰利”，要看他指向的对象，不可一概而论也。

二　与民偕乐

1.2

孟子见梁惠王。王立于沼上，顾鸿雁麋鹿，曰："贤者亦乐此乎？"

孟子对曰："贤者而后乐此，不贤者虽有此，不乐也。《诗》云：'经始灵台，经之营之，庶民攻之，不日成之。经始勿亟，庶民子来。王在灵囿，麀鹿攸伏，麀鹿濯濯，白鸟鹤鹤。王在灵沼，於牣鱼跃。'文王以民力为台为沼，而民欢乐之，谓其台曰灵台，谓其沼曰灵沼，乐其有麋鹿鱼鳖。古之人与民偕乐，故能乐也。《汤誓》曰：'时日害丧？予及女偕亡。'民欲与之偕亡，虽有台池鸟兽，岂能独乐哉？"

【译文】

孟子见梁惠王。梁惠王站立在池边，望着鸿雁麋鹿，对孟子说："贤德之人也会享受这种快乐吗？"

孟子回答说："贤德之人先有贤德而后才能享受这种快乐，而无贤德之人即使拥有这些东西，也无法享用此乐。《诗经·大雅·灵台篇》说：'开始建造灵台，经营又经营，老百姓一齐努力，争取快快建成。文王说建灵台不急，老百姓却更多地来帮忙。文王在鹿苑中，看到母鹿安逸地趴在那里，身体肥胖而毛色光洁，白鸟的羽毛也富有光泽。文王在灵沼边，满池的鱼都在跳跃。'文王虽然征用民力来修建灵台灵沼，可是老百姓都非常乐意去卖力，他们把高台叫灵台，把那池水叫灵沼，看到文王园中的麋鹿鱼鳖也非常快乐。古代君王能够与老百姓一同分享快乐，所以他能够得到真正的快乐。《汤誓》中却记载着老百姓对夏桀的抱怨：‘太阳啊，你何时灭亡？我们恨不得与你一同灭亡。’老百姓想要同自称太阳的夏桀一起灭亡，此时的夏桀，即使拥有台池鸟兽，怎么能独自快乐呢？”

1.3

梁惠王曰：“寡人之于国也，尽心焉耳矣。河内凶，则移其民于河东，移其粟于河内。河东凶亦然。察邻国之政，无如寡人之用心者。邻国之民不加少，寡人之民不加多，何也？”

孟子对曰：“王好战，请以战喻。填然鼓之，兵刃既接，弃甲曳兵而走。或百步而后止，或五十步而后止。以五十步笑百步，则何如？”

曰：“不可，直不百步耳，是亦走也。”

曰：“王如知此，则无望民之多于邻国也。不违农时，谷不可胜食也；数罟不入洿池，鱼鳖不可胜食也；斧斤以时入山林，材木不可胜用也。谷与鱼鳖不可胜食，材木不可胜用，是使民养生丧死无憾也。养生丧死无憾，王道之始也。

“五亩之宅，树之以桑，五十者可以衣帛矣。鸡豚狗彘之畜，无失其时，七十者可以食肉矣。百亩之田，勿夺其时，数口之家可以无饥矣。谨庠序之教，申之以孝悌之义，颁白者不负戴于道路矣。七十者衣帛食肉，黎民不饥不寒，然而不王者，未之有也。

“狗彘食人食而不知检，涂有饿莩而不知发；人死，则曰：‘非我也，岁也。’是何异于刺人而杀之，曰：‘非我也，兵也。’王无罪岁，斯天下之民至焉。”

【译文】

梁惠王说："我对于我的国家，真是非常尽心了。河内遭灾，我就把那里的老百姓迁移到河东，把河东的一部分粮食运到河内。如果河东遭灾，也会这么做。我观察邻国的施政，没有像我这么用心的。可是邻国的百姓没有变得更少，而我的百姓没有变得更多，这是怎么回事呢？"

孟子回答说："您喜欢战争，那我就用战争来打个比方。双方的战鼓擂响，刀枪交接，有些士兵就丢掉铠甲拖着兵器逃走。有的人逃了一百步而后停住脚步，有的人跑了五十步而后停住了脚步。那个逃五十步的人嘲笑逃一百步的人，那么怎么样呢？"

梁惠王说："不行。退后五十步虽然不是退后一百步，但也是逃跑啊。（怎么能嘲笑人家逃跑一百步的呢？）"

孟子说："大王如果明白五十步不能笑百步的道理，就不要指望贵国人民多于邻国了。如果在农耕收获时节不乱征兵打仗，不违背农时，那么粮食就会吃也吃不完。如果不用细网到池中捞鱼鳖，那么鱼鳖也会吃也吃不完。砍伐树木要定时，不要随意采伐，那么木材就会用也用不完。如果粮食鱼鳖吃也吃不完，木材用也用不完，那么人民（就可以安居乐业），生养死葬都会得到完满解决，没有遗憾。老百姓生养死葬都没有遗憾，这就是王道的开端。

"在五亩大的宅院中，四周种上桑树，五十岁的老人就能穿上好衣服；按时养好鸡猪狗等牲畜，那么七十岁的老人就不愁没肉吃了。一家人耕种一百亩的土地，当政者不要侵占他们耕种的时间，那么几口人的家庭就可以没有饥饿了。然后好好举办学校的教育，训导年轻人要明白孝顺父母和敬爱兄长的道理，那么老人家就不会背负着重物在路上行走了。七十岁的老人有好衣服穿，有肉吃，老百姓不会饥寒交迫，这样的治国者还不能使天下归服，没有这样的事。

"（可是现在，）富人家猪狗吃人食却没人检束，路上有饿死的人却无人开仓救济；人死了，就说：‘这不是我的错，这是天灾。’这与拿刀杀人却说‘不是我杀的，是刀杀的’有什么不同呢？您不要归罪于年景不好，（而要施行仁政，得民心，）这样天下的老百姓就都来投奔您了。”

孟子与孔子一样，都极其向往唐虞三代之治国成就，服膺尧舜先贤的治国理念。从表面上看，他们都是理想主义的复古派。可是这种“复古”，并不是简单地倡导回归到古代社会尤其是初民社会的政治哲学，而是针对现实社会之弊有感而发的。所以孔子与孟子的“复古”，不是顽固不化的“泥古”与教条主义的“好古”，而是“与古为新”、“借古开今”，是批判性的反思，而非一厢情愿的移植，更非不顾现实的倒退。

中国初民社会所崇尚的政治哲学是“公天下”，是天下为公，而不是“天下为私”、“天下为一家”。在“公天下”之初民社会，权力不是来自于家族传承，不是来自于争夺，而是来自于公意，是“选贤与能”（《礼记·礼运篇》），行禅让之制度，而非家族世袭之制度。因此治国者皆出于公心，而无垄断权力之私意，更无凭借权力纵欲享乐、凌虐众人之恶意。尧舜抚有四海而不以天下为私，代表着最高的治国境界。这样带有原始共产主义意味的选举制社会、共享制社会，当然代表着人类社会最理想的政治制度。然而随着私有制的滥觞与演进，随着私权与国家制度的逐步扩大与完善，“公天下”的政治理念亦随之被抛弃，从而使选举制社会变为世袭制社会，共享共治之社会变为专制独裁之社会，而“公天下”变为“家天下”。

孟子与梁惠王之间理念之差异，亦在“公天下”与“家天下”（或“私天下”）之不同。梁惠王在自己的私家花园，悠然自得地立于池边，远望鸿雁麋鹿从容往还，内心应该是极其惬意而得意的。因而回头对孟子说：“贤德之人也会享受这种快乐吗？”语气中有炫耀、有自得，也有调侃、有嘲讽。而孟子回答得非常巧妙：“贤者而后乐此，不贤者虽有此，不乐也。”孟子的回答，不露声色而又斩截有力，对梁惠王无疑是当头一击。君王的物质享受虽然看起来也是一种快乐，然而若是不与仁德、仁政结合起来，那么这种快乐不仅是肤浅的快乐，而且是不可持久的快乐。“不贤者虽有此，不乐也”，“不乐”不是主观上感受不到物质之乐，而是不能长期拥有这种快乐，是“不能乐也”。与百姓同乐者，以天下为公，而不独为己，故其乐乃真乐，亦是长久之乐；而不与百姓同乐者，独占其乐而终不能久得其乐，必被人民所唾弃。此章与《梁惠王下》中孟子劝齐宣王“与百姓同乐，则王矣”（2.1），乃是同一旨意。

孟子生当战国乱世，目睹各国纷争，行霸道，而上古之王道渐废。什么是王道？王道就是以仁义之政而称王，以民为本而使天下服。什么是霸道？霸道就是以武力征天下而使人服，以暴力强制天下而称霸。王者“以德行仁”、“以德服人”，而霸者“以力假仁”、“以力服人”（3.3）。王道政治可得长治久安，而霸道政治虽一时得天下，但其溃败也极其迅速，古往今来，这样的史实不胜枚举。

《梁惠王上》第三章中梁惠王与孟子之对话，意在引出孟子关于王道政治的经济战略、社会保障战略以及教育战略，是孟子关于王道政治的思想的一次比较全面的呈现。对话伊始，梁惠王认为自己治国颇尽心尽力，然而结果却不尽如人意，因而向孟子倾诉抱怨。孟子就以“五十步笑百步”的故事为喻，问梁惠王：“以五十步笑百步，则何如？”梁惠王明知这种问语一定是个圈套，也只好硬着头皮回答：“当然不行。五十步虽然不是一百步，但也是逃跑啊，怎么能嘲笑人家逃跑一百步的呢？”孟子见梁惠王已入圈套，便赶紧收网，直截了当地指出：“大王如果明白五十步不能笑百步之理，就不要指望贵国人民多于邻国。”言下之意，虽然您梁惠王表面上看起来做了点有利于国家安定的小事，但是距离真正的仁政还差得很远，还远远谈不上王道之治，因此您抱怨自己的国家为什么人民不增多，而邻国为什么人民不减少，只是怀着“五十步笑百步”的心理而已，其实您和邻国之治理并无本质不同啊！

孟子在1.3中提出了他关于王道政治的主要主张，这套王道政治的制度设计，包含着经济发展政策、生态保护政策、社会保障政策、教育文化政策等方面。首先是经济发展政策，要求治国者从百姓利益出发，不以征战徭役等侵夺老百姓的正常生产时间。“不违农时”，就是要爱民，惜民力，使老百姓都能安心生产，这是农业发展的最重要条件。“数罟不入洿池”，“斧斤以时入山林”，则主要是一种生态主义观点，就是不要让老百姓过度利用资源，要有生态的、可持续的发展主义观点，这在中国古代是非常宝贵的。

孟子关于王道政治的主要经济观点是一种经典的重视农业的重农主义观点，也是典型的供给主义观点。在以农耕为主要经济形态的时代，重农是发展经济之基础。然而我们要注意的焦点是这里的“时”字。农业生产最关键的是靠天时，因此“不违农时”，在合适的季节与时令耕种，在合适的季节与时令收获，这是农业生产的基本常识，还需要孟子在君王面前耳提面命地强调吗？孟子在这里强调“不违农时”，当有更深的含义，即国君不当以征战而妨碍老百姓的生产活动，要重视农业生产，要重农固本。这虽是一个简单的道理，但是在诸侯争霸的战国时代，国君们往往为了当下的短期军事利益而征召大量农民去征战，导致农业生产丧失其最佳时节，结果民生凋敝，人民冻饿而死，从而国力日衰，霸业不成反而亡国。这些教训都极其惨痛，但其中道理却极其简单，就是珍惜民力，不违天时，培根固本，才能使国家富强，人民富足。

“五亩之宅，树之以桑，五十者可以衣帛矣。鸡豚狗彘之畜，无失其时，七十者可以食肉矣”，则主要关注老年人的社会保障问题，国家通过鼓励老百姓种桑养畜，来解决老人的养老问题。但是孟子的眼光很深远，他不仅重视生产（供给）与社会保障方面，而且以更长远的眼光，看到教育的重要性，看到社会价值体系的重要性。所以他提出“谨庠序之教，申之以孝悌之义，颁白者不负戴于道路矣”，这就是教育与文化政策。孟子主张举办学校以推行仁义教化，敦伦易俗，使人民的风气得以纯正，使年轻人的价值观念得以趋正，由此在社会上形成人人和睦好礼、尊老敬贤的风尚，那些头发花白的老人们就有人奉养尊重。这就是儒家心目中的仁政，即一个人人富足而懂礼的礼乐治世。这与孔子在《论语》中提出的“庶之”、“富之”、“教之”（《论语·子路》）的治国三部曲，有相通之处。孔子不光重视民众繁庶、人口众多，不光关注经济发展、养民富民，而且关注人伦教化，关注民众的道德修养。王道之治，不仅是物质层面的繁荣富庶，而且更有精神层面和伦理层面的和睦亲爱。所以孔子和孟子都极为重视人伦教化，把教化作为儒家仁政的核心之一。孟子说：“善政不如善教之得民也。善政，民畏之；善教，民爱之。善政得民财，善教得民心。”（13.14）“政”与“教”结合，才构成完整的“王道”与“仁政”。

三　仁者无敌

1.4

梁惠王曰："寡人愿安承教。"

孟子对曰："杀人以梃与刃，有以异乎？"

曰："无以异也。"

"以刃与政，有以异乎？"

曰："无以异也。"

曰："庖有肥肉，厩有肥马，民有饥色，野有饿莩，此率兽而食人也。兽相食，且人恶之。为民父母，行政不免于率兽而食人，恶在其为民父母也？仲尼曰：'始作俑者，其无后乎！'为其象人而用之也。如之何其使斯民饥而死也？"

【译文】

梁惠王说："我愿意恭听您的教诲。"

孟子回答说："用木棒杀人和用刀杀人，有何不同？"

梁惠王回答："没有什么不同啊！"

孟子说："那么用刀杀人和用政治杀人，有何不同？"

梁惠王回答："当然也没有什么不同。"

孟子说："那些执政者，厨房里有肥肉，马厩里有肥马，然而人民却面有饥色，田野之中到处有饿死的人的尸首，这是执政者率领兽来吃人啊。野兽互相残杀，我们尚且憎恶；而那些为民父母的执政者，主持政务，却率领兽来吃人，这还算什么为民父母呢？孔子说：'第一个用木俑来殉葬的人，真该断子绝孙呢！’这是因为木俑用了人的形象。现在执政者使人们活活饿死，这怎么行呢？（这更加不可忍受了！）”

1.5

梁惠王曰：“晋国，天下莫强焉，叟之所知也。及寡人之身，东败于齐，长子死焉；西丧地于秦七百里；南辱于楚。寡人耻之，愿比死者一洒之，如之何则可？”

孟子对曰：“地方百里而可以王。王如施仁政于民，省刑罚，薄税敛，深耕易耨，壮者以暇日修其孝悌忠信，入以事其父兄，出以事其长上，可使制梃以挞秦楚之坚甲利兵矣。彼夺其民时，使不得耕耨以养其父母，父母冻饿，兄弟妻子离散。彼陷溺其民，王往而征之，夫谁与王敌？故曰：‘仁者无敌。’王请勿疑！”

【译文】

梁惠王说：“晋国（梁惠王自称晋国，晋国此处即是魏国）曾经是天下最强大的国家，您老人家是知道的。而到我这一辈，向东被齐国打败，长子为此丧命；向西又败给秦国，丧失七百里土地；向南又被楚国打败，真是奇耻大辱。我愿为所有死者雪耻，请告诉我怎么办？”

孟子回答说：“只要方圆一百里土地的小国，就可以施行仁政而使天下归服了。（更何况像魏国这样的大国呢？）您如果能够对老百姓施行仁政，减少刑罚，降低税赋，使老百姓能够好好耕种土地；年轻人在农闲时节学习孝顺父母、敬爱兄长、待人忠诚信实的道理，在家好好侍奉父母兄长，在外好好服务尊长，如果这样的话，就是制造木棍这样的武器也足以抵御秦国和楚国的坚甲利刃了。那些国家侵占老百姓耕种的时间来驱使他们作战，使他们不能耕种土地来养活父母。父母挨饿受冻，兄弟妻子四处离散。他们使老百姓陷于灾难困苦之中，您若去讨伐他们，谁能跟您相抗衡呢？所以说：‘施行仁政的人，没有人敌得过。’您千万不要怀疑我的话！”

1.6

孟子见梁襄王。出，语人曰：“望之不似人君，就之而不见所畏焉。卒然问曰：‘天下恶乎定？’

“吾对曰：‘定于一。’

“‘孰能一之？’

“对曰：‘不嗜杀人者能一之。’

“‘孰能与之？’

“对曰：‘天下莫不与也。王知夫苗乎？七八月之间旱，则苗槁矣。天油然作云，沛然下雨，则苗浡然兴之矣。其如是，孰能御之？今夫天下之人牧，未有不嗜杀人者也，如有不嗜杀人者，则天下之民皆引领而望之矣。诚如是也，民归之，由水之就下，沛然谁能御之？’”

【译文】

孟子见梁襄王，出来以后，对人说：“看上去这个人毫无国君的气象，待到接近他与之交谈，更感到他这个人毫无敬畏之心。他见了我，突然问我：‘天下怎样才会安定？’

“我回答说：‘天下一统才会安定。’

“他又问：‘谁才能一统天下？’

“我回答说：‘不好杀人的人，才能一统天下。’

“他又问：‘谁会追随这样的人呢？’

“我回答说：‘天下人没有不追随的。您知道禾苗的生长吗？在七八月之间，如果遇到干旱，那么禾苗就枯槁了。如果天上突然乌云密布，下起大雨来，那么干枯的禾苗就会迅速生长起来了。禾苗就像这样生机蓬勃，谁能阻挡它呢？现在天下治理老百姓的人，没有不好杀人的。如果真有不好杀人的仁君，那么天下的老百姓都会引颈盼望他（赶快来解救他们）。如果真是如此，那么老百姓全都会归服这样的仁君，就像水自然向地势低的地方奔流一般，那种奔腾的气势谁能阻挡得住呢？'"

孟子游说于各国之间，当其面对君王之时，其居高临下之气势，其能言善辩之才华，表现得淋漓尽致。“说大人，则藐之，勿视其巍巍然”（14.34），孟子在游事诸侯时始终秉持着这种不卑不亢、自尊自信的姿态。在先秦的游说之士中，孟子可以说是极其高调而不知迂曲之士，与张仪苏秦之类游士截然不同。然而孟子之辩论术与说服术又极其重视心理之诱导，在交谈中，他似乎无意中发出的一个提问，往往里面暗藏玄机，早已布下了逻辑陷阱。当对方一旦进入这个逻辑陷阱，则孟子必抓住对方弱点，不失时机地迅猛出击，一下即击中其要害，使对方不得不接受孟子的观点，因为对方已然掉在其陷阱中无法自拔，只能乖乖就范。

《梁惠王上》第四章即是使用了这种暗藏玄机的陷阱式辩论术。梁惠王毕恭毕敬地向孟子请教。孟子即施展出他的辩论术，抛出一个看似不需思考即可回答的问题：“杀人以梃与刃，有以异乎？”梁惠王当然给以肯定的回答。孟子接着布下逻辑陷阱，单刀直入：“以刃与政，有以异乎？”梁惠王明知是陷阱，但已经毫无抽身回返之力，只能勉强再次给以肯定的答案。于是孟子抓住这个机会，畅快淋漓地阐明“行恶政而无异于杀人”的观点。执政者穷奢极欲，而百姓路有冻骨，这就是以政杀人，就是“率兽而食人”（1.4）。孟子的民本思想是中国传统民主思想的滥觞。孟子从民本主义的立场出发，对治国者“率兽食人”的暴政作出了直接的尖锐的抨击，令面前的梁惠王极为难堪。孟子的直率与血气，那种充满正义感的姿态，那种不顾情面的指斥，令历代统治者都为之深感敬畏，这也是很多帝王反感孟子、对孟子怀有复杂情感的原因之一。

孟子对梁惠王可谓寄予厚望，故教之谆谆，不厌其烦。在《梁惠王上》第五章，孟子不失时机地向梁惠王灌输他的仁政思想。梁惠王当时面临四面受敌之窘境，亟待解脱，而他在与各国征战的过程中失地丧子，更是使他深感羞辱。孟子并没有替梁惠王筹划什么强兵制胜、报仇雪耻之道，而是系统地提出施仁政的构想，其中包括：减免刑罚，减轻赋税，鼓励老百姓精耕细作。同时又强调要加强教化人伦，使年轻人知晓孝悌忠信，修养其人格，在家敦睦和平，在外尊重长上，如此则经济繁荣，人心安定，社会伦理富有秩序。这样的国家，老百姓即使用木棒也可以抵挡住秦楚的坚甲利刃！当敌国施行苛政，驱使人民征战，耽误农时，因此导致饥荒灾祸，父母妻儿挨饿受冻东逃西散时，若有人讨伐他们，必获全胜，这就是“仁者无敌”。孟子这次不是以抨击的姿态，而是从正面鼓励梁惠王施仁政，以仁对不仁，必所向披靡矣。孟子救世之心切，那种苦口婆心的迫切心态，在“王请勿疑”这四个字上表露无遗，千载而下读之，令人喟叹不已。

梁惠王被孟子批评为“不仁”（14.1），而孟子对他的儿子梁襄王的评价则更低，认为其毫无“人君”之气象。一国之治理者应该具备何种气度、格局、气象？这个问题，在孔孟那个时代重要，在今天这个时代同样重要。孔子与孟子都尊崇尧、舜、汤、文、武这些古代贤王，赞美他们的格局广大、敦厚涵容、谦逊自牧、敬天爱民。这些古圣先王，其气象巍峨伟岸而又谦卑内敛，抚有四海而不傲慢自大，仁义厚重并对天地有敬畏之心。这是孔孟心目中“人君”气象之典范。可是中国历史上，真正“修”到这个境界的人君，真是少之又少。那些昏君、庸君、邪恶之君，根本没有一点人君之气象，其执政治国之境界，也就可想而知。

孟子会见梁襄王，对他的印象很坏，说他“望之不似人君，就之而不见所畏焉”。什么是“不见所畏”？就是一个人到了极其自大狂妄的地步，对任何事都不放在眼里，邪荡粗鄙，毫无谦卑恭敬之意，对天对地对国对民亦无敬畏之心。这样的人陶醉于权力，自得于地位，其心浮躁自满，不肯虚己纳言。梁襄王“望之不似人君”，可见他在会见孟子时一定极为傲慢，毫无虚心请教老人家的诚意。他冷不丁地向孟子问了一个极大极空的问题：“天下如何才能安定？”孟子回答说：“天下定于一。”这个“一”非常简单，但又极其玄妙。“一”既有“天下一统”之意，即天下安定于“一统”而不是各国之征战。但是这个“一”也有暗指定于“一个仁圣之王”之意。这个意思是暗含在孟子的头脑中而没有明说的，就看梁襄王的悟性能否领会了。梁襄王问：“孰能一之？”很显然，梁襄王理解了第一层意思。孟子顺势而为，因势利导，回答说：“不嗜杀人者能一之。”梁襄王听到这个回答后一定又同其父梁惠王一样，认为孟子“迂远而阔于事情”（《史记·孟子荀卿列传》），一统天下能无征战，征战而能无杀人乎？孟子则以苗与雨为喻，言天下之人牧（治国者）若不嗜杀人，从而爱民、仁民，则天下之民皆归之，犹沛然下雨而苗勃然兴之，犹水奔流就下而无可阻挡。

孟子苦口婆心的教诲到底能否说服梁襄王，其答案是不言自明的。从短期来看，孟子的理想主义的“王天下”之药方，很显然迂腐而不切实际。列国纷争，战事频仍，各国君王沉醉于其中不能自拔，即使血流漂杵，只要能称霸天下，也在所不惜。历史上有不嗜杀人而能夺天下的吗？恐不多也。然而短期内即使以武力夺得天下，也不会长久，因为他不能得天下人之心。《论语》里面说“天下归心”，天下人心服，才能真正得天下，而那种武力之征服并不意味着能真正得天下。孟子也说过：“不仁而得国者，有之矣；不仁而得天下者，未之有也。”（14.13）可得国而不可得天下，是因为不能得天下人之心，不能做到“天下归心”。当年丘处机万里迢迢到阿富汗兴都库什雪山，面见成吉思汗。大汗问他如何得天下，长春真人答曰："止杀。"又问如何长生，长春真人答曰："寡欲。"止杀方可得天下，寡欲方可养生，此言与孟子之思想亦若合符节。

如此看来，孟子游事诸侯，与苏秦张仪辈迥异：孟子言远，苏秦张仪之辈言近；孟子持理想主义，而苏秦张仪之辈秉功利主义；孟子之王道以民为本而"定于一"，而苏秦张仪辈之霸道以征伐成霸业为本。然而霸之后如何？霸道虽成，然而其崩溃亦不远矣。古人讲治国之道，往往王霸杂用之，儒法兼施之。纯粹的理想主义固然迂阔，然而绝对的功利主义亦短视而短命。治国之道，亦王亦霸，外儒内法，兼顾短期与长期，平衡理想与功利，这是中国两千年以来真正践行的治国之道。孟子倡导仁政王道，"言必称尧舜"（5.1），开出中国政治哲学中德性主义之一路，与功利主义政治哲学相抗衡，其揭示的"良治"、"善治"之"理想国家"治理体系，对于我们今天思考国家治理仍具有重要的现实借鉴意义。

四　推己及人

1.7

齐宣王问曰："齐桓、晋文之事可得闻乎？"

孟子对曰："仲尼之徒无道桓、文之事者，是以后世无传焉，臣未之闻也。无以，则王乎？"

曰："德何如则可以王矣？"

曰："保民而王，莫之能御也。"

曰："若寡人者，可以保民乎哉？"

曰："可。"

曰："何由知吾可也？"

曰："臣闻之胡龁曰，王坐于堂上，有牵牛而过堂下者，王见之，曰：'牛何之？'对曰：'将以衅钟。'王曰：'舍之！吾不忍其觳觫，若无罪而就死地。'对曰：'然则废衅钟与？'曰：'何可废也？以羊易之！'不识有诸？"

曰："有之。"

曰："是心足以王矣。百姓皆以王为爱也，臣固知王之不忍也。"

王曰："然。诚有百姓者。齐国虽褊小，吾何爱一牛？即不忍其觳觫，若无罪而就死地，故以羊易之也。"

曰："王无异于百姓之以王为爱也。以小易大，彼恶知之？王若隐其无罪而就死地，则牛羊何择焉？"

王笑曰："是诚何心哉？我非爱其财而易之以羊也，宜乎百姓之谓我爱也。"

曰："无伤也，是乃仁术也，见牛未见羊也。君子之于禽兽也，见其生，不忍见其死；闻其声，不忍食其肉。是以君子远庖厨也。"

王说曰："《诗》云：'他人有心，予忖度之。'夫子之谓也。夫我乃行之，反而求之，不得吾心。夫子言之，于我心有戚戚焉。此心之所以合于王者，何也？"

曰："有复于王者曰：'吾力足以举百钧'，而不足以举一羽；'明足以察秋毫之末'，而不见舆薪，则王许之乎？"

曰："否。"

"今恩足以及禽兽，而功不至于百姓者，独何与？然则一羽之不举，为不用力焉；舆薪之不见，为不用明焉；百姓之不见保，为不用恩焉。故王之不王，不为也，非不能也。"

曰："不为者与不能者之形何以异？"

曰："挟太山以超北海，语人曰'我不能'，是诚不能也。为长者折枝，语人曰'我不能'，是不为也，非不能也。故王之不王，非挟太山以超北海之类也；王之不王，是折枝之类也。老吾老以及人之老，幼吾幼以及人之幼。天下可运于掌。《诗》云：'刑于寡妻，至于兄弟，以御于家邦。'言举斯心加诸彼而已。故推恩足以保四海，不推恩无以保妻子。古之人所以大过人者，无他焉，善推其所为而已矣。今恩足以及禽兽，而功不至于百姓者，独何与？权然后知轻重，度然后知长短。物皆然，心为甚。王请度之！抑王兴甲兵，危士臣，构怨于诸侯，然后快于心与？"

王曰："否。吾何快于是？将以求吾所大欲也。"

曰："王之所大欲可得闻与？"王笑而不言。

曰："为肥甘不足于口与？轻暖不足于体与？抑为采色不足视于目与？声音不足听于耳与？便嬖不足使令于前与？王之诸臣皆足以供之，而王岂为是哉？"

曰："否。吾不为是也。"

曰："然则王之所大欲可知已。欲辟土地，朝秦楚，莅中国而抚四夷也。以若所为求若所欲，犹缘木而求鱼也。"

王曰："若是其甚与？"

曰："殆有甚焉。缘木求鱼，虽不得鱼，无后灾。以若所为求若所欲，尽心力而为之，后必有灾。"

曰："可得闻与？"

曰："邹人与楚人战，则王以为孰胜？"

曰："楚人胜。"

曰："然则小固不可以敌大，寡固不可以敌众，弱固不可以敌强。海内之地方千里者九，齐集有其一。以一服八，何以异于邹敌楚哉？盖亦反其本矣。今王发政施仁，使天下仕者皆欲立于王之朝，耕者皆欲耕于王之野，商贾皆欲藏于王之市，行旅皆欲出于王之涂，天下之欲疾其君者皆欲赴愬于王。其若是，孰能御之？"

王曰："吾惛，不能进于是矣。愿夫子辅吾志，明以教我。我虽不敏，请尝试之。"

曰："无恒产而有恒心者，惟士为能。若民，则无恒产，因无恒心。苟无恒心，放辟邪侈，无不为已。及陷于罪，然后从而刑之，是罔民也。焉有仁人在位，罔民而可为也？是故明君制民之产，必使仰足以事父母，俯足以畜妻子，乐岁终身饱，凶年免于死亡。然后驱而之善，故民之从之也轻。今也制民之产，仰不足以事父母，俯不足以畜妻子，乐岁终身苦，凶年不免于死亡。此惟救死而恐不赡，奚暇治礼义哉？王欲行之，则盖反其本矣。五亩之宅，树之以桑，五十者可以衣帛矣；鸡豚狗彘之畜，无失其时，七十者可以食肉矣；百亩之田，勿夺其时，八口之家可以无饥矣；谨庠序之教，申之以孝悌之义，颁白者不负戴于道路矣。老者衣帛食肉，黎民不饥不寒，然而不王者，未之有也。”

【译文】

齐宣王问道：“齐桓公、晋文公的事，您能否告诉我呢？”

孟子回答说：“孔子的门徒们没有提到过齐桓公、晋文公的事迹，因此后来就没有流传，我也没有听说过。您如果非让我说，我就讲讲以德得天下的王道好吗？”

齐宣王问：“一个人的德达到什么样的境界就可以得天下？”

孟子说：“让老百姓生活安定，如此而得天下，这样的王者无人能够抵挡。”

齐宣王问：“像我这样的人，可以使老百姓生活安定吗？”

孟子说：“可以啊！”

齐宣王问：“您凭什么知道我可以呢？”

孟子说：“我听胡龁说，有一天王坐在大堂之上，有一个人正好牵着牛经过大堂，王见到他，就问：‘你牵着牛到哪里去？’那个人回答：‘准备宰了这头牛祭钟。’大王说：‘把它放了吧！我不忍心看到它发抖的样子，它没有什么罪过，却要去送死。’那个人问：‘那么钟就不用祭了？’王说：‘祭钟的仪式怎么能废除呢？用羊来代替吧。’不知道大王是否真的有这回事？”

齐宣王说：“真有这回事。”

孟子说：“有了这样的心，就足以得天下了。百姓都以为大王您是出于吝啬，而我早就知道大王是出于不忍。”

齐宣王说：“是的。真有百姓这样以为。齐国国土虽然狭小，但我何至于吝啬一头牛呢？我是不忍心看到它那种发抖的样子，没有什么罪过却要被置于死地，所以用羊来替换。”

孟子说：“大王不要讶异于百姓认为您吝啬。您用小的羊来替代大的牛，老百姓怎么知道大王的用心呢？大王如果是不忍心看到动物没有罪而被置于死地，那么牛羊又有什么分别呢？”

齐宣王笑着说：“我真的是出于什么心理呢？我并非因为爱财而用羊替换牛。也难怪老百姓说我吝啬了。”

孟子说：“老百姓说什么都没有关系，您这样做是出于仁爱之心，您看到了牛而生怜悯之心，而没有看到羊。君子对于飞禽走兽，希望见到它们活着，而不忍心看见它们死。听到它们的哀声，便不忍心吃它们的肉。因此君子总是远离厨房之地。”

齐宣王说：“《诗经》里说：‘别人的心思，我能猜测到。’说的正是您老人家呀！我这样做了，回过头来反省自己，却不知道自己为什么这么做。您老人家一语道破，我的心就豁然开朗。但您说我的心与王者之心相契合，为什么呢？”

孟子说：“如果有一个人向您报告说：‘我的力量足以举起三千斤东西，但是举不起一根羽毛；我的视力足以洞察秋天鸟的羽毛，却看不见整车的柴火’，这样的话您信吗？”

齐宣王说：“当然不信。”

孟子说：“现在大王的恩慈足以惠及禽兽，而不能让老百姓得到益处，这却是为什么呢？如此看来，一根羽毛也举不起，只是因为不用力罢了；一车柴薪都看不见，只是因为不去看的缘故；百姓得不到安定，只是因为大王不肯施恩给他们。所以大王不能以仁德统一天下，是因为你不肯干，而不是不能够干。”

齐宣王问：“不肯干与不能干有何不同？”

孟子说：“挟着泰山越过北海，对人说：‘这个我办不到’，这确实办不到。替老人折取树枝，对人说：‘这个我办不到’，这是不肯干，而不是办不到。所以大王不能行仁德以统一天下，这件事不是挟着泰山越过北海之类不可能之事，而是不去做为老人折取树枝这样轻而易举之事。赡养敬爱自己家的老人，进而推广到赡养敬爱别人家的老人；抚养爱护自己家的孩子，进而推广到抚养爱护别人家的孩子。如果能有这样的仁心，天下就可以掌握在你手里。《诗经》上说：‘先给妻子做榜样，再推广到兄弟，再推广到邦国’，说的就是将这样的仁心运用到其他方面而已。所以将恩惠推广开来，就足以保有四海，而不肯将恩惠推广开来，就连自己的妻子儿女也难以保护。古之圣人之所以超越众人，没有其他的原因，只是因为他们善于将其仁心善行推广到其他人而已。大王现在肯将恩惠推及禽兽，却不想将其运用于老百姓，这是为什么呢？权衡之后就知道轻重，度量之后就知道长短。什么东西都是如此，人心更是如此。大王您仔细考虑一下吧！难道大王兴兵打仗、使臣民陷于危险之境，并与诸侯们结下怨恨，这样才感到痛快吗？”

齐宣王说：“当然不是，我怎么会因为这些事而感到痛快呢？我是要追求我的大愿望啊！”

孟子问：“大王的心愿能不能让我听一听？”

齐宣王笑着而不说话。

孟子说：“难道是因为甘美的食物不够吃吗？是因为轻暖的衣服不够穿吗？还是因为鲜艳的色彩不够看呢？还是因为美好的声音不够听呢？还是因为伺候的人不够驱使呢？大王的臣民们都能够满足您的这些愿望，难道大王是为了这些吗？”

齐宣王说：“不是的，我并不是为了这些。”

孟子说：“既然这样，大王的大愿望我可以知道了：您想扩张土地，让秦楚这些大国都来朝拜，自己做天下的盟主而抚平周边外族。以您这样的作为来追求您的大愿望，就好像爬上树去捉鱼一样可笑。”

齐宣王说：“有如此严重吗？”

孟子说：“恐怕比这个还严重。上树去捉鱼，虽然捉不到鱼，也没有什么后患。但假如您以那样的行为追求你的大愿望，竭尽心力去做，以后必有灾患。”

齐宣王说：“能让我听听其中的道理吗？”

孟子说：“邹国与楚国交战，大王您以为哪国会获胜呢？”

齐宣王说：“楚国人胜。”

孟子说：“既如此，那么就可以知道，小国不可能打败大国，人口少的国家不可能打败人口多的国家，弱国不可能打败强国。现在天下土地方圆千里的国家有九个，齐国土地凑起来只有其中的一份。以九分之一的力量与其他九分之八为敌，与邹国想要打败楚国有什么不同呢？让我们还是返回到本源的问题上来吧。现在大王假如能施行仁政，让天下的士大夫都想站立在大王的朝堂，耕地的农民都想在大王的田地里耕种，商人都想到大王的市场上来交易，旅客都想在大王的道路上出行，天下那些想要批评他们的君主的人都想到大王面前发出控诉。如果这样的话，谁能够抵挡得住您称王天下呢！”

齐宣王说：“我糊涂，未能领悟您的思想。希望您能辅佐我，给我明白的教示。我虽然昏聩，也愿意尝试去做。”

孟子说：“没有固定产业而有坚定不移的志行德操，只有士才能达到这种境界。若是普通人，则因为没有固定产业，所以也就没有坚定不移的志行德操。假如失去了坚定不移的志行德操，他们就会放纵乱为，没有什么不敢干的。等到犯了罪，政府就会对他们施以刑罚，这是在陷害老百姓呀。哪有仁爱之君在位而做出这样陷害人民的事呢？因此明智的国君订立发展人民产业的制度，必定要使他们能够上足以赡养父母，下足以抚养妻子儿女，在丰收的好年景能够吃饱喝足，在遇到灾害的坏年景能够不至于冻饿而死。做到这些之后再诱使他们行善事，这样的话老百姓就非常容易顺从国君的治理。

“然而现在的国君订立关于人民产业的政策，使老百姓对上不足以赡养父母，对下不足以抚养妻子儿女，好年景时终年辛苦劳作，坏年景时不能避免冻饿而死的命运。这样的话，老百姓想免于一死都恐怕来不及，哪有闲工夫去学习礼仪之道呢？

“如果大王要施行仁政，那么为什么不回到根本问题上来呢？每家百姓拥有五亩住处，周围遍植桑树，这样五十岁的人就可以有好衣服穿了。让他们有时间饲养鸡狗猪等家畜，那么七十岁的人就可以吃到肉了。每家拥有百亩耕田，不要违背他们的农时，这样八口之家就可以免于饥荒了。重视学校教育，向年轻人反复灌输孝敬父母尊敬兄长的道理，那么头发斑白的老人就不会得不到年轻人的帮助而在路上背负重物了。老年人穿丝绵衣服而且能吃上肉，老百姓不会受到饥寒之苦，（如果能把国家治理到这种程度）但是仍然不能称王的，这是永远不会有的事。”

孟子与齐宣王纵论如何“王天下”一节，可谓千古奇文，不仅全面表述了孟子的王道思想与政治经济战略，而且极为充分、极为典型地展现了孟子特有的辩论术。战国时期诸雄并起，秦楚齐燕韩赵魏，个个都想称王称霸，于是“霸道”盛行，知识分子们（士）争着为各诸侯国的雄主们出谋划策，“合纵连横”之术一时大行其道。

而在所有为各国雄主谋天下的知识分子当中，孟轲无疑是最为独特的。与那些巧舌如簧、到处鼓吹合纵连横的谋士们不同，孟子一直坚守理想主义，阐发王道，宣传他的仁政思想，而对当时知识分子中热衷研究的所谓富国强兵之术不屑一顾、嗤之以鼻。他向往一个仁爱的、平等的、富足的大同世界，对雄主们试图以富国强兵来施行侵略战争和吞并他国持坚决的反对态度。他希望国君以仁政来“王天下”，而不是以武力“霸天下”。不论是时人还是后人，皆以为孟子所持之见乃书生之见、迂阔之见，是过于理想主义的空谈，然而若抛开实用主义、功利主义的短期观点，而从人类更长时期的视角来观照，孟子的仁政思想、天下思想比那些切合当时功利的纵横家们的思想更具有超越时代的、历史性的终极价值，对当代以至于未来人类社会的政治建构更有深刻的启迪意义，而孟子其人也更散发出一种高度的具有超越性的人格魅力。纵横家们虽务实、功利，然而只是“务一时”，而孟子的仁政思想、天下思想、民主思想却是要“谋万世”的，其间有境界之别、格局之别。

齐宣王想要以齐桓公、晋文公等前人为榜样号令天下、称霸诸侯，于是就向孟子请教。然而孟子却推脱说不太清楚齐桓公、晋文公称霸之事，而话锋一转，把话题转到一个极具历史穿透性、更有根本性，同时也引起齐宣王极大兴趣的命题上来：如何“以德王天下”？于是两人就此命题开始了极其精辟的长篇问辩。整篇问辩大体可分成四个层次，层层递进，最后将孟子的“王天下”的仁政思想全盘托出，达到高潮。论辩之巧，思虑之精，结构谋篇之老到，文字气势之雄浑，古今文章无出其右者，真可谓思可扛鼎，笔力千钧也。

自开首至“于我心有戚戚焉”为第一层次，其主题是揭示“不忍之心”之于施仁政、王天下之意义与价值。孟子特重“心”字，在《孟子》一书中曾117次提到“心”字，这是孔、孟最大不同处。孟子在先秦诸子中首先发扬出这个“心”字，即强调人的精神力量与心理功能对人自身及外部世界之影响。孟子实为心学之最早发明者，其流风余绪传到宋明时代，即培育出陆九渊、王阳明为代表的“陆王心学”一脉，成为儒家哲学中最具影响力的学派之一。我们回到齐宣王与孟子之问辩。孟子很懂得引导齐宣王的心理与情绪，他在对话的开首，就针对齐宣王的疑问“若寡人者，可以保民乎哉”，斩钉截铁地给出了极为肯定的一个字的答案：“可。”这等于给齐宣王一个肯定，戴了一个“高帽”，使齐宣王从心理上能够接受这种论辩，不得不沿着孟子的话头与思路走下去。齐宣王于是问：“您如何知道我可以‘保民'呢？"于是孟子就讲了一个"不忍之心"的故事。这个故事真实地发生在齐宣王身上，使齐宣王不得不信服、不得不接受而且是欣然接受孟子的结论。由此我们也可知道孟子是多么地善用近譬，而且是多么善于抓住对方心理。齐宣王见到有人牵用以祭祀的牛从朝堂下过，见牛浑身颤抖，顿生恻隐不忍之心，于是就命人放了牛，而以羊代之。孟子认为，齐宣王能有这种内心深处的不忍之心、恻隐之心、仁爱之心，他能见牛"无罪而就死地"而感到内心痛楚怜惜，这种"发心"极其重要，表明齐宣王内心深处尚未失去那种人人应具备的本真之心，而这种本真之心即是施仁政的心理基础与人格基础。然而孟子在肯定其"以小易大"中体现出来的不忍之心的同时，也指出齐宣王在此次行动中所表露出来的逻辑矛盾，即若齐宣王对祭牛产生恻隐之心，那么为什么对羊就没有恻隐之心呢？就祭祀的结果而言，牛和羊不都是死吗？为什么独独不忍牛之死而对羊之死无动于衷呢？孟子"牛羊何择焉"这一问，让齐宣王也突然感受到自己行动与心理上的逻辑漏洞，不由得笑了："是啊，我这究竟是出于什么心理呢？我并非因为爱财而以羊易牛呀！怪不得老百姓都认为我是小气鬼呢！"此时谈话气氛已然非常轻松愉悦，齐宣王已经完全被孟子纳入自己的掌控之中，只等孟子亮出自己的观点来了。孟子即解释说，这并不奇怪呀，这就是人本来都具备的仁心仁术，你只见牛之恐惧而生怜悯慈爱不忍之心，而未见羊之恐惧，故有此行动上与心理上之逻辑断裂。所谓"君子远庖厨"，就是基于这一恻隐不忍之心。孟子这一解释，令齐宣王大悦，孟子的解释合情合理，而且让齐宣王免除了尴尬。齐宣王不得不感叹："他人有心，予忖度之"，孟子你真有洞察他人内心深处秘密的本事，"于我心有戚戚焉！"用现在的调侃话说，你真是我肚子里的蛔虫啊！但齐宣王接着抛出一个疑问：您说这个故事，跟刚才谈的"以德王天下"又有什么关系呢？

从"此心之所以合于王者"至"物皆然，心为甚"，即进入第二个层次。在这一段落中，孟子主要试图说明“行王道非关能力”，而是要“推物及人”、“推恩保民”。那些推辞说自己不能推行王道、没有能力实施仁政的人，其逻辑恰如“力足以举百钧，而不足以举一羽；明足以察秋毫之末，而不见舆薪”一样可笑。在孟子看来，一个国君施仁政、行王道，只是一“发心”而已，极为轻易，并不是一个“能力”问题，而只是一个“意愿”问题。所以所有借口不能行王道的国君，不是不能施行王道，而只是不愿意按照王道原则去做而已，“非不能也”，是“不为也”。就好比齐宣王，能够恩及禽兽，见牛而生恻隐之心，而独独不能施仁政于老百姓，其中根源，是“发心”有问题，而非能力有问题。“不为者”是“发心”问题，“不能者”是能力问题。有些事情确实超越人力，如“挟泰山以超北海”这种神才能办的事；然而实行仁政在孟子看来纯是一“发心”问题，如同“为长者折枝”一样轻省易行，因此借口“不能者”乃是“不为者”。为什么施仁政这样的大事反而轻省易行？孟子的逻辑的要害之处在于一个“推”字。这个“推”字的意思是“推己及人”、“推此及彼”、“推物及人”，也就是由同一原则出发，从所有主体都必然具有同一情感、同一内心禀赋、同一价值体系出发，而将这种情感、禀赋、价值体系推及于自己之外的其他主体，推及于所有人，天下之心同此心，天下之理同此理，无一例外。即孟子所说的“举斯心加诸彼”的功夫与修养，这并非是一种后天习得的能力，而是一种本来具足的“发心”。你要是爱自己的老人，就应推此心而爱别人的老人；你要是爱自己的孩子，就应推此心而爱别人的孩子。这样推己及人，层层推出，那么施仁政于天下还有什么困难吗？因此孟子说：“老吾老以及人之老，幼吾幼以及人之幼。天下可运于掌。”这里面关键是一个“及”字，这个“及”，就是一种“推”的功夫与修养，是初心之扩散，是正念之扩散，中国人讲“人同此心，心同此理”，将此心扩散开去，则天下归于大同矣。而天下之所以不能归于大同，天下之所以不能归于王道，不是人类缺乏这一能力，而是人类丧失本心，不能“举斯心而加诸彼”，不能“善推其所为”，而是将“己所不欲而施于人”。我们希望别人对自己诚信，但我们却欺罔别人；我们希望别人善待自己，但我们却苛待他人；进而言之，一国希望别国勿加害于本国、侵凌本国，然而却时时想办法要吞并侵占别国。由于人类丧失本心，不能“举斯心而加诸彼”，因而仁政难施，天下王道难施。这里的“难”，不是超越人类能力之难，而是人类丧失本心之难，是“不为”之难，而非“不能”之难。在孟子看来，天下事皆如此，关键是“心”的问题！所谓“物皆然，心为甚”也。在整个第二部分，孟子试图说服齐宣王行王道与能力无关，要“推恩保民”，将对于禽兽的不忍之心“推及”于老百姓。孟子的逻辑很严密，无懈可击，让齐宣王找不到空子可钻，只好顺着孟子的逻辑往下走。

我们在研究儒家思想时，要特别注意孟子这一“推己及人”的方法论，这一方法论或曰思想方式乃是孟子乃至整个儒家政治哲学、道德哲学（伦理学）的根基与出发点。孟子的“推己及人”与孔子的“己所不欲勿施于人”，都是出于一种逻辑，即从自我的心理倾向（愿望、喜好）出发，来推知别人的心理倾向，从而由“一己之心”推知“天下人之心”，所谓“天下大同”，无外乎就是顺应了“天下人之心”而已。在西方经济学和伦理学中，我们也可以找到非常类似的方法论，最有代表性的就是近代西方经济学的开山鼻祖亚当·斯密的思想。亚当·斯密在他的道德哲学（伦理学）经典著作《道德情操论》中，提出了一个重要概念，即“同情心”。所谓“同情心”，即是每个人都应具备的一种能力，这种能力可以由自我的内在心理情感而推及于其他人的内在心理情感。而这种“同情”的能力，乃是构建整个国家乃至于整个人类社会的道德伦理大厦的根基。由一个人自我的“同情心”，就可以达成一群人（社会）的关于道德伦理规范的共同的认同，而这种道德伦理的共同认同，在斯密的《道德情操论》中被称为“一致的估价”。由“同情心”到“一致的估价”，是一个逻辑上自洽的顺理成章的跨越，这种跨越就是孟子的“推己及人”、“推此及彼”、“举斯心而加诸彼”的道德哲学与政治哲学方法论。而天下的共同伦理道德体系，也就经由每个人的“同情心”（即“推己及人”的能力）而建构起来了。小到日常的行为规范与个人的道德修养，大到治国安邦（国家治理之伦理），再大到国际间各国关系之处理（国际关系之伦理），实际上都是基于这种“同情心”，都是基于这种“推己及人”的能力。从孟子和斯密那里，我们可以看到，东方的儒家思想（伦理学与经济学）与西方的近现代伦理学与经济学具有内在的方法论上的惊人的相通之处与契合点。不过这里顺带说一句，当我们考察孟子这种“推己及人”的思想方法时，要注意他与孔子思想之间微妙的不同。孔子的“己所不欲，勿施于人”，是从相对消极的层面（此处“消极”非贬义，而是指孔子从否定层面讲人类的心理认同）来讲“同情心”的，即你如果不希望（不愿意）别人这样对待你，你也不要以这种方法对待别人。孔子并未讲“己所欲而施于人”，孔子很谨慎，他之所以未下“己所欲而施于人”这样武断的断语，是因为他深知人类之“所欲”从“积极”的层面来说是千差万别的（这里的“积极”是指有所作为），不能简单地、一厢情愿地，甚至是粗暴地将自己的欲求和愿望强加于人。所以，孔子只将自己的“消极”的判断（从无所作为的否定的角度）作为行为的基础，即主张：你自己讨厌的事（“不欲”），也不要强求别人去做，同时不简单地把自己的“积极”的一面的道德判断强加于人，不强求别人做你认为正确的事（“所欲”）。比如你自己如果认为大公无私、为社会国家利益牺牲一切是最正确的价值判断，但是却不能如此“推己及人”地要求所有人都必须大公无私、所有人都必须为社会国家利益牺牲一切，所以孔子在人性的判断上还是比较中庸、比较客观，不会过于激进（积极）。相比之下，孟子的“推己及人”则比孔子稍显“积极”（从有所作为的一面来理解），这是孔孟之间非常微妙的区别，需要读书时细细体味揣摩。这种微妙的差异，使孔孟在道德哲学、政治哲学上有了一些显著（但并非根本性）的差异，孔子更保守、中庸、平和（消极）一些，而孟子更昂扬、激进、极端（积极）一些，这一点我们悉心体悟自当感受到。

自“抑王兴甲兵”至“孰能御之”，是第三个层次，主要讨论何为“国君之大欲”的问题。什么是国君最希望得到的东西呢？国君四处征战，引起四邻诸侯怨恨，齐宣王承认自己并不以此为乐。当然他也不仅仅以美食、美色、美声等物质享受为乐，他真正感到满足的、真正使他有成就感的，是开疆拓土，是“莅中国而抚四夷”，是号令天下，孟子已直言不讳地指出来了，齐宣王也默认了。但是，孟子话锋一转，认为齐宣王靠对外征战而欲达到“莅中国而抚四夷”的目的，是“缘木而求鱼”，甚至会给国君带来巨大的灾殃。孟子以齐国征战四方，“以弱敌强”、“以一服八”，根本不可达到“王天下”之目的，来说服齐宣王放弃武力征伐的“霸道”思想，而要“发政施仁”，以仁政来吸引天下百姓归附于齐。这一愿景当然对齐宣王极有吸引力，于是齐宣王非常急迫地想听听孟子到底有什么高明的方法可以使他达到“天下归心”的目标。

最后一个层次，也就是第四部分，孟子系统地提出了自己的富民思想与仁政方略。富民，就是要发展生产，使民众富足，明君的最核心任务就是“制民之产”，从而使民众有“恒产”从而有“恒心”。民众有了“恒产”，不仅可以使家庭成员免受饥馁，而且可以使社会风气与伦理道德得以改善。民众一旦穷困潦倒，甚至有死亡之危，则何谈遵守礼义？此“富足先于礼义”的主张，是实事求是的，孟子把“恒产”与“恒心”的关系讲得很透彻，与“仓廪实而知礼节，衣食足而知荣辱”的主张是一致的。孟子认为仁政之本，首要的在于鼓励生产，并创造一种好的制度使民众安心生产，安于“制产”，鼓励民众种桑、养殖牲畜、耕种土地，都需要政府（国家）提供一种稳定的制度环境，从而“无失其时”、“勿夺其时”（不要过度干预老百姓），如此民众自然无饥无寒。这里面就包含了尊重民意、以民为本、不过度驱使百姓，使百姓安心生产从而创造财富的思想。以富足为基础，孟子认为还要“谨庠序之教，申之以孝悌之义”，也就是要对民众加强教育，尤其是进行伦理道德方面的熏陶，从而使他们知礼义、知廉耻、知孝悌，为整个社会创造一个好的道德伦理环境。否则仅仅强调“富足”，而忽视伦理建设，仍然不能建设一个理想的社会。孟子这一思想，与孔子的“庶之、富之、教之”的治国思想是一致的，与斯密的“经济自由 + 道德情操”的国家治理模式也有内在相通之处。

卷二　梁惠王下

五　忧乐天下

2.1

庄暴见孟子，曰："暴见于王，王语暴以好乐，暴未有以对也。"曰："好乐何如？"

孟子曰："王之好乐甚，则齐国其庶几乎？"

他日，见于王曰："王尝语庄子以好乐，有诸？"

王变乎色，曰："寡人非能好先王之乐也，直好世俗之乐耳。"

曰："王之好乐甚，则齐国其庶几乎！今之乐犹古之乐也。"

曰："可得闻与？"

曰："独乐乐，与人乐乐，孰乐？"

曰："不若与人。"

曰："与少乐乐，与众乐乐，孰乐？"

曰："不若与众。"

"臣请为王言乐。今王鼓乐于此，百姓闻王钟鼓之声，管籥之音，举疾首蹙頞而相告曰：'吾王之好鼓乐，夫何使我至于此极也？父子不相见，兄弟妻子离散。'今王田猎于此，百姓闻王车马之音，见羽旄之美，举疾首蹙頞而相告曰：'吾王之好田猎，夫何使我至于此极也？父子不相见，兄弟妻子离散。'此无他，不与民同乐也。

"今王鼓乐于此，百姓闻王钟鼓之声，管籥之音，举欣欣然有喜色而相告曰：'吾王庶几无疾病与，何以能鼓乐也？'今王田猎于此，百姓闻王车马之音，见羽旄之美，举欣欣然有喜色而相告曰：'吾王庶几无疾病与，何以能田猎也？'此无他，与民同乐也。今王与百姓同乐，则王矣。"

【译文】

齐国大臣庄暴有一次见孟子，说："我去朝见国君，国君告诉我他非常爱听音乐，我不知道如何应答他。"又说："（国君）爱好音乐，这件事你怎么看？"

孟子说："国君如此爱好音乐，那么齐国就会治理得很不错了。"

过了几天，孟子去拜见齐王，问齐王道："大王曾经告诉庄暴您爱听音乐，有这回事吗？"

齐王脸色一变，说："我并不是能欣赏得了先王的雅乐，而只是爱听些世俗的乐曲而已。"

孟子说："大王如此爱好音乐，如此看来齐国就差不多治理得很好了！当代（世俗）的音乐与古代的音乐（雅乐）其实都是一样的。"

齐王说："（这是什么道理？）能给我讲讲吗？"

孟子说："（请问大王，）是一个人独自欣赏音乐快乐，还是与别人一起欣赏音乐快乐呢？"

齐王说："（自己独自欣赏音乐）不如与别人一起欣赏音乐快乐。"

孟子说："（那么再请问，）与少数人一起欣赏音乐快乐，还是与很多人一起欣赏音乐快乐呢？"

齐王说："（与少数人一起欣赏音乐）当然不如与很多人一起欣赏音乐快乐。"

孟子说："那么请允许我为大王说说欣赏音乐与快乐的道理。如果今天大王在此奏乐，老百姓听到大王钟鼓笛箫之声，都愁眉苦脸地相互谈论说：'我们的大王喜欢奏乐，但为什么却让我们落到这步田地？父子不能相见，亲兄弟和妻儿四处离散。'如果今日大王到此打猎，老百姓听到大王车马的声音，见到豪华的旗帜仪仗，都愁眉苦脸地相互谈论说：‘我们的大王喜欢打猎，但为什么却让我们落到这步田地？父子不能相见，亲兄弟和妻儿四处离散。’这没有别的原因，只是因为大王不与老百姓同乐（而只顾独自享乐）。

“现在大王如果在此奏乐，老百姓听到大王的钟鼓笛箫之声，都非常高兴，面带喜色而相互谈论说：‘我们的大王看起来没有什么疾病吧？不然怎么能奏乐呢？’现在大王如果在此打猎，老百姓听到大王的车马之声，见到豪华的旗帜仪仗，都非常高兴、面带喜色而相互谈论说：‘我们的大王看起来没有什么疾病吧？不然怎么能打猎呢？’这没有别的原因，只是因为大王能够与民同乐。如果大王真正能够与民同乐，就可以一统天下了。”

2.2

齐宣王问曰：“文王之囿方七十里，有诸？”

孟子对曰：“于传有之。”

曰：“若是其大乎？”

曰：“民犹以为小也。”

曰：“寡人之囿方四十里，民犹以为大，何也？”

曰：“文王之囿方七十里，刍荛者往焉，雉兔者往焉，与民同之。民以为小，不亦宜乎？臣始至于境，问国之大禁，然后敢入。臣闻郊关之内，有囿方四十里，杀其麋鹿者如杀人之罪。则是方四十里为阱于国中。民以为大，不亦宜乎？”

【译文】

齐宣王问孟子：“我听说周文王的园林方圆七十里，有这回事吗？”

孟子回答说：“古籍中有过记载。”

齐宣王说：“真的有这么大吗？”

孟子说：“老百姓还认为周文王的园林太小了呢？”

齐宣王说：“我的园林才方圆四十里，老百姓就认为太大了，这是为什么呢？”

孟子说：“周文王的园林（蓄育鸟兽之所）方圆七十里，割草打柴的人可以进去，打猎的人也可以进去，文王和老百姓共同享用这片园林。这样的话，老百姓认为文王的园林太小，不是很正当的吗？（而大王您的园林却不如此。）我刚到齐国境内的时候，询问清楚齐国最大的禁忌之后，才敢进入境内。我听说在齐国首都郊区有个方圆四十里的园林，如果猎杀里面的麋鹿，其罪过如同杀人。您这样做，等于是在国内设置了一个方圆四十里的陷阱。老百姓认为您的园林太大，不也是正当的吗？”

2.3

齐宣王问曰：“交邻国有道乎？”

孟子对曰：“有。惟仁者为能以大事小，是故汤事葛，文王事昆夷。惟智者为能以小事大，故大王事獯鬻，勾践事吴。以大事小者，乐天者也；以小事大者，畏天者也。乐天者保天下，畏天者保其国。《诗》云：‘畏天之威，于时保之。’”

王曰：“大哉言矣！寡人有疾，寡人好勇。”

对曰：“王请无好小勇。夫抚剑疾视，曰，‘彼恶敢当我哉！’此匹夫之勇，敌一人者也。王请大之！

“《诗》云：‘王赫斯怒，爰整其旅，以遏徂莒，以笃周祜，以对于天下。’此文王之勇也。文王一怒而安天下之民。

“《书》云：‘天降下民，作之君，作之师，惟曰其助上帝，宠之。四方有罪无罪，惟我在，天下曷敢有越厥志？’一人衡行于天下，武王耻之。此武王之勇也。而武王亦一怒而安天下之民。今王亦一怒而安天下之民，民惟恐王之不好勇也。”

【译文】

齐宣王问：“与邻国交往，有什么原则和方法吗？”

孟子回答说："有啊。只有仁爱的人才能以自己大国的身份反而服事小国，因而商汤会去服事葛伯，周文王会去服事昆夷。只有智慧的人才能以自己小国的身份结交好大国，所以太王（古公亶父）会去服事猃狁，越王勾践会去服事吴王夫差。以大国身份服事小国的，是以上天之命为乐的人；以小国身份服事大国的，是敬畏上天之命的人。以上天之命为乐的人，可以保有天下；敬畏上天之命的人，可以保护自己的国家免受祸患。《诗经》里说：'敬畏上天的威灵，才能保全自己。'"

齐宣王说："您讲的话真是有道理！可是我有个缺点，我过于崇尚勇敢（，因此我难以做到服事大国、体恤小国）。"

孟子回答说："大王，请您不要崇尚小勇。假如有人抚剑而怒视说：'他怎么敢抵挡我呢！'这是普通老百姓的勇敢，只能敌得住一个人。大王，请您把您的勇敢扩充开来！

"《诗经》上说：'大王勃然大怒，整顿他的军队，来阻挡那些侵入莒国的敌人，以使周朝的福泽能够更加深厚长久，以报答天下人仰望周朝之心。'这是周文王的勇敢。周文王一发怒，就使天下百姓得以安宁。

"《尚书》中说：'上天降生老百姓，同时也为他们降生了君王，降生了师傅，君王与师傅唯一的职责是帮助上帝来呵护老百姓。天下四方的百姓，无论有罪的，还是无罪的，都由我负责，天下人谁敢僭越自己的本分（而作乱）？'（当时纣王）一个人在天下横行霸道，武王以此为耻。这就是武王的大勇，他一发怒（而征讨纣王），就使天下老百姓得以安宁。而今大王如果也（有这样的大勇，）一发怒而使天下人得以安宁，那么老百姓唯恐大王不崇尚勇敢呢！"

2.4

齐宣王见孟子于雪宫。王曰："贤者亦有此乐乎？"

孟子对曰："有。人不得，则非其上矣。不得而非其上者，非也；为民上而不与民同乐者，亦非也。乐民之乐者，民亦乐其乐；忧民之忧者，民亦忧其忧。乐以天下，忧以天下，然而不王者，未之有也。

“昔者齐景公问于晏子曰：‘吾欲观于转附朝儛，遵海而南，放于琅邪，吾何修而可以比于先王观也？’

“晏子对曰：‘善哉问也！天子适诸侯曰巡狩。巡狩者，巡所守也。诸侯朝于天子曰述职。述职者，述所职也。无非事者。春省耕而补不足，秋省敛而助不给。夏谚曰：“吾王不游，吾何以休？吾王不豫，吾何以助？一游一豫，为诸侯度。”今也不然，师行而粮食，饥者弗食，劳者弗息。睊睊胥谗，民乃作慝。方命虐民，饮食若流。流连荒亡，为诸侯忧。从流下而忘反谓之流，从流上而忘反谓之连，从兽无厌谓之荒，乐酒无厌谓之亡。先王无流连之乐，荒亡之行。惟君所行也。’

“景公悦，大戒于国，出舍于郊。于是始兴发补不足。召大师曰：‘为我作君臣相说之乐！’盖《徵招》、《角招》是也。其诗曰，‘畜君何尤？’畜君者，好君也。”

【译文】

齐宣王在雪宫会见孟子。齐宣王问：“贤人也会有这样的快乐吗？”

孟子回答说“也有。如果贤人得不到这种快乐，他们就会怨恨指责王上。因为得不到这种快乐而怨恨指责王上，这样做是不对的；然而作为老百姓的王上而不与老百姓共同分享快乐，也是不对的。以老百姓的快乐为快乐的国君，老百姓也以国君的快乐为快乐；以老百姓的忧愁为忧愁的国君，老百姓也以国君的忧愁为忧愁。与天下人共同快乐，与天下人共同忧愁，然而这样的人还不能使天下人归服，我从来没有见过这样的事。

“以前齐景公问晏子：‘我想到转附、朝儛两山去游玩，然后沿着海岸向南行，直到琅琊。我应该怎么做才可以像先王那样巡游呢？’

“晏子回答说：‘问得太好了！天子到诸侯那里视察叫作巡狩。所谓巡狩，就是巡视诸侯所守卫的疆土。诸侯到天子那里朝拜叫述职。所谓述职，就是汇报自己所完成的职责。巡狩与述职，无非都和工作的事相关。到了春天，巡视各地的耕作情况，对那些穷苦百姓给以补贴救助；到了秋天，巡视各地的收获情况，对那些缺乏粮食的百姓给以补贴救助。夏朝有句谚语说：“我们的王上不出游，我怎么可能得到休息？我们的王上不出来巡视，我怎么才能得到救助？”王上出来巡游，足以作为诸侯的法度（让他们效仿）。现在则不这样，王上出巡兴师动众，耗费大量粮食，饥饿的人没有东西吃，劳苦的人得不到休息。老百姓只能侧目而视，怨声载道，有些人就趁机作恶作乱。这样的国君出巡违背天命，虐待人民，每天浪费的饮食如同流水。他们出巡，流连忘返，荒亡无度。从上游到下游，游乐而忘归，这样叫流；从下游到上游，游乐而忘归，这叫作连；追逐野兽打猎从没有厌倦，这叫作荒；纵酒作乐，从没有厌倦，这叫作亡。先王从没有这种流连忘返、荒亡无度的行为。（到底怎么出巡，）就看大王您自己的选择了。’

“齐景公非常高兴，他在都城做好了充分的准备，然后出都城驻扎郊外，分发粮食给那些贫苦之人。齐景公把负责音乐的太师请过来，对他说：‘给我创作君臣同乐的音乐吧！’这就是《徵招》、《角招》（招即韶）。歌词说：‘畜君何尤（这样喜欢国君又有什么错误呢）？’所谓‘畜君’，就是喜爱国君之意。”

2.5

齐宣王问曰：“人皆谓我毁明堂，毁诸？已乎？”

孟子对曰：“夫明堂者，王者之堂也。王欲行王政，则勿毁之矣。”

王曰：“王政可得闻与？”

对曰："昔者文王之治岐也，耕者九一，仕者世禄，关市讥而不征，泽梁无禁，罪人不孥。老而无妻曰鳏，老而无夫曰寡，老而无子曰独，幼而无父曰孤。此四者，天下之穷民而无告者。文王发政施仁，必先斯四者。《诗》云，'哿矣富人，哀此茕独。'"

王曰："善哉言乎！"

曰："王如善之，则何为不行？"

王曰："寡人有疾，寡人好货。"

对曰："昔者公刘好货，《诗》云：'乃积乃仓，乃裹糇粮，于橐于囊。思戢用光。弓矢斯张，干戈戚扬，爰方启行。'故居者有积仓，行者有裹囊也，然后可以爰方启行。王如好货，与百姓同之，于王何有？"

王曰："寡人有疾，寡人好色。"

对曰："昔者大王好色，爱厥妃。《诗》云：'古公亶父，来朝走马，率西水浒，至于岐下，爰及姜女，聿来胥宇。'当是时也，内无怨女，外无旷夫。王如好色，与百姓同之，于王何有？"

【译文】

齐宣王问孟子："人民都说我应该毁掉明堂，您认为我是拆毁它呢，还是不拆呢？"

孟子回答说："明堂，是统一天下的王者的殿堂。如果大王能够实行王政，那么您就不要毁掉它。"

齐宣王说："您能告诉我怎样才能实行王政吗？"

孟子回答说："以前周文王治理岐周的时候，对耕地的农民收九分之一的税，对当官的人给以世袭俸禄的待遇。在关口与市场上，只进行检查而不征税，不禁止老百姓到河流中捕鱼，对于有罪的人进行处罚也不累及他子女。年老而无妻，叫作鳏；年老而丧夫，叫作寡；年老而无子叫作独，年幼而丧父叫作孤。这四种人，是天下人中最孤苦没有依靠的人。周文王实行仁政，一定要先救助这四种人。《诗经》里说：‘富人已经可以了，要哀怜那些真正孤苦无依的人。’”

齐宣王说：“说得太好了！”

孟子说：“大王如果认为我说得好，那么为什么不实行王政呢？”

齐宣王说：“我有个缺点，我爱财。”

孟子回答说：“以前公刘也爱财，《诗经·大雅·公刘篇》写道：‘粮食装满囤和仓，粮袋里装满干粮。人民和安，国威弘扬。开弓上箭，武器陈列整齐，威风前行。’因此，那时的人民家里有积粮，行旅者有足够的干粮，而后才可以威风凛凛开动军队。大王如果爱财，与老百姓共同来实现愿望，那么对您来说实行王政又有何难呢？”

齐宣王说：“我有个缺点，我好色。”

孟子回答说：“以前古公亶父好色，特别宠爱厥妃。《诗经》说：‘古公亶父，早上骑着马，沿着西边的河岸，来到岐山之下，还带着妻子太姜，视察他的屋宇。’在这个时期，没有一个找不到丈夫的女人，也没有一个找不到妻子的男人。大王如果好色，就与老百姓共同实现愿望，那么大王要实行王政又有什么困难呢？”

程颐曾经如此评价孟子：“孟子有些英气。才有英气，便有圭角，英气甚害事。如颜子便浑厚不同，颜子去圣人只豪（毫）发间。孟子大贤，亚圣之次也。”有人问程颐：“英气见于甚处？”曰：“但以孔子之言比之，便可见。且如冰与水精非不光。比之玉，自是有温润含蓄气象，无许多光耀也。”

这一段评价很有趣，值得细细体味。程子这段话的口气，颇有些指责批评之意，尽管程子试图尽量显得温和委婉一些，然而从整体的语调口吻来看，仍然是较为严厉的，不像是轻描淡写地说出来的。以程颐之谨严，亦不可能随口臧否“亚圣”，口无遮拦，故此这段批评尤其值得重视。程子论断孟子“有些英气”，“英气”到底是一种什么“气”呢？孟子在孔子学说的基础上，有许多概念的发明，比如他强调“心”这个范畴，可谓发圣人所未发；比如他又强调“气”这个范畴，也可谓发圣人所未发。“气”这个范畴，对中国哲学影响甚大，然而其义则含混驳杂，不易确切阐明。“气”有精神、神态、体气、气质之意，比如孟子说“吾善养吾浩然之气”，这里的“气”，主要指一种精神气质，一种整体的态度格局、胸襟气象。在中国哲学中，尤其是宋明理学中，“气”这个范畴不仅作为一种抽象的虚渺的“气质”“气象”“气韵”而存在，而且作为一种“实体”的范畴而存在。张载的气论就是典型的代表，此处不详说。程子说“孟子有些英气”，这里的“气”，仍是前一种含义，乃指一种特有的人之气质、气禀、气象、精神风格而言。“英气”是一种什么样的精神风格呢？“英”者，乃草木荣发之意，“英气”，指的是一种英姿勃发、峥嵘蓬勃之气象。什么人才会有这种气象？只有生气蓊郁、充满生命之自信、张扬不羁、特立独行的人，才会具备这种峥嵘勃发之气象。

孟子身上，就充溢着这样一种气象。与孔子、颜子的“温良恭俭让”的“温润含蓄”气象不同，孟子的格局开阔，气质颇有些刚猛强劲。整个《孟子》一书读下来，你会发现，无论是与地位多么尊显的人交谈，即使是与那些一国之尊谈话，孟子也是不卑不亢、真率刚直，甚至有些凌厉强悍之霸气。孟子身上，有一种纵横千古、越凌万人的巨大气势，与一般儒者所倡导的温文儒雅的气质格调颇有差异。孟子的这种“当仁不让”、“舍我其谁”、锐不可挡、澎湃激越的精神气质，构成一种特出的精神魅力，使他在两千多年的中国人的精神人格史册中，散发着一种独特的、不朽的光芒。这使孟子充满了一种昂扬的、向上的、冲决一切的力量，充溢着一种阳刚之气、浩然之气，与那些唯唯诺诺、循规蹈矩的所谓儒者截然不同，处处彰显着一种精神人格的独立性，显示出一个人作为精神主体的尊严与价值。在中国知识分子精神人格史中，这种气质与气象诚然是罕见的、稀有的、值得宝贵的，这也是孟子最可称道与尊敬之处。中国数千年传统社会所塑造的国民人格皆以恭顺温润为主流价值诉求，而恭顺易衍变为盲从与委曲求全，温润易衍变为圆滑世故与见风使舵，皆以丧失主体性、独立性为代价，其对中国社会建设与国民人格养成的影响，极为深远。卓然自立、独立不倚、傲岸直行，拥有这样的人格者，皆被主流社会视为另类，视为狂者，甚至视为大逆不道。于是中国人的独立人格遂逐渐泯灭，精神世界逐渐萎缩，此乃中国之大不幸。幸而中国有孟子作为千古风范，可使此独立傲岸之精神不致坍塌澌灭，此中国之大幸也。

程子说的“孟子有些英气。才有英气，便有圭角，英气甚害事”，此评对孟子的人格风范颇见偏执，并不敦厚公允。我们读《孟子》，看他与齐宣王、梁惠王等一国之君的对话，确实感觉孟子棱角分明，直截敢言，往往直击其痛处，有时批评国君亦不留情面，颇使人有居高临下之感。孟子不是弹铗高歌食无鱼的门客，不是依附于豪门的谋士食客，而是一个有着独立人格、卓越精神境界的真正的“士”。孟子可以说是为“士”之品格树立了一个典范。但孟子确实有一番卓荦不群的气象，用现今的通俗语言而言，就是有些“高调”。他自比于孔子，颇有圣人之担当精神，他要担当整个时代，他有一种特殊的使命感。在这一点上，他是继承了孔子的衣钵的，传承了孔子的精神基因。实际上，孔子也是极为“高调”的，他自己宣称：“天生德于予，桓魋其如予何？”（《论语·述而》）他自认为是承担了上天的特殊使命的，坏人也不能拿他怎么样；他曾自信“斯文在兹”，“天之未丧斯文也，匡人其如予何？”（《论语·子罕》），上天将“文王既没”后的文化道德使命传于我，匡人能把我怎么样呢？孔子有极为强烈的道德担当精神，如果用程子的话来说，孔子也是有些“英气”与“圭角”的，只不过孟子的精神人格更偏于昂扬果毅、傲岸独立，但这种昂扬果毅、傲岸独立之精神，与他对时势的判断密切相关。他要救世匡时，就要有这种“舍我其谁”、赤身担当的精神与锐气，于是便不免有圭角、有峻急之处，有不够浑厚温润的地方。这是不能求全责备的。程子其实也看到这一点，他说：“学者全要识时。若不识时，不足以言学。颜子陋巷自乐，以有孔子在焉。若孟子之时，世既无人，安可不以道自任？”这话说得极到位。孟子在孔子之后，要矫正时弊，要救人心，必须有一种担当精神，故而他显得有些急迫、凌厉，有时疾言厉色，有时故作高论而显得迂阔，这既是孟子个体人格之固有禀赋使然，也是他自感其身上担负的特殊时代使命使然，这使他不得不“以道自任”，以一种“虽千万人吾往矣”的大无畏精神来为实现自己的道德使命鼓与呼，顾不得多少圆滑浑厚与温润含蓄。从这个角度，我们便可以理解，何以孟子一路，与孔颜一路，自然出现了分野，从此心学一脉，就在中国思想史上种下了种子。而程子，他既看到孟子“以道自任”之历史使命担当，却又不能理解孟子何以满身“英气圭角”，便显得自己难以自圆其说了。以道自任者，必有深远自觉的历史使命意识，他们要担当整个时代，引领整个时代，而不是跟随屈服与讨好这个时代；以道自任者，必自视甚高，高标自持，登高望远，如孔子为百世之“木铎”，自信“斯文在兹”；如孟子以“百世之师”而自期，以“圣人”自许，故能无所畏惧，有“虽千万人吾往矣”的英雄气概；以道自任者，必有一种清高狂傲气息，凛然而不可犯，如孟子之“说大人，则藐之”（《孟子·尽心下》），在君王面前亦傲骨嶙峋，保持高贵的自尊，不阿谀，不奉承，居高临下，正像范仲淹赞叹严子陵“不事王侯，高尚其事”（《严先生祠堂记》），因为他们所持所任之“道”，乃千载之大道，而非一时求名谋利之小道。如此以道自任者，欲矫正时弊，“奋乎百世之上”，奋发有为，一往而无前，如何能没有“英气”与“圭角”，如何能学颜子之“陋巷疏食饮水而自乐”之圆融温润？

《梁惠王下》的前几章，如第一章《庄暴见孟子》、第二章《文王之囿方七十里》、第四章《齐宣王见孟子于雪宫》、第五章《人皆谓我毁明堂》，都仍是在表达如《梁惠王上》同样的主张，即“与民同乐”，里面贯穿着同样的论证逻辑。孟子不否认也不贬低君王对安逸享乐的追求，从匹夫匹妇到君王，都必定有同样的心理需求，对这种心理需求，不应过多地加以道德上的褒贬评判。君王好音乐，老百姓也好音乐；君王好游冶流连美景，老百姓当然也好游冶流连美景，在这一点上，所有人皆有“欲”，孟子肯定这种“欲”是正当的，甚至是“平等”的（任何人都有）。这种“欲”既然是人类本性所固有的，就不能简单地否定它，或从道德伦理上贬斥它。因此在说服齐宣王行“仁政”时，孟子的论辩方式总是先肯定齐宣王好乐、好色、好货、好田猎、好宫室的正当性，然后再话锋一转，强调百姓亦有此乐，而君王得天下者，必与百姓同乐，而非“独乐”。“乐民之乐者，民亦乐其乐；忧民之忧者，民亦忧其忧。乐以天下，忧以天下，然而不王者，未之有也。”上下同乐，上下同忧，则天下平。

但在孟子说服齐宣王的过程中，齐宣王一再表示“寡人有疾”，以“有疾”作为不能行仁政之托辞。“有疾”，当然不是生理功能上的缺陷，而是指精神意志上的缺陷。孟子既承认人之自然本性中的“欲”，承认这种“欲”（“私”）的合法性与正当性，同时又认为人具备一种向善之心、向上之心，而这种向善之心、向上之心，即是人作为精神主体的能动性与意志主体的自觉性。从这个意义上来说，孟子是“积极的”，无论是他的“人性善”的道德假定，还是他的“奋乎百世之上”的以成圣成贤为鹄的的道德实践，都洋溢着这种积极、进取的内在精神与人格意志。齐宣王以“有疾”为推脱，实际上是为私欲所蔽，为一己之私心所夺，不能克己，囿于小我，而失本心，因而不能从己出发，以扩充推及之法，行仁心，推仁政。“有疾”乃是精神主体丧失了追求道德人格的能动性与自觉性，假若一个人丧失了向上之心、向善之心，则其追寻仁德之路即告终止。人非无追寻仁德之力，而是丧失追寻仁德之心。“仁远乎哉？我欲仁，斯仁至矣”（《论语・述而》），这个“欲”也就是追求道德人格的能动性与意志主体的自觉性，你“想要”仁，仁就会到来了，你本心不“想要”仁，没有追寻“仁”的内在动力与冲动，你怎么会得到“仁”呢？齐王不能行仁政，并不是他没有行仁政之力，而是丧失行仁政之心，其心蔽于私欲而不明，陷于小我而不能自拔。正如朱熹说：“王道之要，不过推其不忍之心，以行不忍之政而已。齐王非无此心，而夺于功利之私，不能扩充以行仁政。虽以孟子反覆晓告，精切如此，而蔽固已深，终不能悟，是可叹也。”孔子说：“为仁由己，而由人乎哉？”（《论语・颜渊》）孟子所说的“推及扩充”之法，其根基亦在于一种“为仁由己”的内在动力，有了此种追寻仁德、施行仁政的内在意志，有了此种“我欲仁”的内在自觉与道德自信，才会最终成就君子之仁德、君主之仁政。“人皆可以为尧舜”（《孟子・告子下》），尧舜是人，吾人亦是人，为什么尧舜能成圣贤，匹夫匹妇就不能成圣贤呢？其根源在于一般人本心锢蔽，故不能行“推及扩充”之法。

六　天下主义

2.6

孟子谓齐宣王曰："王之臣有托其妻子于其友而之楚游者，比其反也，则冻馁其妻子，则如之何？"

王曰："弃之。"

曰："士师不能治士，则如之何？"

王曰："已之。"

曰："四境之内不治，则如之何？"

王顾左右而言他。

【译文】

孟子对齐宣王说："大王您有个大臣，他把他的妻子儿女托付给他的朋友照料，自己到楚国游历去了。等到他回到家，看到他的妻子儿女又冷又饿。那么他如何对待他的朋友呢？"

齐宣王说："跟他的朋友断交。"

孟子说："掌管司法的官员不能好好管理他下面的官吏，那么怎么对待他呢？"

齐宣王说："把他撤职。"

孟子说："如果一个国家得不到好的治理，那该怎么对待治理国家的人呢？"

齐宣王左右观望而谈论别的事情去了。

2.7

孟子见齐宣王，曰："所谓故国者，非谓有乔木之谓也，有世臣之谓也。王无亲臣矣，昔者所进，今日不知其亡也。"

王曰："吾何以识其不才而舍之？"

曰："国君进贤，如不得已，将使卑逾尊，疏逾戚，可不慎与？左右皆曰贤，未可也；诸大夫皆曰贤，未可也；国人皆曰贤，然后察之；见贤焉，然后用之。左右皆曰不可，勿听；诸大夫皆曰不可，勿听；国人皆曰不可，然后察之；见不可焉，然后去之。左右皆曰可杀，勿听；诸大夫皆曰可杀，勿听；国人皆曰可杀，然后察之，见可杀焉，然后杀之。故曰，国人杀之也。如此，然后可以为民父母。"

【译文】

孟子见齐宣王，说："所谓'故国'，说的不是国家有高大树木的意思，而是指国家要有世代忠贞的老臣。大王现在身边没有亲近之臣，以前所任用的重臣，现在都不知道跑到哪里去了。"

齐宣王说："我如何识别那些没有才干的人，从而不任用他们呢？"

孟子说："国君要选拔贤能之才，如果迫不得已要用新人，就势必会使地位卑下者超越地位尊贵的人，使与你稍疏远的人超越与你亲近的人，（做这样的事，）能不谨慎为之吗？（当国君选拔贤才的时候，）如果身边的人都说某个人贤能，这还不行；各位大夫都说某个人贤能，这还不行；全国的人都说某个人贤能，你就要去好好考察他；（如果经过考察）确实发现他很贤能，然后就可以任用他。（当国君要罢免一个人，）如果身边的人都说某个人不能被任用，这不能轻信；各位大夫都说他不能被任用，你还不能轻信；如果全国的人都说某个人不能被任用，（你也不要轻信，）这时你要好好考察他；（如果经过慎重考察，）确实发现这个人不能被任用，然后再罢免他。（如果某个人犯了杀身之罪，）身边的人都说这个人应该判死刑，你不要轻信；各位大夫都说这个人应杀，你也不要轻信；全国的人都说应杀，（你也不要轻信，）这时你要好好考察他；（如果经过仔细考察，）确实发现他应该杀掉，然后才杀掉。所以说，这是全国的人把他杀掉的。你能做到这些，然后才可以做老百姓的父母。”

2.8

齐宣王问曰：“汤放桀，武王伐纣，有诸？”

孟子对曰：“于传有之。”

曰：“臣弑其君，可乎？”

曰：“贼仁者谓之‘贼’，贼义者谓之‘残’。残贼之人谓之‘一夫’。闻诛一夫纣矣，未闻弑君也。”

【译文】

齐宣王问：“商汤流放夏桀，周武王讨伐商纣王，这些事有吗？”

孟子回答说：“在史传中有记载。”

齐宣王问：“做臣子的，杀他的国君，可以吗？”

孟子说：“戕害仁的人，叫作‘贼’，戕害义的人，叫作‘残’。这些被称为‘残贼’的人，我们叫作‘一夫’（，即戕害仁义的‘独夫’）。我听说过周武王诛杀戕害仁义的‘独夫’纣这件事，却没有听说过他以臣弑君这件事。”

2.9

孟子见齐宣王，曰：“为巨室，则必使工师求大木。工师得大木，则王喜，以为能胜其任也。匠人斫而小之，则王怒，以为不胜其任矣。夫人幼而学之，壮而欲行之，王曰：‘姑舍女所学而从我’，则何如？今有璞玉于此，虽万镒，必使玉人雕琢之。至于治国家，则曰，‘姑舍女所学而从我’，则何以异于教玉人雕琢玉哉？”

【译文】

孟子见齐宣王，说："如果要建造一座大房子，就必须派主管工匠的官员去寻找大木料。主管工匠的官员找到了大木料，大王非常高兴，认为这位官员能够胜任他的工作。木匠就去削砍木料而使木料变小，大王就发起怒来，认为这位木匠不能胜任他的工作。有些人（指工匠）从小就学习某一门专门技艺，长大之后就尝试实践他的专门技艺，但大王却说，'姑且把你所学到的专门技艺抛弃了，来听从我的话吧！'这样会怎么样呢？现在如果大王有一块未经雕琢的玉石，虽然玉石非常贵重，也必须派玉雕匠人来雕琢它。但说到治理国家，却说，'你姑且抛弃你所学到的专门技艺来听从我的话吧'，（你这样做，）与让玉匠按你的话来雕琢玉石又有什么区别呢？"

2.10

齐人伐燕，胜之。宣王问曰："或谓寡人勿取，或谓寡人取之。以万乘之国伐万乘之国，五旬而举之，人力不至于此。不取，必有天殃。取之，何如？"

孟子对曰："取之而燕民悦，则取之。古之人有行之者，武王是也。取之而燕民不悦，则勿取。古之人有行之者，文王是也。以万乘之国伐万乘之国，箪食壶浆以迎王师，岂有他哉？避水火也。如水益深，如火益热，亦运而已矣。"

【译文】

齐国人讨伐燕国，取得了胜利。齐宣王问孟子："有些人认为我不应该攻取燕国，有些人赞成我攻取燕国。以拥有万辆兵车的大国去攻打另一个拥有万辆兵车的大国，只用五十日就攻打下来，光凭人力是不能办到这一点的。（这里面必然有天意，）如果不吞并燕国，必然会遭到天的惩罚。如果我真要攻取燕国，你认为如何呢？"

孟子说："如果兼并燕国而燕国人民欢欣鼓舞，那么你就去兼并它。

古代有人这样做，那就是周武王。如果兼并燕国而燕国人民不乐意，那么你就不要兼并它。古代也有人这样做，那就是周文王。以拥有万辆兵车之大国征伐另一个拥有万辆兵车之大国，如果燕国人民都用竹筐盛着饭，用壶盛着酒来欢迎齐国军队，那还需要说别的吗？燕国人民是在用这种方式来躲避水火一样的苦难生活啊。如果（被齐国吞并后）水更深了，火更热了，那么（将来被吞并的）也不过是转为齐国罢了（或译为：也许将来燕国人民就会转而期望其他国家来吞并齐国了）。”

2.11

齐人伐燕，取之。诸侯将谋救燕。宣王曰：“诸侯多谋伐寡人者，何以待之？”

孟子对曰：“臣闻七十里为政于天下者，汤是也。未闻以千里畏人者也。《书》曰：‘汤一征，自葛始。’天下信之，东面而征，西夷怨；南面而征，北狄怨，曰：‘奚为后我？’民望之，若大旱之望云霓也。归市者不止，耕者不变。诛其君而吊其民，若时雨降。民大悦。《书》曰：‘徯我后，后来其苏。’今燕虐其民，王往而征之，民以为将拯己于水火之中也，箪食壶浆，以迎王师。若杀其兄父，系累其子弟，毁其宗庙，迁其重器，如之何其可也？天下固畏齐之强也，今又倍地而不行仁政，是动天下之兵也。王速出兵，反其旄倪，止其重器，谋于燕众，置君而后去之，则犹可及止也。”

【译文】

齐国人攻打燕国，（最后）侵占了燕国。其他诸侯国正谋划着来救助燕国。齐宣王问孟子：“有很多诸侯国正要谋划讨伐我，我如何对待他们呢？”

孟子回答说：“我听说以七十里见方的国土而能治理天下的，这就是商汤。但我却没听说以千里见方的国土而畏惧别的国家的。《尚书》

中说：‘商汤征伐的时候，是从葛国开始的。’天下的老百姓都信任商汤，商汤向东方进兵，西部的人民就不高兴；商汤向南进兵，北部的人民就会埋怨。他们说：‘为什么（商汤征伐）把我们放在后面呢？’老百姓盼望商汤（征伐的大军到来），就像在大旱之年盼望乌云和彩虹一样。（商汤的大军所到之处，）集市上做贸易的不去阻止他们，要去耕地的也照常进行，商汤诛杀那些暴君但却安慰那些受苦的老百姓，这就像是甘霖降下，老百姓非常高兴。《尚书》中说：‘我们期盼我们的君王快快到来，我们就获得了新生。’现在燕国虐待它的老百姓，大王去征战它，燕国老百姓认为大王将拯救自己逃离水深火热的境况，于是用竹筐盛着饭，用壶盛着酒来迎接大王的军队。如果（齐国的军队）杀害他们的父兄，捆绑（抢掠）他们的子弟，毁掉他们的宗庙，搬走他们的（祭祀祖先与神灵的）重器，这怎么可以呢？天下人固然会畏惧齐国的强大，现在齐国土地扩张一倍但不能实行仁政，这就会招致天下诸侯起兵（反对齐国）。大王现在快快发兵，遣返那些老少俘虏，停止劫夺燕国的祭祀重器，再与燕国的民众商议，选择一位好的君王，然后齐国军队就撤离燕国，（您这样做，）还有可能来得及阻止（各诸侯国发兵讨伐齐国）。”

2.12

邹与鲁閧。穆公问曰：“吾有司死者三十三人，而民莫之死也。诛之，则不可胜诛；不诛，则疾视其长上之死而不救，如之何则可也？”

孟子对曰：“凶年饥岁，君之民老弱转乎沟壑，壮者散而之四方者，几千人矣；而君之仓廪实，府库充，有司莫以告，是上慢而残下也。曾子曰：‘戒之戒之！出乎尔者，反乎尔者也。’夫民今而后得反之也。君无尤焉！君行仁政，斯民亲其上，死其长矣。”

【译文】

邹国与鲁国发生了武装冲突。邹穆公问孟子："邹国的官员（在这场冲突中）死了三十三个人，却没有死一个老百姓。如果我们要诛杀那些（见到官员被杀而不救的）老百姓，那么这样的老百姓杀也杀不完；如果不诛杀这样的老百姓，那么这些老百姓竟然眼睁睁看着他们的官长被杀却不施救，这怎么行呢？"

孟子回答说："在灾凶之年、饥困之时，国王的老百姓中那些老弱病残的人的尸体被抛弃到沟壑之中，青壮年离散奔走于各地，其数量多到几千人；然而国王的粮仓都非常充实，财政库存也非常充足。这样的情况，你的官员却没有汇报给你，这是这些官员欺骗君王而残害人民的表现。曾子说：'要警醒啊！要警醒啊！你如何对待别人，别人也会将与你相同的行为返还给你。'老百姓从今以后就要（把这些官员的行为）返还给他们。大王你千万不要埋怨！如果大王实行仁政，那么这些老百姓就会亲近他们的官长，并甘愿为他们的官长去牺牲生命。"

2.13

滕文公问曰："滕，小国也，间于齐、楚。事齐乎？事楚乎？"

孟子对曰："是谋非吾所能及也。无已，则有一焉：凿斯池也，筑斯城也，与民守之，效死而民弗去，则是可为也。"

【译文】

滕文公问道："滕国，是一个小国，处于齐和楚两个大国之间。您看我们是服事齐国呢，还是服事楚国呢？"

孟子回答说："您所提的这方面的谋略不是我的能力所能评价的。如果您执意要我回答，我只有一个想法：深凿护城河，牢筑城墙，君与民共同守御，即使抛弃生命，老百姓也决不离开这个国家，那么您所提的问题就可以解决了（即不必服事任何一个大国了）。"

2.14

滕文公问曰："齐人将筑薛，吾甚恐，如之何则可？"

孟子对曰："昔者大王居邠，狄人侵之，去之岐山之下居焉。非择而取之，不得已也。苟为善，后世子孙必有王者矣。君子创业垂统，为可继也。若夫成功，则天也。君如彼何哉？强为善而已矣。"

【译文】

滕文公问道："齐国人要在薛国建筑城池，我感到非常害怕，我该怎么办呢？"

孟子回答说："以前太王居住在邠地，狄人来进犯。太王便离开邠地，到岐山脚下住了下来。太王这样做，并不是他主动选择的结果，而是不得已而为之。（因为他相信，）如果他实行善政仁政，（即便他自己不能统一天下，）他后代的子孙们也必定能统一天下为王。君子创建业绩，传之于后世，为的是子孙后代能够继承他的功业。如果他成功地达到了这一点，也是上天的旨意。您如何去对付齐国人呢？（没有别的办法，）只有勉力做善事、行仁政罢了。"

2.15

滕文公问曰："滕，小国也；竭力以事大国，则不得免焉，如之何则可？"

孟子对曰："昔者大王居邠，狄人侵之。事之以皮币，不得免焉；事之以犬马，不得免焉；事之以珠玉，不得免焉。乃属其耆老而告之曰：'狄人之所欲者，吾土地也。吾闻之也：君子不以其所以养人者害人。二三子何患乎无君？我将去之。'去邠，逾梁山，邑于岐山之下居焉。邠人曰：'仁人也，不可失也。'从之者如归市。

"或曰：'世守也，非身之所能为也。效死勿去。'

“君请择于斯二者。”

【译文】

滕文公问：“滕国是个小国。我们竭尽全力服事大国，还是难以免于受到大国欺凌，我们应该怎么办才好呢？”

孟子回答说：“古时太王居住在邠地，狄人来进犯。太王用皮革丝帛来服事狄人，狄人还是来欺凌；太王用犬马来服事狄人，狄人还是来欺凌；太王用珍珠美玉来服事狄人，狄人还是来欺凌。于是太王就召集那些长老并告诉他们说：‘狄人所要的，是我们的土地。我听说：君子不用那些用来养人的东西来害人。你们还愁没有君主吗？我要离开这里了。’于是太王就离开邠地，越过梁山，在岐山之下筑城而居。邠地的人都说：‘太王真是一个仁人君子啊，我们可不能失去这样一位好君主。’于是，跟随太王离开邠地到岐山的人有如赶集市一般。”

“有些人却说：‘这是我们世代守着的土地，（要我们离开这里，）这并不是我们自己能够做到的。我们宁死也不能离开。’

“请您从这两个方法中选择一个吧。”

2.16

鲁平公将出，嬖人臧仓者请曰：“他日君出，则必命有司所之。今乘舆已驾矣，有司未知所之，敢请。”

公曰：“将见孟子。”

曰：“何哉，君所为轻身以先于匹夫者？以为贤乎？礼义由贤者出，而孟子之后丧逾前丧。君无见焉！”

公曰：“诺。”

乐正子入见，曰：“君奚为不见孟轲也？”

曰：“或告寡人曰，‘孟子之后丧逾前丧’，是以不往见也。”

曰：“何哉，君所谓逾者？前以士，后以大夫；前以三鼎，而后以五鼎与？”

曰："否，谓棺椁衣衾之美也。"

曰："非所谓逾也，贫富不同也。"

乐正子见孟子，曰："克告于君，君为来见也。嬖人有臧仓者沮君，君是以不果来也。"

曰："行，或使之；止，或尼之。行止，非人所能也。吾之不遇鲁侯，天也。臧氏之子焉能使予不遇哉？"

【译文】

鲁平公将要出门，他的近臣臧仓请示说："平时您出门，就必会告诉办事的人所要去的地方。现在车马已备好，办事的人不知道您要到何处，特此请示。"

鲁平公说："我要去见孟子。"

臧仓说："您为什么要看轻自己的身份而要主动先去拜访一个平头百姓呢？是因为孟子是一个贤德之人吗？贤德之人遵循礼义而行动，而孟子为母亲办丧事之规格大大超越之前为父亲办丧事的规格。（他看来并不是一个贤德之人，）我劝您还是不要去见他吧。"

鲁平公说："好吧。"

乐正子进来拜见鲁平公，问道："您为什么不去见孟子呢？"

鲁平公说："有人告诉我说：'孟子为母亲办丧事之规格超越了他之前为父亲办丧事的规格'，所以我就不去见孟子了。"

乐正子说："您所说的超越，是什么意思？是指责孟子之前用士的丧礼而之后用大夫的丧礼，还是指责孟子之前用三鼎盛放祭品而之后用五鼎盛放祭品呢？"

鲁平公说："不是的。我指责的是孟子前后用的棺椁和丧服的精美程度不同。"

乐正子说："（孟子这样做，）并不是您所谓的超越，而只是因为孟子在这两次丧礼中的贫富不同罢了。"

乐正子去见孟子，说："学生我去告诉国君，国君正要来见您。可是他的近臣臧仓却阻止国君来见您，所以国君没能来见您。”

孟子说：“一个人做什么事，是有力量在指使他；一个人不去做什么事，是有力量在阻挠他。或做或不做，都不是人自己所能完全自主决定的。我不能与鲁侯相见，这是天意啊。臧仓这样的人怎么能让我见不到鲁侯呢？”

战国之际，七雄并立，各国之间纷争不断，国际秩序处于混乱状态。大国企图兼并小国，以成霸主，号令天下；大国之间亦处于激烈的相互博弈状态，彼此争夺霸权。当此时，苏秦、张仪这些纵横家，凭借其对国际局势的判断和对各国国君战略意图的洞察，迎合霸权主义心态，向各国国君进献合纵连横之术，在各国间游说，可谓呼风唤雨，盛极一时。苏秦、张仪之辈，以今天的眼光来看，堪称那个时代最为优秀、影响力最大的国际战略家，他们在各国之间游走，“挂六国相印”，玩各大国于股掌之间，纵横捭阖，对当时各大国之战略制订产生了深远的影响。今天我们研究国际关系，研究外交战略，亦可以从苏秦、张仪的合纵连横战略中获得极为丰富而深刻的启发。如果说苏秦、张仪之流是“纵横派”，那么孟子在国际关系学、国际交往战略方面则可以称为“道义派”；“纵横派”的目标是使大国成就“霸业”，号令诸侯，一统天下；而“道义派”的宗旨则是建立和谐共生的国际秩序，是探寻一套使不同国家和平共处的国际交往规则。“纵横派”鼓励国君们通过纵横之术行“霸道”，以武力与权谋称霸天下；而“道义派”则主张各国以天下主义的精神来施行“王道”，从而形成天下安定之国际局面。从短期的功利主义的视角来看，行“霸道”的“纵横派”更受各国国君欢迎，苏秦、张仪一时风光无两，在各大国之间从容进退，皆被奉为上宾。但是从更长远的眼光来看，这种抽离“道德原则”的所谓国际交往原则，这种完全没有道德诉求而以实用主义、功利主义为鹄的的国际关系框架，是缺乏真正的人类终极关怀的，这种“霸道”主义的国际秩序观，适用于一个以“力”与“势”驾驭天下的丛林主义时代，适用于一个弱肉强食的丛林主义国际社会。今天的国际关系中，仍旧盛行着这种丛林规则，这种霸权主义思维方式仍旧大行其道。这种丛林主义、功利主义的国际外交思维因其缺乏道德关怀，缺乏“人类中心主义”的终极伦理诉求，而显得狭隘、肤浅、急功近利，虽一时风行却没有历史高度。今天我们只有以“人类中心主义”的高度来审视孟子的天下主义和王道主义国际秩序观，才能真正挖掘孟子国际关系思想的当代价值。

《梁惠王下》(2.3)中齐宣王提出了一个非常深刻的问题：“交邻国有道乎？”这个问题实际上就是国际关系问题，就是如何处理大国与小国、大国与大国之间的关系问题。大国与小国的国际交往准则是什么？以弱肉强食的霸权主义“丛林规则”看来，这个国际交往准则很简单，那就是大国必须以武力、以经济实力对小国进行全方位的控制，并在此基础上对小国进行政治上的强权压制和经济层面的掠夺与利用。近两三百年以来殖民主义与帝国主义在全世界奉行的就是这种逻辑。这种基于炮舰政策与武力征服的“霸道”，以极其不公平、极其血腥的形式，使大国对小国进行极其露骨的军事压迫与征服、经济掠夺与政治强制。在孟子所生活的那个战国时代，情形也是如此。孟子在回答齐宣王这个问题时，提出“以大事小”与“以小事大”两种情况下的国际交往原则。他说：“惟仁者为能以大事小”，“惟智者为能以小事大”。在此处，孟子把处理人与人之间关系的“仁”“智”两个范畴，应用到国际交往中。商汤服事葛伯、周文王服事昆夷，都是“以大事小”的范例。太王服事獯鬻、勾践服事夫差，则是“以小事大”的典型范例。“以大事小”，表明大国怀仁爱之心，宽容包涵，无以大欺小、以强凌弱之意，对小国施以恩慈。“以小事大”，表明小国“识时务者为俊杰”，对大国采取敬畏、明智之姿态，不主动挑起争端，而是采取恭敬有礼的态度，以保国家之安宁。孟子说：“以大事小者，乐天者也；以小事大者，畏天者也。乐天者保天下，畏天者保其国。”以大国之身份而服事小国，表明大国有宽洪的胸怀，有包容万物之雅量；这样的大国，以仁德之怀对待弱小之国，即使小国偶尔有不恭之行、不敬之举，亦不以大国之威、大国之力去压迫小国。这样的大国，是“乐天者”，是以天命为乐的。正因为大国以天命为乐，它才不轻易动怒，不会轻易诉诸武力去征伐小国，而是以礼待之。“乐天”表明大国在处理国际关系时一种谦下、从容、大度的姿态，即使偶有小损失，受到小的冒犯，也不介意，不会与小国妄起争伐。你见过大象为了一个小老鼠的冒犯而大动肝火吗？两犬相遇，往往是小犬拼命狂吠以求自保，实则正是弱小之表现，而大犬则往往极为淡定从容。这就是以大事小之智慧。如果没有这种包容大度之雅量，而与小国因小隙而争伐，则大国之风范尽失，必遭天下人耻笑也。

“以小事大者，畏天者也。”以小国身份服事大国，此谓“畏天”，即敬畏天命之意。小国在大国面前，宜谨慎明智，既不卑不亢，不在大国面前做摇尾乞怜状，而要保持国格，保持一份小国之独立与尊严；但也不宜因过分自尊，而主动发起对大国之挑衅。小犬之自卫，正是过度自尊、过度警惕之表现，从而主动对大犬发起攻击。这是极其不明智的作法，所以孟子说“惟智者为能以小事大”。“以小事大”意味着小国要以敬畏之心保持与大国之间的和谐关系，免得招致祸患。所以孟子说“乐天者保天下，畏天者保其国”。大国以天命为乐，以大国身份对小国谦下有容，这样的大国必得天下各国之拥戴，从而得天下人之心，而小国则敬畏天命，以明智恭敬之姿态谨慎处理与大国之关系，故可保其国家之安定。大国与小国之间这种和谐均衡的关系，建立在一种相互尊重、相互包容的基础之上，建立在一种“万物并育而不相害，道并行而不相悖”（《中庸》）的哲学之上。朱熹在《四书集注》中说："仁人之心，宽洪恻怛，而无较计大小强弱之私。故小国虽或不恭，而吾所以字之之心自不能已。智者明义理，识时势。故大国虽见侵陵，而吾所以事之之礼尤不敢废。""天者，理而已矣。大之字小，小之事大，皆理之当然也。自然合理，故曰乐天。不敢违理，故曰畏天。包含遍覆，无不周遍，保天下之气象也。制节谨度，不敢纵逸，保一国之规模也。"

大国小国之间虽须遵循天下主义的王道原则，彼此包容尊重，但是这并不意味着国家之间没有纷争。在现实世界中，自古以来就有征伐，这是孟子必须面对的现实。孟子当然承认这个现实。当孟子对齐宣王大讲仁义之道、大讲天下主义的时候，齐宣王其实是听不进去的，是不以为意的。齐宣王说："大哉言矣！寡人有疾，寡人好勇。"这个"大哉言矣"，表面上看是肯定孟子之所谓"乐天畏天"之王道理论，实际上却暗含贬义，其潜台词是说："您老的话，虽则高大上，虽则冠冕堂皇，实际上却是大而无当啊！"所以他提出自己"好勇"，来为自己"霸道""好战"的国际关系观作辩护。而孟子却劝勉齐宣王不要好"小勇"，不要逞"匹夫之勇"，而是要效仿文王与武王的"大勇"。"文王之勇"，乃是征伐侵略小国（莒国）的入侵者，要使国际秩序安宁和谐，"以对于天下"，所以，"文王一怒而安天下之民"，这是安天下之"大勇"，而不是意气用事的"小勇"与"匹夫之勇"；而"武王之勇"，乃是征伐荒淫无道的昏君商纣王，解民倒悬，救民水火，所以"武王亦一怒而安天下之民"，这也是一种基于道义原则的"大勇"，非侵凌他国也。所以孟子所主张的天下主义与王道主义，并非主张"好好先生"式的无原则的和平，而是一种基于道德合法性的天下主义与王道主义，将仁义原则显于国际交往之中，反对以大欺小的侵略战争，反对"一人衡行于天下"的"霸道"。孟子注重国与国之争的"正义性"。

在对"齐人伐燕"（2.10，2.11）的讨论中，孟子进一步发挥了他的天下主义原则与正义性原则，齐燕都是大国，在当时国际关系格局中占有重要地位。齐国攻打燕国取得重大胜利，齐宣王自然非常得意，他野心勃勃，筹谋吞并燕国，并把这场吞并燕国之战争看作是上天之意志："以万乘之国伐万乘之国，五旬而举之，人力不至于此。不取，必有天殃。"齐宣王把侵略战争看作是"天意"，认为不顺从天意要遭天谴。而孟子对这一国际关系事件的价值判断，则是基于大国之争的"正义性"，而评判这个"正义性"的基础是它的"人民性"。如果这场战争是人民支持、人民欢迎的正义战争，那么它就是具有道德合法性的，否则它就不具备合法性，不是"天意"，而是非正义的。孟子的回答很简单："取之而燕民悦，则取之"，"取之而燕民不悦，则勿取"。孟子举了文王与武王以及商汤几个历史上著名的案例。武王伐纣，是正义之战，"取之而民悦"，老百姓"箪食壶浆以迎王师"，这是正义战争之典型。商汤征伐天下，得到天下人之拥戴信任，大家都盼着大军到来，"东面而征，西夷怨；南面而征，北狄怨"，大家都说："为什么不先解救我们呢？"（"徯我后？"）老百姓盼望商汤的大军，就像大旱之年盼望彩虹一样（"若大旱之望云霓也"）。因此，汤的征伐也是正义战争，因为"取之则民悦"。而文王没有征伐，是避免战争的典范，因为时机不到，征伐会引起百姓之怨。因此，孟子从战争的正义性标准与人民性标准出发，反对齐宣王吞并燕国。而齐国伐燕确实引起各诸侯国之不满，各国共同联合起来，要救燕伐齐。其根本原因，在于齐国违背仁义原则，违背战争的正义性与人民性原则，破坏了国际关系的基本均衡。如果齐宣王要不使齐国伐燕陷入"不义之战"，就应该赶快撤兵，归还掠夺的燕国重器和燕国俘虏，让燕国人民自己决定如何面对未来，这样才能使各国诸侯不再联合攻齐救燕。

小国如何处理与大国的关系？小国身处大国之间，如同弱羊处于虎狼之间，随时都面临危险。在《孟子·梁惠王下》滕文公的三问孟子，就表达了滕国这个居于齐楚之间的小国在大国间进退两难的焦虑："事齐乎？事楚乎？"这是个两难的问题。小国虽然"竭力以事大国"，但仍不能免于祸患，大国随时对小国虎视眈眈，小国动辄得咎，随时都有被欺凌甚至兼并的危险。孟子给滕文公出的主意，从世俗的意义上来说，都是"大而迂"的点子。"凿斯池也，筑斯城也，与民守之，效死而民弗去"，此言只是教滕文公做好分内之事，小国行其仁政，则自固，自固而莫能攻之也。如果小国国君能守仁自固，则君民同道，上下一心，"效死而民弗去"（2.13），有了老百姓的拥戴，国家自然江山永固，小国就不必有"事齐事楚"的纠结与焦虑。此为小国根本之道，这也是"以小事大"的题中应有之义。在孟子看来，解决"事齐事楚"的矛盾问题，根本不在于如何处理好与大国之间的关系，而在于小国国君要行仁政、行善政，如果小国国君行善政，则即使短期受到大国侵凌，也最终会有好的结果。孟子在回答滕文公"齐人将筑薛"，即将兵临城下，应如何处置的问题时，举了太王的例子。周的始祖太王，原本居住在邠（豳），狄人进犯，太王竭力想避免祸患，以皮、币、犬马、珠玉等财富来服事狄人，仍然不能免除祸患，于是弃土地迁于岐山之下，在岐山下重建新城。而邠人群起而追随太王，于是太王虽失地而得民，最终其子孙兴起周朝。当滕文公焦虑于被大国侵夺领土时，孟子却认为领土不重要，而民心最重要，纵使一时失去疆土而得民心，则国必终兴。孟子从他的道德至上主义出发，以长期视角来看待小国如何在大国间自处的问题，以善政仁政为核心，提出了在滕文公看来不甚具有操作性的主张。孟子说："苟为善，后世子孙必有王者矣。君子创业垂统，为可继也。若夫成功，则天也。君如彼何哉？强为善而已矣。"（2.14）要想使自己的江山基业后世可继，只有勉力为善、施行仁政，此是最根本、最稳妥、最长期的应对之策，而不是要去计较一时之得失。

在这里，孟子暗含了一个前提，即小国国君应以民心为先，以仁政为先，而视土地与王位为次，甚至不把土地与王位看在眼里，即使弃之也毫不可惜。太王在离开邠地时对父老们说："狄人之所欲者，吾土地也。吾闻之也：君子不以其所以养人者害人。二三子何患乎无君？我将去之。"这段话说得何等清醒、何等理性、何等决绝、何等痛快，又何等豪迈！太王把土地与君位视同草芥，惟对人民惜爱有加。强大的狄人，不就是看中了我的土地吗？土地本来是养育我的子民的，可是现在狄人要来侵掠吾国土，因这国土而引发战争，不是以本来"养人"之土地来害我人民吗？"二三子何患乎无君？"你们还愁没有国君吗？我去也！我相信这是中国历史上最清醒最豪迈的国君演讲，在国家危机关头，太王弃土地与王位如敝屣，而人民却矢意追随这位仁德之君，"从之者如归市"，土地虽丧失，民心却巩固如山，从而奠定周朝八百年之基业。滕文公敢于效仿这样的国君吗？恐怕不敢也。所以孟子料到滕文公没有如此仁德，也没有这么强大的感召力，当然更没有如此豪迈决绝的勇气来效仿太王。于是孟子提出第二套方案来让滕文公选择："效死勿去。"面临国家危亡，誓死与国同存亡，这是正理，也是常理。朱熹说："能如大（太）王则避之，不能则谨守常法。盖迁国以图存者，权也；守正而俟死者，义也。审己量力，择而处之可也。"太王的迁国图存，是出于道义上的自信与对土地、君位等身外之物的鄙弃，这是一种极高的境界，但平常之君不可能达到此种境界，故不可效仿。而"守正俟死"，与社稷同存亡，则是国君应该遵守的常法。选择权在滕文公手里，虽然孟子在两条道路的选择题中明显赋予第一条道路以更高的道德标准，然而也没有在道德层面上贬低后一条道路，毕竟做到"国灭君死"也是一种极其符合儒家礼义之行为。这是给滕文公一个"次优选择"，虽然这个次优选择，对于滕文公而言也是一个极为艰难的不得已才选的选项。

对于孟子答滕文公"事齐事楚"之问，杨时的评论颇堪玩味。他说："孟子之于文公，始告之以效死而已，礼之正也。至其甚恐，则以大（太）王之事告之，非得已也。然无大（太）王之德而去，则民或不从而遂至于亡，则又不若效死之为愈。故又请择于斯二者。”“孟子所论，自世俗观之，则可谓无谋矣。然理之可为者，不过如此。舍此则必为仪秦之为矣。凡事求可，功求成。取必于智谋之末而不循天理之正者，非圣贤之道也。”杨时之评甚为精到而深刻。以世俗的功利主义眼光看来，“凡事求可，功求成”，滕文公当然需要短期管用之谋，而不需要“大而无当”的长期之谋。正如英国经济学家凯恩斯所言：“从长期而言，我们都将死去。”政治家需要的是短期奏效，需要的是眼前的“事求成”，而不是长期的“循天理”。从短期功利主义的视角来看，当然苏秦张仪之辈的纵横术更管用、更实在、更具可操作性，然而孟子却恰好反其道而行之，他是从人类着眼，从正义性与人民性着眼，从道德着眼，从天理着眼，这正是孟子“见以为迂远而阔于事情”（司马迁语）之处，可也正是孟子作为人类历史上之伟大哲学家与苏秦张仪之辈产生差异拉开距离的关键所在。孟子正因其“迂阔”，正因其不屑与“仪秦之为”为伍，才以其高远的历史眼光与哲学高度，提出国际关系领域至为重要的“正义性”与“人民性”的天下主义原则，也才能为当今世界的国际交往秩序提供哲学上之指引。

孟子关于如何处理国家与国家关系的思想，尤其是他的天下主义与道德至上主义、“乐天畏天”论等，在国际关系思想史上具有极高的思想价值。孔子讲“和为贵”，也讲“和而不同”，实际上为建立一个均衡的国际关系结构提供了方法论原则，这个原则就是“和谐”与“尊重差异”。“和而不同”就是既要保持总体的和谐共处，不要彼此纷争，又要以彼此包容、彼此欣赏、彼此分享的心态来看待彼此的差异性，“和”不是“同”，不是强求“同一”，而恰恰是允许差异、鼓励多元。大国与大国之间、大国与小国之间，都要遵循“和而不同”的原则，尤其是大国要以包容之心对待小国，大国之间更宜彼此包容，如此才能和谐共处、共生共赢。孟子的“乐天畏天”论，实际上包含了孔子的“和为贵”、“和而不同”之思想原则。老子也讲到“大邦谦下”的国际关系原则，《道德经》六十一章中说：

> 大邦者下流，天下之牝，天下之交也。牝常以静胜牡，以静为下。故大邦以下小邦，则取小邦；小邦以下大邦，则取大邦。故或下以取，或下而取。大国不过欲兼畜人，小邦不过欲入事人。夫两者各得其所欲，大者宜为下。

这一段讲到如何处理大国与小国之关系，老子将贵柔守静之哲学，应用到国际关系方面。老子在此处讲的大意是：大国就像河流的下游，位于雌柔的地位，是天下万国交汇之地。雌柔以静定战胜雄强，以其虚静而甘于谦下。因此大国以谦下态度面对小国，则可以获取小国的归附；小国以谦下的态度面对大国，就可以获得大国的容纳保护。因此大国谦下则取小国，小国谦下则取大国。大国谦下的目的，不过是要容纳蓄养小国，而小国谦下的目的，不过是要得到大国的容纳保护。大国和小国都各得到它们希望得到的，大国尤其要保持谦下态度。这里老子讲的基本国际准则与孟子讲的“以大事小”“以小事大”的“乐天畏天”论有内在的相通之处。国际关系之和谐，有赖于大国与小国都要以谦下的态度来对待对方，彼此包容，彼此理解。现实中，大国当然在国际关系构建中占据主导地位，因此老子虽然强调大邦小邦都应该采取谦下态度，但是大邦更应谦下，它是“天下之牝，天下之交”，它要“以静为下”，不要妄起争战，不要欺凌小国。大国要有极大的包容性，宽容涵纳其他小邦，不以力征服，而是以雌柔之道来对待小邦，使小邦在大邦面前获得平等感、尊严感、安全感。因此大国在国际关系中居于矛盾的主要方面，它要甘居“下流”（处于百川之下游），要甘居雌柔之位，要有海纳百川的胸怀，有大国的格局与风范。大国要以其包容谦下的姿态，使小国消除恐惧、不安与自卑，消除过度的防备、警惕与敌意，从而化解矛盾，使小国归附信任。小国在大国面前，本来心存惕惧，对大国有疑虑、有戒心，此时大国若以暴易暴、以躁动对躁动，则必引起小国的更大敌意与反抗。因此大国谦下，贵柔守静，则小国不躁，天下易安。当然，小国也要有谦下态度，两者的关系是对等的，老子讲得很全面，如此大国小国才能“各得其所欲”。这与孟子讲的“（大国）乐天保天下，（小国）畏天保其国”有异曲同工之妙。

卷三　公孙丑上

七　养浩然气

3.1

公孙丑问曰："夫子当路于齐，管仲、晏子之功，可复许乎？"

孟子曰："子诚齐人也，知管仲、晏子而已矣。或问乎曾西曰；'吾子与子路孰贤？'曾西蹵然曰：'吾先子之所畏也。'曰：'然则吾子与管仲孰贤？'曾西怫然不悦，曰：'尔何曾比予于管仲？管仲得君如彼其专也；行乎国政如彼其久也，功烈如彼其卑也。尔何曾比予于是？'"

曰："管仲，曾西之所不为也，而子为我愿之乎？"

曰："管仲以其君霸，晏子以其君显。管仲、晏子犹不足为与？"

曰："以齐王，由反手也。"

曰："若是，则弟子之惑滋甚。且以文王之德，百年而后崩，犹未洽于天下；武王、周公继之，然后大行。今言王若易然，则文王不足法与？"

曰："文王何可当也？由汤至于武丁，贤圣之君六七作。天下归殷久矣，久则难变也。武丁朝诸侯，有天下，犹运之掌也。纣之去武丁未久也，其故家遗俗，流风善政，犹有存者；又有微子、微仲、王子比干、箕子、胶鬲，皆贤人也，相与辅相之，故久而后失之也。尺地莫非其有也，一民莫非其臣也，然而文王犹方百里起，是以难也。齐人有言曰：'虽有智慧，不如乘势；虽有镃基，不如待时。’今时则易然也：夏后、殷、周之盛，地未有过千里者也，而齐有其地矣；鸡鸣狗吠相闻，而达乎四境，而齐有其民矣。地不改辟矣，民不改聚矣，行仁政而王，莫之能御也。且王者之不作，未有疏于此时者也；民之憔悴于虐政，未有甚于此时者也。饥者易为食，渴者易为饮。孔子曰：‘德之流行，速于置邮而传命。’当今之时，万乘之国行仁政，民之悦之，犹解倒悬也。故事半古之人，功必倍之，惟此时为然。”

【译文】

公孙丑问：“先生如果在齐国当权，那么是否可能期待您再现管仲和晏子的功业？”

孟子说：“你真是一个不折不扣的齐国人，你只知道管仲和晏子而已。有人问曾西：‘您和子路相比，哪个更贤能？’曾西不安地说：‘子路是我父亲所敬畏的人。’（我怎么能跟他相比呢？）这个人又问曾西：‘您与管仲相比，谁更贤能？’曾西有点恼怒，不太高兴地说：‘你怎么能拿我与管仲相比呢？管仲得到君主的宠爱信任是那么专一，他治理国家的时间又是如此之久，然而他创建的功业是如此微不足道；你怎么能拿我跟管仲相比呢？’”孟子说：“管仲，曾西都不愿跟他相比，而你以为我就愿意跟他相提并论吗？”

公孙丑说：“管仲辅佐君主成为一代霸主，晏子辅佐君主使其名声尊显。难道管仲、晏子还不值得仿效吗？”

孟子说：“凭齐国的实力来称王天下，易如反掌。”

公孙丑说：“如果是这样的话，那么学生的困惑就更大了。（您说齐国一统天下易如反掌，）然而以周文王的圣德，寿龄百岁而去，还不能把他的圣德遍布于天下；武王和周公继承文王的遗志，（一统天下，）此后才将王道圣德推行于天下。现在您说齐国一统天下易如反掌，那么就是说文王都不足以效法了？”

孟子说：“怎么能跟文王比呢？从商汤到武丁，出现了六七位圣贤君主，殷商统一天下太久了，太久则难以变革。武丁朝会诸侯，拥有天下，就像把天下运行于一个手掌之中。纣王离武丁时间还不太久，先王所遗留的善政美俗，还有很多存续下来；同时又有微子、微仲、王子比干、箕子、胶鬲等一批贤臣共同辅佐，所以纣王支持了很久而后才失去王位。每一尺土地都无不是纣王所有，每一个民众都无不是纣王的臣子，然而文王以方圆一百里的土地兴起，这是非常困难的。齐国人有句老话说：‘即使有智慧，也不如利用大势；即使有耕作的农具，也不如等候合适的农时。’现在要（施王政、一统天下）就比较容易了：夏、商、周极盛之时，土地面积没有超过一千里的，而齐国则拥有千里之地。鸡鸣狗叫的声音到处听到，一直到边境（都住着大量人口），说明齐国拥有如此稠密的人口。土地不用再重新开辟了，民众不用再吸引更多了，现在齐国施行仁政而一统天下，没有人能够抗拒。而且圣王没有兴起的时间，从来没有像今天那么长久；老百姓被暴虐之政折磨得身心憔悴，也从未像今天那么厉害。饥饿的人不挑剔食物，口渴的人不挑剔喝什么。孔子说：‘仁德的传播，比通过邮递站传达命令还迅速。’当今时代，拥有万辆兵车的大国推行仁政，老百姓欢欣雀跃，就像倒挂着的人被解下来一样高兴。所以我们（施行仁政，）只要费古人一半的力气，然而功效却成倍于古人，这样的情况只有在今天才可能出现。”

3.2

公孙丑问曰：“夫子加齐之卿相，得行道焉，虽由此霸王，不异矣。如此，则动心否乎？”

孟子曰：“否。我四十不动心。”

曰：“若是，则夫子过孟贲远矣。”

曰：“是不难。告子先我不动心。”

曰："不动心，有道乎？"

曰："有。北宫黝之养勇也：不肤挠，不目逃，思以一豪挫于人，若挞之于市朝；不受于褐宽博，亦不受于万乘之君；视刺万乘之君，若刺褐夫；无严诸侯，恶声至，必反之。孟施舍之所养勇也，曰：'视不胜犹胜也；量敌而后进，虑胜而后会，是畏三军者也。舍岂能为必胜哉？能无惧而已矣。'孟施舍似曾子，北宫黝似子夏。夫二子之勇，未知其孰贤，然而孟施舍守约也。昔者曾子谓子襄曰：'子好勇乎？吾尝闻大勇于夫子矣：自反而不缩，虽褐宽博，吾不惴焉；自反而缩，虽千万人，吾往矣。'孟施舍之守气，又不如曾子之守约也。"

曰："敢问夫子之不动心与告子之不动心，可得闻与？"

"告子曰：'不得于言，勿求于心；不得于心，勿求于气。'不得于心，勿求于气，可；不得于言，勿求于心，不可。夫志，气之帅也；气，体之充也。夫志至焉，气次焉。故曰：'持其志，无暴其气。'"

"既曰'志至焉，气次焉'，又曰'持其志，无暴其气'者，何也？"

曰："志壹而动气，气壹则动志也，今夫蹶者趋者，是气也，而反动其心。"

"敢问夫子恶乎长？"

曰："我知言，我善养吾浩然之气。"

"敢问何谓浩然之气？"

曰："难言也。其为气也，至大至刚，以直养而无害，则塞于天地之间。其为气也，配义与道；无是，馁也。是集义所生者，非义袭而取之也。行有不慊于心，则馁矣。我故曰，告子未尝知义，以其外之也。必有事焉而勿正，心勿忘，勿助长也。无若宋人然。宋人有闵其苗之不长而揠之者，芒芒然归，谓其人曰：‘今日病矣，予助苗长矣。’其子趋而往视之，苗则槁矣。天下之不助苗长者寡矣。以为无益而舍之者，不耘苗者也；助之长者，揠苗者也，非徒无益，而又害之。”

“何谓知言？”

曰：“诐辞知其所蔽，淫辞知其所陷，邪辞知其所离，遁辞知其所穷。生于其心，害于其政；发于其政，害于其事。圣人复起，必从吾言矣。”

“宰我、子贡善为说辞，冉牛、闵子、颜渊善言德行。孔子兼之，曰：‘我于辞命，则不能也。’然则夫子既圣矣乎？”

曰：“恶！是何言也？昔者子贡问于孔子曰：‘夫子圣矣乎？’孔子曰：‘圣则吾不能，我学不厌而教不倦也。’子贡曰：‘学不厌，智也；教不倦，仁也。仁且智，夫子既圣矣！’夫圣，孔子不居。是何言也？”

“昔者窃闻之：子夏、子游、子张皆有圣人之一体，冉牛、闵子、颜渊则具体而微。敢问所安。”

曰：“姑舍是。”

曰：“伯夷、伊尹何如？”

曰：“不同道。非其君不事，非其民不使；治则进，乱则退，伯夷也。何事非君，何使非民；治亦进，乱亦进，伊尹也。可以仕则仕，可以止则止，可以久则久，可以速则速，孔子也。皆古圣人也，吾未能有行焉；乃所愿，则学孔子也。”

“伯夷、伊尹于孔子，若是班乎？”

曰：“否。自有生民以来，未有孔子也。”

曰：“然则有同与？”

曰：“有。得百里之地而君之，皆能以朝诸侯，有天下；行一不义、杀一不辜而得天下，皆不为也。是则同。”

曰：“敢问其所以异。”

曰："宰我、子贡、有若，智足以知圣人，汙不至阿其所好。宰我曰：'以予观于夫子，贤于尧舜远矣。'子贡曰：'见其礼而知其政，闻其乐而知其德，由百世之后，等百世之王，莫之能违也。自生民以来，未有夫子也。'有若曰：'岂惟民哉？麒麟之于走兽，凤凰之于飞鸟，太山之于丘垤，河海之于行潦，类也。圣人之于民，亦类也。出于其类，拔乎其萃，自生民以来，未有盛于孔子也。'"

【译文】

公孙丑问："假如先生被加封为齐国的卿相，得以推行王道，即使因此而使齐国称霸天下，也是不足为奇的。如果是这样的话，那么您会动心吗？"

孟子说："不会。我四十岁之后就不动心了。"

公孙丑说："如果是这样的话，那么先生超过孟贲很多了。"

孟子说："这不难，告子在我之前就做到不动心了。"

公孙丑说："要做到不动心，有方法吗？"

孟子说："有。北宫黝是这样培养勇气的：皮肤被刺却不动，眼睛被刺却不眨，受到别人一点点的挫伤，就像在集市中被鞭挞一样；既不能忍受卑贱之人的侮辱，也不能忍受万乘之君的侮辱；他刺杀一国之君，就像刺杀普通老百姓；对居于高位的诸侯毫不畏惧，如果遭到喝斥污辱，他一定会猛烈回击。孟施舍是这样培养勇气的，他说：'我看待那些不能战胜的敌人，跟看待能够战胜的人一样。如果考量敌人的情况而后才前进，先考虑好胜算才去跟敌人交锋，这种人一定是对敌军充满畏惧的。我难道能战则必胜吗？我仅仅是无所畏惧罢了。'孟施舍就像曾子，北宫黝好像子夏。这两个人的勇敢，我不知道哪个更好，然而孟施舍的方法较为简约可行（抓住了养勇的要点）。以前曾子对子襄说：'你爱好勇敢吗？我曾经从孔子那里听说过什么是"大勇"：反躬自省，如果自己是不正义的，那么即使对方是卑贱之人，我也不去恫吓他们；反躬自省，如果自己是正义的，即使是（面对）成千上万人，我也敢冲上前去。’孟施舍培养勇气，只是执守一种刚强之气，他又不如曾子（以正义为标准而行动）那样简易可行（能抓住养勇的要点）。”

公孙丑说：“请问先生您的不动心与告子的不动心（有什么区别）？可以有幸听听您的观点吗？”

孟子说：“告子曾说：‘如果不能在言语上通达，就不要求理于心；不能求理于心，就不要求助于意气。’不能求理于心，就不要求助于意气，这是可以的；但是说如果不能在言语上通达，就不要求理于心，这是不对的。因为心志，是统帅意气的；而意气，是人体内充满的一种力量。心志到了一个地方，意气就会随之而到。所以说：‘要坚定持守心志，不要乱用自己的意气。’”

公孙丑说：“您既然说‘思想心志到了哪里，意气也会随之而来’，但您又说‘要坚定持守思想心志，不要乱用意气’，这是为什么呢？”

孟子说：“心志若专一恒定，则会鼓动意气。如果意气专注于一个地方，那么也会扰动心志。比方说跌倒之人与奔跑之人，这都是意气动荡而造成的，然而反过来也会使心态受到影响。”

公孙丑问：“请问先生您擅长哪个方面？”

孟子说：“我善于洞察别人的言辞，并善于培养自己的浩然之气。”

公孙丑：“请问先生什么是浩然之气？”

孟子说：“难说。‘浩然之气’，这种气，极其阔大，极其刚健，要用正直去滋养它，而不要随意戕害它，这样浩然之气就可以充塞于天地之间。‘浩然之气’这种气，要用正义和大道去匹配，如果不这样，浩然之气就会疲软乏力。‘浩然之气’是长期积累正义而产生的，并不是偶然行义而获取的。如果内心有一点点愧疚不快，那么这种浩然之气也会疲软无力。所以我说，告子不曾知道什么是正义，因为他把正义当作心外之物。一定要培育这种浩然之气，但不要怀着特殊目的（即不要太功利）；内心不要忘记养浩然之气，但也不要刻意助长。不要像宋国人那样。有个宋国人可怜他的禾苗不长，于是就拔苗帮助其生长，他疲倦地回到家，对家人说：‘今天累坏了！我帮助禾苗生长了！’他的儿子赶紧跑到田里看，结果禾苗都枯萎了。天下不拔苗助长的人真是太少了。以为禾苗没有益处而舍弃的，是那些不事耕耘的人；（急急忙忙）帮助禾苗生长的，是那些拔苗的人，这些拔苗的人非但对禾苗没有好处，反而害了禾苗。”

公孙丑问：“您所说的‘洞察别人的言辞’是什么意思？”

孟子说：“对于那些偏颇之辞，我知道它所片面不通之处；对于那些过分的言辞，我知道它的缺失之处；对于那些邪僻之辞，我知道它偏离正道之处；对于那些逃避躲闪的言辞，我知道它理屈词穷之处。以上这些不好的言辞，从人心中产生出来，对一国的政治产生祸害；如果这些不好的言辞体现在政治上，则对于整个国家的治理都会产生祸害。如果未来有圣人再次兴起，也必定会同意我的观点。”

公孙丑说：“宰我、子贡善于言辞，冉牛、闵子、颜渊以德行见长。孔子则兼有言辞与德行，然而孔子说：‘我对于言辞，不太擅长。’既如此，那么您算不算已经是圣人了呢？”

孟子说：“嗐！你这是说什么呢？以往子贡曾经问孔子：‘先生您是圣人吗？’孔子说：‘圣人嘛，我还算不上；我只是不知疲倦地学习并教育学生罢了。’子贡说：‘学习不知疲倦，这就是智；教育学生不知疲倦，这就是仁。您既有智慧，又有仁德，先生已经是圣人了。’孔子都不敢自居圣人，你怎么能称我为圣人呢？”

公孙丑说：“从前我听说：子夏、子游、子张都具备了圣人的某一方面品质，但冉牛、闵子、颜渊这三个人具备了圣人的大体，只不过没有圣人那样博大精深而已。请问先生您自认为是哪一类？”

孟子说：“现在暂且不谈这个话题。”

公孙丑说：“伯夷、伊尹这两个人如何？”

孟子说："他们的道不同。不是明君就不去辅佐，没有好的人民就不去驱使管理，国家井然有序就出来做事，国家混乱就退出政坛不做事，这就是伯夷的处世之道。什么君主都可以辅佐，什么子民都可以管理，国家井然有序出来做事，国家秩序混乱也出来做事，这是伊尹的处世之道。应该出来做官就出来做官，应该停下来不做官就停下来不做官，应该持久干下去就持久干下去，应该果断离开就果断离开，这是孔子的处世之道。这三个人都是古时的圣人，我都做不到他们的境界；如果说我愿意学习哪一位的话，我愿意学习孔子。"

公孙丑说："伯夷、伊尹与孔子，他们是可以相提并论的吗？"

孟子说："不可以。自从有人类以来，没有人能与孔子相比。"

公孙丑说："那么他们有相同之处吗？"

孟子说："有。这三个人要是拥有方圆百里国土而成为君主，他们都能使诸侯前来朝拜，一统天下；让他们做一件不符合道义的事，杀一个无辜的人，而得到天下，他们都不会去做的。这是他们相同的地方。"

公孙丑说："请问他们有何不同之处？"

孟子说："宰我、子贡、有若，他们的智慧很高，足以使他们深刻理解圣人，他们再不好也不至于阿谀奉承他们敬爱之人。宰我说：'让我来看孔老夫子的话，他的贤德与尧舜相比超过太多。'子贡说：'看到一国之礼仪就知道一国之政治，听到一国之音乐就知道一国之仁德，在百世以后再来看这些百世的君王，他们没有一个人能违背（孔子提倡的）礼乐治国之道。自从有人类以来，没有一个能超过孔子的。'有若说：'难道仅仅是人类（有高下之分吗）？麒麟相对于一般的走兽，凤凰相对于一般的飞鸟，泰山相对于小丘，河海相对于水洼，都是如此。圣人相对于老百姓，也是如此。圣人从他的同类中出来，又超拔于他的同类。自从有人类以来，没有超过孔子的。'"

孟子气象“弘毅”。“弘”者，大也；“毅”者，刚健有为、自强不息也。曾子说：“士不可以不弘毅，任重而道远。”（《论语·泰伯》）有弘毅气象，才能致远。张载在谈到“为学”时，曾说：“为学大益，在自求变化气质。”（《张载集》）学孟子，要学什么东西？我以为读《孟子》，首要的东西就是要“大其心”，“大其心则能体天下之物”（《张载集》）。“大其心”，方能俯仰天地，包罗宇宙，体天下之物，与天地上下同流。朱子曰：“读孟子，观其发越”（《四书章句集注》），亦是观孟子廓大超越之气象。这种宏阔伟岸、超然洒落之气象，在孟子身上体现得淋漓尽致，欲“大其心”，须从孟子入手，尤其要深谙孟子“浩然之气”的精髓与宗旨。

在《孟子·公孙丑上》中，孟子与公孙丑之间有一段精彩且意韵隽永的对话。在这段对话中，以“浩然之气”为核心，孟子展开其对“心一言一气一志一义”等一系列身心修炼方法的论述，行文跌宕起伏，对话中颇富玄机，需细细玩索方能得其至味。

公孙丑先以“霸王”之业，向孟子请教“动心”一事。公孙丑认为，假如孟子得其位行其道，即可成“霸王”之伟业，小则成就霸业，大则成就王业，或王或霸，皆可煊赫一时，于名于利，都是相当有诱惑力的。面对这样的诱惑，面对“霸王之业”这样足可显名耀祖的功业，一个人能“不动心”是很难的。孟子说：“我四十不动心。”一个人四十岁的时候，正是年富气盛、好胜好强之时，因此往往心气浮躁旺盛，心易动，种种因欲望而起的忧惧疑虑自不可免。孔子曾讲过“三戒”：“少之时，血气未定，戒之在色；及其壮也，血气方刚，戒之在斗；及其老也，血气既衰，戒之在得。”“色”、“斗”、“得”，皆为影响一个人道德人格与伦理行为之外在力量，可见一个人在生命的各个阶段，均可能遭遇德行修养中的挑战，这些挑战需要一个人有强大的道德意志去克服。“四十不动心”，犹孔子所言“四十而不惑”。孟子面对卿相之贵、霸王之业而能不动心，其动力何在？我想这种动力，既来自于道德理性的自觉，又来自道德意志的勇气。一个人在阻碍扼制其生命修养的激流险滩面前，在那些诱惑、挑战、艰困面前，内心必产生激烈的挣扎、斗争、煎熬、纷扰，犹如把这颗心置于铁砧上锤炼。此时若“不动心”，可谓练就金刚不坏之身，这是一桩极为艰难的事！孟子说告子比他更早能做到“不动心”，然而告子之“心法”与孟子之“心法”乃大相径庭，泾渭分明。

当公孙丑问孟子“不动心有道乎？”孟子却举了三个例子，即北宫黝、孟施舍和曾子，重点探讨这三个人如何“养勇”的问题。可见，在孟子那里，“不动心”首先意味着一种道德勇气，因此要做到“不动心”，首先要“养勇”。然而“勇”这一道德条目，在儒家的道德条目表中，并不占极重要、极核心的位置。孔子的弟子子路好勇，但勇而无谋，屡受孔子的批评。《论语·阳货》中载：子路曰：“君子尚勇乎？”子曰：“君子义以为上。君子有勇而无义为乱，小人有勇而无义为盗。”在孔子的回答中，“勇”这个道德范畴并不是一个具有独立意义与不受约束的道德范畴，而是一个有前提、有条件、受到更高道德范畴制约与决定的道德范畴，这个制约与决定“勇”的更高的道德范畴，就是“义”。所谓“义”，就是“合宜性”，就是道德上的合法性。只有符合“义”的原则的“勇”，才是具有正当性、合法性、合宜性的“勇”，才是真正的“勇”。而要符合“义”，一个人的“勇”必须经过理性的判断，经过道德的检验，方能成就真正的“勇”的行为，否则这种“勇”就是血气之勇，而非仁义之勇。《论语·阳货》就清楚地指出了这一点：“好勇不好学，其蔽也乱。”如果一个人只是好勇，但不“好学”，不能运用自己的理性知识去进行恰当的道德判断，不能正确地认知什么是合宜的（义），什么不是合宜的，那么这种“勇”必定会带来行为上的悖乱，形成对社会道德秩序的破坏。一个人凭血气逞一时、一己之勇，只能使社会共同体更加混乱，因此必须由“义”来节制它，而“义”这一道德原则所具有的社会性与理性，内在要求社会成员必须通过系统的道德知识训练才能获得这种理性能力，此所谓“好学”之深意。

孟子在探讨“勇”这一道德范畴时，完全继承了孔子的“勇—义”统一，以义制勇的思想理路。《孟子·梁惠王下》中，孟子与齐宣王探讨“勇”这一命题，孟子即将“匹夫之勇”与“仁义之勇”作了深刻的区分，“匹夫之勇”乃血气之勇，乃“敌一人”之“小勇”；而“仁义之勇”是具备道德担当与道德价值的“大勇”，文王与武王“一怒而安天下之民”，此乃真正的“勇”，是符合“义”的原则的“勇”。如果说孔子在其道德学说中特别强调“仁”，那么孟子则特别强调“义”，他特别发挥了“义”的内在意蕴，把一个人的内心道德修养和平时的道德训练与“义”紧密地结合起来，从而使“义”不是成为一种“外在”的社会道德约束，而成为一种“内在”的道德自觉与道德追求，而孟子与告子的“不动心”之重大区别，亦在于此。孟子甚至将“义”提高到一种极高的道德地位，是“大人”行为的重要标志：“大人者，言不必信，行不必果，惟义所在”（8.11），“义”是指导一个人道德行为的准则，而言信行果不是，它们只是附着于“义”的次要的、被决定的道德原则，这与“义”节制“勇”是一个逻辑思路。

在《孟子·公孙丑上》（3.2）中，北宫黝、孟施舍之“养勇”之法有很大差别。北宫黝据朱熹讲“盖刺客之流，以必胜为主，而不动心者也”，他“不肤挠，不目逃，思以一豪挫于人，若挞之于市朝”，可见他非常勇敢，而且不能忍受来自于外界的一丝一毫的挑战、挫折与蔑视，总是勇敢抗击；“不受于褐宽博，亦不受于万乘之君；视刺万乘之君，若刺褐夫；无严诸侯，恶声至，必反之”，可见他对自己的个人生命尊严很在意，非常勇敢地去捍卫，在他眼里，万乘之君、诸侯与贱民没有什么不同，只要他们侵犯了自己的尊严，则必勇敢抗击。可见北宫黝是个意志坚强、性格刚毅、笃守原则、极端注重个体生命尊严的人。而孟施舍则“视不胜犹胜也”，他虽然承认自己并不是每次必胜，但面对强大的敌人，“能无惧而已”，可见他刚猛有为，内心强大，据朱熹的猜测，“盖力战之士，以无惧为主，而不动心者也”。无惧是战士的必备素质，“舍自言其战虽不胜，亦无所惧。若量敌虑胜而后进战，则是无勇而畏三军矣”，因此孟施舍堪称“勇士”。孟子认为，“孟施舍似曾子，北宫黝似子夏”，为什么这么打比方呢？曾子就是曾参（字子舆），是孔子最重要的弟子之一，是《大学》的作者，对孔子学说的弘扬传播与儒家思想的系统化有相当的贡献。子夏也是孔子重要的弟子，他的名字是卜商，以文学称，《论语》里面记载子夏的语言较多。孟子拿曾子来比孟施舍，拿子夏来比北宫黝，看来有些顺手拈来的意思，孟子亦未深解。朱子在《四书章句集注》中勉强作了一个解释：“黝务敌人，舍专守己。子夏笃信圣人，曾子反求诸己。故二子与曾子、子夏，虽非等伦，然论其气象，则各有所似。”

朱子的这个解释，将子夏与曾子的气象作了区分，子夏、曾子气象不同，其修身的“功夫”亦不同。子夏“笃信圣人”，故以圣人为楷则，“博学而笃志，切问而近思”（《论语·子张》），“日知其所无，月无忘其所能，可谓好学者也已矣”（《论语·子张》），不断通过学习来达到“圣贤”的目标；而曾子“吾日三省吾身：为人谋而不忠乎？与朋友交而不信乎？传不习乎？”（《论语·学而》），曾子善于自我反省，时时检视与反思自己，通过自省以达到自我道德人格的圆满之境。“远取诸物，近取诸身”，时时“自反”，此是儒家修身之要道。曾子的“自反”之道，代表着一种“内向”的修身之学，由外向内，自我省视，反求诸己，这种修身方法贯穿着曾子生命始终。《论语·泰伯》曰：曾子有疾，召门弟子曰：“启予足！启予手！《诗》云：‘战战兢兢，如临深渊，如履薄冰。’而今而后，吾知免夫！小子！”

这段话，朱子曾解释为曾子受孔子之教，“身体发肤，受之父母，不敢毁伤，孝之始也”，故临终时命弟子“启手启足”，检视其身体，以表白身体完好无损，可算是尽了孝道，无愧于父母养育之恩。

传《孝经》乃曾子所作，“孔子以（曾子）为能通孝道，故授之业，作《孝经》”（《史记·仲尼弟子列传》）。前人的这种解释，虽然在逻辑上有一定合理性，但却失之于肤浅，把“启手启足”内在的深刻意蕴给忽略掉了，没有揭示出曾子这段话的深意。曾子强调“自反”、“自省”，这种内在的道德反省他直到临终之时仍旧坚持不懈，他“战战兢兢，如临深渊，如履薄冰”，并非是要尽孝道，保护身体发肤，而是时刻以儆醒自反的心态追求至高的道德人格，追求自我道德修为的圆满与完美。曾子终身行之，一以贯之，不稍懈怠，直到生命终了，才使自己终于停歇了这道德反省与修养的漫漫长旅，“而今而后，吾知免夫”这八个字，表达了曾子对自我道德修炼之途的无比欣慰之情，“止于至善”，平生无愧无憾矣！

儒家强调在修身过程中“内外交相养”，子夏笃信圣人，好学笃志，此“向外”一路，最终以圣人为依归，达到内在生命的唤醒与发扬；曾子强调“自反”，一日三省，如临如履，使自己的生命气象“向内”发掘，处处时时以仁义为生命标的，持守不懈，最终臻至生命人格的圆满境地。这一内一外，门径不同，目的为一。

在北宫黝与孟施舍之间，孟子认为虽然这两个人的养勇之道不同，也不能绝对地分出高下，然而他认为孟施舍守己、向内的路数抓住了养勇的要害，从而是通向“不动心”的简易可行的途径。然而孟子在孟施舍与曾子之间，更进一步地认为孟施舍的养勇之道，不及曾子的“自反”更能指向“不动心”之境，其道理在于孟施舍虽然能守己向内，然而其勇仍旧有“守气”的成分，而不完全是符合“义”的理性的“勇”，这一见地是很高明的。孟子引用了曾子的一段话：

> 昔者曾子谓子襄曰：“子好勇乎？吾尝闻大勇于夫子矣：自反而不缩，虽褐宽博，吾不惴焉；自反而缩，虽千万人，吾往矣。”

曾子用老师孔子的话来解释什么是“大勇”。这个“大勇”的核心与精髓，不是表面上的勇敢与刚强，也不是面对挑战永不畏惧，更不是“暴虎冯河”式的愚勇，而是“自反”与“义”：“自反”是追求“大勇”这种道德价值的途径，而“大勇”之道德价值则取决于其是否合乎“义”的道德准则。如果经过自我反省，认为自己不符合“义”的道德原则，则无论面对什么人，都应放弃不义之行为，即使面对贫贱之人也不可行不义之事；而如果经过自我反省，认为自己要做的事完全符合“义”，是正义之举，是不得不为的义行，则应持守原则，不改其志，勇敢前行，无所畏惧。

“虽千万人，吾往矣”，何其豪迈！又何其勇猛！但此种勇猛，并非“血气之勇”，而是建立在经过理性的价值判断之后的道德自觉与道德自信基础上的“大勇”。孔子说“勇者不惧”(《论语・子罕》)，当指这种充分以自己的理性意识到自己的行为的正当性（义），从而具备极为清醒的道德担当，从而在行动上体现出无比巨大的勇气的人，这才是真正的勇者。孔子困于陈蔡，在绝粮之时，在生命安全受到威胁之时，仍能弦歌不辍，这是何等自信的大勇！孔子曾说：“三军可夺帅也，匹夫不可夺志也”(《论语・子罕》)，这种极大的道德勇气，是对自己的“志”的合宜性（义）的极端自信与极端坚守，这才是真正的“勇”。如果要追求“不动心”，就要达到这样的生命境界，才算是真正的“不动心”。

曾子的学生子思在《中庸》中引用孔子的话表彰这种“自反之道”：“射有似乎君子，失诸正鹄，反求诸其身。”(《中庸》第十四章）孟子也说过类似的话：“仁者如射：射者正己而后发；发而不中，不怨胜己者，反求诸己而已矣。”(《孟子・公孙丑上》)君子的自省功夫，犹如射箭，如果射不中靶子，不要怪别人，也不要怪其他的客观条件，而要回过头来找找自己在射箭方法与技艺上的问题，此即君子修身之道。子思又说：“正己而不求于人，则无怨。上不怨天，下不尤人”（《中庸》第十四章），永远从自我道德层面去严格要求自己，而不苛求于人，不怨天尤人；永远以一种自我批判、自我反省的态度来用功夫，这就是曾子的“自反”之道。与曾子相比，孟施舍仍然是一己之勇，仍然是出于意气，而非出于理性的自我反思与自我批判精神，他仍处于“守气”的层次，而缺乏一种内在的道德检视，缺乏一种理性的道德自觉。“自反而缩”，即经过深刻的自我道德反省与检视而认为自己符合正直之道（缩就是直），符合义的原则，则纵使面对千军万马，也毅然迎战，无所畏惧。这种无惧，与孟施舍相比，乃是“义”所激发的大勇，是道德正当性所引发的内心意志与信念的坚定，这一点告子是不太明白的。

当公孙丑追问孟子的不动心与告子的不动心有何差异时，孟子回答：

> 告子曰：“不得于言，勿求于心；不得于心，勿求于气。”不得于心，勿求于气，可；不得于言，勿求于心，不可。夫志，气之帅也；气，体之充也。夫志至焉，气次焉。故曰：“持其志，无暴其气。”

这里面涉及“言—心—志—气”这几个范畴之间的关系。“言”是外在的，是一个人思想心志的外在表达与逻辑呈现。如果一个人在“言”的外在的层面未能通达，此告子所谓“不得于言”，那么能不能就此置之不问，“勿求于心”，从而使心不动呢？孟子认为显然是不行的。“不得于言”，虽然看起来是外在的逻辑呈现与思想表达问题，但其实质反映了一个人的内在价值观念与世界观，“言”是一个人内在本质的外现，若止于言，不求于心，就难以真正完成一个人的道德价值的追寻与锤炼。古人云：“言为心声”，正是此理。因此，假若“不得于言”、言未通达于理，则应上追其心，求其心通，反观其心而求其理，只有达到“心”对至理的真正通达洞察，才能弥补“不得于言”

之弊。故“不得于言”，即应“内求其心”、“上求其理”，方是儒家心法正确路数，告子之浅陋偏颇处正在于此。对于“不得于心，勿求于气”这个判断，孟子表达了有条件的赞同与认可，但从“心—气”之互动关系之义理而言，孟子认为这一判断仍有未到处，告子对“心—气”之辩证关系尚未有真正深入的洞察与把握。“不得于心，勿求于气”从表面上而言，这一判断似可成立，即一个人若在思想心志层面（深层的“内”的层面）未能通达，则万勿求助于意气来解决。孟子认为，“心—气”之间固然存在着“主—从”关系，即心主气，心动则气从；然而“心—气”又不是简单的“主—从”关系。不是“气”被动地服从于“主”的简单逻辑，而是存在着比较复杂的互动关系。这种互动关系是辩证的、动态的，即：虽然从二者关系的主导层面而言，是心志决定和引导着意气，心志是意气的统帅，心是统领气、管束气、辖制气的，所谓“意主气次”；但是从二者关系的次要（但并非可有可无）的层面而言，气又可能对心产生影响与反作用，意气并非总是被动地服从于心志，而是有可能对心志产生或积极或消极的反作用。“气”如果能被恰如其分地运用和驾驭，就能够对一个人的“心”（志）产生积极的、健康的、正向的效用，但如果一个人虽然有正当之心志，然而乱用（滥用）其意气，则这种意气也会对一个人的心志产生非常大的消极影响。总之，“心”是内，“气”是外，心志是主，意气是从，但如果乱用意气，则心志必受摧折。因而儒家始终强调“内外交养”，内持其志，守其心，务恒志而正心；外养其气，涵养得一身正大光明浩然温润之气，而勿“暴其气”。养气很重要，宋儒尤其注重“养气”。

公孙丑一方面听老师孟子讲“心志乃意气之帅，心志至何处，意气即随从之”，但另一方面又听老师讲“要持守心志，不要乱用意气”，于是感觉到其中的逻辑似稍有欠缺，于是提出了自己的疑问（公孙丑真是一个善于思考的好学生，此孔子所谓“助我者”，能使师生教学相长、互相促进）：

> 既曰“志至焉，气次焉”，又曰“持其志，无暴其气”者，何也？

公孙丑这一提问当然很重要，这也是揭示孟子之不动心与告子之不动心之内在区别的关键点之一。告子认为“不得于心，勿求于气”，孟子认为此判断尚可而意未足：所谓尚可，即以心气关系而言，自然是“心主气从”，“气随心走”，这是告子之尚可处；所谓意未足，即以心气之互动关系言，告子没有看到气亦可动心，气动亦可对心动造成反作用，即孟子所言“气反动其心”的命题，此告子未足处。故孟子回答公孙丑说：

> 志壹而动气，气壹则动志也，今夫蹶者趋者，是气也，而反动其心。

这一回答切中要害。心（志）与气，虽为主从，然而心志过于专一，则鼓动意气，使得意气充盈浩大；反之，若意气过于专一集聚，过于充盈弥满，则亦会扰动心志。此处可见得孟子辩证思维之高妙处，告子只知心（志）主气从，故重心（志）而轻气，而孟子则更进一层，在心主气从之外，又阐发了“气壹则动志”“气反动其心”的命题，因而自然导出下面关于“养气”的探讨。之所以要探讨“养吾浩然气”的问题，是因为气能“反动其心”，因此如何“养气”成为“不动心”的一大关键。由此，孟子完成了其心与气“内外本末交相培养”的一整套理论。

朱子在《孟子集注》中对于孟子之“不动心”之意旨作了比较周详的解释，可谓深得孟子之心也：

> 告子谓于言有所不达，则当舍置其言，而不必反求其理于心；

于心有所不安，则当力制其心，而不必更求其助于气，此所以固守其心而不动之速也。孟子既诵其言而断之曰，彼谓不得于心而勿求诸气者，急于本而缓其末，犹之可也；谓不得于言而不求诸心，则既失于外，而遂遗其内，其不可也必矣。然凡曰可者，亦仅可而有所未尽之辞耳。若论其极，则志固心之所之，而为气之将帅；然气亦人之所以充满于身，而为志之卒徒者也。故志固为至极，而气即次之。人固当敬守其志，然亦不可不致养其气。盖其内外本末，交相培养。此则孟子之心所以未尝必其不动，而自然不动之大略也。

又曰：

孟子言志之所向专一，则气固从之；然气之所在专一，则志亦反为之动。如人颠蹶趋走，则气专在是而反动其心焉。所以既持其志，而又必无暴其气也。程子曰："志动气者什九，气动志者什一。"

朱子诚善读书者，他所揭示的孟子之"内外本末交相培养"之论，正是解释孟子之不动心与告子之不动心之差异的关键下手处。内守其心而持其志，外致养其气而不乱，内外交养，此是孟子心法。朱子注中"敬守其志"的"敬"字值得关注，此是宋人理学中的关键一字，持守其志须敬，而涵养其气亦须用敬，此是程朱一大发明，即"涵养须用敬，进学在致知"。致养其气，须持敬方能不乱，才能"无暴其气"。"敬守其志，致养其气"，此"不动心"之要妙处，朱子之发挥极是。

孟子之不动心与告子之不动心之差异所在，已如上述，然而为什么会产生这种差异呢？孟子为什么能超越告子，而达到心志与意气之高度统一，从而达到内外交相养而不动心之境界？于是公孙丑再度发问“敢问夫子恶乎长？”，意思是老师您有什么特异之处，才能达到这种内外交养而不动心之境界呢？公孙丑之发问，引发了孟子关于“善养吾浩然之气”的著名论断，“养浩”亦成为理解孟子哲学与修身心法的最核心论断，从而引发了两千多年以来中国哲学史上对于“气”的持续讨论。

孟子的回答实际上包含了两个层面的问题。他说：“我知言，我善养吾浩然之气。”“知言”与“养浩”是孟子内持守其志、外致养其气的两条途径。孟子先回答了公孙丑关于“何谓浩然之气”的疑问，他说：“难言也。其为气也，至大至刚，以直养而无害，则塞于天地之间。其为气也，配义与道；无是，馁也。是集义所生者，非义袭而取之也。行有不慊于心，则馁矣。我故曰，告子未尝知义，以其外之也。必有事焉，而勿正，心勿忘，勿助长也。”

孟子所谓“难言”，不是他不能言何谓浩然之气，而是这种内心独得之秘，纯粹是个体的生命心灵体验，难以尽用言辞而形容之。朱子曰：“难言者，盖其心所独得，而无形声之验，有未易以言语形容者。故程子曰：‘观此一言，则孟子之实有是气可知矣。’”这种难言的“浩然之气”，不惟是儒家养身之法（儒家亦自有养生之术也）、养心之法（儒家之心法不专在虚无恬淡如道家然，亦不专在空无出世若佛家然），而且具有形上学之本体论意义。细究之，这种“浩然之气”有以下几个特征：

一为“至大”。张载在《正蒙·大心篇第七》中说：“大其心则能体天下之物，物有未体，则心为有外。世人之心，止于闻见之狭。圣人尽性，不以见闻梏其心，其视天下无一物非我，孟子谓尽心则知性知天以此。天大无外，故有外之心不足以合天心。见闻之知，乃物交而知，非德性所知；德性所知，不萌于见闻。……人病其以耳目见闻累其心而不务尽其心，故思尽其心者，必知心所从来而后能。……体物体身，道之本也，身而体道，其为人也大矣。道能物身故大，不能物身而累于身，则藐乎其卑矣。”

这一段张子厚讲“大其心”，其思想自孟子来，孟子特重一“大”字，对后世影响甚为深远。中国哲学中讲至高至大人格境界，辄称之为大人、大丈夫之人格。大人、大丈夫人格之大，在于其瞩高意远、心廓志弘，故能成其大。孟子曰：“养其小者为小人，养其大者为大人。”（11.14）惟大其心，方能容纳万物，廓然无累，与天地精神往来，故孟子与庄子在此相遇相洽，无异也。惟大其心，方能不被外物所羁，不为尘事所累，不拘于闻见之狭，故能尽物之性、尽人之性乃至能尽万物之性，终与天地相参。这也就是孟子所说的“尽心知性知天”的深意所在，其形而上之本体论意义亦在此。惟大其心，方能如《中庸》所言：“能尽其性，则能尽人之性；能尽人之性，则能尽物之性；能尽物之性，则可以赞天地之化育；可以赞天地之化育，则可以与天地参矣。”（《中庸》第二十二章）。大其心，才能“心外无物”（陆九渊），才能以此大心以合天心，故张子厚言“天大无外，故有外之心不足以合天心”。此心惟大，故能体物而不遗，物与心合，身物不二，而能体道。张子厚发挥孟子之“大”，不但是“气”之大，而更是“心”之大。有此“至大”之“浩然之气”，方能“大其心而体万物”，方能“尽心知性知天”而“与天地参矣”。

“大”在儒家人格养成中占有极高之地位，孟子功莫大焉。一个人惟有具备大气象、大气魄、大气概，方能成就大人人格，气象狭陋、气魄局仄、气概萎靡，则难成大器，难入至诚。一个人在精神境界上有多大造就，与其气象、格局、胸怀关系甚大。故宋人特重气象，只有养得海阔天空、天地同流之大气象。有容纳万物、视宇宙为稊米（毛泽东诗句“丈夫何事足萦怀，要将宇宙看稊米”）之大胸怀、大格局，方能成就大事，造就真正的大人人格。

二为“至刚”。孔子对“刚”这一道德条目讨论不多，他讲过“刚毅木讷近仁”（《论语·子路》），此处的“刚”，有刚强、刚正、不可屈挠、勇敢坚贞之意。孔子认为“刚”是仁者的重要道德品质之一。能刚才能坚守，才能有执守道德信念之定力，才能不屈从于外力之诱惑与压迫，无此内心刚强正大之力，则心必为外力所扰动，道德操守必随时崩坍。《中庸》里说：

> 唯天下至圣，为能聪明睿知，足以有临也；宽裕温柔，足以有容也；发强刚毅，足以有执也；齐庄中正，足以有敬也；文理密察，足以有别也。（《中庸》第三十一章）

这里讲到“发强刚毅，足以有执也”，乃是说只有具备这种奋发、刚强、坚毅之气，才能有所执守，才能造就人格，才能决断大事。孔子也讲过一句极为豪迈的话：“三军可多帅也，匹夫不可夺志也”（《论语·子罕》），“志不可夺”，也是因为一个人身上有一种刚猛、刚烈、勇往直前、不可屈挠的豪雄之气。“虽千万人，吾往矣”，靠的也是这样一种至刚之气，有此至刚之气，决江河临大难而能御之，威武压迫而难以屈之，凛凛然而外力不可犯之，此之谓“刚者”。“刚者”还有一个必备的要素，即要“克欲”，古人云“无欲则刚”，若有欲，焉得刚？无欲则无求于外，即可秉持其道德原则，直道而行，无所畏惧；有欲则有求于外，其志必馁矣。如何才能以刚强勇毅之人格抵御外界之压迫与诱惑？《论语·公冶长》曰：“子曰：‘吾未见刚者。’或对曰：‘申枨。’子曰：‘枨也欲，焉得刚？’”孔子之反问极为精彩，也极为有力而深刻。一个人若欲望太重，必受外物所牵制与羁束，焉能刚强直行；又焉能做到“不动心”？有此至刚之气，无欲无求，才能不为外物所牵绊，才能“无往而不自得焉”。

三是“以直养”。“以直养而无害，则塞于天地之间”，意谓用正直来培养这种浩然之气而不要戕害减损它，就能使这种浩然正气沛乎充溢于天地之间。“虽千万人，吾往矣”，这种至刚至勇之气概，不是来自于意气，而是来自于“自反而缩”，即经过理性的道德反省而对自我道德正义性与合法性之肯定。有此前提，才会产生至刚至勇之气，也才会“不动心”。“缩”就是“直”，即正直、正义。至大至刚之气的道德根基，是一个人的行为符合正直之道，一个人只有内心正直、正大光明，才能产生那种至大至刚的浩然之气，那些内心阴险的小人，是难以外在地呈现出一种至大至刚的浩然之气的。其气浩然，其心必正大光明，磊落正直。故云：理直则气壮，理屈则气馁。“以直养而无害”此“至大至刚”之气，意味着在此浩然之气中要始终贯穿着一种正直的人格，这说明此“至大至刚”之气并非一种无内容的外在之气，而是有着实际道德指向的内在之气。天地之间，人人本有此气，只是蔽于私欲、屈于外在之诱惑压迫，才丧失此气，故欲提振恢复此至大至刚之气，必以直养而无害，使此心脱离障蔽而归于光明，脱离曲折而复其正直，务使内外无亏欠、俯仰无愧怍，才能得此浩然之气。程颐曰：“天人一也，更不分别。浩然之气，乃吾气也。养而无害，则塞乎天地；一为私意所蔽，则欿（坎）然而馁，却甚小也。”谢良佐曰：“浩然之气，须于心得其正时识取。”“浩然是无亏欠时。”程颐强调因私意而蔽其直，则浩然之气必坎然而馁，故必“养而无害”，方能使此浩然之气充沛于天地之间。谢良佐的解释颇妙。心在何时是正直的？在“无亏欠时”。什么是“无欲”？即是一个人完成了一个人应当担负的道德使命与道德义务，终其一生，仰不愧于天，俯不怍于人，坦坦荡荡，无所亏欠，故心安而理直，而浩然之气生焉。

四是“配义与道”，“集义所生”。前面讲“以直养而无害”，意味着浩然之气包含着实际的道德内容，那种抽离了道德内容的空洞的所谓“浩然之气”是不存在的。而此处更深一层，直接提点出浩然之气与“义”和“道”的关系，即：浩然之气必须是在符合道德原则的前提下，必须在具备道德合法性的基础上，才会产生出来。一个人只有终生集聚和鼓动一种向上的、道义的力量，无论在何种情况下都坚守其道德原则、执著于道德目标，才能产生这种浩然正气。“集义所生，非义袭而取之”，意味着终日拳拳服膺于此道德原则，虽颠沛造次亦不放弃其道德操守，而非偶然行义。因此这种“义”与“道”，就是一种内在的道德追求，而非外在的道德强制。朱子解释“义”乃是“人心之裁判”，而“道”乃是“天理之自然”，因此人只有下合人心，上达天道，“则其气合乎道义而为之助，使其行之勇决，无所疑惮，若无此气，则其一时所为虽未必不出于道义，然其体有所不充，则亦不免于疑惧，而不足以有为矣”。因此，孟子批评告子“未尝知义，以其外之也”，即告子将“义”视为一种外在的行为规范，这是错误的。告子主张“仁内义外”，见《孟子·告子上》：“告子曰：‘仁，内也，非外也；义，外也，非内也。’”（11.4）

告子“仁内义外”这个命题，受到孟子和墨子等人的驳斥。实际上，“义”在表面上虽是指外在的行为的合宜性，但是这种合宜性实际上仍然受到内在的道德原则的制约与决定，因而“义”本质上仍然是内在的道德原则的呈现，它依据于内心的道德原则，是内在的道德原则的流露。而告子认为“义”是纯粹外在的行为方式，这就人为地割裂了“仁”与“义”的关系，把“义”视为独立的、不包含道德本质的外在行为，这种理解当然是片面的、机械的。上文告子讲“不得于言，勿求于心”，即如果不能通达于外在的“言”，就不必求助于内在的“心”，这个逻辑从根本上来说乃是基于他“仁内义外”的学说。这种割裂内外、割裂仁义的机械主义、教条主义思维方式，不仅导致告子看不到仁与义、内与外的真正相融相通、互动互进之动态关系，而且导致告子在修身功夫上出现了极大的偏差，即他的“不动心”是建立在将“言”与“心”、“心”与“气”、“气”与“义”完全割裂的基础上，而完全看不到这几个范畴之间的辩证关系。究其实质，是告子在其“不动心”中完全抽离了内在的道德内容。而孟子则相反，认为外在的行为仍内在地包容着道德属性，他对“言”与“心”、“心”

与“气”、“气”与“义”这些看似对立的范畴作贯通的理解，而非割裂的理解；同时，在孟子的“不动心”中，包含着对以上范畴的道德属性的肯定。因此在孟子的“不动心”中，其修身养心之妙诀在于能养浩然之气，而他更进一步认为要养此至大至刚之浩然之气，必凝聚与鼓舞内心的道德情感，“以直养之”，“配义与道”，“集义所生”，故孟子的“不动心”乃是充盈着道德正义感与道德合法性的“不动心”，而非抽象的抽离了道德内容的“不动心”。此是理解孟子之“不动心”之所以异于告子之“不动心”的一大关键。

五是“勿正、勿助、勿忘”。如何培养这种浩然之气呢？前文所言，皆是属于讨论这种浩然之气的内在规定性及其根源，而如何培养此浩然之气，则涉及孟子“不动心”之修心功夫问题。孟子提出了“三勿”：“必有事焉，而勿正，心勿忘，勿助长也。”孟子认为，如果要培养这种浩然之气，必须做到三个方面。一是“勿正”。此处的“正”，朱熹训为“预期”。王夫之《孟子稗疏》释为“正者，征也，的也，指物以为征准使必然也”。杨伯峻《孟子译注》中以王夫之之训为是，以朱子之训为非，实际上没有看出朱子与王夫之的解释并不相悖，其内在意蕴是一致的。把“正”训为“预期”，意为“养气者，必以集义为事，而勿预期其效”，即欲养此浩然之气，不要预期必然如何，不要怀有功利主义的、目的主义的心理预设，而要以“集义”为宗旨，以直养之，慢慢地去培养之；若预期其必然如何，则必因其功利主义之思想而损害这种浩然之气。因此，朱子对“正”的这个“预期”的训释，实际上是对的，与王夫之解释为“目的”“必然”之义并无二致。一个人在修身养气过程中，一定要有一种从容涵泳的意思，时时以义为事，念兹在兹，乐在其中，浸润既久，气象自然养成，水到渠成，不必刻意求其必然如何也。若沾染功利之心，预存目的，则私意复萌，必有害于养气，故“以直养而无害”一语即内在地包含着“心勿正”之意。“勿忘”即指养气之事须时刻儆醒不昧，时刻戒慎恐惧，时刻如曾子般“战战兢兢，如临深渊，如履薄冰”，时刻念兹在兹，须臾不可离也。“勿忘”意味着要以恒心定念，始终如一地“集义”，而不是一时兴起，以偶然的道德行为“义袭而取之”。养浩然之气是贯穿一个人整个生命历程的漫长过程，不可一时失其养，不可一刻放纵私意，要时时慎独明辨，时时自反自省。所以要致养其气，关键是“勿忘”，时刻要做到“心在焉”，而不能“心不在焉”（《大学》第八章），“心”须时时“在”那里，则时时儆醒不昧，不使此心稍稍懈怠昏睡也。然而还要做到“勿助”。“勿助”就是不要刻意助长，此处更进一步解释心“勿正”。孟子举了一个宋人揠苗助长的故事：

> 宋人有闵其苗之不长而揠之者，芒芒然归，谓其人曰：“今日病矣，予助苗长矣。”其子趋而往视之，苗则槁矣。天下之不助苗长者寡矣。以为无益而舍之者，不耘苗者也；助之长者，揠苗者也——非徒无益，而又害之。

刻意助长，的确是很多人的通“病”，宋人的病，在于不了解苗之长须假以时日渐渐培育之，竟然为助其长而刻意揠之；养气乃从容涵养之事，非急躁跃进可毕其功也。不耘苗，是“忘”，是中断，是失其恒心，是“义袭而取”；揠苗者，是“助”，是刻意，是过于功利，是只顾结果（长）而忘记过程（养），故亦失养。因此孟子强调这“三勿”，就是提醒修心者要想做到“不动心”，必须善养浩然之气，然而养气须是有一颗平常心，有一颗持恒心，守其心，持其志，勿怠勿忘，毋急毋躁，要以从容自得之心耐心涵养之，方能得此浩然气象。日积月累，精进无疆，摒除俗虑，则内外本末交相培养，浩气所致，本属自然。朱子曰：“如告子不能集义，而欲强制其心，则必不能克于正助之病。其于所谓浩然者，盖不惟不善养，而又反害之矣。”其说甚是，告子之弊正在于此。

公孙丑问老师孟子有何擅长而能致“不动心”，孟子答以二事：一曰“知言”，二曰“养气”。师生二人先探讨完“养气”之道，回过头来公孙丑没有忘记追问“知言”之道。“知言”从表面的意思来说，是洞察他人的言辞；再深一层追究，“知言”乃是探究言说（事物表相）背后的事物的本质，即正确地运用理性。上文告子言：“不得于言，勿求于心”，而孟子则正好相反，他更强调去深究洞察“言说”背后更本真的本质。朱子在《孟子集注》中说：“知言者，尽心知性，于凡天下之言，无不有以究极其理，而识其是非得失之所以然也。”所以此处的“言”，不仅是代表着思维逻辑与表达方式的一整套语言系统，而更是指包含着事物本质特征（实证意义）与规范属性（道德意义）的真理系统，即王夫之所说的“天下万物之理”。因此，此处“知言”，可以简单化地（但并非肤浅地）理解为“知理”。王夫之在《读四书大全说》卷八中说：“凡天下事物之理，可名之为言者，皆言也。孟子向后说诐、淫、邪、遁之辞，却但从言之差谬者一边说。”此说极有见地。天下事物之理都可以表达为一套代表着思维逻辑与表达方式的语言系统，因此“理”就是“言”，只是孟子在其探讨中仅讨论了“言”的差谬的一面，“言”当然也有客观、全面、正确、公正的一面，即能够正确反映事物本质特征与规范属性的那种“言”。“知言”也就是要洞察天下万事之理，明辨其是非，故程颐曰：“心通于道，然后能明辨是非，如持权衡以较轻重，孟子所谓知言是也。”朱子更是直截了当地说：“‘言’，只似‘道理’字”，“言之所发，便是道理”（《朱子语类》卷五十二）。

孟子在回答公孙丑的问题时用了消极的否定式的答复，即一个人要做到“知言”，必须洞察“诐辞”、“淫辞”、“邪辞”、“遁辞”这四种“言”之蔽：“诐辞知其所蔽，淫辞知其所陷，邪辞知其所离，遁辞知其所穷。”在《孟子集注》中，朱子说：“诐，偏陂也；淫，放荡也；邪，邪僻也；遁，逃避也。四者相因，言之病也。蔽，遮隔也。陷，沉溺也。离，叛去也。穷，困屈也。四者亦相因，则心之失也。人之有言，皆本于心。其心明乎正理而无蔽，然后其言平正通达而无病；苟为不然，则必有是四者之病矣。”《朱子语类》解释得更为晓畅明白：

什么是“诐辞”？“诐是偏陂，只见得一边。此理本平正，他只说得一边，那一边看不见，便是如物蔽了。字凡从‘皮’，皆是一边意，如跛是脚一长一短，坡是山一边斜……诐辞，偏诐之辞也。见诐辞，则知其人蔽于一偏，如杨氏蔽于‘为我’，墨氏蔽于‘兼爱’，皆偏也。”什么是淫辞？“陷，是身溺在那里。如陷溺于水，只是见水而不见岸也……淫辞，放荡之辞也。见淫辞，则知其人之陷于不正，而莫知省悟也。”什么是邪辞？“见邪辞，则知其人之离于道……邪，则已离于正道，而自立一个门庭。”什么是遁辞？“见遁辞，则知其人之说穷而走也……遁辞，辞穷无可说，又却自为一说。”

孟子讲“知言”，讲“四辞”之弊，其本质是洞察天下万物之理，是要运用一个人的理性穷尽天地之理，表面上看“四辞”是语言之弊，究其实质乃是一个人对世间万物之客观探究与价值判断出现了偏差。故“知言”即穷理，即尽心知性。若不得于言，须深究此心方可。告子不得于言而不求于心，则蔽于外而不内求，以此而“不动心”，是不可能真正做到的。“言”有未通达之处，乃必须深明此理，直到内外一齐洞然朗澈，天下万物道理豁然明白，无一毫暗昧，无一丝疑惧，方始心安，此谓真“不动心”。这里的“知言”，既是指客观知识（实证意义上的），更是指包含道德意旨的价值判断（规范意义上的），学者宜深味之。

八　王道霸道

3.3

孟子曰："以力假仁者霸，霸必有大国；以德行仁者王，王不待大，汤以七十里，文王以百里。以力服人者，非心服也，力不赡也；以德服人者，中心悦而诚服也，如七十子之服孔子也。《诗》云：'自西自东，自南自北，无思不服。'此之谓也。"

【译文】

孟子说："以武力假借'仁'的名义来称王称霸，如此称霸必定要凭借大国的强力；以道德为基础施行仁政而称王于天下，如此称王不必凭借大国的强力，汤仅仅凭借纵横七十里之地令天下归服，而周文王也仅依靠方圆百里之地拥有天下。用强力来征服人，人们并不是心服，而是因为人们的力量不足以反抗强力者；用道德来服人，别人就会心悦诚服，就像那七十多个学生对孔子心悦诚服一样。《诗经》说：'从西向东，从南向北，没有人不心悦诚服。'说的就是以德服人。"

3.4

孟子曰："仁则荣，不仁则辱；今恶辱而居不仁，是犹恶湿而居下也。如恶之，莫如贵德而尊士，贤者在位，能者在职；国家闲暇，及是时明其政刑。虽大国，必畏之矣。《诗》云：'迨天之未阴雨，彻彼桑土，绸缪牖户。今此下民，或敢侮予？'孔子曰：'为此诗者，其知道乎！能治其国家，谁敢侮之？’今国家闲暇，及是时般乐怠敖，是自求祸也。祸福无不自己求之者。《诗》云：‘永言配命，自求多福。’《太甲》曰：‘天作孽，犹可违；自作孽，不可活。’此之谓也。”

【译文】

孟子说：“施行仁政，就会获得荣耀，而不施行仁政，就会招致耻辱。现在（很多国君）讨厌耻辱却不能施行仁政，这就好像一个人讨厌湿溽却住在地势低洼的地方。如果（国君）真的讨厌耻辱，那就最好以德为贵，尊重仁德之人，使那些有德的贤人与能人能够担任国家的职位；当国家无事之时，趁机修明政治法律。（如果这样做，）即使是那些大国，也必然害怕他。《诗经》里说：‘趁着天还没有阴雨之时，赶紧去掉桑树根，（用桑树皮）修理修理门窗吧。那些在下面的人，谁还敢欺负我！’孔子说：‘作这首诗的人，真是一个深谙道理的人啊！（如果一个国君）能把一个国家治理得井井有条，谁敢欺负他？’现在国家太平无事，趁这时候追求享乐、懈怠轻傲，这是自己求祸啊。祸和福都是自己招致的。《诗经》里说：‘永远要与天命相配，靠自己去求更多的福祉。’《太甲》也说：‘上天降下的灾祸尚可以躲避，而自己招致的灾祸就在劫难逃了。’说的就是这个道理。”

3.5

孟子曰：“尊贤使能，俊杰在位，则天下之士皆悦，而愿立于其朝矣；市，廛而不征，法而不廛，则天下之商皆悦，而愿藏于其市矣；关，讥而不征，则天下之旅皆悦，而愿出于其路矣；耕者，助而不税，则天下之农皆悦，而愿耕于其野矣；廛，无夫里之布，则天下之民皆悦，而愿为之氓矣。信能行此五者，则邻国之民仰之若父母矣。率其子弟，攻其父母，自生民以来未有能济者也。如此，则无敌于天下。无敌于天下者，天吏也。然而不王者，未之有也。”

【译文】

孟子说："尊重贤人，任用有能力的人，把优秀的人才置于合适的位置，那么天下的读书人都会心情舒畅，都愿意位居朝堂之上（担任官职以服务国家）；在市场中，给商人储藏货物之地，但并不征收货物税；（如果货物滞销，则）依法收购而不使货物积压，这样天下的商人都会心情舒畅，都愿意将自己的货物储存在那里的市场上（进行买卖）；对于经过各地关卡的人，只进行稽查但不征税，那么天下的旅客都会心情舒畅，都愿意行走在那里的道路上；对于天下的耕田人，（实行井田制，）只是让他们出力助耕公田而不对私田征税，那么天下的耕田人都会心情舒畅，都愿意在那里的田野上耕种；对于民居之地，不征收劳役税与地税，那么天下的老百姓都心情舒畅，都愿意归往此地而成为那里的臣民。如果一个国君果真能做到这五点，那么邻国的人民就会像对待父母那样仰望他。（如果让邻国的人民攻打这个国家，就好像让他们）率领自己的子弟而攻打自己的父母，自从有人类以来没有人能这样成功（征服别国）的。能做到这五点的国君，就会无敌于天下。这种无敌于天下的（施行仁政的国君），可以称之为'天吏'（即遵天命而为天所役使的人）。这样的人要是不使天下归服，是不可能的。"

中国在夏商周时代就逐渐形成了超越诸侯（部族）国家的"天下主义"理念，这一"天下主义"理念是使中国在广大疆域与多元文化条件下构建起超越国家的"天下共同体"的思想根基，这一理念也为后世中国在由世袭制国家（封建制）向现代型国家（郡县制）转型后正确处理"大一统国家"与地域差异性关系（即处理中央—地方关系）奠定了思想基础。而观察中国"天下主义"秩序与天下主义理念的嬗变，不能仅仅局限于“中国”这一以今天的眼光来衡量的政治与地理实体；事实上，“天下”既然是超越国家的政制范畴，则“天下主义”理念必具有超越一国治理的“国际秩序”的意义。老子在其“天下”理念中提出了“以天下观天下”的思想：“以身观身，以家观家，以乡观乡，以邦观邦，以天下观天下”（《道德经》第五十四章），其中以“身—家—乡—邦—天下”为逻辑链条建立起一个由内向外逐渐扩展的模型。与老子相类似，曾子在《大学》中也给出了由自我之人格修养直到天下之治理的扩展模型：“物格而后知至，知至而后意诚，意诚而后心正，心正而后身修，身修而后家齐，家齐而后国治，国治而后天下平。”曾子的模型比老子要复杂，“物—知—意—心—身—家—国—天下”，似乎更意在寻求“身—家—国—天下”的本体论意义，从而在贯通“客观（自然）世界—人格（生命）世界—人群（政治）世界”方面具备了更开阔的视野，使“科学—伦理—政治”在这一视野中浑然一体。从以上两个模型来看，道家与儒家在天下秩序构建中有逻辑上的相通之处，在他们看来，“天下秩序”的构建实际上并不神秘，“天下秩序”无外乎是按照一定的道德原则，由人类个体自身扩展而来的一整套政治秩序而已，因此儒道两家的天下主义理念都可以简约为“身—……—天下”模型，而“天下”无非是“身”经过一系列扩展（即孟子所谓“扩充”“推及”之法）而形成的一种“自然秩序”。也就是说，“天下秩序”的根源在“身”（人类自身的生命价值），其依据在“身”，而其最终目的也在“身”。如果脱离了“人类自身的生命价值”，那么天下秩序的构建又有什么意义呢？如果这个“天下主义”不能观照与呼应人类命运与终极追求，那么“天下主义”还有什么独立的“共同体价值”？因此，当中国人试图构建更宏大的政治共同体，进行更广阔的政治叙事时，总是倾向于将“天下”这一“大事件”与“身”这一微观主体融合起来考虑，“远取诸物，近取诸身”，从而为天下共同体找到一个更终极的道德依据和更本真的道德目的（“依据”解决源头问题，“目的”解决宗旨问题）。

如何获得这样一种“天下秩序”？虞夏商周之际，文明国家肇兴，维护天下秩序的核心模式是“礼乐”。“礼”者，是为维护社会秩序与等级身份体系而设立的一整套政治、法律、礼俗制度的总称，因而重视“礼”本身就是重视制度构建，可以称之为“制度学派”；“乐”，则是指道德与文化教化，其核心是通过各种文化形式（包含艺术、诗歌等在内的一切文化形式）对人民进行道德教化与熏陶，因而重视“乐”本身就是重视伦理教化，可以称之为“伦理学派”。“礼”以“乐”为手段，“乐”以“礼”为旨归；“乐”是外在的途径，而“礼”是目标。以礼乐治天下，意味着制度学派与伦理学派要进行恰当的融合，既要以制度维护等级、秩序与权威，又要以伦理感化人心，使人心向善，从而自觉为守护制度秩序而努力。礼乐的核心是“仁”，一个人通过道德人格的自我磨炼而达到“礼”的要求，则天下秩序才可以确定。孔子在回答颜渊的提问时说：

> 克己复礼为仁。一日克己复礼，天下归仁焉！为仁由己，而由人乎哉？（《论语·颜渊》）

“天下归仁”的思想是孔子为天下秩序做出的开创性贡献，他把“天下归仁”与个人的“克己复礼”有机地结合起来了。孟子很好地继承了这一思想，他提出“不以仁政，不能平治天下”（《孟子·离娄上》），“三代之得天下也以仁，其失天下也以不仁”（《孟子·离娄上》）。夏商周三代得天下是因为以礼乐治国，施行仁政，而桀、纣、幽、厉之失天下，乃是因为“不仁”。“不仁”则礼崩乐坏，天下秩序就乱了。于是施仁政之“王道”式微，凭武力的“霸道”时兴起来。春秋战国之际，诸雄并起，原来权威与秩序的代表“天子”的感召力下降，而列强争霸，树立新权威，于是天下秩序进入了另一个时代。

天子权威失坠，诸侯不再朝天子，而是去朝拜雄霸一方之霸主。康有为《孟子微・卷三・王霸第八》曰：

> 王霸之名义，盖自古有之。项羽代秦有天下，自称西楚霸王，此霸王盖为诸王之霸，即天子之义，而臣诸王者，可知称霸与称王无别。《记》称共工氏霸九州，既得九州，与王何异？不过称号殊耳。观齐桓、晋文之霸，诸侯皆朝之，终春秋世，诸侯皆朝晋，而不朝周。《传》称文襄之霸诸侯，官受方物，然则与王何异？……但霸者虽统有诸侯，而未废当时之天子，如日本大将军然。

康有为以项羽、共工氏为例，来说明王与霸无别，这在逻辑上是不通的。中国历史上于春秋战国之时所起的王霸之争，有其特殊的历史背景与政治伦理意蕴。王者以施仁爱民而称王，如尧舜汤文武是也；霸者以强力武功而称霸，西楚霸王、共工氏之流是也。这一点不容混淆。春秋之际，各国群起而争霸，而此时的所谓春秋五霸，如晋文公、齐桓公等，虽各国来朝、煊赫一时，然而并不废天子，周天子仍是名义上的共主，而齐桓公、晋文公却是事实上的霸主。所以康有为说“终春秋世，诸侯皆朝晋，而不朝周”，这当然是事实。然而即使齐桓公晋文公享受各国来朝之荣，他们也是“霸者”，而非“王者”，王霸之别，在于“仁义”，这就是中国历史叙事中独特的政治伦理，也就是正统史学中的“春秋笔法”。《孟子・离娄下》曰：“王者之迹熄而诗亡，诗亡然后《春秋》作。晋之《乘》，楚之《梼杌》、鲁之《春秋》，一也：其事则齐桓晋文，其文则史。孔子曰：‘其义则丘窃取之矣。’”

为“王者”采诗的制度废除之后，《诗》就逐步消亡了，《诗》消亡之后，孔子就创作了《春秋》。孔子创作《春秋》正是要接续《诗》的传统，就是要明仁德、喻褒贬。当时晋国史书《乘》、楚国史书《梼杌》、鲁国史书《春秋》（此处指孔子作《春秋》时作为原始材料的鲁国史书），都是记载齐桓公、晋文公这些“霸者”之事，而孔子却继承了《诗》的“明仁德、喻褒贬”的传统，所以孔子说“其义则丘窃取之矣”，这就是孔子的“春秋笔法”。

在孟子关于王霸的讨论中，王与霸也分不同的层次。王者“以德服人”，“以德行仁”（《孟子·公孙丑上》）。然而王者也分两个层次：最高级别为“由仁”，次之为“行仁”。

先说最高层次“由仁”。“由仁”而为王者，是指这样一种成为“王”的情况：“仁”出自于本性，如同《大学》中所言“不勉而中，不思而得”之“诚”；故而行仁义并非是由于“有意的作为”，不是“刻意的有目的的行动”，而是依乎本性、遵循天道的“无意而合于目的的行动”，“由仁”是自然而然产生的结果。孟子说：“舜明于庶物，察于人伦，由仁义行，非行仁义也。”（《孟子·离娄下》）“由仁义行”里的“由”，若仔细玩味，有一种不勉强、不费力、不刻意、发自本性、发自衷心的味道。因此那些王者并非怀着一种特殊的目的性去行仁义，而是从自己的自然本性出发，其行为“恰如其分”地正好体现了仁义的道德原则；而且更重要的是，王者“由仁义行”并非是后天修养习得，也不是由于功利主义的计算而勉力为之，而是发之于“无所作为”，在“无为”之中自然而然地达到了“仁义”的境界。这些“由仁义行”的王者，其行为的出发点是本性中的至善至仁，而其结果却只有一种可能性，就是施行仁义而王天下，舍此没有其他可能性。而舜这样的王者为什么能达到这种境界？乃是因为他们完好地保存了自己的至善至仁至诚的本性，这就是孟子所说的“存性”。“人之所以异于禽兽者几希，庶民去之，君子存之。”（《孟子·离娄下》）《易·系辞上》曰：“天地设位，而易行乎其中矣，成性存存，道义之门。”存性，就是不失本真之性，完好地葆有本真之性。孔颖达疏：“此明易道既在天地之中，能成其万物之性，存其万物之存，使物得其存成也。性谓禀其始也，存谓保其终也。”性就是禀之于天的自然本真之禀赋，普通人本性遮蔽失丧，而圣人则完好地保存了这种自然本真之性，并由此而行仁义、爱人民、得天下，此谓“由仁义行”。这是王者的最高境界。

“行仁”是王者的次级境界。“行仁”也是一种“以德行仁”，也是施行仁政，它之所以低于“由仁”，乃是因为“行仁”有其明确的目的性，故为了达到特殊的目的而有意识地、勉力施行仁政。“由仁”是存乎本性、依乎本性、出乎自然，而“行仁”则是为达到明确的目的而采取的手段。“由仁”是圣者天然如此，故不思不勉而处处时时皆自然合乎仁义，从而使天下人“中心悦而诚服之”（《孟子·公孙丑上》）；而“行仁”则是在思考计算后的行动，是后天刻苦修养与自我约束所得，因此“行仁”虽然也是王者的境界，但是毕竟不是“自然无为”而无痕迹地达到的“仁”，而是刻意有为而达到的“仁”。正是因为“行仁”是修养自律而后天习得，因而便不能保证每一个行动都符合仁的要求，不能保证时时处处符合仁的要求。然而做到这种“行仁”的境界已经非常伟大，因为事实上尧舜那种出自本然之性的“由仁义行”，实际上是一种理想的、可望而不可即的境界，是不思不勉、“不学而能”的境界，普通人能够学习而达到的境界都是通过刻苦修养与高度自律而达到“行仁”。“由仁”是完美的理想模型，而“行仁”是实践中的可操作的模型，虽然是退而求其次，然而却是现实可行的。那些努力修德养心、时时自省自律的人，若能爱民行仁，也可以成就王业，即使偶有过失，也可以不断察纳雅言，改过迁善，始终以仁义为依归，如此亦可以“平治天下”（《孟子·离娄下》）。

王道既分为“由仁”与“行仁”两个层次，霸道也分为“假仁”与“违仁”（“害仁”“贼仁”）两个层次。所谓“假仁”，即假借仁义之名以作号召。《孟子·公孙丑上》曰：“以力假仁者霸，霸必有大国；以德行仁者王，王不待大。”（3.3）这些大国，凭借武力为后盾，试图对小国进行征伐、兼并。但是这些大国在征伐、兼并的过程中，并非简单地使用暴力（“力”不等于“暴”），而是要“假仁”，即借“仁义”之名，以“仁义”为号召，使自己的“霸道”披上“仁义”的外衣。请注意，这个“假仁”并不是简单地理解为“假的仁义”，而是“假借”仁义，“以仁义为文饰”。“以力假仁”，在孟子看来，当然是施行霸道的那些大国在兼并征伐别国的过程中所使用的手段（工具），因此所谓“仁义”，对于这些行霸道的大国而言，仅具有工具理性之价值，而非具备价值理性——因为在内心深处，这些谋图霸业的大国之君并不真正衷心认同“仁义”的内在价值。也正是因为这一点，孟子从总体上对“以力假仁”之霸主是采取批判性的态度的，它既不能与“行仁”的道德境界相比，当然更不能跟“由仁”的理想境界相比。所以孟子从整体上而言批判“霸道主义”，而倡导“王道主义”，而经由孟子的倡导与呼吁，“王道主义”也就成为儒家天下主义理想模式的核心，成为儒家国际关系理论的基石。“王道主义”是基于大国与小国、强国与弱国平等互惠的前提，倡导处理国际关系以“仁义”为最高原则，这是“以德服人”，是让人心悦诚服的一种方式，就像孔子的“七十子”（七十个学生）尊崇孔子那样。而霸道是基于丛林原则，以武力为后盾，奉行弱肉强食的国际关系准则，如果一个国家挨打受欺，遭受征伐兼并，那是因为你自己弱小，不争气，因而行霸道者依据“物竞天择适者生存”之原则，以强凌弱，以大欺小，是完全具备“合法性”的，这是霸道主义的全部逻辑。孟子当然不能同意这样的霸道逻辑。而《孟子》整本书的精美华章之一，就是倡导王道，贬抑霸道，这是孟子对于世界国际关系理论的最大贡献，直到现在，在当今国际环境与全球化格局下，在国与国关系的处理中，我们仍大大地受益于孟子的思想遗产。

虽然孟子整体上对“以力假仁”的霸道持批判态度，而倡导“行仁”、“由仁”之王道，但是孟子却也并未彻底否定“以力假仁”。因为这些霸主毕竟还以“仁义”为号召，以“仁义”为旗帜。虽然他们并非衷心服膺并真心追寻恪守“仁义”之王道，但是他们也并不是赤裸裸地行“不仁”，并不是故意去戕害“仁义”，公然与人类的道德底线与普世价值为敌。“以力假仁”的霸道虽然比不上“行仁”、“由仁”之王道，然而这些霸主毕竟还要“假仁”，还要在表面上遵循“仁义”，这总比公然“害仁”、“贼仁”之辈要强！正是在这种意义上，孟子从战国时期天子权威失坠、群雄争霸的现实出发，从功利主义国际关系原则出发，还是没有将“以力假仁”的霸道主义一棍子打死，而是承认其还有一定的客观现实性与实用价值。这对于一贯持理性主义观点的孟子而言，已然相当不易。《孟子·尽心上》曰：“尧舜，性之也；汤武，身之也；五霸，假之也。久假而不归，恶之其非有也？”（13.30）

在这里，孟子非常清晰地指出了“行仁义”的三个境界：第一个境界是尧舜的自然境界（即“由仁”），他们顺乎天性，自然而然，仁义皆出自本心，一举一动皆合仁义，而正因他们自然如此，故尧舜行仁义从来不会有偏差，有折扣，有反复，而是持之以恒，顺天应民。第二个境界是汤武的道德境界，他们德行高尚，追求仁义，亲身实践仁义，努力推行仁义。因此，虽然汤武离尧舜的自然境界还有差距，但是也能不懈不怠地“行仁”，这些圣王也许会在实践仁义的过程中偶有偏差，但他们追寻、践行仁义的初心不改，总能改过迁善，回归仁义之正道。而五霸是第三个境界，即功利主义境界，他们以仁义为号召，借仁义来达到称霸之目的。但是孟子并没有刻意贬低“假之”。他认为如果一个霸主长期以仁义为号召，假借仁义以行之，以至于施行得太久，难道不也是很好的事情吗？仁义就好像一件东西，“久假而不归”，长期借用而不归还，岂不就与自己拥有无异？我们岂能知道他不弄假成真，最终变成他自己的呢？孟子打的比方非常精彩，如果一些霸主以仁义为号召，一以贯之，始终如一，其实际的功利主义效果与“行仁”也相差不到哪里去。这就是“久假而不归，恶知其非有”的真正意义。这是我们讨论孟子“王霸”理论时必须特别注意的一点，在看到孟子从整体上对齐桓晋文之霸道持批判态度的同时，也要看到孟子对“以力假仁”、“久假而不归”的霸主们有肯定的一面。

《孟子·尽心上》曰：“霸者之民，驩虞如也。王者之民，皞皞如也。杀之而不怨，利之而不庸，民日迁善而不知为之者。”（13.13）在这段话中，几乎是将霸者与王者并列而加以肯定的，霸主的功业如此丕显，老百姓欢欣雀跃，而圣王的功业如此浩荡，老百姓也是畅快自得。在这样的国家大治之环境中，人民被杀也无怨恨，得利也不酬谢，老百姓每天向善，但他们并不知晓谁让他们如此。孟子在这里以肯定的口吻（几乎没有做任何对比与贬低）提到霸者与王者之功业，这也就看出，他并不是对霸者做刻意贬斥，而是采取比较客观，比较平心静气、实事求是的态度，尊重历史，尊重现实，这是非常值得赞赏的态度。在这方面，孟子没有持道德的绝对主义而对霸道大加鞭挞。在《孟子·告子下》中，孟子对五霸之一的齐桓公持一定的褒扬态度：“五霸，桓公为盛。葵丘之会，诸侯束牲载书而不歃血。初命曰：‘诛不孝，无易树子，无以妾为妻。’再命曰：‘尊贤育才，以彰有德。’三命曰：‘敬老慈幼，无忘宾旅。’四命曰：‘士无世官，官事无摄，取士必得，无专杀大夫。’五命曰：‘无曲防，无遏籴，无有封而不告。’曰：‘凡我同盟之人，既盟之后，言归于好。’”（12.7）葵丘之盟，齐桓公与各盟约国定了五条盟约，这五条盟约，皆是当时各国公认的“仁义”原则，齐桓公作为盟主，也就是当时的霸主，并不废当时的天子，而是借“仁义”之名，号召盟约国家守约而行仁，因此受到孟子的赞赏。齐桓公这样的霸主，自然比不得汤武之“行仁”，更比不上尧舜之“由仁”，这些霸主“假仁”而号令天下，也是很不得了的，因为他们以“仁义”为名，以武力（强大的国力）为后盾，维系了国家之间的交往准则与道德底线，在礼崩乐坏之后确立了一种新的国际关系秩序。齐桓晋文之流虽是“以力假仁”，但是其气象格局，还是值得肯定的。

“假仁”而霸的境界与“贼仁”而霸的境界有很大差别。“假仁”是以力服人，但以仁义为号召，而“贼仁”则明目张胆，戕害仁义。以孟子民本主义思想来看，“假仁”者犹能强国而利民，而“贼仁”者则祸国而殃民，终将丧天下。

因此以王霸之道的境界而言，可以分为“由仁”、“行仁”、“假仁”、“违仁”四个层次。“由仁”是“性之”，本性如此，行仁义不过是“存性”；而“行仁”是“身之”，躬身实践，不断锤炼，不断改正提升，行仁义是“复性”，即《孟子·尽心下》中说的“汤武，反之”，“反”者，失而复得也，放而复归也；“假仁”是借性，虽本性放失，还能知耻而借“仁义”以文饰；最下等的“违仁”，是仁之贼也，丧失本性而不知耻，肆意妄行，逾越道德底线，这可称为“舍性”。陈大齐在《孟子待解录》中言之甚精：

> （“性之”为）存性的本来面目，未尝有所损毁。亦未尝有所变易，故可简称为存性，而列为处性的最高级。“身之”当系身体力行的意思，“反之”当系放失以后经已追回的意思，合而言之，可以解作：追回以后努力实行，故不妨简称为“复性”，而列为处性的次高级。“假之”的“之”字指性而言，故即可成为假性，谓本性放失，意甚懈怠，不事追回，但又虑见轻于人，乃伪装恢复，以资掩饰。假性可列为处性的第三级，尚非最低级，因为此外尚有舍性而不以为耻的，则更低于此了。……在孟子看来，存性自能由仁，复性必能行仁，假性则亦必假仁。……到了舍性而不顾，便自绝于性，自亦不复有施行之可言。

九　四心四端

3.6

孟子曰："人皆有不忍人之心。先王有不忍人之心，斯有不忍人之政矣。以不忍人之心，行不忍人之政，治天下可运之掌上。所以谓人皆有不忍人之心者，今人乍见孺子将入于井，皆有怵惕恻隐之心——非所以内交于孺子之父母也，非所以要誉于乡党朋友也，非恶其声而然也。由是观之，无恻隐之心，非人也；无羞恶之心，非人也；无辞让之心，非人也；无是非之心，非人也。恻隐之心，仁之端也；羞恶之心，义之端也；辞让之心，礼之端也；是非之心，智之端也。人之有是四端也，犹其有四体也。有是四端而自谓不能者，自贼者也；谓其君不能者，贼其君者也。凡有四端于我者，知皆扩而充之矣，若火之始然，泉之始达。苟能充之，足以保四海；苟不充之，不足以事父母。"

【译文】

孟子说："每个人都有同情怜悯他人之心。昔日之圣王因为有同情怜悯他人之心，于是就有同情怜悯他人的政治作为。出于同情怜悯他人之心，施行同情怜悯他人的政治作为，这样的人治理天下，就像在掌上运转小东西一样容易。之所以说人都有同情怜悯他人之心，其原因在于：比如现在有人突然看见有一个小孩子就要落入井中，此时大家都会产生一种惊惧同情之心——（而这种惊惧同情之心之所以产生，）不是要用来与小孩的父母结交，也不是要从左邻右舍那里获得什么名誉，更不是纯粹害怕讨厌小孩的哭声（，而是因为人们天生就具备这种同情怜悯他人之心）。从这个事例可以引申出，如果一个人没有同情怜悯他人之心，那就不是人；如果一个人没有羞耻之心，那就不是人；如果没有推让（谦让）之心，那就不是人；如果没有是非之心，那就也不是人。同情怜悯他人之心是仁的萌芽，羞耻之心是义的萌芽，推让之心是礼的萌芽，是非之心是智的萌芽。每个人都具备这四种美德之萌芽，就好像每个人都天生有四肢一样。本来都有这四种美德的萌芽，但有些人却自称不能做到，这是（道德上的）自我戕害；（某人）声称他的君主不能做到，那是戕害自己的君主。凡是自身具备这四种美德之萌芽的人，如果能知道把这四种美德之萌芽扩充推广开来，就会像刚刚开始燃烧的火苗和刚刚涌动出来的泉水（不可遏制）。如果一个人能够扩充他的四种美德之萌芽，那么他就足以使天下安宁；而若他不能扩充这四种美德之萌芽，那么他就连侍奉孝养父母（这样的小事）也做不到。

3.7

孟子曰："矢人岂不仁于函人哉？矢人唯恐不伤人，函人唯恐伤人。巫、匠亦然。故术不可不慎也。孔子曰：'里仁为美。择不处仁，焉得智？'夫仁，天之尊爵也，人之安宅也。莫之御而不仁，是不智也。不仁、不智、无礼、无义，人役也。人役而耻为役，由弓人而耻为弓，矢人而耻为矢也。如耻之，莫如为仁。仁者如射，射者正己而后发。发而不中，不怨胜己者，反求诸己而已矣。"

【译文】

孟子说："制造箭的人难道比制造铠甲的人更没有仁德吗？制造箭的人唯恐他制造的箭射不死人，而制造铠甲的人唯恐他制造的铠甲保护不了人（使人免于伤害）。做巫医的人与做棺材的人也是如此（，做巫医的人唯恐病人死去，而做棺材的人唯恐不死人）。因此一个人选择职业，不能不谨慎啊！孔子说：‘与有仁德的人为邻，是件美好的事。一个人可以选择仁德，结果却不这样做，怎么能算作明智呢？’仁是上天赐予的最尊贵的爵位，是一个人最安宁的住宅。没有任何人阻挡你选择仁，但你却不选择仁，这就叫不明智。没有仁德，缺乏理智，丧失礼节，没有正义，这样的人只配做别人的奴仆。本来自己是奴仆，却以做奴仆为耻，就好像制造弓的人以造弓为耻，制造箭的人以造箭为耻一样。如果你以做奴仆为耻，那就不如去实践仁德。有仁德的人好像射箭：射箭的人先端正自己（的身姿），而后将箭射出；射出的箭如果不能射中目标，不会去埋怨战胜自己的对手，而是要反过来检讨自己的行为，如此而已。”

3.8

孟子曰：“子路，人告之以有过，则喜。禹闻善言，则拜。大舜有大焉，善与人同。舍己从人，乐取于人以为善。自耕稼陶渔以至为帝，无非取于人者。取诸人以为善，是与人为善者也。故君子莫大乎与人为善。”

【译文】

孟子说：“子路，别人如果指出他的缺点错误，他就很高兴。大禹听到别人劝勉他的善言，就会向人家敬拜。大舜更是伟大啊，他在为善方面没有自我与他人的分别（，从而与天下之人共同分享善），他舍弃自己的不善而顺从别人的善，他总是乐于汲取别人的善而促进自己的善。不论是农耕、制陶、打鱼还是做帝王，大舜没有一样优点不是从别人那里汲取过来的。汲取别人的善来促进自己的善，这就是偕同大家共同行善。所以君子最大的善，就是偕同大家共同行善。”

3.9

孟子曰："伯夷，非其君，不事；非其友，不友。不立于恶人之朝，不与恶人言；立于恶人之朝，与恶人言，如以朝衣朝冠坐于涂炭。推恶恶之心，思与乡人立，其冠不正，望望然去之，若将浼焉。是故诸侯虽有善其辞命而至者，不受也。不受也者，是亦不屑就已。柳下惠不羞污君，不卑小官；进不隐贤，必以其道。遗佚而不怨，阨穷而不悯，故曰：'尔为尔，我为我，虽袒裼裸裎于我侧，尔焉能浼我哉？'故由由然与之偕而不自失焉，援而止之而止。援而止之而止者，是亦不屑去已。"

孟子曰："伯夷隘，柳下惠不恭。隘与不恭，君子不由也。"

【译文】

孟子说："伯夷这个人，如果不是他理想中的君主，他就不去辅佐；如果不是他理想中的朋友，他就不去结交。他从不与坏人同朝为官，从不与坏人交谈。与坏人同朝为官，与坏人交谈，在伯夷看来就像穿着干干净净的朝服坐在泥土黑炭上一样。伯夷把他这种厌恶坏人的心推广开去，就想假如自己跟乡邻一起站着，若乡邻的帽子戴得不端正，自己就会怀着埋怨失望的心情走开，就像乡邻会污染了自己一样。因此各国诸侯虽然也有以好言好语来招他为官的，伯夷也从不接受。他的这种不接受，是不屑于屈就。柳下惠这个人，辅佐坏君主也不以为耻，做卑微的小官也不嫌弃；如果能入朝为官，他也从不隐藏、埋没自己的贤能，但必须符合他自己的原则；即使被君主遗弃而不获任用，他也从不埋怨，处于穷厄的境地，他也从不忧虑。所以柳下惠说：'即使你赤裸身体站在我身边，你又如何能够污染我呢？'所以柳下惠能坦然地同赤裸之人站在一起而不失态。别人拉住他，让他留住，他就留下来。别人拉住柳下惠让他留住，他就留下来，这就说明他认为自己用不着离开罢了。"

孟子说："伯夷这个人心胸狭窄，而柳下惠这个人没有恭肃之心。

无论是心胸狭窄还是没有恭肃之心，对于君子而言都是不可取的。”

每一种政治学说都必有其心理学基础。孟子提出“仁政”与“王道”的政治学说，而“仁政”与“王道”的心理学基础是“四心”，即恻隐之心、羞恶之心、辞让之心、是非之心；而“四心”又与孔子、孟子所倡导的四种伦理学范畴，即仁、义、礼、智有一一对应的关系，孟子认为“四心”乃是仁、义、礼、智之发端，即“四端”。由是观之，孟子从“四心说”这一人类心理学基础出发，建构其伦理学体系，而后又从伦理学体系推论出其以“仁政”与“王道”为核心的政治学体系。

在孟子的理论中，“四心四端”是一套由人类行为本能而发展扩充出来的“心理—伦理”体系。所谓人类行为本能，即是人类生而有之、与生俱来而非后天习得的行为范式。孟子在讲到“四心四端”时，强调了它们所具有的人类“本能”的性质——它们是“人皆有之”的（只要是人类，都具备此“四心四端”），它们也是“生而有之”的（即人类生来就具备的而非后天获得的）。“人皆有不忍人之心”，这是表示“人皆有之”的具备普遍性的本能；“人之有是四端也，犹其有四体也”（3.6），这是表示“四端”乃与生俱来的本能，好像人类都长着四肢一样自然而然，不需要讨论，更不必怀疑。由此观之，孟子是把“四端”当作是一种先天的、先验的、本能的心理范畴来讨论的，我们不用质疑它们的存在的合法性。甚至，更进一步，孟子下了一个更加绝对化的断语，这个断语就是：如果一个人没有这“四端”（或更准确地说是“丧失”这“四端”，因为这些本能本应是人人具足、生而皆有、与生俱来的），那就不是人，也就是不配被称作人。孟子说：“无恻隐之心，非人也；无羞恶之心，非人也；无辞让之心，非人也；无是非之心，非人也。”（3.6）下这个极为斩截、决绝的断语，旨在说明这“四端”乃人皆有之且与生俱来之人类本能，人人“四端”具足，对此每个人都应具备充分的自信。

“恻隐之心”乃是一种对别人境遇（一般指不太好的、值得同情的境遇）的一种怜悯心。孟子举“人乍见孺子将入于井”的例子，来说明人皆具有“怵惕恻隐之心”，此处“怵惕恻隐”四个字，“怵惕”乃恐惧之意，“恻隐”二字皆为“痛”之意，“恻隐”也就是哀痛的意思。人们看到小孩子将落井中，都会自然而然产生一种恐惧哀痛之心、同情怜恤之心。这种心理并非出于任何功利之目的（不是要结交孩子的父母，也不是要在亲邻中间获得什么荣誉），而是发自本能、出自天然的一种心理活动，这是一种先验的、先天的、不证自明的本能反应。实际上，“人乍见孺子将入于井”而产生的这种怵惕恻隐之心，具有人类“通感”和“默会的知识”的性质。什么是“通感”？就是人类皆具有的共通的情感（心理）。什么是“默会的知识”？就是人与人之间不需语言解释，就能相互理解的知识（或情感、心理、判断）。正是由于有了这种不言自明、人人共通的“默会的知识”，人类才能在此基础上建立一种共同的伦理规则（一致的道德约定），从而再在这个伦理规则的基础上建立政治、经济、法律诸制度。

从论证逻辑来看，孟子由“四心四端”而建立起“仁政”学说的“心理学—伦理学”基础，其中包含了一个合理的逻辑圈层：

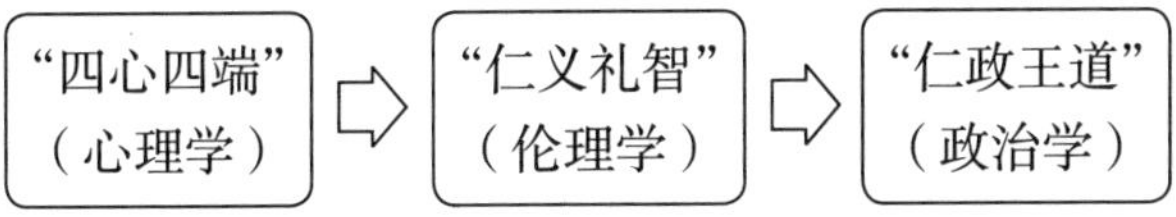

这就构建起一整套由人类心理学奠基的伦理学与政治学体系。如果我们剖析亚当·斯密《道德情操论》的论证逻辑，会发现孟子的论证逻辑与斯密有惊人的相似。斯密在《道德情操论》中，论证了一个社会中，每一个人从自我利益出发，如何才能达到社会总体的和谐的路径，也就是如何从一个人的“自我赞同”过渡到一种有利于社会和谐的“社会赞同”。斯密的逻辑框架包含了四个关键词：“同情”、“内心的旁观者”、“合宜性”、“一致的估价”。“同情”指的是人类共同拥有的、能够在情感上彼此分享的认识和理解。所谓“同情心”就是人类彼此可以共通的情感，这种共通情感相当于孟子所说的“四心四端”这些人类与生俱来、人人具足的情感。有了“同情”这一心理基础，人类就有了可以彼此分享的、共同的价值观。人们之间既有“同情”这一心理基础，就会在长期相互交往与互动中形成一些共同认可的价值标准，这就是人类伦理道德体系产生的基础。这在斯密的体系中被称为“合宜性”，即人类有一种共同的关于何者为宜何者不宜的知识，这就是儒家伦理中所说的“义”，“义者，宜也”，就是大家认为“应该”做的事，从“同情”到“合宜性”，实际上是从心理学到伦理学的建构，相当于孟子从“四心”到“仁义礼智”的理论建构过程。“四心”是心理基础，而“仁义礼智”相当于斯密的“合宜性”所指称的伦理体系。而“一致的估价”及整个社会在“同情”与“合宜性”基础上达成的关于人类社会制度的总体价值判断，无论是法律制度、政治制度、经济制度等都是这种“一致的估价”的具体体现，其目标是为了达成一个社会整体的均衡与和谐。这个层次，相当于孟子所说的“仁政”与“王道”这样一个制度建构的层次。在这个逻辑体系中，“内心的旁观者”扮演着什么角色呢？这个“内心的旁观者”实际是指每个人内心深处的一个假想的旁观者，每一个人做出一个行为，自己会给自己一个评判，这个旁观者实际上就是孟子所说的“良知”。每个人内心都有这么一个“旁观者”、“内心的栖居者”、“内心的大法官”，就如同孟子和王阳明所说的人人生而俱足的“良知”。在这个“内心的旁观者”和“良知”的监督与看守下，我们才能对事物有正确的价值判断，才能时时关照自己、约束自己、纠正自己、反省自己。只有时时秉持内心之“良知”，使良知不致泯灭，不被遮蔽，才能使这个“内心的旁观者”“内心的大法官”发挥监督作用，从而促使每一个人由“自我赞同”向“社会赞同”过渡，达成社会“一致的估价”，构建均衡和谐的人类制度体系。但是有些人的“内心的旁观者”丧失了，消失了，丢掉了，那么他就很难再具备一个人所应具备的“同情”的能力，从而不具备对“合宜性”的证据的正确判断，从而整个社会也就难以达成“一致的估价”。如同孟子所说，假如人的良知泯灭沦丧，他也就不复具备人的资格。“有是四端而自谓不能者，自贼者也。”（3.6）自贼者本来具备“四端”，但又丧失了这种本应人人具足的良知，这就是自我戕贼、自暴自弃，从而堕入不仁不义不礼不智之境地。这是社会道德体系崩塌的根源。

当然我们在孟子的论证中也可以发现一些在逻辑和概念上有若干缺陷的地方，值得进一步探讨和商榷。“四心”乃是孟子“仁政”学说的心理学根基，是孟子全部政治学与伦理学的基础。孟子从“四心”乃人人具足、不假外求之心理本能出发，来论证仁义礼智等伦理范畴的合法性，从而论证其“仁政”的政治学理论的合法性与正当性。实际上，“四心”这四种心理倾向，并非都严格地具备人人具足的本能性质，如果说“恻隐之心”、“羞恶之心”比较具有本能性质，那么“辞让之心”“是非之心”则更多地带有后天习得的性质，是一个人在其社会环境中，在其与其他社会成员交往的过程中逐渐形成并强化的一种共同体伦理行为，因而带有明显的后天的社会属性，我们日常所观察到的经验事实也证明这一点，“是非之心”，“辞让之心”（实际上也包括“恻隐之心”“羞恶之心”）都是一个人社会经验的产物，而且受其社会地位及所处的社会关系所影响。因此孟子所作的“无辞让之心，非人也；无是非之心，非人也”这一断语，从论证逻辑来看，有其未自洽的、武断的、主观的成分。这一断语，与其说是描述了一个人类心理学的经验事实与客观现象，倒不如说是描述了孟子内心深处的道德理想图景。孟子所在意的，不是客观事实本身，而是他的道德理想；他论证的不是一个客观存在的“是”与“本然”，而是一个应该存在的“应是”与“应然”。综观《孟子》全书，这样的在逻辑上未达自洽的“强判断”所在多有，而之所以出现这种现象，一方面是因为古人特殊的论证方式与逻辑表述方式，另一方面恐怕也反映了孟子本人的思想特征与为人风格。孟子对当时社会礼坏乐崩的痛恶之情，他想纠正道德沦丧及社会秩序混乱、试图挽狂澜于既倒的急迫心态，他为疗救这个时代而奋起担当的无畏精神，都在他的特殊的颇显凌厉、峻急、强硬、激烈的逻辑表述中淋漓尽致地体现出来了。嫉世之烈、用世之深、救世之切、一己担当之勇猛，造就了孟子的论说风格。因而所谓的逻辑之不尽自洽与不尽精致，亦似乎不宜苛求古人了。

卷四　公孙丑下

十　独立不倚

4.1

孟子曰：“天时不如地利，地利不如人和。三里之城，七里之郭，环而攻之而不胜。夫环而攻之，必有得天时者矣；然而不胜者，是天时不如地利也。城非不高也，池非不深也，兵革非不坚利也，米粟非不多也；委而去之，是地利不如人和也。故曰：域民不以封疆之界，固国不以山溪之险，威天下不以兵革之利。得道者多助，失道者寡助。寡助之至，亲戚畔之；多助之至，天下顺之。以天下之所顺，攻亲戚之所畔，故君子有不战，战必胜矣。”

【译文】

孟子说：“得天时不如占地利，占地利不如人心凝聚。一个小城，内城三里、外城七里，敌人围攻它而不能取胜。长期围攻一座小城，一定会出现得天时的战机，然而最终不能取胜，是因为得天时不如占地利。城墙并非修得不高，护城河并非挖得不深，兵器和铠甲并非不锐利坚固，粮食储备并非不足，然而（一旦敌人攻城就）弃城而逃，其原因在于占地利不如民心团结。所以说，不必用国家领土的疆界来限制人民的行动，不要依恃山川之险要来保卫国家，不要依靠兵甲的坚利来威慑天下，实行仁道之人就能够得到更多的人的帮助，而丧失仁道之人，就很少有人会帮助他。那些不实行仁道之人没有人帮助到了极点之时，连亲戚都会反对他；而那些实行仁道之人得到的帮助多到极点之时，天下人都会顺服他。用天下人都顺服的力量去攻打那些连亲戚都反对的人（，那是易如反掌的事），因此君子不战则已，假如发动战争就必然获胜。”

4.2

孟子将朝王，王使人来曰：“寡人如就见者也，有寒疾，不可以风。朝，将视朝，不识可使寡人得见乎？”

对曰：“不幸而有疾，不能造朝。”

明日，出吊于东郭氏。公孙丑曰：“昔者辞以病，今日吊，或者不可乎？”

曰：“昔者疾，今日愈，如之何不吊？”

王使人问疾，医来。

孟仲子对曰：“昔者有王命，有采薪之忧，不能造朝。今病小愈，趋造于朝，我不识能至否乎。”

使数人要于路，曰：“请必无归，而造于朝！”

不得已而之景丑氏宿焉。

景子曰：“内则父子，外则君臣，人之大伦也。父子主恩，君臣主敬。丑见王之敬子也，未见所以敬王也。”

曰：“恶！是何言也！齐人无以仁义与王言者，岂以仁义为不美也？其心曰‘是何足与言仁义也’云尔，则不敬莫大乎是。我非尧舜之道不敢以陈于王前，故齐人莫如我敬王也。”

景子曰：“否，非此之谓也。《礼》曰：‘父召，无诺。’‘君命召，不俟驾。’固将朝也，闻王命而遂不果，宜与夫礼若不相似然。”

曰：“岂谓是与？曾子曰：‘晋楚之富，不可及也。彼以其富，我以吾仁；彼以其爵，我以吾义。吾何慊乎哉？’夫岂不义而曾子言之？是或一道也。天下有达尊三：爵一，齿一，德一。朝廷莫如爵，乡党莫如齿，辅世长民莫如德。恶得有其一以慢其二哉？故将大有为之君，必有所不召之臣；欲有谋焉，则就之。其尊德乐道，不如是，不足与有为也。故汤之于伊尹，学焉而后臣之，故不劳而王；桓公之于管仲，学焉而后臣之，故不劳而霸。今天下地丑德齐，莫能相尚，无他，好臣其所教，而不好臣其所受教。汤之于伊尹，桓公之于管仲，则不敢召。管仲且犹不可召，而况不为管仲者乎？”

【译文】

孟子要去朝见齐王，这时候齐王派人来说：“我本来应该过来看望您，可是我得了寒疾，不能吹风。如果您来上朝，我也将临朝（以便会见您），不知道您是否能让我见到您啊？”孟子回答说：“遗憾得很，我也得了病，不能去上朝。”

第二天，孟子要去东郭大夫家吊丧，公孙丑说：“昨天您假托有病（而不去上朝见齐王），而今天却要去吊丧，恐怕这样做不合适吧。”孟子说：“昨天得了病，今天痊愈，为什么不能去吊丧呢？”

此时齐王派人来问候孟子的病情，医生也来了。

孟仲子应对使者说：“昨天接到王上朝的命令，可是先生得了小病，不能上朝。今天病好些了，他赶紧去上朝，不知道他现在到了没有啊？”

孟仲子（暗中）派了几个人在孟子回家的路上拦住孟子，说：“请千万不要回家，赶紧去上朝！”

孟子不得已到景丑家里去投宿。

景丑说：“在家里有父子，在外面有君臣，父子君臣都是一个人最重要的伦理关系。父子之间以恩慈为核心，而君臣之间以恭敬为核心。我看到王对您很尊敬，而没看到您尊敬齐王。”

孟子说：“唉，您这是怎么说话？齐国人没有跟王说仁义的事，难道他们认为仁义是不好的吗？他们心里暗暗地说，‘齐王这个人怎么值得跟他讨论仁义？’他们心里这样说，我觉得再也没有什么比这个更不敬的了。而我，如果不是符合尧舜之道的话，我就不敢向王陈述，所以说齐人并没有我对齐王更尊敬。”

景子说：“不，我说的不是这个。《礼经》说：‘父亲召唤，不用说“诺”，立即起身。’‘国君召唤，不等马车备好就立即出发。’您本来就打算去上朝见王，结果听到王想召见您的命令，反而不去上朝了，这跟《礼经》上说的恐怕不相符吧。”

孟子说：“难道您说的是这个吗？曾子说：‘晋王与楚王的财富，没有人跟他们能相比。然而他们以他们的财富为荣，我以我的仁德为荣；他们以他们的官位为荣，我以我的正义为荣。我有什么比他们缺少的呢？’这些话如果没有道理，曾子会讲吗？这句话恐怕是有些道理的。天下有三样东西最为尊贵：一个是官位，一个是年龄，一个是仁德。在朝廷上，官位越高越受人尊敬；在乡邻之间年龄越大越受尊重，而在辅助国家治理百姓之时，仁德最重要。怎么能够因为有官位而轻慢年高德隆的人呢？因此将要有大作为的国君，必定有一些不能随意召唤的臣子（来辅佐他）。如果国君想谋划大事，就要亲自去见这样的臣子。如果他在尊重仁德、乐施仁政方面做不到（这样的高度），那就不能够有大作为。因此汤对于伊尹，先向他请教，然后任用他为臣。因而不费什么力就称王；齐桓公对于管仲，先向他学习，然后任用他为臣，因而不费什么力就称霸。现在天下的国君国土都一样广大，德行也相差不多，没有谁能超过谁，（这个是什么原因呢？）没有别的原因，只是因为他们喜欢任命那些听他教导的人为臣，而不喜欢用那些教导他的人为臣。而汤对于伊尹，桓公对管仲就不敢随便召唤。管仲这样的人尚且不能随便召唤，更何况（我这样的）不屑做管仲的人呢？”

4.3

陈臻问曰：“前日于齐，王馈兼金一百，而不受；于宋，馈七十镒而受；于薛，馈五十镒而受。前日之不受是，则今日之受非也；今日之受是，则前日之不受非也。夫子必居一于此矣。”

孟子曰：“皆是也。当在宋也，予将有远行，行者必以赆，辞曰：‘馈赆。’予何为不受？当在薛也，予有戒心。辞曰：‘闻戒，故为兵馈之。’予何为不受？若于齐，则未有处也。无处而馈之，是货之也。焉有君子而可以货取乎？”

【译文】

陈臻问：“前些日子在齐国，齐王送给您一百镒金，您没有接受。后来在宋国，国君送您七十镒，您接受了；在薛国，国君送你五十镒，您也接受了。如果说前些日子您不接受齐王的馈赠是对的，那么后来接受宋与薛国的馈赠就是错的，如果说后来接受宋与薛国的馈赠是对的，那么先前不接受齐国的馈赠就是错的。二者必居其一吧。”

孟子说：“都是正确的。当时在宋国，我将有一次远途旅行，远行的人一定要有些盘缠，宋王说：‘我送你一点盘缠吧。’我为何不接受呢？当时在薛国，我因为（路上有危险）想要有所戒备。薛国国君说：‘听说您（因为路上有危险）有所戒备，所以我就送您一些费用去置办点兵器吧。’我为什么不接受呢？至于在齐国，就没有任何理由接受馈赠。没有任何理由而接受馈赠，这是被收买啊。哪有君子是可以被收买的呢？”

4.4

孟子之平陆，谓其大夫曰：“子之持戟之士，一日而三失伍，则去之否乎？”

曰：“不待三。”

“然则子之失伍也亦多矣。凶年饥岁，子之民，老羸转于沟壑，壮者散而之四方者，几千人矣。”

曰：“此非距心之所得为也。”

曰："今有受人之牛羊而为之牧之者，则必为之求牧与刍矣。求牧与刍而不得，则反诸其人乎？抑亦立而视其死与？"

曰："此则距心之罪也。"

他日，见于王曰："王之为都者，臣知五人焉。知其罪者，惟孔距心。为王诵之。"

王曰："此则寡人之罪也。"

【译文】

孟子到齐国的平陆，对平陆大夫孔距心说："您这里手持武器的将士，如果一天当中三次离开行伍（不履行职务），那么您是不是要开除他呢？"

孔距心说："不等他三次离开行伍，我就要开除他了。"

孟子说："可是您离开行伍（不履行职务）的时候也很多啊，遇到灾荒饥馑之年，您的子民中那些老病的人都濒于死亡，那些壮年人不得不散落到四方（去求生），恐怕有几千人吧。"

孔距心说："这不是我能够左右得了的。"

孟子说："现在有人接受了别人的牛羊来牧羊，那么他必然为这些牛羊寻找牧场与草料。如果这个人找不到牧场与草料，他是把牛羊归还给人家呢，还是站着看牛羊饿死呢？"

孔距心说："这就是我的罪过了。"

过了几天，孟子见到齐王，说："为王管理地方事务的人，我知道的有五个。而能深刻反省自己过错的，恐怕只有孔距心一个。"于是孟子把自己与孔距心的谈话复述给齐王。齐王说："这也是我的罪过啊。"

4.5

孟子谓蚳蛙曰："子之辞灵丘而请士师，似也，为其可以言也。今既数月矣，未可以言与？"

蚳蛙谏于王而不用，致为臣而去。

齐人曰："所以为蚳蛙，则善矣；所以自为，则吾不知也。"

公都子以告。

曰："吾闻之也：有官守者，不得其职则去；有言责者，不得其言则去。我无官守，我无言责也，则吾进退，岂不绰绰然有余裕哉？"

【译文】

孟子对蚳蛙说："您辞去灵丘的地方官而去任治狱官，看起来是有道理。因为您可以（针对那些不妥当的刑法案件）向齐王进言。现在您任职几个月了，还没有向王进言吗？"

蚳蛙向齐王进言，而齐王并不采纳其谏言，于是蚳蛙就辞职离开了。

齐国有人议论说："孟子为蚳蛙所谋划的事情，是正确的；但是他如何为自己谋划呢，我们却不太清楚。"

公都子把这些议论都告诉了孟子。

孟子说："我听说这样一个道理：有官职的人，不能够履行其职守就会离开；有进言之责的人，进谏不被采纳就会离开。我既没有官职，也没有尽言之责。那么我是进还是退，难道不是有宽绰的回旋余地吗？"

4.6

孟子为卿于齐，出吊于滕。王使盖大夫王驩为辅行。王驩朝暮见，反齐、滕之路，未尝与之言行事也。

公孙丑曰："齐卿之位，不为小矣；齐、滕之路，不为近矣。反之而未尝与言行事，何也？"

曰："夫既或治之，予何言哉？"

【译文】

孟子在齐国做卿相，奉命到滕国去吊丧。齐王派盖邑的治邑大夫王驩作为副使协助孟子。王驩与孟子一天到晚在一起，但孟子却在往返于齐国与滕国的旅途中，从未与王驩讨论过公事。

公孙丑说："齐王卿相的官位，不能说是小了；齐国到滕国的旅途，不能说是短了，但您在往返一路却未曾与王驩讨论什么公事，这是为什么呢？"

孟子说："他既然一个人都独断独行了，我还有什么好说的呢？"

古有四民，为士、农、工、商，而士居其首。士，是指读书人、知识分子，这一阶层的出现，是人类社会分工不断发展的产物。人类社会愈进步，分工愈细密，遂使"士"这一知识阶层，渐从农、工、商等阶层中分离出来，成为一个较为独立的阶层。西周时期，士阶层尚不明显，进入春秋时代，士阶层得以发展壮大。当时士阶层中出现了一批思想上极富创造力，影响极为深远的巨匠宗师，形成中国思想史上的轴心时代。因而春秋时代可以说是中国士人阶层的滥觞时期。春秋时期士人阶层开始独立出来，他们提出了自己的政治主张与哲学思想。各国国君与诸侯也纷纷延揽这些知识分子为自己服务，这些士遂被奉为上卿，其思想主张往往直接转化为治国原则，有助于各国追求富强、成就霸业。一些士获得了尊贵的地位。如管子、晏子之流，更以自己的谋略与智慧，帮助国家迅速实现赶超之大业。而孔子这样的士人，虽未长期占据高位，但以其系统的政治思想，也深刻影响了当时的国际政治格局。

士人阶层的真正崛起与群体自觉发生在战国时代，这一时期列国纷争更加剧烈，士人阶层的地位愈显重要。当时有名的"战国四公子"——魏国信陵君魏无忌、齐国孟尝君田文、赵国平原君赵胜、楚国春申君黄歇——都养"士"数千人，到处网罗人才，而谋士们也纷纷为其效力。我们所熟悉的《冯谖客孟尝君》就是其中一例。王公贵族要想成就大事，就要"善养士"，就要尊重士，发挥他们的才能，重用他们。

齐国最早称霸，也与齐国善于养士有关。稷下学宫，从齐桓公时代就汇集了当时天下最有思想、最有谋略的士人群体，从而成为当时天下的学术中心，也成为中国最早的高等学府与官方智库，这一盛况一直持续到战国时期，长达一百五十年。稷下学宫所引发的学术思潮，造就了中国百家争鸣的黄金时代。这也为当时士阶层的群体自觉造就了基础，提供了一定的社会条件。当时的士阶层地位很高，待遇也很高。齐国的国君封很多学者“上大夫”，享受很高的爵位与优厚的俸禄，并给他们提供非常宽松、自由的学术环境，鼓励他们自由思想，不干涉他们的学术活动。《盐铁论·论儒》载：“齐宣王褒儒尊学。孟轲、淳于髡之徒受上大夫之禄，不论职而论国事。盖齐稷下先生千有余人。”对这段史料，有些学者或持有异议，然而当时齐国招揽学术大师、鼓励学术自由的做法，却是值得称道的，对于士阶层的兴起起到极为关键的作用。这些士，不参与具体琐碎的国家事务，但可以参政、议政，进行纯粹的学术探讨。《史记·田敬仲完世家》中说他们“不治而议论”，使他们可以超越于行政而进行思想之生产，而自由的“思想市场”使这些士获得了施展才华的巨大空间。稷下学宫存续的一个半世纪中，士人阶层的群体认同与身份自觉得以巩固，他们在当时的政治格局中的地位得以确立，并逐步形成了“士”这个阶层的独立的人格气象。我们今天讲的“士风”“士气”，指的就是士林之风、士林之气，这种独特的风范、格调与气象，是春秋战国时期开始的士人阶层崛起的结果。而士风、士气的核心，就是独立不倚的人格。用孟子的话来说，就是“富贵不能淫，贫贱不能移，威武不能屈”的大丈夫人格，这也是中华民族两千多年以来最为尊崇的士格、士风、士气。

孟子是战国时期士阶层中最突出的一个，他出入国君之殿堂，拥有极高的学术地位与政治地位，受到各国国君之尊敬与优遇，然而可贵的是，孟子在与国君交往的过程中，能始终不卑不亢，保持自己独立不倚的人格，从不低声下气、奴颜卑膝。他总是在国君面前坦诚直率有时甚至是过于直接地表达自己的观点，从不畏惧是否冒犯了对方的尊严。他言必称尧舜，总是以极高的道德原则来要求和劝诫那些试图有所作为的君主，从不轻易放弃自己的政治主张与政治操守，从不为了爵禄而委曲求全。他为人刚猛，性格直率，语言锐利，往往直击要害，一针见血，从不在国君面前吞吞吐吐，或欲言又止，或言不尽意。他对国君、诸侯进言时，总是一种居高临下的姿态，而不是仰望的姿态。他要以“百世之师”的身份去施教，而不是像冯谖那样弹铗长歌以谋衣食车马，更不会去俯首听取国君的训教。在与国君的交往交谈中，他始终怀抱一种极为清醒的自尊意识、士的身份意识，这使得孟子始终保持一种傲岸不屈的独立姿态，这在中国知识分子中是极为可贵的，对中国两千年士风的影响至为深远。

《公孙丑下》多次展示了孟子与各国国君、大夫相处时所表现出来的士的独立不倚的精神。4.2 是一幕精彩的短剧，在短剧的开头，孟子本来就要到朝堂去朝见齐王了，可是偏偏此时齐王派使者捎话来，说是本来想来府上看望孟子，可是得了感冒，不能前来了；又告知孟子，若孟子上朝来，齐王也可以勉强带病上朝接见孟子。齐王的态度貌似恭敬，好像对孟子很尊重，可是其中的潜台词是希望孟子先去朝见他，而不可能主动向孟子请教国事。于是孟子果断决定不去上朝。次日孟子就出门去给东郭大夫吊丧，遭到学生公孙丑的反对，孟子不顾反对而去出吊。恰在此时，齐王派医生来孟子处问疾，孟仲子只好一边撒谎，告知使者孟子病好些了，正在上朝途中，一边又赶紧派人在路上截孟子，要孟子赶紧上朝，不要回家。孟子最终仍然执拗，没有上朝，而宿于景子的家。于是与景丑发生了一段关于君臣之道的著名论辩。景丑认为，君臣之道与父子之道相似，君臣之间的纽带是敬，而父子之间的纽带是恩，孟子不朝见齐王，乃不敬。而孟子认为，敬有“真敬”与“假敬”之分。齐国的臣子们从未向齐王言及仁义，因为他们在内心深处是藐视、蔑视齐王的，因为他们认为齐王是不配谈仁义的，与齐王谈仁义是对牛弹琴，这才是对齐王的最大的不敬；而他们表面上对齐王的恭敬是慑于齐王之威权，是“假敬”；而孟子，则在齐王面前言必称尧舜，以仁义之道进谏齐王，希望他成为一个以尧舜为榜样的仁义之君，有为之君。而这种基于对齐王的道德期待的行为才是真正的“敬”，是真正的君臣之道。世俗之人看重的是表面上的“假敬”，在国君面前唯唯诺诺、毕恭毕敬，而不向国君言以仁义之道，遂使君臣之道失其本义，臣不能尽其使命与责任，不能有益于国家社稷，这种“假敬”乃是真误国也！中国历朝之兴衰，皆与此“真敬”“假敬”之辩有关，一朝之衰，往往因朝堂之上多阿谀奉承、逢迎拍马之小人，而缺少真正为国家社稷担当、直言敢谏的忠良之士。孟子正确地区分了臣对君的“真敬”与“假敬”。以尧舜为道德楷范，对君王提出了极高的道德要求，而不去屈从世俗，对君王阿谀奉承，此乃士的担当精神的表现。

然而 4.2 最精彩之处，在孟子最后的发挥。他引用曾子的话：“彼以其富，我以吾仁；彼以其爵，我以吾义，吾何慊乎哉？”将“富—仁”“爵—义”这两对范畴引出来，以说明士的独立不倚、傲岸不屈的精神人格的理论基础。士无巨富，然而拥有仁；士无显爵，然而拥有义，士以道德上的优越感而藐视财富与官爵，从而确定了士在道德坐标上的制高点。正是有了这样的道德制高点，士才能平视国君、傲视王侯，才能挺拔起自己独立傲岸的生命姿态。孟子进一步发挥，将天下之最可珍贵之物——“爵、齿、德”加以分析，认为国君不应以官爵之显而轻慢年高德劭之人，而历史上那些有为之君，总是能“尊德乐道”，礼贤下士，即“大有为之君，必有所不召之臣”，所谓“不召之臣”，就是那些国君不可随意召唤，而只能虚心求教之臣。国君能放下身段，虚心向这些真正有谋略的大臣求教，才能成就大业。如汤向伊尹请教，齐桓公向管仲请教，皆能成就王霸之业。因而，国君对士的态度，是决定一国兴衰的重要因素。若国君谦虚好学，尊重人才，则能成就王霸之业。然而大部分国君刚愎自用，自恃手持威权而不肯求教于谋略之士，倨傲而不能礼贤下士，因而难成大业。“好臣其所教，而不好臣其所受教”，这句话可谓直击要害，“其所教”就是听从国君教导的人；“其所受教”，就是能够使国君听从教导的人，“好臣其所教”，乃指庸君只喜欢利用那些在国君面前俯首帖耳、唯命是从的人。“好臣其所受教”乃指明君善于挑选那些能够使自己受教的人为臣，如汤任用伊尹，齐桓公任用管仲。对于这些谋臣，国君极尽恭敬之能事，谦逊求教、不耻下问，哪敢颐指气使、随意召唤？如果颐指气使、随意召唤，这些谋臣又怎能忠心佐之，倾心授之？以孟子之刚猛、傲岸之人格，岂能被齐王随意召唤。“管仲且犹不可召，而况不为管仲者乎？”这句反问极其生动地体现了孟子的高傲、自尊、独立的精神气质。

在4.3中，孟子提出了“君子不可以货取”的命题，所谓“货取”，即是用金钱来收买。当陈臻质问老师，为什么收取宋君与薛君的馈赠，而不接受齐王的馈赠，岂不是前后行为的逻辑有矛盾吗？孟子认为，得国君之馈赠，必定要有一定的合理性，即“有处”，若“未有处”，即找不到合理的理由，则不能轻易接受馈赠。“无处而馈之，是货之”，即孟子将这种没有合理性的馈赠视为“货之”，看作是收买行为，是不可接受的。君子不可以货取，同样体现了孟子作为士的一种内心的高度自尊，君子的独立人格不能用金钱收买，也不能用任何东西来交易，这才能保证士的人格独立与自尊。

4.4中孟子与孔距心（平陆大夫）及齐王的对话，是孟子以巧妙的方式劝谏齐王的典型例子。孟子由持戟之士的“失伍”（失职）行为引申到孔距心作为地方长官的“失伍”（失职）行为，使孔距心知所辖区域内人民饥荒、流离失所乃地方官员之罪，又由孔距心“失伍”（失职）行为引申到国君的责任与使命，使齐王亦知其罪，其论辩、劝喻的方式比较含蓄，然而仍保持了孟子一以贯之的进言国君的方式：居高临下，直陈利弊，使国君知其非而改其过，从而尽到谋臣策士应尽之义务。孟子秉承的是一种坚定的、不可动摇的信念，即在《离娄上》中所说的“惟大人为能格君心之非”（7.20），即唯有那些人格高尚，格局开阔，使命远大的人，才能纠正国君的错误言行，才能使国君重归仁义之道。士的使命正是“格君心之非”，使之施善政、行仁道、成大业。而士在向国君进言劝谏的时候，也不能采取奴颜卑膝的态度，不要对国君采取畏惧、仰望的态度，而应不卑不亢，敢于直言。《尽心下》说：“说大人，则藐之，勿视其巍巍然。”（14.34）“藐之”，即藐视、轻视之，这种“藐”不是轻蔑、不屑，而是要以道德的制高点俯视之，不采取仰视的卑微态度，如此才能真正以仁义之道说服国君诸侯。如果一味仰视，态度低贱卑微，则反而起不到进言的目的。若总是视国君诸侯为“巍巍然”，则进言之前早已畏缩恐惧，战战兢兢，又怎能直言劝谏、达到目的呢？综观《孟子》全书，我们可以发现，孟子无论面对任何国君，总是能居高临下，气势很足，从不畏缩卑微，欲言又止。而孟子的这种态度，从浅的一面来说是一种高明的论辩术与说服术，而从更深的层面而言，则表现了孟子作为士的一种精神自觉，一种人格担当，一种道德自信。孟子对道德以外的其他物质追求与名利地位极为蔑视，他在很早的时候就确立了自己的人格追求与精神气象，当他面对所有身外的名利地位的时候，皆能怀有从容淡定之心态，即《公孙丑上》中所说的“我四十不动心”（3.2）。“不动心”，即是看轻身外之物，故心不为所动，而能够做到“颠沛造次必于是”，能够时时坚守自己的道德理想；正是由于这种“不动心”，故面对诸侯显贵，而能保持自己的道德自信心与道德优越感，无所忌讳，无所畏惧。“堂高数仞，榱题数尺，我得志，弗为也；食前方丈，侍妾数百人，我得志，弗为也；般乐饮酒，驱骋田猎，后车千乘，我得志，弗为也。在彼者，皆我所不为也；在我者，皆古之制也。吾何畏彼哉？”

（14.34）孟子之所以面对国君从无畏惧，正是基于这种人格追求与道德自信，秉仁义而自高，期尧舜而自重，故能傲视王侯，不以名利而弃其操守也。

孔子与孟子都能够在追求其政治理想的过程中做到进退自如，行藏从容。孔子"用之则行，舍之则藏"，"道不行，乘桴浮于海"，既追求政治理想，遍干诸侯，要有一番抱负，又能够不为名利所拘，心中自有一番洒脱自在之气象。孟子在从政的历程中也是如此，或更有过之，而孟子在当时的政治与学术地位也使他有资格做到从容自如，进退久速皆能顺其自然。4.5 中蚳蛙作为士师向王进言而不为王所用，故而辞职而去。这个事情引起齐国人的很多私下的议论，这些议论似乎是在向孟子暗示，您在齐国也发挥不了什么作用，您怎么不辞职而去呢？您鼓励蚳蛙向齐王尽忠进言，可是您老如何自处自为呢？这样的流言传到孟子那里，引发了孟子对于为臣者职责与进退的一番议论："有官守者，不得其职则去；有言责者，不得其言则去。我无官守，我无言责也，则吾进退岂不绰绰然有余裕哉？"在这里孟子谈到为臣的一种基本态度：有职守者尽其职，有言责者尽其言，如果不能履行职守，不能进言劝谏，则不得不辞职隐退，这是为臣的原则，然而不是为士的原则。士与臣相比，其职守具有一定超脱与灵活的性质，如稷下之士，皆有议论国事之权，然无具体职守与责任，可放言高论，讥议朝政，然无须担负某一具体职责，故为士者能超越时流，不被职守所拘羁。孟子作为士，其进退皆由自己做主，从容洒脱，"绰绰然有余裕"，处于一种自由、自在之状态，士也因此具备了一种相对独立的人格，"可以进则进，可以退则退，可以久则久，可以速则速"，孟子欣赏孔子的这种独立不倚的生命姿态，也在一定程度上成为他的"夫子之自道"，成为他从政的一大追求目标，进退绰然有余裕，而不为政府政治官场所限制，这是先秦政治格局中一种独特的现象，此间所培育出来的士的精神，在中华民族精神史上，是极为珍贵的。

十一　舍我其谁

4.7

孟子自齐葬于鲁，反于齐，止于嬴。

充虞请曰：“前日不知虞之不肖，使虞敦匠事。严，虞不敢请。今愿窃有以请也：木若以美然。”

曰：“古者棺椁无度，中古棺七寸，椁称之。自天子达于庶人。非直为观美也，然后尽于人心。不得，不可以为悦；无财，不可以为悦。得之为有财，古之人皆用之，吾何为独不然？且比化者无使土亲肤，于人心独无恔乎？吾闻之也：君子不以天下俭其亲。”

【译文】

孟子从齐国到鲁国为母亲举办葬礼，又返回齐国，中途在嬴县小住。充虞向老师请益道：“前些天承蒙您看得起学生，令学生我主持造棺椁之事。事情很紧急，我没有敢向您请教，现在希望向老师请教一下：您为您的母亲造的棺椁，好像太过讲究了。”

孟子说：“上古时期的人，对棺椁的制式没有固定的尺寸要求，中古时代要求棺木厚七寸，椁的厚度要与此相称。自天子直到老百姓，（为逝去的先人造棺椁，）并非仅仅是追求美观，而是（必须讲究制式）这样然后才算尽到了为人子的孝心。如果达不到棺椁制式的要求，就不会称心如意；如果自己没有相应的财力，也不能称心如意。既能够符合棺椁制式的要求，而自己又能具备相应的财力，古人都会给逝者制造讲究的棺椁，为什么惟独我不能这样做呢？而且（为逝去的父母打造合适的棺椁，）就会使逝者的尸体不再与土接触。这对于人子来说，难道不是一件快然而无所遗憾的事吗？我听说（这样一个道理）：君子不应该以天下任何事为借口，而在父母的丧事上过于节俭潦草（，而应该在远终之礼上尽自己的孝心）。

4.8

沈同以其私问曰："燕可伐与？"

孟子曰："可。子哙不得与人燕，子之不得受燕于子哙。有仕于此，而子悦之，不告于王，而私与之吾子之禄爵；夫士也，亦无王命而私受之于子，则可乎？何以异于是？"

齐人伐燕。

或问曰："劝其伐燕，有诸？"

曰："未也。沈同问：'燕可伐与'，吾应之曰：'可。'彼然而伐之也。彼如曰：'孰可以伐之？'则将应之曰：'为天吏，则可以伐之。'今有杀人者，或问之曰：'人可杀与？'则将应之曰：'可。'彼如曰：'孰可以杀之？'则将应之曰：'为士师，则可以杀之。'今以燕伐燕，何为劝之哉！"

【译文】

（齐国大臣）沈同以私人身份问孟子说："燕国可以攻打吗？"

孟子说："可以，燕王子哙不应该随意把燕国让给别人，燕国的相国子之也不应该如此从燕王子哙那里接受燕国。就好比这里有一个人，而你很喜欢他，不向王禀告，就私下把你的俸禄官爵都给他；而这个人也同样没有经过王的命令就从你那里接受了你的俸禄和官爵，这样怎么可以呢？——（燕王子哙私下把燕国让给相国子之，）与这个例子又有什么区别呢？"

齐国人后来就攻打了燕国。

有人问孟子："听说您曾经劝齐国去讨伐燕国，有没有这回事？"

孟子说："我没有（劝齐国攻打燕国）。沈同问我：'燕国可以讨伐吗？'我回答说：'可以。'他们后来就这样讨伐燕国了。他如果问我：'谁可以讨伐燕国呢？'我就会回答说：'惟有天吏才有资格讨伐燕国。'好比现在有一个人杀了人，有人问：'这个杀人犯应该被杀吗？'我就会回答他：'可以。'他如果再问：'谁有资格去杀这个杀人犯呢？'那么我将回答说：'惟有治狱官才有资格杀他。'现在以一个与燕国一样无道的齐国去攻打燕国，我怎么会这样劝他们呢？"

4.9

燕人畔。王曰："吾甚惭于孟子。"

陈贾曰："王无患焉。王自以为与周公孰仁且智？"

王曰："恶！是何言也！"

曰："周公使管叔监殷，管叔以殷畔。知而使之，是不仁也；不知而使之，是不智也。仁智，周公未之尽也，而况于王乎？贾请见而解之。"

见孟子，问曰："周公何人也？"

曰："古圣人也。"

曰："使管叔监殷，管叔以殷畔也，有诸？"

曰："然。"

曰："周公知其将畔而使之与？"

曰："不知也。"

"然则圣人且有过与？"

曰："周公，弟也；管叔，兄也。周公之过，不亦宜乎？且古之君子，过则改之；今之君子，过则顺之。古之君子，其过也，如日月之食，民皆见之；及其更也，民皆仰之。今之君子，岂徒顺之，又从为之辞。"

【译文】

燕国人（在被齐国占领之后）起来反抗齐国。齐宣王说："我感觉非常愧对孟子。"

陈贾说："王不必忧虑。您认为您与周公比起来，谁更具备仁爱之心且充满智慧？"

齐宣王说："哎！你这是说什么！"

陈贾说："周公让管叔来管理殷国，可管叔却带着殷国的人发动叛乱。如果周公明知道会发生这样的事还派管叔去殷国，那么他就是不仁；如果周公并不能预知管叔会带领殷人叛乱，那么他就是不智。仁与智，就连周公这样的人都未必完全能达到，何况是大王您呢？我愿意自动请缨去见孟子来解释这件事。"

陈贾见到孟子，问道："周公是一个什么样的人呢？"

孟子说："是古代的圣人。"

陈贾说："周公让管叔来管理殷国，而管叔却带着殷人叛乱，有这样的事情吗？"

孟子说："有。"

陈贾说："周公是事先知道管叔（将带领殷人）叛乱却仍然派他去殷国吗？"

孟子说："周公并不知道他将要叛乱。"

陈贾说："这么说就连圣人也有过错了？"

孟子说："周公，是弟弟；管叔，是兄长。那么周公犯这种错误，不也是很合情理的吗？而且古代的君子，有了过错就马上更正；今天的所谓君子，有了错误，却将错就错。古代的君子，他们的错误，就像日食月食，老百姓都看得见；等到他们更正了自己的错误，老百姓都敬佩他们。现在的所谓君子，岂止是将错就错，而且还编一套说辞文过饰非。"

4.10

孟子致为臣而归。王就见孟子曰：“前日愿见而不可得，得侍同朝，甚喜；今又弃寡人而归，不识可以继此而得见乎？”

对曰：“不敢请耳，固所愿也。”

他日，王谓时子曰：“我欲中国而授孟子室，养弟子以万钟，使诸大夫国人皆有所矜式。子盍为我言之？”

时子因陈子而以告孟子，陈子以时子之言告孟子。

孟子曰：“然。夫时子恶知其不可也？如使予欲富，辞十万而受万，是为欲富乎？季孙曰：‘异哉子叔疑！使己为政，不用，则亦已矣，又使其子弟为卿。人亦孰不欲富贵？而独于富贵之中有私龙断焉。’古之为市者，以其所有易其所无者，有司者治之耳。有贱丈夫焉，必求龙断而登之，以左右望，而罔市利。人皆以为贱，故从而征之，征商自此贱丈夫始矣。”

【译文】

孟子辞去在齐国的职位，打算回到家乡。齐王来孟子家与孟子见面，说：“以前（您没有到齐国之时），想见到先生却见不到，后来能够有幸与先生在朝堂共事，非常高兴；可是现在您又抛弃我而回乡，不知道以后我还能见到先生吗？”

孟子回答说：“（与王见面，）我哪敢奢求，但也是本来我所希望的。”

过了几天，齐王对时子说：“我想在国都中给孟子一栋房子，以万钟的俸禄来供养孟子的弟子，使齐国的官员与百姓都能以孟子及其弟子为榜样。你何不代我去跟孟子说说！”

时子就委托陈子来告知孟子（齐王的意见），陈子就把时子的话转告了孟子。

孟子说：“嗯。那个时子怎么会知道这根本不可能呢？假如我是一个贪财之人，那么辞去十万钟俸禄的职位而去接受一万钟的赏赐，这是一个贪财之人做的事吗？季孙说：‘子叔这个人真是怪啊！他自己想从政做官，别人不屑任用他，也就罢了，可是他又让他的儿子与兄弟出来做卿。人谁不想得到富贵呢？可是他却在谋求富贵的过程中想要去私下垄断。就好比古代的市场交易，大家都用自己所拥有的东西去交换自己所没有的东西，有官员对市场进行治理（使交易有序进行）。这时候有一个卑鄙无耻的人，他一定要找一处高地登上去，向周围打望，企图占尽市场上所有的好处。市场上都认为这个人卑鄙无耻，所以管理者就要征他的税，向商人征税就是从这样的卑鄙无耻之人开始的。

4.11

孟子去齐，宿于昼。有欲为王留行者，坐而言。不应，隐几而卧。

客不悦曰："弟子斋宿而后敢言，夫子卧而不听，请勿复敢见矣。"

曰："坐！我明语子。昔者鲁缪公无人乎子思之侧，则不能安子思；泄柳、申详无人乎缪公之侧，则不能安其身。子为长者虑，而不及子思。子绝长者乎？长者绝子乎？"

【译文】

孟子离开齐国（回家乡的途中），在昼县住宿。有一个人想替齐王挽留孟子，他正身危坐同孟子说话，但孟子却不回应他，靠着坐几（古时一种较矮的小桌）伏卧着（想睡觉）。

这个客人很不高兴，说："弟子我在见您的前一天就斋戒，而后才敢跟您说话。而先生您却伏卧着（想睡觉），不听我说话，今后我可不敢再见先生了。"

孟子说："请坐下（让客人不再立身危坐而改为安坐）！我跟你明说吧，以前鲁缪公如果不每天安排人在子思（孔伋，孔子之孙）身边（细心照料，以表尊敬），就不能让子思安心留在缪公身边；而泄柳、申详如果不安排贤人在鲁缪公身边时时维持调护，也就不会使自己感到安心。你替我这个老者考虑，却想不到鲁缪公是如何礼待子思的；这是你与我决绝呢，还是我与你决绝呢？”

4.12

孟子去齐。尹士语人曰：“不识王之不可以为汤武，则是不明也；识其不可，然且至，则是干泽也。千里而见王，不遇故去，三宿而后出昼，是何濡滞也！士则兹不悦。”

高子以告。

曰：“夫尹士恶知予哉！千里而见王，是予所欲也；不遇故去，岂予所欲哉！予不得已也。予三宿而出昼，于予心犹以为速，王庶几改之！王如改诸，则必反予。夫出昼，而王不予追也，予然后浩然有归志。予虽然，岂舍王哉！王由足用为善；王如用予，则岂徒齐民安，天下之民举安。王庶几改之！予日望之！予岂若是小丈夫然哉！谏于其君而不受，则怒，悻悻然见于其面；去则穷日之力而后宿哉！”

尹士闻之，曰：“士诚小人也。”

【译文】

孟子离开齐国。齐国人尹士对别人说：“认识不到齐王不能够做商汤、周武王那样的圣王，这是孟子不能明察；认识到齐王不能够做商汤、周武王那样的圣王，然而还要投奔齐国，这就是贪图高官厚禄。不远千里来齐国见齐王，因为得不到重用就离开齐王，然而在昼县住了三个晚上才离开，为什么要这样磨磨蹭蹭呢？我为这些事感到很不开心。”

孟子的学生高子就把这些话传给了孟子。

孟子说：“那个尹士怎么能理解我呢？我不远千里来见齐王，这是我所希望的。得不到重用而离开，难道是我所希望的吗？我这是不得已啊！我在昼县歇息了三宿才离开，从我的内心而言还觉得太快了，因为我始终期待齐王也许能改变他的态度。齐王如果改变他的态度，那么他必然会招我回去。我离开昼县，而齐王并不追我，我才坚定了离开齐国回乡的念头。即便如此，难道我内心里肯舍弃齐王吗？（我始终认为）齐王还是能够实施善政，如果齐王能够真正任用我，那么岂止齐国人民会安享太平，天下的老百姓都会安享太平。齐王也许会改变他的主意！我天天都在期盼！我难道是那种气量狭小的人吗？那种气量狭小的人向他的国君进谏而国君不接受劝诫，他就恼怒，那种不快的表情全表现在脸上。当他离开国君的时候，就非要走到精疲力尽才肯停下来住宿呢！"

尹士从别人那里听闻了孟子这些话，说道："我真是一个小人啊（误解了孟子）。"

4.13

孟子去齐，充虞路问曰："夫子若有不豫色然。前日虞闻诸夫子曰：'君子不怨天，不尤人。'"

曰："彼一时，此一时也。五百年必有王者兴，其间必有名世者。由周而来，七百有余岁矣。以其数，则过矣；以其时考之，则可矣。夫天未欲平治天下也；如欲平治天下，当今之世，舍我其谁也？吾何为不豫哉！"

【译文】

孟子离开齐国，充虞在半路上问道："先生您好像不高兴的样子。以前我从先生这里听说：'君子不怨天，也不责怪人。'"

孟子说："那时是一种情况，现在又是另外一种情况。每过五百年必定会兴起一代圣王，这其中必然有德业声望闻名于一世的人（出来辅佐圣王）。从周文王那时到现在，七百多年了。按照这个年数，早就过了（五百年）；可是从（当今动乱之极天下思定的）时势来看，那正是圣君贤臣兴起的时候。上天如果不想让天下太平、治理得井井有条也就罢了；如果上天想让天下太平、治理得井井有条，那么当今世上，除了我还有谁（能做到这一点）呢？我为什么不高兴呢？”

4.14

孟子去齐，居休。公孙丑问曰：“仕而不受禄，古之道乎？”

曰：“非也。于崇，吾得见王，退而有去志，不欲变，故不受也。继而有师命，不可以请。久于齐，非我志也。”

【译文】

孟子离开齐国，在休暂住。公孙丑问道：“做官而不接受俸禄，这是古人的原则吗？”

孟子说：“不是。在崇这个地方，我得以会见齐王，回来时便萌生了离开齐国的念头。我不想改变离开齐国的想法，所以就不接受俸禄。不久，齐国发生了战事，我在这样的时候不宜请求离开齐国。但长期滞留齐国，却不是我的志向。”

从整体的思想传统来看，儒家是非宗教的，无论孔子、子思还是孟子，都不太多讲人格化的“神”或“上帝”，而当他们言及“天”、“神”、“上帝”等范畴时，更多地指向一种抽象意义上的超越之物，指向一种凌驾于人与自然之上的具有超越意味的存在。早期儒家这种注重现实主义的、不推崇人格神的传统，对中华民族的信仰体系产生了深远影响，造就了中国人与西方人迥然相异的信仰世界。但是另一方面，儒家也并非完全排斥人格神之信仰，而只是对此持谨慎态度。因此许多研究者探讨儒家的宗教化问题，甚至很多学者坚定地认为儒家实际上就是“儒教”，也不是没有来由的。

儒家宗教化的根由，一方面诚然是因为古人的信仰世界的复杂性，一个完全无神论倾向的思想体系在古代人的精神世界中是罕见的，不可思议的；另一方面，儒家宗教化亦来自于春秋末期至战国时期思想领域的竞争。在当时几乎是完全竞争的思想市场中，一种思想若想具有强大的竞争力、感召力，若想拥有更多的信众（拥护者），若想成为当时诸侯争霸中被青睐的显学，就必须具有一定的宗教的特征：它要有一个值得信众崇敬与膜拜的思想源头（创始者），要有具有强大思想号召力且传承关系清晰的传承体系，还要有较为严密的组织体系与思想传播方式。从这几点来看，墨子所创立的墨学当然最具备成为一种宗教团体的条件。墨子所创立的墨学组织严密，自巨子至于下面的各层信众，组成一个庞大而有序的组织体系。这个宗教团体有墨子这个“巨子”作为教主，一呼百应，招之即来，来之能战，在当时的思想、政治、军事、社会诸领域的影响都非常巨大。

墨家作为一个宗教团体所具有的强大感召力、渗透力与战斗力，当然对其他学派产生了很大的刺激与影响。在儒、墨、道三家互相斗争最为激烈的战国时代，墨家的巨大力量也迫使儒、道两家用各种方式起来竞争。孟子极为清晰且极为清醒地看到了天下学说纷争的格局，对于思想界杨墨之说盛行而圣贤之道隐而不彰怀着深深的忧虑，孟子“辟杨墨”“继绝学”的使命感是非常自觉的，对此他有着极为清醒的道义担当。“圣王不作，诸侯放恣，处士横议，杨朱墨翟之言盈天下。天下之言不归杨则归墨。杨氏为我，是无君也。墨氏兼爱，是无父也。无父无君，是禽兽也。”（《滕文公下》）他要自觉地擎起反对杨墨、弘扬圣学的大旗，所以他说：“距杨墨，放淫辞。……能言距杨墨者，圣人之徒。”（《滕文公下》）他又说：“逃墨必归于杨，逃杨必归于墨。”（《尽心下》）而孟子要收拾人心、挽救世道使天下人逃杨墨而归孔门，这是他自认必须承担的使命，也就是要接续道统。

孟子内心具有极其弘大的抱负与雄心，具有一种挽狂澜于既倒的伟大使命感。而孟子自身那种弘阔伟岸的气象也正是来自于这种“舍我其谁”的豪迈自信与使命担当意识：“五百年必有王者兴，其间必有名世者。由周而来，七百有余岁矣。以其数，则过矣；以其时考之，则可矣。夫天未欲平治天下也；如欲平治天下，当今之世，舍我其谁也？吾何为不豫哉！”（4.13）这段话实在是精彩至极，将孟子气象之豪迈、格局之超纵、丰神之洒脱表现得淋漓尽致，孟子之“大我”精神，那种“沛然莫之能御”（13.16）的道德自信与“浩然之气”，令人感佩而震撼。他预言“五百年必有王者兴”，这个“王者”，也许并不一定是政治统治者，而可能是泛指能够引领天下，铸造时代，领袖群伦，且为百世所敬仰的集圣与王于一身的人物，他既是圣人，是道德上的万世楷模与师表，又是王者，能够确立一个长时期的政治秩序，从而“平治天下”。孟子认为，这样的一个造就王者的时代正在到来，他内心有这样的自信与期待，“以其时考之，则可矣”，这个“时”非常重要。孟子有极为清晰、明确且相当自觉的“时间感”。他认为自己所处的时代具备最好的“时机”，能够诞生扭转时代的圣王，可谓“机”不可失，“时”不我待。而决定这个时代能否有“王者兴”的力量，是“天”，如果上天不愿意平治天下则罢，如愿意平治天下，则其使命必落在孟子自己身上，也就是“当今之世，舍我其谁也”。这种对自我使命的自负与担当，在儒学两千多年历史上放出永久不朽之光彩。

很显然，孟子自信是担负了“天”所赋予的使命，继承孔子圣贤之道，并使天下治平。他从上天那里得到暗示与期许，这与孔子的使命感何其相似！孔子以“木铎”自期，在危困颠沛之际，他始终相信“天生德于予，桓魋其如予何！”孔子认为自己秉承了上天的意志，担负了上天的使命，任何人都没有办法改变上天的这一意志。他相信自己乃是整个文明的传承者，是圣贤的合法继承人，因而他宣称“斯文在兹”，“为往圣继绝学，为万世开太平”（张载《西铭》）的使命系于他一身。以孟子之豪气与自信，他对孔子的使命感当然心领神会，且有以过之。孟子坚定地相信“天欲治平天下也，舍我其谁”，相信“天将降大任于是人也”（《告子下》）。孟子的气魄比孔子更大，而他所面临的圣学衰微的时代比孔子更糟糕，他遭受的“天下不归杨则归墨”的压力则更大。遂使他企图奋发有为的心情比孔子更迫切。他的呼吁与宣言遂比孔子更直截，更坦率，更亢锐，更凌厉，更峻急。郭沫若在其《青铜时代》一书中有一篇文章《先秦天道观之进展》，其中谈到自《洪范》至《中庸》再至《孟子》的儒家天道观之演变，其中的一些观点很有意味：“《洪范》的根本思想，是以中正为极，和《中庸》一篇正相为表里。它肯定人格神的‘天’和‘上帝’，在儒家思想上似乎是倒逆，但那是托古的关系，而且也是有意地要‘神道设教’。这是受了墨家的影响，看它托始于禹，也就是儒家要起来夺墨子的教主之席的明白的表现。儒家到了子思已经是有意地要构成为一种宗教的企图，在《中庸》里面这种企图是表现得极明白的。”郭沫若所引用的作为证据的，就是人们所熟悉的“仲尼祖述尧舜”至“配天”一段：“仲尼祖述尧舜，宪章文武，上律天时，下袭水土，譬如天地之无不持载，无不覆帱。譬如四时之错行，如日月之代明。万物并育而不相害，道并行而不相悖。小德川流，大德敦化，此天地之所以为大也。唯天下至圣，为能聪明睿知，足以有临也；宽裕温柔，足以有容也；发强刚毅，足以有执也；齐庄中正，足以有敬也；文理密察，足以有别也。溥博渊泉，而时出之，溥博如天，渊泉如渊。见而民莫不敬，言而民莫不信，行而民莫不说。是以声名洋溢乎中国，施及蛮貊，舟车所至，人力所通，天之所覆，地之所载，日月所照，霜露所坠，凡有血气者，莫不尊亲。故曰配天。”

郭沫若说：“这样堂皇绝顶的一篇大赞辞，十足地把孔子推尊成为了一位通天教主。这不能不说是受了墨家的刺激。”此观点值得深味之。在儒墨道诸家争鸣的时代，话语权的竞夺当然是十分的激烈，但是在这种长期的思想市场的自由竞争中，实际上哪一种哲学思想都难以获得垄断地位。诸家学说在竞争中也有融合，在互相抨击中也互相学习，互相汲取。子思在《中庸》中对孔子的这篇音韵铿锵、文字优美且充满力量的赞辞，在思想方法上是要将孔子的学说与天地万物之运行联系起来说，孔子的思想学问也就获得了一种形而上的合法性，也就获得了“配天”的至高资格。孔子的学说被称颂为既合乎天时，又合乎天地万物之成长规律的永恒不变的真理的代表。这一方面代表了子思要将儒家学说“形而上学化”的一种努力，同时也表明子思可能有效仿墨子来使儒家宗教化的一种企图。郭沫若的这种推测符合一定的历史逻辑。子思要努力构建儒家哲学的本体论基础，在这方面他确实是开了成功的先河，但儒家本体论的最后完成，则要等到宋代的理学家们手里才算圆满。子思讲的“诚者天之道也”，“诚者自成也，而道自道也”，初听上去极有老子的韵味，与老子的思维方式与表述风格如出一辙，这也明显地看出儒家也要从道家的形而上学那里汲取有益的思想资料，以便为儒家哲学提供本体论基础，以免在与道家的理论竞争中被讥为支离破碎的伦理说教。郭沫若这样评说子思与老子的思想渊源关系：“看他（子思）所谓‘诚’便是天，而具现在人身上的便是圣人，分明是从老子的思想演化下来的。诚是道体‘独立而不改，周行而不殆’的一个简括。诚便是道，便是本体。不过道家把本体看成一种朴素的实质，而子思是把本体看成一种永恒不变的理法。这是他们不同的地方。而且子思更说出‘诚者自诚而道自道’的话来，这是本体自固的说法，比起老子的‘不知谁之子’，‘道法自然’的话也更进了一步。要之，子思的天道观是采取了老子的思想，而在说教的方便上，则以天立极，维系了殷周以来的传统。儒家到了子思的确是一个宏大的扩张。”也就是说，子思在构建儒家本体论基础方面是融合了道家的思维方式与概念，而在促使儒家宗教化方面，则受到了墨家的启发。然而，从当时诸子百家竞争的实际需要来说，子思这两个方面的努力，似乎都是有助于儒家学说的开展的，子思以及《中庸》

这部书的贡献也正在于此。而这两个方面的思想路线也被子思的传承者孟子继承了下来。

以孟子的宏大气象与格局，他在继承子思道统方面不但得心应手，而且有了更大的创造与发挥。孟子不仅肯定了儒家道统的合法性（“配天”），不仅强调了“天”与“上帝”的至高权威及其确立的永恒理法（他也模仿子思说：“诚者天之道也，思诚者人之道也。”见《万章上》），而且更强调了“我”与“天”之间的紧密的深刻的关系。这一点使他既继承了子思，又超越了子思。在孟子的学说中，“我”与“天”有一种天然的关系，“我”的内心就充盈着“天”，我的一切行动都代表着“天”的意志。“天”不仅是一个外在于人的、决定人的命运的东西，而且更是一种内在于人心中的东西。“我”与“天”本来应该是一而二、二而一的关系，是一体。这样的一个图示，是子思所不敢言的，而独有孟子这样的具有极大胆魄、极大格局、极大使命感的人才能说出来。孟子说：“万物皆备于我”（《尽心上》），又说“上下与天地同流”（《尽心上》）。孟子将天地间这一个“大我”与万物融为一体，天地万物皆被纳入于一个“大我”之中，“我”就是秉承了天的意志，代表着“天”的精神，具备了“天”的属性的一个代言人与使者。“万物皆备于我”，“上下与天地同流”的气概，与“舍我其谁”的使命担当一起，构成了孟子心目中“天”与“我”的一种特殊的、带有某种宗教意味的神秘的同构关系。两千年后，我们可以约略体验孟子内心深处那种既浩大、强烈，又有一些神秘、幽深的宗教意识与使命意识，那种宗教体验也许就是孟子“浩然之气”的心理基础，就是那种“圣而不可知之之谓神”（《尽心下》）的东西在鼓舞着他的自信、豪气与斗志，成为他造就“大我”的精神支柱。郭沫若在其《青铜时代》中说：“《中庸》把仲尼来配天，孟子则骎骎乎要把自己来配天，但是存心要做第三世教主的，且看孟子最后一章，以继承尧、舜、禹、汤、文王、孔子自任，便可以知道。”这段话说得有些揶揄的意味，然而若从孟子的使命意识与自我期许来看，继承这个道统当然是他自认为“舍我其谁”、责无旁贷的，他要自觉而清醒地担当重任。我们可以体会他内心的那种仿佛受到宗教感召般的神秘体验，这也是我们理解孟子伟岸人格的重要视角。

正是基于这种强大的感召力量与自觉的使命感，孟子在其政治生涯中的行为就显得如此卓绝独立、与众不同。作为当时极富盛名的学者与政治家，他行走于列国之间，常常是各国国君的座上宾，与君主们纵横捭阖，谈论平治天下之方略。他的政治活动与阅历极为丰富，影响也极为深远。虽然他的从政经历并不能算是成功的。然而不论境遇如何，孟子都能以坦荡的人格、洒脱的心态面对一切，从不失自己的操守，他秉承自己心中的道德原则与政治理想，特立独行，从不违逆自己内心的感召。“得志与民由之，不得志独行其道”，“穷则独善其身，达则兼善天下”，执守这样的政治信条，使得孟子在用舍行藏之间从容自在。是什么力量使得孟子内心具有如此强大的自信？是什么信念支撑着孟子不论顺逆皆能坚守自己的道德信仰，从而使他在任何国君面前都能够不卑不亢、从容淡定？恐怕其中的根源仍然在于其内心的使命感，那种宗教徒般受到使命感召时的执着与坚守。

孟子在与国君交往的过程中，十分注重保持自己的人格与自尊，他崇尚一种不卑不亢、独立昂扬的大丈夫人格，而鄙视那种为求富贵而丧失人格尊严的“贱丈夫”、“小丈夫”。4.10 中记载了孟子从齐国辞官，而齐王却假惺惺地在与孟子道别时说出一些看似谦卑的话：“前日愿见而不可得，得侍同朝，甚喜；今又弃寡人而归，不识可以继此而得见乎？”齐王极尽屈尊谦卑之能事，“得侍同朝”的话十分动听却极其虚伪，如此言不由衷，孟子听后内心必哑然失笑；“弃寡人而归”，又言孟子辞职是其弃齐王而去，似有恋恋不舍之意，这当然都是些虚浮应景的外交辞令，孟子对此必是心知肚明。所以孟子的答复十分有礼貌，然而态度却极其冷淡：“不敢请耳，固所愿也。”孟子意为，我并不是不想在齐国实现我的政治理想，我随时都想在齐国实现我的仁政理想，然而这种仁政理想却得不到齐王的真正认同，那种虚浮伪善的客套与谦卑又有何用呢？当齐王让人捎话给孟子，要在首都为孟子留一幢大屋，将孟子之门徒以万钟之高待遇供养起来的时候，孟子表示了十分不屑的态度，他明确表示自己真正追求的并不是优厚的待遇，不是高官厚禄，否则辞去十万钟俸禄之职而接受齐王的万钟之赐就是不可理喻、不符合逻辑的行为；孟子真正的理想是实现自己的政治抱负，是在齐国施行仁政。如果齐王内心深处并不真正接纳自己的政治理念，并不真想在齐国施行王道仁政，那么自己接受齐王的万钟之赐与豪宅又有什么意义呢？虽然人都想富贵（“人亦孰不欲富贵？”），然而如果得到富贵的方式不对，那么宁可放弃这种富贵。孟子在这里提出了他所鄙视的“贱丈夫人格”：“有贱丈夫焉，必求龙断而登之，以左右望，而罔市利。人皆以为贱，故从而征之。征商自此贱丈夫始矣。”这种“贱丈夫”，丧失自己的尊严与人格，为求得暴利，为求富贵，不惜以卑劣的方法获取市场垄断地位，因而被人们所鄙视。孟子鄙视这种贱丈夫人格，他虽然承认追求富贵是正当的，但是追求富贵，必须通过正当合宜的方法。在孟子看来，放弃自己的政治理想以博取高官厚禄，就如同这个“求龙断而登之，以左右望，而罔市利”的“贱丈夫”，这种人唯利是图，没有操守与原则，丧失道德人格，即使获得厚利，也被人唾弃与贱视。

孟子辞别齐王，离开齐国的真正原因，在4.11中说得更清楚了。那个想“为王留行”的客人似乎想为齐王挽留住孟子，然而孟子对其十分冷淡，直到此客人对孟子发出了牢骚之后，孟子才借机吐露心声。孟子用鲁缪公礼待子思的例子来说明自己辞职离齐的真正原因：“鲁缪公无人乎子思之侧，则不能安子思；泄柳、申详无人乎缪公之侧，则不能安其身。”子思为什么会安心辅佐鲁缪公？是因为鲁缪公始终极其尊重、礼遇子思，而这种礼遇与尊重，不是简单地赐予子思厚俸，而是在人格上敬重之，在治国方略上采纳之，这样子思才能安心留在鲁缪公身边，为其出谋划策。

在4.12中，孟子又提出了他所蔑视的“小丈夫人格”。齐国人议论孟子从齐国辞职而归之事，认为孟子既不明智，又有“干泽”（求禄贪财）之嫌：“不识王之不可以为汤武，则是不明也；识其不可，然且至，则是干泽也。千里而见王，不遇故去，三宿而后出昼，是何濡滞也！士则兹不悦。”这个齐人一方面认为孟子“不明”，不识人，不知道齐王根本就不可能成为汤、武那样的一代圣王，说明孟子极其迂腐；然而如果明知道齐王根本不是成就汤武事业的材料，却偏偏来到齐国，那就只能说明孟子贪财图禄。然而更令齐人不齿的是，您孟子老人家不远千里来辅佐齐王，因为得不到齐王的礼遇而离开，然而在昼县过了三夜才慢慢腾腾、依依不舍地离开，这难道不是令人十分鄙弃的行为吗？面对齐人对自己人格的质疑，孟子对自己来齐的初衷与去齐的原因作了解释。孟子“千里而见王”，是孟子内心的志愿，他希望在齐国能够实现自己的政治理想，怀抱仁人政治理想而来，堂堂正正，不用遮掩，不用逃避，与“干泽”无关；而“不遇故去”，是因为在政治理想上与齐王有致命分歧，从自己的政治操守与政治原则出发，则必须离开齐国。如果为了“干泽”，就不会如此决断地放弃厚禄而离开齐国。然而离开齐国，又是孟子“不得已”而做出的决定，孟子在内心深处是时时刻刻都希望齐王能够接受自己的“仁政”与“王道”的理想，从而建立世界政治的良序并实现国民生活的安康和谐，因此孟子“三宿而出昼，于予心犹以为速，王庶几改之！”孟子之所以行动如此“濡滞”，三步一回头，还觉得自己走得太快了，内心深处还企望齐王能改变看法，改弦更张，而接受孟子的政治主张，追孟子回到齐国。此时孟子的留恋徘徊，并非为厚禄，而是希望齐王接受自己的仁政思想，他光明磊落地说出自己的行动“濡滞”的根源，乃不为私利，而为仁政与王道之理想。然而最终齐王并没有派人追到昼县，此时孟子才“浩然有归志”，终于仁至义尽，下了最后的出齐之决心。

孟子认为，尽管自己未得到齐王之接纳，然而并非是孟子舍弃了齐王，而是齐王难以施行孟子的政治主张；虽然齐王难以成为汤、武这样的圣王，然而如果能够重用自己，还是可以大有作为的。对此孟子有足够的自信，他说了一句极为豪迈的话：“王如用予，则岂徒齐民安，天下之民举安！”孟子对这样的愿景深信不疑，他也时时寄望于齐王能够有朝一日幡然悔悟，改正错误，真正接受孟子的仁政与王道之治国平天下之韬略，孟子很坦诚地说：“予日望之！”我天天都在这样盼望着，你们齐人根本没有理解我内心的想法，所以才产生了那么多的对我的人格的曲解！孟子认为，一个真正的大丈夫，就要以天下为己任，以黎民苍生之福祉为依归，而将小我的一己之私、荣辱、穷达等抛诸脑后。大丈夫所求的是自己的施政方略与政治信仰真正被实施、被认同，而不会在乎自己的琐屑的得失。他说：“我难道是那种小丈夫吗？如果自己的意见不被国君接纳，就气急败坏，怒形于色，一旦辞职，就拂袖而去永不回头。”这样的小丈夫在意的是一己之荣辱得失，在意的是自己的尊严与面子，而不是自己的政治理想。对于这样的“小丈夫”人格，孟子是鄙视的。

正是由于孟子内心深处怀抱着强烈而深沉的使命感，他深知自己是受到了天的感召，因而被赋予了一种与生俱来的使命与责任，他在推行他的政治理想的过程中，始终心怀廓大，光明磊落。他拿得起，放得下，直道而行，不肯放弃自己的人格操守，就像孟子所时刻效仿的孔子一样，“可以行则行，可以止则止”。孟子在他的政治生涯中一直保持这样的极为洒脱的心态。行藏有节，舒卷自如，从从容容，张弛有度。孟子鄙弃那种在从政生涯中唯利是图的“贱丈夫”，也蔑视那种只从个人荣辱得失着眼的气量狭小、格局仄陋的“小丈夫”，他要做“富贵不能淫，贫贱不能移，威武不能屈”的大丈夫。要做“上下与天地同流”，格局十分广阔的“伟丈夫”。孟子极其注重自我的人格尊严，自信以自己的仁德胜人，要做有尊严的“不召之臣”（4.2）；他坚信君子“不可以货取”（4.3），任何功名利禄都不可以与他的政治理想与道德人格交换；他进退从容，特立独行，“绰绰然有余裕”（4.5），从不为外物所牵绊所束缚，而是遵从自我内心的感召；他行事坦荡磊落，从不为一己之私自怨自艾患得患失，他内心充满着“浩然之气”（3.2）与“舍我其谁”（4.13）的自信，真正达到了“仁者无忧”（《论语》）的境界，“吾何为不豫哉？”

卷五　滕文公上

十二　其命惟新

5.1

滕文公为世子，将之楚，过宋而见孟子。孟子道性善，言必称尧舜。

世子自楚反，复见孟子。孟子曰："世子疑吾言乎？夫道一而已矣。成瞷谓齐景公曰：'彼，丈夫也；我，丈夫也，吾何畏彼哉？'颜渊曰：'舜，何人也？予，何人也？有为者亦若是。'公明仪曰：'文王，我师也；周公岂欺我哉？'今滕，绝长补短，将五十里也，犹可以为善国。《书》曰：'若药不瞑眩，厥疾不瘳。'"

【译文】

滕文公当太子的时候，有一次要出使楚国，经过宋国的时候见了孟子。孟子倡言人性善，每次说话总是不离尧舜。太子（滕文公）从楚国返回的时候，又会见了孟子。孟子说："太子您对我的言论有什么怀疑吗？天下之大道只有一个。（齐国的勇士）成瞷对齐景公说：'别人，是大丈夫；我，也是大丈夫；我为什么要畏惧别人呢？'颜渊说：'舜，是什么样的人呢？我，是什么样的人呢？一个人要有所作为，就要效仿舜。'（曾子的弟子）公明仪说：'周文王是我的老师，难道周公会欺骗我吗？'今日之滕国，把土地截长补短，大概方圆五十里，（即使是这样的小国，）也可以成为一个治理良好的国家。《书经》上说：'如果药不先让人晕眩，就不可能治愈疾病。'"

5.2

滕定公薨，世子谓然友曰："昔者孟子尝与我言于宋，于心终不忘。今也不幸至于大故，吾欲使子问于孟子，然后行事。"

然友之邹问于孟子。

孟子曰："不亦善乎！亲丧，固所自尽也。曾子曰：'生，事之以礼；死，葬之以礼，祭之以礼；可谓孝矣。'诸侯之礼，吾未之学也；虽然，吾尝闻之矣。三年之丧，齐疏之服，飦粥之食，自天子达于庶人，三代共之。"

然友反命，定为三年之丧。父兄百官皆不欲，曰："吾宗国鲁先君莫之行，吾先君亦莫之行也，至于子之身而反之，不可。且《志》曰：'丧祭从先祖。'"曰："'吾有所受之也。'"

谓然友曰："吾他日未尝学问，好驰马试剑。今也父兄百官不我足也，恐其不能尽于大事，子为我问孟子！"

然友复之邹，问孟子。

孟子曰："然，不可以他求者也。孔子曰：'君薨，听于冢宰，歠粥，面深墨，即位而哭。百官有司莫敢不哀，先之也。上有好者，下必有甚焉者矣。君子之德，风也；小人之德，草也。草尚之风必偃。'是在世子。"

然友反命。

世子曰："然，是诚在我。"五月居庐，未有命戒。百官族人可，谓曰知。及至葬，四方来观之。颜色之戚，哭泣之哀，吊者大悦。

【译文】

滕定公去世，太子对师傅然友说："以前孟子曾跟我在宋国叙谈，在我心中始终没有忘怀。现在我非常不幸遭遇这样大的事变（指丧事），我想请您向孟子询问应对之策，然后再按他的建议行事。"

然友就到邹国去向孟子咨询。

孟子说："（太子这样慎重而用心地对待父亲的丧事，）这不是很好的事情吗？亲人故去，（作为子女）本来就是应该这样自觉地尽心尽力的。曾子说：'（对待父母）当他们活着的时候，就按照礼的要求侍候他们。当他们逝去之后，就按照礼的要求安葬他们，并按礼的要求为他们举行祭祀，这样就可以称为孝了。'诸侯（安排丧事）的礼节，我没有学过；然而即便我没有学过，也曾经听说过。要遵守三年的丧期，（在这期间）要穿着用粗布做成的丧服，吃稀粥（指粗劣的饮食），夏商周三代从天子以至于老百姓都遵守这样的丧礼。"

然友回国复命，太子就决定实行三年的丧礼。然而国内的父老官员都不想这样做，他们说："我们的宗主国鲁国的逝去的国君没有实行三年之丧，我们滕国以前的国君也没有实行三年之丧，而到了你这里却改变了祖上的丧礼，这是不行的。而且以前的《志》书上说：'丧礼和祭祀之礼要遵从先祖的制度。'"太子回应说："我要实行三年之丧也是有来由的（指从孟子那里所得来的夏商周三代之丧祭礼仪）。"

太子对然友说："我以前对先人的礼仪学问不感兴趣，只爱好骑马舞剑。现在国内的父老官员对我不太满意，我恐怕（按照他们所讲的丧礼）不能让我尽心尽力地办好父亲的后事，您再帮我去咨询一下孟子！"

然友又到邹国去问孟子。孟子说："对啊，（父亲的丧礼要自己决定，）不能够转求其他人做决断。孔子说：'君主去世，太子就把所有国家政事交给冢宰（天官卿，相当于首相或总理）去料理，而自己吃粥，脸色黑黑的，临到孝子之位就哀哭，官员们没有敢不表露出悲哀之情的，这是因为太子先于众人做出了表率。上位之人树立什么爱好与风尚，下面的人就会加倍（表现和追随这些爱好与风尚）。君子的品德就好比是风，小人的品德就好比是草。草上起了风，草就随着风向风倒伏。'这件事还是取决于太子本人的作为。"

然友回国复命。

太子就在丧室里住了五个月，在这期间不发表任何命令与禁令（指不问政事）。父老百官都认同太子的行为，都说太子这样执行丧礼是明智的。等到为国君举行葬礼的时候，周围地区的百姓都过来观礼。太子在葬礼上表情哀戚，哭泣得非常悲痛，来吊唁的宾客，对太子的行为都非常赞赏。

5.3

滕文公问为国。

孟子曰："民事不可缓也。《诗》云：'昼尔于茅，宵尔索绹；亟其乘屋，其始播百谷。'民之为道也，有恒产者有恒心，无恒产者无恒心。苟无恒心，放辟邪侈，无不为已。及陷于罪，然后从而刑之，是罔民也。焉有仁人在位罔民而可为也？是故贤君必恭俭礼下，取于民有制。阳虎曰：'为富不仁矣，为仁不富矣。'

"夏后氏五十而贡，殷人七十而助，周人百亩而彻，其实皆什一也。彻者，彻也；助者，藉也。龙子曰：'治地莫善于助，莫不善于贡。'贡者，校数岁之中以为常。乐岁，粒米狼戾，多取之而不为虐，则寡取之；凶年，粪其田而不足，则必取盈焉。为民父母，使民盻盻然，将终岁勤动，不得以养其父母，又称贷而益之，使老稚转乎沟壑，恶在其为民父母也？夫世禄，滕固行之矣。《诗》云：'雨我公田，遂及我私。'惟助为有公田。由此观之，虽周亦助也。

"设为庠序学校以教之。庠者，养也；校者，教也；序者，射也。夏曰校，殷曰序，周曰庠；学则三代共之，皆所以明人伦也。人伦明于上，小民亲于下。有王者起，必来取法，是为王者师也。

"《诗》云：'周虽旧邦，其命惟新。'文王之谓也。子力行之，亦以新子之国！”

使毕战问井地。

孟子曰：“子之君将行仁政，选择而使子，子必勉之！夫仁政，必自经界始。经界不正，井地不钧，谷禄不平。是故暴君污吏必慢其经界。经界既正，分田制禄可坐而定也。

“夫滕，壤地褊小，将为君子焉，将为野人焉。无君子，莫治野人；无野人，莫养君子。请野九一而助，国中什一使自赋。卿以下必有圭田，圭田五十亩；余夫二十五亩。死徙无出乡，乡田同井，出入相友，守望相助，疾病相扶持，则百姓亲睦。方里而井，井九百亩，其中为公田。八家皆私百亩，同养公田；公事毕，然后敢治私事，所以别野人也。此其大略也。若夫润泽之，则在君与子矣。”

【译文】

滕文公问：“如何治理国家？”

孟子说：“关心老百姓的疾苦是当务之急，刻不容缓。《诗经》上说：‘白天去割茅草，晚上打草绳；快快修理好房屋，到时候开始播种粮食。’治理人民之道（要记住一条基本原则），有恒定的产业的人才会有恒定的道德观念，而没有恒定的产业的人，就不会有恒定的道德观念。如果一个人（因为没有恒定的产业，从而）丧失恒定的道德观念，就会行为放纵乖僻，没有什么坏事做不出来。等到这些人陷于犯罪之中，然后国家再去施以刑法，这是在陷害老百姓。哪有仁人处在君位而干得出陷害人民的事呢？因此贤能的国君一定会行事恭敬不敢放纵，用度节俭不奢华，对下边的人民以礼相待，从人民那里索取（指收税）也很有原则，有节制。阳虎说：‘（国君）要想发财致富就不会施行仁政，要想施行仁政就不要想着发财致富。’

“夏朝每户五十亩地而实行‘贡’法，商朝每户七十亩地而实行‘助’法，周朝每户一百亩地而实行‘彻’法。（这些历代的税收制度虽然有所差异，但）其实都是采取大约十抽一（即现在百分之十）的税收制度。‘彻’，就是‘通’的意思（意即考虑到不同的年景的差异而普遍采用统一的十抽一的税制）；‘助’，就是‘借助’的意思（意即借助老百姓之力来耕种公田以取得税收）。龙子说：‘治理国家收取税赋最好的制度是助法，最不好的税制是贡法。’所谓贡法，就是比较以往几个不同年份的收成，而确定一个恒定的比例。在丰年，粮食多得到处都是，此时国家多征收一些也不能算是贪虐，而（按照贡法，国家却）征得（比实际收成）少；在灾荒之年，老百姓的收成都不够来年施肥的花费。然而（按照贡法，国家却）征得（比实际收成）多得多。国君作为老百姓的父母，却让老百姓生活得那么劳碌疲倦，他们终年辛勤劳作，还养不起他们的父母，还要到处借高利贷来补足税收，让那些老幼都将尸骨抛在沟壑之中，这样的国君哪能还算是老百姓的父母呢？官员们享受世代沿袭的俸禄，这种制度在滕国也一样实行（，然而这些世代沿袭的俸禄从哪来呢？还是要有相应的土地制度）。《诗经》中说：‘先灌溉了我们的公田，然后再去灌溉我们各自的私田。’只有周朝的助法才有公有田地。从这首诗来看，即使在周朝，也还是沿袭了商朝的助法的。

“（在有了好的土地制度和税收制度，从而使人民有了生活的基础之后，）要设立所谓的‘庠’、‘序’、‘学’、‘校’来教育人民。庠，就是教养。校，也就是教；序，就是陈列实物（以便于教育）。夏代称为校，商代称为序，周代称作庠，而‘学’这个名称三代都有，所有的庠序学校都是用来向老百姓阐明伦理，实行教化的。在上位的人假如对道德伦理准则明了通达，那么下面的老百姓就会爱戴他们并产生凝聚力。如果将来有圣王兴起，就必定会效法这样的治国理念，（通晓这些理念方法的人）就可以做圣王的老师了。

“《诗经》中说：‘周虽然是一个古老的国家，然而它的命运却是时时变革，因而充满生气勃勃的崭新气象！’这句诗说的是周文王

（的革新精神）。你作为国君要努力（效仿周文王）来实践（我上面所说的圣王之道），那么你的国家也将焕然一新。”

（在这次谈话之后，）滕文公又让毕战去向孟子咨询关于井田的制度。

孟子说：“你的国君要实行仁政，选择你来向我询问，（可见国君对你寄予厚望，）你一定要勉力而为啊！行仁政，必须从清理田界开始。田界划分得不好，井田大小不均，作为俸禄的谷物收入（即税收）就会出现不公平的情况，因此那些暴君贪官总是要将田界搞乱，好从中渔利。如果田界划分得清楚正确而公正，那么给人民分配土地，给官员制定俸禄标准就变得轻而易举了。

“滕国，国土狭小，然而也要有官员与劳动人民。没有官员，就没有办法治理劳动人民；没有劳动人民，就没有办法养活官员。我建议滕国在农村郊野地区实行九抽一的助法，而位于国家中心位置的城市则实行十抽一的贡赋方法。卿以下的官吏要分配给他用于祭祀的圭田，圭田的标准是五十亩；若他家还有剩余劳动力，则每个劳动力再给二十五亩。人死了，要安葬，或是人要搬迁，都不要离开本乡本土，共耕一个井田的本乡人，出入都相互友爱，防守外敌则互相帮助，有了疾病相互扶持照顾，这样的话老百姓就相亲相爱，和睦共处。（井田制的土地制度，）就是每平方里算一个井田，每一井田有九百亩，当中一百亩是公田，八家人都各自拥有私田一百亩，这八家人共同耕作公田，公田耕作完毕，而后才耕作自己的私田，这就是老百姓与官员的区别。这是井田制的大概情况。至于在这个基础上进行修改调整，则是国君与你的事了。”

孟子倡言“仁义”之道，仁德之政，仁爱之行，其学说源自孔子而有所发挥。孟子为其仁政学说建立了心理学基础，即所谓“不忍人之心”，有了这种人人俱存的“不忍人之心”，则会产生“不忍人之政”（3.6）。因此他的“四心四端”之说乃其所有政治学说之心理学基础，有了这个心理学基础，孟子的推理才显出内在的逻辑力量，这在先秦时代思想家中是极为突出的一个贡献，比孔子的仁政学说又前进了一步。孟子和孔子都认为，“仁”是发自内心的一种意识，是根植于人之本能的一种能力，是不需要假借于他人或外力而自然具备的能力。因此每一个人在践行“仁”的时候，都不决定于任何外力的压迫或诱导，而仅仅决定于一个人内心的意志与觉悟。孔子曾说：“吾欲仁，斯仁至矣”，哪有一个人想做到“仁”而不能做到呢？只要“欲仁”，只要有这种内心强烈的愿望，有强大的意志，有坚定的激情，有明澈的觉悟去践行“仁”，就可以获得或臻至“仁”的境界。那些说自己不能践行“仁”的人，不是没有能力，而是缺乏意志，缺乏激情与觉悟。孔子多次表达过这个观点（参见《论语心归》“欲仁仁至”章）。说到底，“意志”、“愿望”、“觉悟”、“激情”都是存在于人内心深处的一种“向上的力量”。这种力量栖居于人的内心，时刻要迸发出来，“欲仁”这种强烈的向上的激情一旦确立，就会改变一个人的行为，使其向着“仁”的道路前进。这就是宋明理学中所重点发挥的“心之力”，有了这种伟大的“心之力”，人类就有了向上的爱的希望，就有了构建一个崭新的世界的希望。这种伟大的“心之力”，始自激情，终于良知，既是人类赖以存在之根基，又是实现人类梦想之源泉。

孟子的仁政学说立意高远，目光远大，但并非遥不可及。有些人（包括孟子当时的掌权者或思想者）可能会质疑孟子之学说，以为他的仁政学说“迂远而阔于事情”（《史记》），以为他的学说高不可攀：“道则高矣美矣，宜若登天然，似不可及也。”（13.41）这是公孙丑质疑老师的话，就连自己最知心、最优秀的学生都发出这样的疑问，可见这种观点乃是当时普遍存在的对孟子学说的看法。孟子也承认自己的仁政学说，标准很高，立意甚为高远，用现在的话来说，就是不太

"接地气"。然而在孟子看来，要推行其学说，要践行仁政，就非如此立意不可，就好比"大匠不为拙工改废绳墨，羿不为拙射变其彀率"(13.41)。立意高这是为了确立一个标准，这个标准如果降下来，来迁就世俗的原则，那么这种标准最终就难以实现了，所以必须坚持这样的标准，坚定不移地推行自己的仁政学说。就好像最高明的工匠不会因为拙劣的工匠而废弃规矩绳墨之标准，最高明的射手不会因为那些拙劣的射手而改变开弓的标准，一个倡言仁政的人也要坚持这个看似高不可攀、比登天还难的标准。而在孟子的"仁政"的政治学逻辑中，制订理想的仁政标准当然是必要的，然而要达到这样的标准，即要真正践行仁政，则要求统治者必须具备几个条件，这些条件在孟子与滕文公的三次交流中得到了比较系统的阐述。(5.1—5.3)

滕文公第一次与孟子交流，是在他当太子的时候，而孟子与滕文公所谈的都是尧舜之道。"孟子道性善，言必称尧舜。"所谓"道性善"，这里的"道"应是启迪、开导、启蒙之意。看来孟子一开始就把自己的"性善论"——此为孟子政治哲学的人性论基础——全盘托了出来，而且屡屡言之，不厌其烦。"言必称尧舜"五个字极其传神，把孟子那种执着、坚定、诲人不倦的精神传达得淋漓尽致。司马迁说孟子"迂远而阔于事情"，说得很透彻，批评得很到位，但这也正是孟子之风范：他就是坚持执着于这个"迂"，才能给人类指出这样一个带有理想主义的未来政治图景，他如果不"迂"，而是如此灵活机变接地气，孟子就成了耍弄纵横之术的张仪苏秦之辈；孟子就是执着于这个"迂"，他不谈"近"的事情，不关心霸业，不关心疆土，不关心攻伐，只关心尧舜之事，然而无此"远"虑，也就没有了孟子仁政思想的光辉，孟子两千多年始终闪耀不朽光辉的根源，正在于这个"远"；孟子就是要执着、坚持这个"阔"，他的格局大，话也大，放言高论，无所顾忌，眼界开阔，洞察人性与人类之命运，没有了大而无当的"阔"，恐怕我们就见识不到这样一个有着浩然的丈夫之气和弘阔伟岸气魄的孟子，我们中国人的人格精神史上就失去了这样一个宝贵的“大人格”之范本与精神榜样。

然而以孟子的思想敏锐度，他当然深知世人对他的“言必称尧舜”的接受程度，他很清楚那些当政者对他的仁政学说是怀着极大的质疑态度的，对他的“言必称尧舜”的“迂阔”之举是不屑一顾的。所以在与第二次赴楚过宋的滕文公（当时应该还是年轻的太子）交谈中，孟子可能就觉察出这位年轻的储君心中的犹疑、疑虑，他看得出这位年轻的储君既对他的学说充满兴趣（如果没有兴趣滕文公就不可能在赴楚过宋的返途中再次约见孟子），又有些许的质疑心理，于是孟子说：“世子疑吾言乎？”可见孟子是极其敏锐的，他看出了储君心中的疑惑，而这个疑惑的实质与公孙丑所问其实是一样的：您老人家“言必称尧舜”当然很好，您倡导的仁政之道当然“美”且“高”，然而这样高大上的政治理想与从政之道，我们能够仿效、能够践行、能够实现吗？所以孟子要想让年轻的储君接受他的学说（想必孟子认为这位将来继承王位的年轻人是很有希望践行并发扬光大自己的仁政学说的），就必须首先解决“滕文公”们心中的这个重大的疑问。实际上，这个疑问包含着两个层面的问题，一个问题是“能不能”的问题，一个问题是“如何能”的问题。所谓“能不能”的问题，就是一般人（治国者）是否有践行尧舜之道、施行仁政之可能，是否具备践行尧舜之道、施行仁政之能力。所谓“如何能”的问题，就是一般人（治国者）如何才能真正践行尧舜之道、施行仁政，即如何把这种尧舜之道的政治理想付诸实践。前一个疑问是可能性问题，而后一个疑问是可行性问题，前一个疑问关乎能力，而后一个疑问关乎行动。在 5.1 中，孟子主要解决第一个疑问即“能不能”的问题。孟子从性善论出发，从“人皆有不忍人之心”出发，就必然得出治国者可以“行不忍人之政”的逻辑结论。孟子坚信，从他的“四心四端”这一人人具足的本性出发，每个人只要有那种主观上向善、“欲仁”的意志、信心与激情，就一定可以达到“仁”的目标，治国者亦遵循此理，所以他才说“夫道一而已矣”。什么是“道一”？就是孟子坚信从他的性善论出发，无论何人，只要有这种向上、向善之心，就必定可以成圣成贤，他认为这是真理，这个真理适用于一切人，无论是贤愚不肖，只要立下这个愿望，只要具备这样的意志与信心，就一定可以实现自我人格上的超越。他引用成覸的话：“彼，丈夫也；我，丈夫也；吾何畏彼哉？”同样是男子汉大丈夫，他能做到的事我怎么会做不到呢？只要有见贤思齐的决心、意志与信心，我也可以做得跟别人一样好。他引用颜回的话说：“舜，何人也？予，何人也？有为者亦若是。”舜也是人，我跟舜一样都是人，我怎么就不能做到舜这样的圣人的境界呢？只是我们一般人没有这样的信心而已，而一个充满信心、有着强大意志力的“有为者”，就一定能达到舜的境界。他又引用公明仪的话说：“文王，我师也；周公岂欺我哉？”我们人人都可以以周文王为老师，把周文王作为自己人格的榜样，处处以周文王的标准与境界要求自己，而不要质疑自己的能力！孟子引用这三个人的话，是要说明，人人都具备成为尧舜的能力，人人都具备成就仁德的能力，只要有这种发自内心的主观意志与“心之力”，就可以实现自己的人格超越。不要有自卑心，不要怀疑我们自己的能力，我们本来都具备这一成圣成贤之能力，本来都怀抱着“自家宝藏”，却往往因为没有自信心，缺乏意志力，往往因为对自己的能力有着根深蒂固的质疑，所以常常丢弃“自家宝藏”，以致终不能践行圣贤之道，失去了提升自我、使自己的人格实现超越的良机，而终生堕于尘俗卑微，实在可悲可叹！孟子的这一学说，在人类精神史上，是一个伟大的发现，而这一发现与佛家（尤其中国禅宗）所倡导的依靠“自性”而达到“人人皆可以成佛”的义理是相通的。孟子这番话，意在鼓舞滕文公的信心，激起他内心强烈的“向善”“欲仁”的愿望与激情，使他相信即使是普通人，也可以践行仁爱之道，即使是像滕国这样的弹丸之国，也可以践行尧舜之道，施行仁政，从而成为“善国”，成为人们向往的“仁义之邦”“有道之邦”。

5.1 是解答第一个“能不能”的疑问，接下来 5.2、5.3 是解答第二个“如何能”的疑问。5.2 表面上是围绕滕文公父亲滕定公的丧祭之礼而展开的“具体路径”的讨论，实际上却通过这个具体的讨论揭示了治国者施行仁政、一个国家成为“善国”的先决条件。这个先决条件就是治国者的行为果断勇毅，政治上的担当精神、变革精神以及在道德上的表率作用。孟子通过关于滕定公丧祭之礼的讨论，向即将掌握一国之命运的滕文公展示了一个治国者要达到“仁政”所必须具备的政治素质；同时，孟子也通过这一具体事件的探讨，给我们提供了一个通往圣贤之路的“心法”或曰“心诀”，也就是一般意义上的儒家修身的方法论。这两个层次的意蕴，我们都要去用心体悟。滕定公去世，滕文公即将从太子之位登上王位，无论是对滕文公本人，还是对滕国而言，这都是一个极为关键的时刻，是一个转折性的时刻。滕文公要施展他的政治才能，要在王公大臣和国民面前展示自己的政治形象，树立自己的权威，所应对的第一件大事就是父亲滕定公的丧礼，滕文公对父亲丧礼的重视，其用意不仅仅在丧礼本身，而更在于要借助丧礼来展示政治形象、树立政治权威，从而为以后真正施政治国打下一个基础，对于这一点，滕文公必定极其明白，而孟子在这一历史时刻，也必定能洞察到这一点。而在滕国国内，老国君刚刚驾崩，新的国君尚未正式继承大统，王公大臣们的猜疑、议论恐怕一定会沸沸扬扬，大家都在猜测和观望滕文公将如何行动，其中对滕文公的能力、才干表示质疑甚至不屑的人恐怕也不少，这些情况都是可想而知的。因此滕文公对父亲之丧礼是极为谨慎的，他要极为慎重，拿捏好这个“度”，既要在父老百官面前展示自己的能力、树立自己的权威，又不要激起国内政治力量的太大的抗拒与反对，要获得最大多数人的支持，才能为以后治国安邦、坐稳江山奠定基础。于是他就想起当年在宋国与孟子的交流，遂向孟子咨询丧礼之事。孟子对滕文公的慎重姿态极为赞赏，第一句话就是说“不亦善乎！”这其实是在肯定滕文公在政治上的成熟与稳健。然后，孟子认为，在滕定公的丧礼问题上，滕文公一定要体现儒家“孝”与“礼”的原则，孝就是“生，事之以礼；死，葬之以礼，祭之以礼”，这样看来，孝的核心是礼，只要能遵守礼，来“事之以礼，葬之以礼，祭之以礼”，就做到了孝。当然，这个“礼”，并不是表面上的形式主义的繁缛的礼节，而是发自内心的“孝心”，孔子曾多次阐发这个道理。孔子认为，“孝”的礼仪（包括事之、葬之、祭之）都是基于内心的对父母的真正的爱孝之心与敬爱之心，这才是真正的孝礼。他曾经说：“至于犬马皆有所养，不敬，何以别乎？”又说：“事父母，色难。”而对于丧祭之礼，孔子认为内容更重要：“与其奢也，宁戚。”在这一点上，孟子应该完全继承了孔子孝与礼的思想。他对滕文公所讲的“三年之丧，齐疏之服，飦粥之食，自天子达于庶人，三代共之”，其实质是希望滕文公以三代之古制，来践行孝与礼之原则，并在这个过程中以实际的行动（粗衣陋食）来表达自己的孝思之情。而孟子这一政治建议，其更深的用意，在于希望滕文公以父亲的丧礼作为自己执政治国的起点，以孝道感天下，以孝治天下，在国内施行仁政，因为孝道是儒家仁政思想的核心。如果国君能践行孝道，率先垂范，做出榜样，那么整个上层社会以及老百姓都会群起效仿、响应，因而整个国家就可以充满仁爱，治国安邦就有了基础。这是孟子对于丧礼的建议的更深的政治用意。

于是滕文公就决定在滕国为父亲举行三年之丧，这一决定激起了父兄百官的强烈反对，而他们反对的理由是宗主国鲁国以及滕国之祖上并未施行这样的丧礼，因此滕文公必须遵守祖制，不可擅自更改。这一反对声音所引用的理由当然是荒谬的，因为滕文公所要践行的恰恰是更为传统的三代之祖制，是更古更老的祖制，如果说要“丧祭从先祖”的话，这才是更为传统的先祖之制。面对这样来势汹汹且引经据典的反对声音，滕文公只是微弱地辩解“吾有所受之也”，也就是说“我所遵行的古制也是有来由的”，然而到底这个三代之丧礼的祖制有什么来由，滕文公自己也说不清楚，遂遣使者再问道于孟子（“吾有所受之也”，是滕文公应对父兄百官的话，不是父兄百官自己的话，从逻辑上内容上以及前面的“曰”字上就可以看得很清楚。历来注者很多的解释都是错的）。可见滕文公认为自己对古代丧礼的文献认识不足，不能有效应对国内的反对声音，从中亦可见滕文公的确是一个稳健、慎重、多谋的治国者，从他后面的决断来看，他也是一个有魄力、有担当、善断的政治家。孟子在答复滕文公使者之问时，说了一段极为重要、极为意味深长的话。他引用孔子的话：“君薨，听于冢宰，歠粥，面深墨，即位而哭，百官有司莫敢不哀，先之也”，其最精要的一个字是“先”，即要做出表率，做出榜样。后面所讲的“上有好者，下必有甚焉者”，“小人德草，君子德风，草上之风，必偃”，都是孔子的话，讲的都是国君（君子）做出道德表率与道德模范，而老百姓自然追随效仿的为政之道。儒家的仁政理念，其落脚处在于治国者的道德表率作用。在儒家看来，“圣”（道德上的最高境界的践行者）与“王”（国家政治层面的最高统治者）应该融于一身，即这个治国者既要是“王”，也必须同时是“圣”，要在政治与道德两方面都同时具备合法性，才是一个合格的治国者，这一理念与柏拉图在《理想国》中所说的哲学王有些类似，但又有所超越。孟子当然继承了儒家这一具有理想主义色彩的圣王标准。孟子教导滕文公，在丧礼这件事上，你要有一种道德上的担当精神，要率先垂范，树立一个榜样，这样老百姓自然就会响应效仿；治国者在这一制度变革的关键性转折时刻，要有力排众议的决断精神，有勇毅果敢的担当精神，有一往无前的坚强意志，不要因为有一些反对声音就畏葸不前，这才是大政治家的风范。孟子在这段意味深长的话中，讲到两句很有意蕴的话：“不可以他求”、“是在世子”。“不可以他求”，一方面是指丧礼的决断之权操在你（滕文公）手中，而不取决于其他任何人，因此只要你能真正决断此事，外面的滔滔议论必定会偃旗息鼓；另一方面“不可以他求”也是意指此事究竟是否能够有好结果，父兄百官到底对你满不满意，你（滕文公）能否最终力排众议实践你的施政思想并得到上上下下的支持，最终还要看你自己的作为。即“是在世子”，所有结果其实都取决于你自己之所为，也就是下面滕文公所领悟到的“是诚在我”。从滕文公这四个字的斩钉截铁的感悟之言，我们可以感受到他在听了孟子的话之后所受到的激励、鼓舞，以及他内心的坚强决断。事情的结果可想而知，滕文公坚定地执行了三代之丧礼，而且在丧礼中表现出对滕定公的深远孝思与父子之情，父兄百官及四方百姓都为之感动折服，滕文公由此丧礼而奠定了他的政治声望与政治权威。

从更深一层来说，“不可他求”“是诚在我”乃是儒家心法中最为精要的东西，孟子此处表面上讲丧礼，实质上更深一层讲的是为政之道、变革之道、为君治国之道。表面上讲的是治国为政之道，实质上更深一层更是在揭橥儒家修身之心法。这个心法的灵魂，就是这八个字“是诚在我”“不可他求”。儒家讲“为己之学”，所有学问的最终目的是自身的觉悟，是自我道德之完善，是生命的“自觉”。这个“为己之学”如何达到？唯一的方法是“求己”，即向内求、向己求，而非向外求、向他求。儒家认为四心四端、一切天赋之性，人人具有，个个具足，只要“求己”，便可得到这种道德的觉悟与生命之觉解，因此“为己之学”之要害，在求己之学，不在他求，不可他求，实际上也不须他求，因为一切皆人人具足。孟子更是自信地宣称：“万物皆备于我”，既然在“自我”中已经具备着宇宙万物之禀赋，那么自我生命之觉解还需要徒劳地向外求、向他求吗？“不可他求”“是诚在我”，就要向我向内下功夫，“反身而诚”，经由深刻的自我反省、自我检讨、自我鞭挞、自我修正而达到觉悟的境界。而这个觉悟本身仅仅是找到那个本来万物皆备、自性圆满、无所亏缺的“自我”，即孟子所说的“求其放心而已矣”，也就是要把那个本来自性圆满的“自我”找回来，使他不再被放逐，不再丢失。道家也讲这个“反”（返），讲“返璞归真”，讲“大曰逝，逝曰远，远曰反”，走得太远了，需要返回，需要回归，需要找到自己那个已丢失、已被遮蔽与放逐的自我、本我，找回“自性”。《中庸》引孔子的话讲到“射有似乎君子，失诸正鹄，反求诸其身”，“反求诸其身”，就是求己不求他，求内不求外，找寻回自家宝藏。禅宗讲的禅悟，乃是“自性的觉悟”，人人智慧具足，不须他求；自性“遮蔽”即是“迷”，自性显现即是“觉”。

如果说 5.1 中，滕文公与孟子的第一次谈话的核心是启发、激励滕文公的道德自信与向善之意志力，那么 5.2 第二次谈话中，孟子借丧礼向滕文公传递的就是一种治国者的道义担当、决断能力与表率意识；而到了第三次谈话，则更深入到比较具体的操作层面，即制度建设、制度创新与治国方略的层面。5.3 涉及到非常丰富的土地制度、赋税制度、教育制度，包含着丰富的经济思想与政治治理思想。滕文公问“为国”之道，孟子却首言“民事不可缓也”，故知孟子心目中的“为国”之道，首在民事，民事成则国治，民事乃国事之最紧要处，这体现出孟子经济思想与国家治理思想中民本主义的精神主旨。而“民事”的核心，是建立一套能够有助于发展“民事”、帮助人民殖产兴业的制度。在这里，孟子发挥了孔子重视民生的思想传统，首重“富民”，即发展经济、鼓励生产、使人民富足。“有恒产者有恒心，无恒产者无恒心”，是孟子经济思想中最为核心、也是最为光辉的部分之一。“恒产”在这里指人民要有稳定的、恒定的、赖以维持生活的产业与财富。人民之所以和谐共处，之所以遵守伦常制度，之所以在一定的道德规范下心悦诚服、安居乐业，在于他们拥有稳定、恒定的产业与财富，产业与财富是人民保持“恒心”的基础。“恒心”包含着人民所遵循与服膺的一整套社会伦理道德，这些道德规范内化为老百姓的自我约束，而不是外在的强制；然而这些道德规范之所以已然内化为老百姓的自我约束，恒常保持此心，乃在于他们有“恒产”，有稳定的产业与财富，故对未来有更积极的良好的预期。如果没有稳定的产业与财富，而是朝不保夕，穷困潦倒，那么老百姓就会失去对未来的稳定预期，就会“放僻邪侈无不为已”，就会冒险犯罪、违法乱纪。故“有恒产者有恒心，无恒产者无恒心”，亦是管子“仓廪实而知礼节，衣食足而知荣辱”的另一种说法。这说明孟子在其仁政思想中并不是空洞的“言必称尧舜”，并不是侈谈“性善”，而是极为重视仁政中的民事，即国民经济发展与民生，极为强调发展人民的产业与财富，这是“公羊学”的传统。由此联系《孟子》开篇中孟子与梁惠王的谈话中“何必曰利”（1.1）的提法，我们就会对孟子的仁政思想与民本思想有更全面的、而不是偏颇的理解。孟子讲“何必曰利”，主要是指“在上位者”（尤其是那些掌权的治国者）要把民事、民生放在第一位，而不是张口闭口谈利，不要“上下交征利”。这里的“上下”，仍旧主要指“在上位者”。在5.3中，孟子从“民事”与民本主义关怀出发，提出“贤君必恭俭礼下，取于民有制”，即国君用度要俭约，向人民索取要有制度约束，并引他人的话说：“为富不仁，为仁不富”。这八个字非常关键，却常被人误解为“富的人不仁义，仁义的人不会致富”，这种误解对我们理解孟子仁政思想与义利观是非常有害的，必须加以纠正和澄清。这里所讲的“为富不仁，为仁不富”，如同“何必曰利”一样，都是从“在上位者”、从掌权的治国者角度来说的，即对于治国者来说，脑子里只想发财获利是不能实行仁政的，而那些行仁政的治国者不会一门心思想着发财获利。这个思想非常重要，治国者要“俭”，节制用度，不要奢侈靡费，同时要“取于民有制”，不要过度索取，这样的治国者正是因为“不富”，才可以“为仁”。

顺着这样的逻辑，孟子就自然而然与滕文公谈论起国家的税收制度与土地制度问题。他讲到夏商周三代的税法，虽然语焉不详（因为关于夏商周的文献不足），但其落脚点都是“取于民有制”与“为仁不富”。夏朝的贡法、商朝的助法、周朝的彻法，都致力于“少取”，都大概是十税一（即百分之十的税率）。根据孟子的说法，贡法是一种按往年平均农业收成计算出来的税率，丰年与歉年皆统一采取平均数，并不因丰歉而有所调节。孟子认为这是一个不好的税法，尤其在灾年，老百姓的税率不降，就不得不去“称贷而益之”，即借高利贷去缴税，这就使贫困者在灾年更雪上加霜。实际上，在中国古代，至迟到汉代，出现了国家根据农业收成之丰歉而进行相应的宏观经济调节的制度，称之为“常平仓”制度。“常平仓”的具体做法是：当丰年之时，粮食因丰收而价格下跌，此时国家可用较低价格收购粮食，一方面可抑制粮价下跌趋势，另一方面也可以使农民获得一定收入；更重要的是，当灾年之时，粮价往往飙升，此时国家可用丰年收购来的粮食投放市场，使老百姓可以买到粮食，从而抑制高粮价，打击民间粮商囤积居奇、推高物价之行为。孟子那时，可能并不存在这样的宏观经济调控制度与价格调节制度（《盐铁论》中谓之“平准”），然而从孟子对贡法的批评来看，已隐约透露出国家根据农业收成而适时调节税率的制度设想。孟子在比较了夏之贡法、商之助法、周之彻法之后，最为推崇助法，因为助法将土地分为公田与私田，老百姓共同耕作公田后再来耕作私田，公田就成为国家税收之来源。这就是孟子执着追求、深心叹赏的井田制度。实际上井田制度既是一种土地制度，也是一种税收制度，同时更是一种社会治理制度。作为一种土地制度，井田制包含了公田与私田，即八份私田与一份公田，共九百亩。即是说，井田制实质是公有与私有的融合，是一种类似于今天“混合所有制”（混合经济）的土地制度。井田制的这一制度设计，将土地的私有与公有相结合，既有一定的原始村社共有经济的遗风，又带有私有土地制度之萌芽，反映了商周时期土地开始私有化的历史趋势。按照孟子的推断，“虽周亦助”，即到了周朝，实际上还可能存在着助法，即存在着一定比例的公田制度。当然这是孟子根据《诗经·小雅·大田》

里的一句诗“雨我公田，遂及我私”推测出来的，虽有一定道理，但并不完全可靠。今天学术界对于井田制的具体制度设计甚至井田制是否真正存在过，都有很大的争议。我认为井田制这种“方里而井，井九百亩，其中为公田，八家皆私百亩，同养公田，公事毕，然后敢治私事”的制度，从历史上来说无可稽考，很有可能是孟子根据一些古代文献加以演绎变通而来，因而不可将其径断为有事实依据的真正存在过的土地制度，然亦不可轻易否定。从这种公有土地与私有土地相融合的制度设计来看，未始不可理解为中国土地制度在远古时期由原始村社共产主义向土地私有制度过渡阶段的一个历史遗存。从这个意义上来说，这种公私兼容的混合土地制度的存在，又是符合人类历史发展的逻辑的，是符合中国土地制度演进的内在逻辑规律的。这个过渡时期，实际上也就是中国文明国家出现的时期，此时原始村社共产主义的共有制度已经开始瓦解，私有制度开始萌芽，社会阶层（阶级）的分化已经开始，文明国家雏形出现。因此公私兼容的井田土地制度本身，既反映了中国土地制度与文明转型时期的重大变化，同时这一制度也是为了解决文明国家出现之后由于阶级分化而带来的国家财政问题。因而井田制度又是一种税收制度，是那个过渡时期特有的依附于这种井田土地制度的税收制度。对于这种税收制度是否真正存在过，学术界是存疑的。这种“助法”（即原始公社成员相助之法）作为一种税法，很可能并没有存在过，而是历代文献以至于孟子等人将井田制加以衍伸的结果，是在土地制度之外附加了税收（财政）的功能。当然对此我们不能有任何明确的断语，因为证据不足，即使是孟子也对此语焉不详，他也承认，“此其大略也”，更细的制度来源和制度安排，他也讲不清楚。

但井田制不仅仅是一种土地制度与财政税收制度，它更是一种社会组织制度与社会治理制度。在这种公私兼容的产权混合型的土地制度下，土地的共有者（共耕者）实际上形成了一种互助、共济的关系，所有村社成员在这种制度下得以凝聚为一个“共同体”，形成了具有社会组织功能与社会救助功能的“共同体”。“死徙无出乡，乡田同井，出入相友，守望相助，疾病相扶持，百姓亲睦。”这个共同体的成员，共同生活在一个区域（乡），生于斯，死于斯，形成一个成员相对封闭固定的村社共同体；他们守望相助，在疾病患难中互相扶持救助，使整个村社共同体乃至于整个社会都能够和谐而有凝聚力。在孟子的心目中，井田制度的真正有价值之处在此，他看重的不仅是其经济、财政功能，更是其社会治理功能。“乡田同井”的一个村社共同体稳定了，那么国家的机体就有了健康的细胞作为基础。这是孟子强调“正经界、均井地、平谷禄”的真正落脚处。孟子心目中这个理想的村社成员“守望相助”的共同体，在中国儒家经济思想史上具有重要的意义；而在实践中，村社共同体设想对于秦汉以来中国基层社会治理模式的探索与演进也产生了深远的影响。秦汉之后，我国基层社会的治理模式基本上采用乡里制度，而乡里制度的基础则是建立在宗族与血缘关系上的一整套社会制度，先秦时代以及更早的村社共同体（在文明国家出现之前是具有原始共产主义性质的共同体，时间约在夏商之前）逐渐演变为宗族共同体、家族共同体与村社共同体的融合。一个村庄的成员，大多以宗族（家族）为单位形成一个共同体，家族内部通过各种较为严密的制度设计，来实现共同体成员的“守望相助”，共同体内部“矜寡孤独废疾者皆有所养”（《礼记·礼运篇》），扶贫济弱，患难与共。其具体的制度设计，在唐宋以来形成义田、义庄、义学、义仓（社仓）等一系列制度安排。大部分村社或家族都设有义田（或是族田），义田是家族成员共有的，一般是由家族中有一定经济地位的成员捐献出来，用以救济抚恤家族成员中那些贫弱残疾的人，或是那些老幼无可依靠的人。义仓是家族和村社中设立的一种带有救济性质的公益性贷款制度，由较为富裕的家族成员捐献谷物，或由家族成员在粮食丰收之年购进谷物，然后在灾荒之年再将谷物贷放给那些遭灾歉收之家族成员，其利率很低，主要起救济作用。如著名的五夫义仓，就是朱熹在福建武夷山五夫镇创立的，对于一个村社和家族内部扶贫济弱起到很大作用，得到当时国家的表彰与推广。因此村社或宗族建义庄（如宋代有名的范氏义庄就是范仲淹所建，维系了数百年），义庄内设义田，建义仓，兴义学，这些“守望相助”的制度设计，实际上都是孟子所倡导的井田制度的历史衍生品，是中国传统社会中解决社会救助与社会保障问题的重要制度，是维系中国古代社会稳定和谐的基础。不能不说，这样的制度设计是中国原始社会共产主义遗风在秦汉之后的延续，也是充满着中国智慧、带有中国经典的宗族社会印记、具有中国特色的制度体系，是解读中国数千年“超稳定社会结构”的密码之一。

孟子向滕文公建议构建这样一种土地制度、财政税收制度与社会治理制度，当然有些理想主义与复古主义色彩，其可操作性是值得怀疑的，这又是孟子“迂阔”的一面。然而孟子的这一构想，当然有其深刻的用意，就是要促使滕文公针对滕国的实际情况，进行重大的财政税收制度与土地制度变革，其中财政税收制度变革的核心是建立“取于民有制”的税制，使人民可以承受，能够安居乐业，而不是横征暴敛使“老稚转乎沟壑”。而土地制度变革的核心，是建立公正均等的土地制度（即“经界正、井地钧（均）”），消除土地分配中的不均等、不公正，使人民有恒产然后有恒心，从而缓和国内矛盾，使滕国可以安定而富强。孟子也知道自己所提出的这一井田制构想是一个完美的理想主义模型，他在建议中也认为在执行层面应该重视实际情况，根据具体条件对这一制度进行斟酌损益，“若夫润泽之，则在君与子矣”。这就表明孟子并不是刻板的复古主义者，也不是不顾现实的理想主义者，他还是强调治国者要善于变通，要视情况对制度加以“润泽”和调适。

除了税收制度、土地制度、社会治理制度外，孟子还提出普遍建立学校，加强道德教化，以“明人伦”，敦风俗。三代之庠序学校，乃是中国教育体系之滥觞，孟子之所以在探讨民事、税制、土地之后谈教育问题，旨在提醒滕文公不仅要关注经济建设与财政土地政策，而且要高度重视教育文化事业。因为教育文化事业关乎一国国民精神层面的高度与伦理道德素养，是治国安邦的重要方面，不能只关注耕战而忘记教育。这也是继承了孔子将“庶之、富之、教之”并提，将经济发展与教育文化、伦理教化相结合的治国理念。

以上孟子所提出的所有这些治国方略，都是孟子仁政思想的有机组成部分。对于滕文公而言，即使是治理滕国这样的小国，也是任重而道远的。孟子对滕文公的治国理政充满了期许，充满了勉励之情。他引用《诗经·大雅·文王》中的有名的诗句来鼓励滕文公：“周虽旧邦，其命惟新”，意谓周虽然是一个历史悠久的国家，然而又是一个崭新的国家，一个生生不息、生气勃勃、有着强烈变革精神的国家。孟子也寄希望于滕文公能够成为文王那样有着伟大变革精神的君王，希望滕文公能够在这种变革精神的指引下，排除万难，一往无前，以巨大的政治胆略、以极伟大的道义担当，来建立新制度，从而建立一个崭新的国家。他的话极具有鼓舞性，两千多年后读来仍令人振奋不已：“子力行之，亦以新子之国！”年轻人啊，你要力行不殆，坚定不移，你要日新其德，向善向上，以“是诚在我”、“不必他求”的强大意志与自信，去建立一个崭新的国家，一个施仁政的“善国”！“子必勉之！”年轻人，圣王之道寄托于你，你一定要勉力为之啊！

十三　劳力劳心

5.4

有为神农之言者许行，自楚之滕，踵门而告文公曰："远方之人闻君行仁政，愿受一廛而为氓。"文公与之处。其徒数十人，皆衣褐，捆屦织席以为食。陈良之徒陈相与其弟辛，负耒耜而自宋之滕，曰："闻君行圣人之政，是亦圣人也，愿为圣人氓。"陈相见许行而大悦，尽弃其学而学焉。陈相见孟子，道许行之言曰："滕君则诚贤君也；虽然，未闻道也。贤者与民并耕而食，饔飧而治。今也，滕有仓廪府库，则是厉民而以自养也，恶得贤？"

孟子曰："许子必种粟而后食乎？"曰："然。""许子必织布而后衣乎？"曰："否，许子衣褐。""许子冠乎？"曰："冠。"曰："奚冠？"曰："冠素。"曰："自织之与？"曰："否，以粟易之。"曰："许子奚为不自织？"曰："害于耕。"曰："许子以釜甑爨，以铁耕乎？"曰："然。""自为之与？"曰："否，以粟易之。""以粟易械器者，不为厉陶冶；陶冶亦以其械器易粟者，岂为厉农夫哉？且许子何不为陶冶，舍皆取诸其宫中而用之？何为纷纷然与百工交易？何许子之不惮烦？"曰："百工之事，固不可耕且为也。"

"然则治天下独可耕且为与？有大人之事，有小人之事。且一人之身而百工之所为备，如必自为而后用之，是率天下而路也。故曰：或劳心，或劳力。‘劳心者治人，劳力者治于人；治于人者食人，治人者食于人。’天下之通义也。

“当尧之时，天下犹未平，洪水横流，泛滥于天下，草木畅茂，禽兽繁殖，五谷不登，禽兽逼人，兽蹄鸟迹之道，交于中国。尧独忧之，举舜而敷治焉。舜使益掌火，益烈山泽而焚之，禽兽逃匿。禹疏九河，瀹济、漯而注诸海；决汝、汉，排淮、泗而注之江。然后中国可得而食也。当是时也，禹八年于外，三过其门而不入，虽欲耕，得乎？

“后稷教民稼穑，树艺五谷；五谷熟而民人育。人之有道也，饱食暖衣、逸居而无教，则近于禽兽。圣人有忧之，使契为司徒，教以人伦——父子有亲，君臣有义，夫妇有别，长幼有叙，朋友有信。放勋曰：‘劳之来之，匡之直之，辅之翼之，使自得之，又从而振德之。’圣人之忧民如此，而暇耕乎？

“尧以不得舜为己忧，舜以不得禹、皋陶为己忧。夫以百亩之不易为己忧者，农夫也。分人以财谓之惠，教人以善谓之忠，为天下得人者谓之仁。是故以天下与人易，为天下得人难。孔子曰：‘大哉，尧之为君！惟天为大，惟尧则之。荡荡乎，民无能名焉！君哉，舜也！巍巍乎，有天下而不与焉！’尧、舜之治天下，岂无所用其心哉？亦不用于耕耳。

“吾闻用夏变夷者，未闻变于夷者也。陈良，楚产也，悦周公、仲尼之道，北学于中国。北方之学者，未能或之先也，彼所谓豪杰之士也。子之兄弟事之数十年，师死而遂倍之。昔者，孔子没，三年之外，门人治任将归，入揖于子贡，相向而哭，皆失声，然后归。子贡反，筑室于场，独居三年，然后归。他日，子夏、子张、子游以有若似圣人，欲以所事孔子事之，强曾子。曾子曰：‘不可。江、汉以濯之，秋阳以暴之，皜皜乎不可尚已！’今也，南蛮鴃舌之人，非先王之道，子倍子之师而学之，亦异于曾子矣！吾闻‘出于幽谷，迁于乔木’者，未闻下乔木而入于幽谷者。《鲁颂》曰：‘戎狄是膺，荆舒是惩。’周公方且膺之，子是之学，亦为不善变矣。”

“从许子之道，则市贾不贰，国中无伪；虽使五尺之童适市，莫之或欺。布帛长短同，则贾相若；麻缕丝絮轻重同，则贾相若；五谷多寡同，则贾相若；屦大小同，则贾相若。”

曰：“夫物之不齐，物之情也。或相倍蓰，或相什百，或相千万。子比而同之，是乱天下也。巨屦小屦同贾，人岂为之哉？从许子之道，相率而为伪者也，恶能治国家？”

【译文】

有一个叫许行的人，研究神农氏的学说，他从楚国来到滕国，亲自上门，谒见滕文公说：“我这个从遥远的楚国来的人，听闻您施行仁政，希望您能赏赐我一块地，让我做您的百姓。”

滕文公就给他一个住处。

许行有几十个门徒，他们都穿着粗麻衣，靠编草鞋、织席子为生。

陈良的门徒陈相与他的弟弟陈辛扛着耒耜等农具，从宋国到了滕国，他们也对滕文公说：“听闻您施行圣人的政教，您也就是圣人了。我们也愿意做您这个圣人的老百姓。”

陈相见了许行，非常高兴，完全抛弃自己所学的东西（指儒家学说），而向许行学习。

陈相会见孟子，他向孟子转述许行的话说：“滕国的国君也确实是个贤能的君主，虽然如此，但他仍然没有听闻（悟得）真正的道。贤德之人应该与老百姓一起农耕，从而获得食物，而且应该亲自做饭，以此方式来治理国家。而现在滕国有各种装粮食、财物的仓库，这是剥夺坑害老百姓而养活自己。这哪里能称得上是贤德之君呢？”

孟子问：“许子一定要自己种粮食而后才吃饭吗？”

陈相说：“是的。”

孟子问："许子一定要自己织布而后才穿衣吗？"

陈相说："不，许子只穿（不必织而作成）的粗麻衣（朱子释为'毛布，贱者之服'）。"

孟子问："许子戴帽子吗？"

陈相说："戴啊。"

孟子问："戴什么帽子？"

陈相说："带白色的素冠。"

孟子问："帽子是他自己织的吗？"

陈相说："不是，是许子用粟交换来的。"

孟子问："许子为什么不自己织帽子呢？"

陈相说："（因为自己织帽子会）耽误农耕。"

孟子问："许子用铁锅瓦甑煮饭，用铁农具耕田吗？"

陈相说："是的。"

孟子问："许子是自己制造铁锅瓦甑和铁农具吗？"

陈相说："不是，他用粮食来交换这些煮饭和农耕的用具。"

孟子说："用粮食来交换（自己生产不了的）用具器械，这不能算是剥夺坑害那些陶工与铁匠；陶工与铁匠也拿自己生产的用具器械来交换（自己生产不了的）粮食，难道能算是剥夺坑害农夫吗？况且许子为什么不亲自当陶工与铁匠，什么东西都在自己家里备着随时取用？为什么还样样都（拿自己产的粮食等物）跟各式各样的工匠进行交换？为何许子不厌其烦地从事交换？"

陈相说："各种工匠所从事的工作本来不是一边耕作一边能同时干得了的。"

孟子说："既然这样，那么唯独治理天下可以边耕作边干吗？（天下事本来都有分工，）有治理国家的人所做的事，有普通老百姓所做的事。而且一个人自己，就需要各式各样的工匠制作出来的东西供他使用，如果样样东西都自己生产制作而后才能使用，那就是带领天下人疲于奔命陷于困苦。所以说，（天下人本来都有分工，）有的人劳动脑力，有的人劳动体力。‘劳动脑力的人治理别人，劳动体力的人被人治理。被人治理的人供养别人，治理别人的人被人供养。’这是天下通行的原则。

“在尧（治理天下）的那个时候，天下还不太平，洪水冲决，天下泛滥，那时候林木茂盛，鸟兽大量繁殖，可是粮食却歉收，鸟兽危害人类，它们的足迹到处都是。尧一个人忧心如焚，他选拔舜来总领治理（洪水的工作），舜就命令伯益掌管火政，伯益就用火来焚烧山岭沼泽中的草木，山林沼泽中的鸟兽到处逃窜。舜命令大禹疏通九条大河，把济水、漯水的河流引到大海中，将汝水、汉水、淮水、泗水的河流排到长江之中，自此之后中国才可以耕耘收获。在这个时期，禹有八年在外奔波，三次经过自己的家门却不进去，这个时候他即使想自己耕地，能做得到吗？

“后稷教百姓种植庄稼，栽培各种农作物，农作物熟了，人民才可以生养、繁育。要使人民生养繁育是要遵循‘道’的，如果人民只是吃得饱饱的，穿得暖暖的，住得舒舒服服的，但却缺乏道德教养，就与禽兽没有区别了。圣人为此深感忧虑，就任命契当司徒，对人民进行道德教化，要使父母与子女之间充满亲爱之情，君臣之间要讲究道义，夫妇之间互相恩爱而又有内外之别，年纪不同的人之间尊卑有序，朋友之间相互信任。放勋（尧）说：‘让人民勤劳工作，纠正他们的错误，使他们变得正直，（并及时）给他们以帮助与扶持，让人民都自由自在，各得其所，而后又（通过教育）使他们精神振作，德行完备。’圣人就是这样替老百姓忧思辛劳，他还有闲暇亲事耕作吗？

“尧因为得不到舜这样的贤能之才而深感忧虑，舜因为得不到禹和皋陶这样的贤能之才而深感忧虑。因为自己的一百亩地耕不好而感到忧苦，这是农夫。把财富分配给众人，叫作施惠于人，把好的道理与方法教给别人叫作忠于职事，为天下大众物色贤能人才，这才叫作仁德之举。因此把天下让给别人并不难，而为天下百姓找到一个贤能之才（从而使天下大治）才是最难的。孔子说：‘尧作为君王，是多么伟大！只有天才可以称得上是伟大的，而尧的行为是以天为效法的榜样。尧的功德浩荡无边，老百姓难以用语言来赞美他！舜实在也是一个伟大的君王啊！他是那么崇高而使人尊崇，拥有天下却不以之为私有！’尧舜治天下，难道会漫不经心吗？（他们必须时刻用心忧苦才能治理天下，）因而他们也不可能用心在耕作上面。

“我只听说过用华夏先进的制度来变革落后地区的制度，却没有听说用落后地区的制度来改变华夏先进的制度。陈良，是楚国土生土长的，对周公和孔子的学说心悦诚服，到北方学习华夏的礼仪制度。而北方的读书人，竟然没有人能有他如此好学。他就是我们所说的豪杰之士。你们兄弟向陈良学习数十年，但是在老师逝去之后，却背叛了老师的学说。以前孔子逝去之后，弟子们在守孝三年之后，都各自收拾行李要回家了，（临行前）走进子贡住处，与其道别，大家相对而哭，都泣不成声悲痛不已，然后大家各自归去。子贡又回到墓地，在那里建造小屋，又独自居住守孝三年，而后才回去。过了一些时间，子夏、子张、子游因为有若长得像孔子，想用对待孔子的礼节来对待有若，并且强迫曾子（也同意这种做法）。曾子说：‘这样做不行。（老师的人格）就像江汉之水洗濯过，就像被暖阳曝晒过，是那样洁白无瑕，没有人能比得上。’如今许子这样的南蛮之人，言语怪异，非议古代圣王治国之道，而你们却违背你们老师的学说，反来学习许子的学说，你们的行为跟曾子就差别太大了。我听说鸟都从幽暗深谷之中飞出来迁到高大的乔木之上，而没有听说过它们飞下高大的乔木而飞进幽暗的深谷之中的。《诗经·鲁颂》中说：‘攻打戎狄，惩罚荆舒（这些野蛮国家）’，周公尚且要攻打惩罚那些蛮夷，而你却向这些落后地区学习，也算是不学好了。”

陈相说：“如果遵从许子的学说，那么市场上商品的价格就一样了，国内就不会再有欺诈的事。即使让一个小孩子到市场上购物，也没有一个人会去欺骗他。布帛只要长短一样，价格就相同；麻线、丝线等，如果分量一样，价格就相同；各种农产品，只要数量多少一样，价格就相同；鞋子大小一样，价格就相同。”

孟子说：“各种物品之间有差别，不完全同一，这是世间万物的自然常情。因此各种物品价格有的相差一到五倍，有的相差十倍百倍，有的甚至相差千万倍。而你却不管这些物品之间在质量等方面的差异，而强使它们统一价格，这就会使天下大乱。如果粗布鞋与细布鞋同价，难道人们肯接受吗？如果要遵从许子的学说，率领大家去搞虚伪欺诈的事，这样哪能治理好国家？”

5.5

墨者夷之因徐辟而求见孟子。孟子曰：“吾固愿见，今吾尚病，病愈，我且往见，夷子不来！”

他日，又求见孟子。孟子曰：“吾今则可以见矣。不直，则道不见，我且直之。吾闻夷子墨者，墨之治丧也，以薄为其道也。夷子思以易天下，岂以为非是而不贵也？然而夷子葬其亲厚，则是以所贱事亲也。”徐子以告夷子。夷子曰：“儒者之道，古之人若保赤子，此言何谓也？之则以为爱无差等，施由亲始。”徐子以告孟子。孟子曰：“夫夷子信以为人之亲其兄之子为若亲其邻之赤子乎？彼有取尔也。赤子匍匐将入井，非赤子之罪也。且天之生物也，使之一本，而夷子二本故也。盖上世尝有不葬其亲者，其亲死，则举而委之于壑。他日过之，狐狸食之，蝇蚋姑嘬之。其颡有泚，睨而不视。夫泚也，非为人泚，中心达于面目，盖归反蘽梩而掩之。掩之诚是也，则孝子仁人之掩其亲，亦必有道矣。”徐子以告夷子。夷子怃然为间，曰：“命之矣。”

【译文】

有一个墨家学派的信徒夷之，凭借他与孟子学生徐辟的关系来求见孟子。孟子说：“我本来愿意见他，可是今天我身体有些不舒服，等到我病好了，我就去见他，夷子不必来我这里！”

过了一些日子，夷之又来求见孟子。孟子说：“我现在可以见他了。如果说话不直率坦诚，那么就不能让人得到真正的道理，我就直说了吧。我听说夷子是一个墨家的信徒，墨家对于给亲人办理丧事，以薄葬作为原则；夷子就想用墨家薄葬的方法来改革天下的丧礼，自然是认为不薄葬就不足贵（指必须用薄葬来执行丧礼）；然而夷子在埋葬其父母的时候却用厚葬，这就相当于用自己所鄙视的方式来对待父母（，这就自相矛盾了）。”

徐子就把孟子的话告诉了夷之。

夷之说：“儒家主张，古代的圣王对待老百姓，就像对待婴儿一样（仁爱备至），这话是什么意思呢？我认为这话的意思就是对任何人的爱都是没有差别的，而实施这种无差别的爱，就从自己的父母开始。”

徐子就把夷之的话告诉了孟子。

孟子说：“夷子是真的以为一个人爱他的兄弟的孩子，就像爱邻居的婴儿吗？他只是看到了一方面而已。婴儿爬着爬着要掉进井里了，这自然不是婴儿的过错。（此时每个人都会产生一种恻隐之心，要去救婴儿，而以此以为这就是爱无差等，这是错误的。这只是恻隐之心。）况且上天生养万物（此处指人），使他们都来自于一个本源（，这就是自己的父母），而夷子则认为有两个本源（指夷子认为自己的父母与别人的父母没有差别）。大概上古时期也曾经有不埋葬父母的人，他的父母死了，他就把父母抬到山壑之中随意抛弃。过些天他经过山壑，看到狐狸正在吃父母的尸体，苍蝇蚊子也在父母身体上吮吸，这个人不禁额头出汗，斜着眼不敢正视父母的尸体。这个人流汗，不是为着别人笑话他而流汗，而是因为他内心深处感到悔恨悲伤以至于在面部表情上表现出来。他大概就会立即回家拿来盛土的笼和铲土的铲子，去把父母仔细掩埋了。认真掩埋父母的遗体，确实是对的，所以说所有的孝子仁人都在掩埋父母遗体这种丧礼之事上郑重其事，也一定有他们的道理吧。”

徐子把孟子的话告诉了夷之。夷之一时间怅然若失，说道：“孟子教导的是。”

春秋战国时期，诸子并起，蔚为大观，中国思想界空前活跃，造就中国思想史上第一个黄金时代。而这种思想领域的勃兴与鼎盛，又与当时经济制度与政治制度的空前的革故鼎新与转折性巨变有内在关联。随着人类生产力水平的提升，人类的生产手段、生产技术以及与生产相关的社会组织形式、劳动形式都发生着极为深刻的裂变，因此在生产力与生产关系的不同层面都引发着新旧格局的碰撞与震荡。在春秋战国这一在思想市场崇尚自由竞争的“百家争鸣”时期，新旧制度格局的碰撞与震荡在当时思想家们的学说中体现得淋漓尽致，各学派的交锋所展示出来的中国思想的原创性、丰富性以及这些思想对现实制度变革的反应的敏锐性、生动性，都极为突出，这在世界人类思想史上亦属罕见。当时的思想家们，或以与时俱进的心态积极而灵活地适应新制度、新格局，从而主动地驾驭新的政治、经济机遇，并创立新的学说；或以激愤甚至绝望态度抨击社会大变革时期对人类社会秩序带来的震荡与灾难，站在人道主义立场上对人类的灾难发出抗议与谴责，从而使其学说具有了深刻的、永恒的人类反思价值；或者在对现实进行批判、审视与抗击的同时，从古代文献与典章制度中寻求思想资源，积极寻求理想的疗救时代弊端的“药方”，所谓“与古为新”；或在看到现实黑暗混乱的同时，主张退回到人类的原初时代，主张人类复归淳朴真诚的原始生产与生活制度，这些学者排拒新的变化，试图逃避新的变化，他们的复古主义思想与其说是一种积极的倡导，不如说是唱给已经逝去而永不回返的人类原初时代的哀歌。当然，以上所说的四种情形并不是截然分开的，有时几种情形竟然会神奇地融合在一个人身上，而这其中的道理也并不复杂，因为每一个思想家都不是时代的万能的、超然的指挥者与评判者，他们只是时代的必然的、无可逃避的参与者与思考者，他们每一个人都被裹挟进了这样一个激变的大时代，都或主动或被动地参与或见证了巨流澎湃的时代变迁。所以这些思想家们，时而守旧，时而激进，时而抨击诅咒，时而梦想超然，时而呼吁复古，时而又清醒地接纳现实，他们互相攻讦，互相嘲弄，也互相借鉴，互相融合。

孟子身处战国时代，从历史大变迁的背景来看，这一时期正是中国由商周以来形成的封建宗主制度向秦汉时期的新的郡县制度转变的时期。在这一时期，从土地制度来说，原来天子分封诸侯的土地制度正在逐渐式微，中国私有土地制度以及随土地私有而诞生的地主阶层正在勃兴。从政治制度来说，战国时代诸雄并起，各国已进入混战状态，春秋时期就已权威失坠的天子，此时更是权威扫地，周朝的“大一统”已不复存在，礼乐制度也已坍塌，各国间的兼并战争已然在催生着一种新的政治制度，也催生着一些更注重制度建构的学派的形成（荀子代表的制度主义儒家及其衍生出来的韩非子代表的法家学派）。而从生产力一方面而言，我国在春秋战国时期生产力有了迅猛的提升，尤其是农业生产技术达到了较高的高度，远远领先世界上其他国家，在耕作工具、农耕技术、农业生产组织形式上也有了很大的发展。我国春秋战国时期就可锻铸铁，而铁农具的使用在农业生产技术层面带来了堪称革命性的变化。从耕作技术来看，战国时期我国精耕细作农业开始逐渐发展并日趋成熟（到汉代走向真正成熟阶段），三人二牛耦犁制开始出现，一些新的生产工具（如耙、耱、耧车、灌溉用的翻车等）开始出现，大型水利工程也开始兴建，如战国时期西门豹兴建的漳水十二渠等。战国时期我国手工业得到了更快的发展，在商时期已经比较发达的手工业基础之上，战国在漆器、金属器制作以及玉器等领域有了更大的发展，手工业已然作为一个新兴的产业部门独立出来，与农业实现了分工。当然随着时代的变化，战国时期的手工业与商周时代有了风格上的巨大变化，商周时期以青铜器为代表的手工业，其风格比较庄严肃穆，大部分青铜器具有一定的祭祀功能，在风格上体现出肃穆狞厉的特点，这是宗法礼乐制度的美学体现；而到了战国时期，手工业的风格变化很大，为了满足新兴的地主阶级的需要，青铜、漆器以及其他器皿的风格变得轻盈、亲切、灵动，更加生活化，而不再主要突出其宗教祭祀功能。这些变化，实际上反映了战国时期生产力与生产关系的巨大变化。

孟子生逢战国之乱世，作为当时阅历比较丰富、文献知识比较多的学者，他敏锐地感受到时代的新变化，而且在他与其他学派论战的过程中，不断发展他的理论，使他的理论能够与时俱进，反映时代的新变化，并回应时代所提出的新课题。孟子所进行的理论层面的创新，以今天的学术眼光来看，也是极有价值的，而放在当时世界思想的舞台上，更是熠熠夺目，堪称世界思想史上空前绝后的思想成果，其中最值得珍视的，是他在《滕文公上》中经由与农家学派的论战而提出来的光辉的分工与交易思想。

5.4 是很长、很完整的一段关于孟子与农家的学术论辩。关于农家以及当时的代表人物许行，相关文献极少，因此孟子的这段论述，尽管是从双方论辩的角度来写的，但也因此保存了大量的关于农家的资料，因而在思想史上弥足珍贵。农家，用我们今天的学术术语来说，就是重农主义学派。中国是一个农业文明古国，因而历来重视农业，把农业视为国家发展之根本，而把工商业视为国家发展之“末”，所以正统经济思想中的“本末论”观念在中国一直是深入人心的。而在孟子所处的战国时期，虽然手工业与商业已经有一定的发展，且已经达到了一定的高度，但是农业当仁不让是最最重要的产业，是当时国民经济的基础产业，是国家之“本”，这是毫无疑义的。而作为重农主义学派的农家，从重视农业发展的一面看来，当然是无可指摘的，包含着一定的历史合理性，应该给予历史的分析，从而应该得到客观的评价。农家代表着当时基本自给自足的小农阶层的思想，因而农家反对阶级之剥削，这一点与墨家有相通之处，墨家代表着小手工业者阶层的思想。农家由重农出发，提出了自己关于理想国家的图式，在他们的理想里，未来的社会应该是一个人人平等、人人劳动、没有剥削的社会，社会生产基本上以自给自足的农业为主，但存在着若干独立的手工业，并进行农业和手工业产品的交换。而手工业和农业的交换，要按照绝对平等的方式与原则来进行，不应存在任何商业欺诈。农家也否认脑力劳动与体力劳动的分工，认为在理想社会中，国家的统治者应该与人民一起从事农业生产（即 5.4 中所讲的“贤者与民并耕而食，饔飧而治”）。这些思想，反映了农家的思想仍然停留在那个社会分工（尤其是农业与手工业、商业的分工）尚不发达、体力劳动和脑力劳动的差别尚不明显的相对原始的村社部落经济阶段，相当于中国在国家与阶级社会出现之前的氏族制阶段，他们没有看到（或刻意回避）当时农业、手工业、商业之间业已存在的社会分工，没有看到（或刻意回避）当时体力劳动与脑力劳动之间业已存在的分野以及这种社会分工在人类历史发展中的必然性和伟大意义。就这一点说，农家的理想社会图式有着落后的一面，但就其倡导人人平等、人人劳动、消除剥削、消除脑力劳动与体力劳动之间的差别这些思想，从人类历史发展的长河来看，也有其光辉的历史价值。即使放在今天，农家的上述理想仍有其伟大的思想意义与人文意义，甚至从抽象来说，这些思想也具有一种历史上的前瞻性，在一定意义上代表了人类社会发展的大趋势，指明了人类奋斗的重要前景。

5.4 中所包含的经济学、政治学思想极为丰富，孟子在复杂的论辩对话中所展示出来的强大的逻辑力量也令人叹为观止，堪称《孟子》一书中融思想性、逻辑性为一体的最为精彩的篇章之一。许行这个农家学派的代表从楚国来到滕国，因为仰慕滕文公行仁政，而愿意为滕国的臣民，他的周围，聚集着一批信奉重农主义学说的弟子，他们“皆衣褐，捆屦，织席以为食”。农家师徒生活刻苦简朴，不尚奢华，这一点与墨家类似；他们自己从事劳动，既自己从事农业工作（这从后面陈相对孟子的问话“许子必种粟而后食乎”的肯定回答可以看得出来），也从事一些手工业生产（比如打草鞋、织席子），因而可以称之为基本自给自足、但偶尔进行一定的社会交换的兼业小农（兼农业与手工业）。这与墨家不一样，墨家基本上是手工业者，基本脱离了农业劳动，代表当时的工人阶级，代表着农业与手工业的比较彻底的分工。而与孟子对话的陈相，则是当时楚国的儒家学者陈良的门徒，陈相本来信奉老师陈良所传授的儒家思想，然而到了滕国，见了许行，就被重农主义学派所感召，“尽弃所学而学焉”，完全抛弃了自己所学的儒家思想。陈相从重农主义思想出发，认为君主与老百姓都应该“并耕而食，饔飧而治”，君主也要亲自从事农业劳动，而不是用“仓廪府库”来聚敛老百姓的财富，他们认为这是“厉民而自养”，与重农学派消除剥削的理想不符。从这个意义上来说，陈相（以及许行）认为滕文公尽管听从孟子的谏言而行仁政，但这个“仁政”实施得还不彻底，还不符合农家的理想主义社会图式。孟子并没有肤浅地拿君臣之义、拿权力的正当性以及先王之道等冠冕堂皇的理由来反驳陈相的“并耕而食”的理想，而是从更根本、更抽象因而也更具理论价值与论辩力量的“分工与交易”的角度，来反驳陈相，显示出孟子极为强大的理论概括与逻辑推理能力，而这一能力在当时诸子之中是非常罕见的，也就是把复杂的问题归结为一个带有根本性的、简单的问题的能力，这是一种抽象能力、演绎能力，而不是将自己的论述停留在肤浅的现象水平与一般意义的说教层面上。从孟子与陈相不断深入、层层递进的问答中，孟子把陈相一步步地推到了理论的墙角：许行尽管“必种粟而后食”，亲自进行粮食生产，但是他并不自己做帽子，也不自己做“釜甑”（厨具）和铁农具，这些东西他都是用自己所生产的粮食来交换的。孟子立即洞察了这一交换行为背后的逻辑推论：如果说拿粮食交换帽子、厨具与农具等生产生活用品是合理的，如果说许子“纷纷然与百工交易”是合理的，那么就可以说明社会应该有正常的分工，而不用任何东西都自给自足，这一点从许子自身的生活方式中就已得到确证，不用争辩。因此从这个逻辑前提出发，用粟米来交换别人的釜甑铁器，不能说“剥削”（“厉”）了制造釜甑铁器的陶工冶工，同样的道理，陶公冶工用自己的釜甑铁器来交换农夫的粟，也不能说是“剥削”（“厉”）了农夫。在这里，孟子用连续的几个有力的反问，显示出强大的逻辑推理能力与论辩力量，看得出来，孟子的思想确实是敏锐而犀利的，他对他那个时代的社会分工与交易的巨大变化与进步已经有了深刻的洞察，而且已经在理论上给以明确的证明。放诸世界经济思想史，这个洞察也是极为伟大的，大约两千一百年后，英国的著名经济学家、伦理学家亚当·斯密，即公认的现代西方经济学的奠基人，在其 1776 年出版的《国民财富的性质与原因的研究》中，系统地论证了一个国家的经济发展与繁荣有赖于社会分工的深化与交易的拓展这一经济学中的基本原理，与孟子的发现如出一辙。孟子所处的时代，手工业、商业与农业的分工已经极其广泛而且深刻，就连许行这样的自以为自给自足的重农主义者也已经常地参与到这种广泛的社会分工与交易中，在生产力极不发达时期的那种完全自给自足的人类生活生产方式已经不可能再现，人类就此走向了更为高级的文明。这一更高级的文明形式，其标志就是国家的出现、阶层阶级的分化、社会分工的深化，而这些早在孟子出生之前一两千年已经在夏商周时期初露端倪，而在孟子所处的那个战国时代，中国的文明国家已经进入了一个比较成熟且完备的形态。因此农家学派和道家学派所倡导的“并耕而食”的理想社会、“鸡犬之声相闻，民至老死不相往来”的“小国寡民”社会，只是远古时期已经逝去的氏族生活的印记，人类不可能再回返到这样一个时代。实际上农家也是承认分工与交易的，至少从他们的实际生活方式而言，他们已然不能回避“与百工交易”的现实。其他学派，如墨家，本身就是当时先进的手工业者（即当时的工人阶级的代表），当然也不会反对分工，墨子提出“兼相爱，交相利”，这个“交相利”，就论证了社会分工下不同行业之间的“交易”、“交换”、“交往”是有利于双方的，因而是有利于国家社会发展的。对于“交相利”这一点，孟子恐怕不会反对。

既然孟子通过缜密的逻辑力量，已经迫使陈相承认社会分工是必要的，“百工之事，固不可耕且为也”，那么接下来如果要彻底地反驳许行的“贤者与民并耕而食，饔飧而治，今也滕有仓廪府库，则是厉民而以自养”的观点，就要用逻辑来证明治国者同一切“百工”一样，也是正常的社会分工的一部分。孟子认为，消除社会分工、试图回到自给自足的时代，是一种社会倒退，会使一国经济发展受到阻碍，人民福利下降。“一人之身，而百工之所为备，如必自为而后用之，是率天下而路也。”“率天下而路”，就是带领天下人走向贫困、穷乏、落后之路。因而要使天下富裕，就必须承认分工与交易的作用，而脑力与体力劳动者的分工是社会前进的重要条件，也是人类发展必然经历的历史阶段。如同许子不可能同时种粟而又制造釜甑农具一样，治理天下也是一种社会分工，也不可能一边种地一边治理天下，因而社会出现“劳心者”与“劳力者”的分工也是非常自然的。“劳心者”治理国家，而“劳力者”被治理，这是一种正常的社会分工。以往解读孟子者，在解读“或劳心或劳力，劳心者治人，劳力者治于人；治于人者食人，治人者食于人，天下之通义也”的时候，认为孟子这是为剥削阶级辩护，是一种反动的言论。我们今天从社会分工与交易的角度，从经济学的视角来看，实际上孟子在此处是阐述了一个更为基本、更为一般的经济学原理，即脑力劳动者的出现，实际上是社会分工深化与拓展的必然结果。从人类历史来看，社会的经济社会越是发展，人类的生产力水平（尤其是生产技术水平）越高，社会的分工与交易就越是得到拓展与深化。而社会分工与交易的深化本身，又反过来促进了人类社会生产力水平（尤其是科技水平）的提升。国家的治理者的出现，是文明进步与社会分工的必然结果，是社会分工的表现之一，与国家治理者同时出现的，还有其他脑力工作者，他们不从事体力劳动，而从事思想、哲学、艺术、科学等脑力劳动，而这些社会分工的出现，是人类社会前进到较高级阶段的标志。因此，孟子的“劳心者治人，劳力者治于人，治于人者食人，治人者食于人”不宜仅从意识形态角度来诠解，而要看到其一般性的、普遍性的理论意义，即它揭示了社会分工与交易这一最基本的经济学原理。今天我们看到，从事行政、思想、哲学、艺术、科学等职业的人（即所谓劳心者），也是社会财富的创造者。他们也对社会发展起到积极的作用，而这些人与物质生产者之间的交易（交换），正是促进人类生产发展的重要推动力之一。这是孟子分工理论的超越时代的价值所在。

孟子不光在逻辑上证明了社会分工的必要性与“劳心者治人，劳力者治于人，治于人者食人，治人者食于人”的合法性，而且还从历史上的具体事例来验证这一点，真正做到了马克思所说的“历史与逻辑的统一”。孟子所举的例子，皆是古代为天下服务的贤者，尧为天下忧虑，举天下之英才而治理国家，舜就是他任用的贤才之一。舜任用益掌火政，益“烈山泽而焚之”，实际上是古代烧荒垦田实践的概括，是古代生荒制（与熟荒制相对）时期生产力水平的反映。舜又任用禹治理洪水，禹为天下忧劳，三过家门而不入；弃（后稷）“教民稼穑”，实际上是古代农业种植的实践者，弃为农神，使五谷丰熟，人民得以繁衍生育。契被舜任命为司徒，专门从事教化人民之工作，使每个人都能在道德上达到一定高度，否则只是“饱食暖衣、逸居而无教，则近于禽兽”，而契让人们“父子有亲，君臣有义，夫妇有别，长幼有序，朋友有信”，契的人文教化的工作也是极其重要的，他使人民在物质生活之外有了更高的道德素养；“匡之直之，辅之翼之，使自得之，又从而振德之”，人们的精神世界就得到了振拔与超越。尧、舜、禹、弃、契、益，所有这些贤人，都为天下而忧，劳心劳神以治天下，这些人是无暇自耕的，因而许行所谓的“并耕而食”在尧舜禹身上都是不可行的。这就是从历史发展的事实本身，论证了“劳心劳力”的社会分工与交易的理论。

孟子又从制度演进的角度，对自己的社会分工与交易理论做了辩护。他认为，在人类历史发展进程中，总是更高级、更先进的新制度替代低级的、落后的旧制度。在他看来，人类社会分工的深化与交易的拓展，代表了一种更先进的制度体系，而以这种更先进的制度来替代那些低级、落后的制度，是具有历史合法性的。孟子的制度演进、制度变迁理论值得重视。在这里，孟子使用了具有中国特色的术语体系，即“夷夏之辨”。“夷夏之辨”的核心问题是“以夷变夏”还是“以夏变夷”。孟子看来，“夏”是更为高级、先进的制度文明，而“夷”是低级、落后的制度文明，因此必然的逻辑是“以夏变夷”，即以先进的制度文明来变革那些落后的制度体系。陈相的老师陈良自楚至中国（当时的北方地区）学习较为先进的“周公仲尼之道”，被孟子夸赞为“豪杰之士”。而陈良死后，陈相陈辛兄弟竟抛弃老师的学问而拜在许行门下，在孟子看来，这是抛弃了先进的制度文明，而拥抱落后的制度文明，是倒退之举，是“下乔木而入于幽谷”，是由明入暗，所以他批评陈相是“不善变”。所谓“不善变”，就是未能与时俱进，未能以革新的精神接纳更先进的制度文明。同时在道德层面，也未能像曾子坚守老师孔子的学说而矢志不移，而是背叛老师之学问，这也是孟子所不齿的。当然这并不是孟子批评陈相的主要理由，其批评的核心理由是“用夏变夷”，是从制度演进的视角来看人类历史的发展轨迹，这是非常值得重视的。当然我们也不难看出，孟子对“周公仲尼之学”，对当时的华夏之地（相对于还比较落后的南方地区）的制度文明，充满了一种优越感与制度自信。

在 5.4 这一长篇辩论的最后环节，双方辩论的核心是商品经济、价格规律与国家治理的关系。在孟子所处的战国时期，由于生产力层面的巨大进步（农业的发展、铁器的使用、手工业的发展），中国的商品经济已经有了比较大的发展，这是与社会分工与交换的深化与拓展相伴随的一个必然现象。春秋战国时期，一些从事商业贸易的企业家集团开始产生，比如子贡（端木赐，孔子的学生）、范蠡（陶朱公）、白圭等，这些企业家（商人）在社会中的地位越来越高。分工的深化、交易的拓展、商业的繁荣，不断使当时的经济形态突破传统的自给自足的封闭形态，而走向商品经济，而孟子时代正是自然经济向商品经济的过渡时期。这一时期，一些学者开始对商品经济的运行规律、贸易规律、价格规律等进行探索，形成春秋战国时期非常丰富的商业思想与价格思想。范蠡、计然、白圭等的商业思想、价格思想十分值得重视。司马迁在《史记·货殖列传》中，对这些早期的商业、贸易、价格、市场思想进行了初步的梳理。许行所代表的重农主义学派，对商品经济和价格规律的理解是比较肤浅的，甚至有很多错误的、荒谬的见解。究其根源，是因为农家的思想反映了商品经济发展的早期的、幼稚的阶段之特点，因而他们对于商品经济中的运行规律，尤其是价格规律，还不能给以深入的科学的理解，其思想仍然更多地被自然经济所束缚。农家认为，市场中的价格应该是统一的，这样才会禁绝市场上的欺诈行为，使商人们童叟无欺，保持诚信。什么是价格一致？这里面遵循着一个什么标准？许行认为，布帛长短相同，价格则一致；麻缕丝线，轻重一样，则价格一致；五谷数量一样，则价格一致；鞋子大小一样，则价格一致。农家把商品的特点归结为简单的长短、重量、大小这样一些要素，这些要素当然对商品的价格有很重要的影响，然而商品之间的差异还决定于其他一些更重要的要素，比如材质、品种、质量、加工的难易粗细程度、式样的复杂程度与新颖程度等。比如鞋子大小一样，就要定同样的价格，是极其不合理的，因为鞋子的价格可能还取决于这双鞋子的质量、厚薄、材质、精美程度等。如果不同质量、厚薄、材质、精美程度的两双鞋子，只是因为大小相同而被迫采用统一价格，那么制造鞋子的工人或贩卖鞋子的商人，就会不顾质量、材质、厚薄、加工精细程度的不同，而仅以大小为标准出售鞋子，如此下去，谁还去提高鞋子的质量，谁还去用比较厚、比较保暖、比较耐用的材质，谁还会去费力加工比较坚韧、比较精细的鞋子呢？孟子在反驳陈相的农家学派商品经济观点时，深刻指出“物之不齐，物之情也”，即在一个商品经济社会中，各种商品的性质是有着极大的差异的，不可能整齐划一，这是商品经济的基本规律。而这些具有巨大差异的商品，在市场上就会体现出不同的价格，而其价格的差异，正是反映了“物之不齐”这一基本事实。因此市场中物价是不会整齐划一的，物价要反映不同商品内在性质的差异，而影响商品性质的要素十分复杂。如果忽视了商品的这种丰富的差异性，而强行地按照极为简单化的方法为商品定价，这就违背了商品经济的必然规律，这种强行统一价格、试图使“市贾（价）不二”、从而使“国中无伪”的市场定价方式，恰恰会鼓励欺诈，大家就会不顾质量，以次充好，“相率而为伪”，这样的商品经济就会崩塌，而国家也将陷入困境。孟子对陈相、许子等农家学派“市贾（价）不二”的观点的反驳，反映了他对于商品经济与价格规律的深刻洞察，同时隐含着国家不能强行按照某一不客观的标准强行统一制定价格，而要使价格根据市场中各类商品的丰富差异性而自由波动（变化）的观点。国家应尊重商品市场中的这种丰富的差异性，并运用市场的自发力量，根据这种差异性来赋予不同的市场价格，从而借助市场竞争的自发力量来约束和限制市场中的欺诈行为，这样的国家才会大治。

卷六　滕文公下

十四　独行其道

6.1

陈代曰："不见诸侯，宜若小然；今一见之，大则以王，小则以霸。且《志》曰：'枉尺而直寻'，宜若可为也。"

孟子曰："昔齐景公田，招虞人以旌，不至，将杀之。'志士不忘在沟壑，勇士不忘丧其元。'孔子奚取焉？取非其招不往也。如不待其招而往，何哉？且夫枉尺而直寻者，以利言也。如以利，则枉寻直尺而利，亦可为与？昔者赵简子使王良与嬖奚乘，终日而不获一禽。嬖奚反命曰：'天下之贱工也。'或以告王良。良曰：'请复之。'强而后可，一朝而获十禽。嬖奚反命曰：'天下之良工也。'简子曰：'我使掌与女乘。'谓王良。良不可，曰：'吾为之范我驰驱，终日不获一；为之诡遇，一朝而获十。《诗》云："不失其驰，舍矢如破。"我不贯与小人乘，请辞。'御者且羞与射者比；比而得禽兽，虽若丘陵，弗为也。如枉道而从彼，何也？且子过矣：枉己者，未有能直人者也。"

【译文】

陈代（孟子的学生）说："不出去拜见诸侯，也许只是小事；现在如果一出去拜见诸侯，从大处说可以统一天下，实现仁政，从小处说可以帮助那些诸侯以武力称霸。而且《志》上说：'曲折一尺，可以伸直八尺'，（出去拜见诸侯，）也许可以试一试。"

孟子说："以前齐景公出去打猎，用（以羽毛装饰的）旌旗来召见捕猎场的管理者，这个管理捕猎场的官员不来应召，齐景公就要把他杀了。（可是这个官员并不畏惧，）‘有志之士（坚守节操），毫不惧怕自己抛尸于沟壑，勇毅之士（见义勇为），毫不惧怕杀头。’（所以孔子对官员赞赏有加。）孔子到底赞许他哪一点呢？就是如果国君不按应该实行的召唤之礼去召唤他，他就不去应命。（这个人连召唤之礼不正确都不去应召，）那么我如果不等候诸侯的召唤就主动前去谒见，那我成什么了？（我是不会去主动谒见诸侯的。）而且（你所说的）‘曲折一尺而伸直八尺’，这句话也是从利益的角度来说的。如果仅仅从利益的角度来说，那么就是曲折八尺而伸直一尺来得到利益，也是可以做的吧？从前赵简子派（驾车的能手）王良去为他的宠臣奚驾车（打猎），可是跑了一天也没打到一只猎物。宠臣奚跑回来跟赵简子报告说：‘王良是天底下最笨的驾驶员。’有人把这话告诉了王良，王良说：‘请让我再驾车一次。’宠臣奚经过王良一再劝说而后同意再试一次，结果一个早上就猎获十只猎物。宠臣奚就跑回来跟赵简子报告说：‘王良是天底下最棒的驾驶员。’赵简子对王良说：‘我派你去为奚驾车吧。’王良不同意，说：‘我为他规规矩矩驾车，一整天打猎也没打到一个猎物；我给他不按规矩驾车，一个早上就打到十个猎物。《诗》说：“不破坏规矩来奔驰（射箭），箭一放出就打中箭靶。”我不习惯给小人驾车，敬请辞去这个职务。’驾车人尚且羞于与坏的射手合作，即使这样的合作能够获得像小山那样堆积的猎物，也不去做。如果违背自己的道德行为准则而顺从别人的意志，那成什么了？（我是不会违背自己的道德行为准则去拜见诸侯获取小利的。）而且你刚才的话错了，曲枉（违背）自己（原则）的人，是不能让别人正直的。”

6.2

景春曰：“公孙衍、张仪岂不诚大丈夫哉？一怒而诸侯惧，安居而天下熄。”

孟子曰："是焉得为大丈夫乎？子未学礼乎？丈夫之冠也，父命之；女子之嫁也，母命之，往送之门，戒之曰：'往之女家，必敬必戒，无违夫子！'以顺为正者，妾妇之道也。居天下之广居，立天下之正位，行天下之大道。得志，与民由之；不得志，独行其道。富贵不能淫，贫贱不能移，威武不能屈，此之谓大丈夫。"

【译文】

景春说："公孙衍、张仪这样的人，难道不是真正的大丈夫吗？他们一发怒，天下的诸侯都恐惧不安；他们一旦安静下来，天下人便都太平了。"

孟子说："这些人怎么能称得上大丈夫呢？你难道没有学过礼仪吗？男子要成年加冠礼的时候，父亲便加以教导（，使他成为一个真正的男子汉大丈夫）；女子要出嫁的时候，母亲便加以教导，把女儿送到家门口，告诫女儿说：'到了你（丈夫）家之后，你一定要时时恭敬，时时警戒自己（不要乱为），不要违背你丈夫的意志！'以恭顺服从作为最重要的行事原则，这是妇女应该遵从的道理。（而男子汉大丈夫，）就要居住在'仁'这个天下最宽广的屋宇里，站立在'礼'这个天下最正确的位置上，行走在'义'这个天下最通行的大路上；如果自己能够实行自己的志愿，就与老百姓一起循着正确的原则来行事；如果自己（遭遇逆境而）不能实行自己的意愿，就独自履行坚守自己的行事原则。富贵时不放纵，贫贱时不放弃操守志向，别人以威胁武力压制我也不能使我屈服，这才算是大丈夫。"

6.3

周霄问曰："古之君子仕乎。"

孟子曰："仕。《传》曰：'孔子三月无君，则皇皇如也；出疆必载质。'公明仪曰：'古之人三月无君，则吊。'"

“三月无君则吊，不以急乎？”

曰：“士之失位也，犹诸侯之失国家也。《礼》曰：‘诸侯耕助，以供粢盛；夫人蚕缫，以为衣服。牺牲不成，粢盛不洁，衣服不备，不敢以祭。惟士无田，则亦不祭。’牲杀、器皿、衣服不备，不敢以祭，则不敢以宴，亦不足吊乎？”

“出疆必载质，何也？”

曰：“士之仕也，犹农夫之耕也；农夫岂为出疆舍其耒耜哉？”

曰：“晋国亦仕国也，未尝闻仕如此其急。仕如此其急也，君子之难仕，何也？”

曰：“丈夫生而愿为之有室，女子生而愿为之有家；父母之心，人皆有之。不待父母之命、媒妁之言，钻穴隙相窥，逾墙相从，则父母国人皆贱之。古之人未尝不欲仕也，又恶不由其道。不由其道而往者，与钻穴隙之类也。”

【译文】

周霄问：“古代的君子出去做官吗？”

孟子说：“做官。《传》上说：‘孔子如果超过三个月没有国君（任用他为官），他就焦虑不安；当他离开一个国家（到另外一个国家去谋求官职），就必定会带上与别国的国君相见的见面礼。’公明仪说：‘古代的人，如果超过三个月没有国君任用，就要去安慰他。’”

周霄说：“超过三个月没有国君任用他，就要去安慰他，不也太急了吗？”

孟子说：“士（读书人）失去官职，就好像诸侯失去国家一样。《礼》上说：‘诸侯耕种藉田，用以供给祭祀用的五谷；他们的夫人亲自养蚕缫丝，用于供给祭祀用的衣服。祭祀用的牛羊等没有长肥，祭祀用的五谷不洁净，祭祀用的衣服还没准备好，就不能参加祭祀。如果士没有供祭祀用的田地，那么也就不能祭祀。’看来如果没有准备好祭祀用的牛羊、器皿、衣服等物，就不能来祭祀，也就不能举行宴会，这难道不应该给予安慰与同情吗？”

周霄问：“离开一个国家（到别的国家去谋求官职），一定要带上见面礼，这是什么原因？”

孟子说：“士出来当官，就如同农民耕地一样，农夫难道会因为自己离开一个国家便丢掉他的农具吗？”

周霄说：“晋国也是可以来当官的，可是我从来没有听说过当官有这么急迫的。谋求官职这样急不可耐，然而君子又不轻易出来做官，这是什么道理呢？”

孟子说：“男孩子一生下来，父母便希望他有妻室；女孩子一生下来，父母便希望为他找个好婆家。这样的父母的心意，每个人都有。然而男女若不等父母同意，媒人介绍，就钻洞扒门缝来相互窥视，又跳墙出门去私奔，这样的做法，父母和国人都会鄙视。古代的人未尝不想当官，然而又讨厌那种不以正确的途径去当官的人。不经由正确的途径而去当官，这就好比男女钻洞扒门缝（而去私奔一样）。”

6.4

彭更问曰：“后车数十乘，从者数百人，以传食于诸侯，不以泰乎。”

孟子曰：“非其道，则一箪食不可受于人；如其道，则舜受尧之天下，不以为泰，子以为泰乎？”

曰：“否，士无事而食，不可也。”

曰：“子不通功易事，以羡补不足，则农有余粟，女有余布；子如通之，则梓、匠、轮、舆皆得食于子。于此有人焉，入则孝，出则悌，守先王之道，以待后之学者，而不得食于子，子何尊梓、匠、轮、舆而轻为仁义者哉？”

曰：“梓、匠、轮、舆，其志将以求食也。君子之为道也，其志亦将以求食与？”

曰："子何以其志为哉？其有功于子，可食而食之矣。且子食志乎？食功乎？"

曰："食志。"

曰："有人于此，毁瓦画墁，其志将以求食也，则子食之乎？"

曰："否。"

曰："然则子非食志也，食功也。"

【译文】

彭更（孟子的弟子）问："（您乘坐的）车后面有数十辆车跟着，随从的人有数百个，辗转于诸侯之间被他们所供养，这样做有些太过分吧？"

孟子说："如果不按照正确的方式去谋食，则即使一箩饭也不可以从别人那里接受。如果能符合道义，那么舜从尧那里接受天下，也不算过分。你认为过分吗？"

彭更说："（舜从尧那里接受天下，）当然不过分。然而士如果不做事而白吃饭，那是不对的。"

孟子说："如果你不让大家互相交换劳动成果和产品，从而使那些有余的来补充不足的，那么农民会有多余的米卖不出去（但仍有人挨饿），妇女也会有织好的布卖不出去（但仍有人买不到衣服）；你如果允许大家各自交换彼此的劳动成果，那么所有的木匠、车匠都能从你那里得到食物。现在有这样一个人，他在家里孝敬父母，出门在外则尊敬长者，遵守古代圣王的道德礼义，培养扶持后来的从学者，可是他却从你那里得不到食物。你为什么尊贵那些木匠、车匠，而轻视遵守弘扬仁义之道的人呢？"

彭更说："木匠、车匠，他们的动机本来就是去谋食，君子所追求的是仁义之道，难道他们的动机是求食吗？"

孟子说："你怎么能按照他们的动机（来决定是否给他们供养呢）？如果他们的行为给你带来了实际的功用，那么你能给他供养就给他供养。问题是你给他供养，是凭他的动机呢，还是凭他的功用呢？”

彭更说：“凭他的动机。”

孟子说：“如果现在有一个人，毁坏别人的房屋，在别人的墙上乱涂乱画，而他的动机是想要得到吃的，那么你给他吃的吗？”

彭更说：“当然不给他。”

孟子说：“那么说，你并不是凭一个人的动机、志向而给他吃的，而是凭他的功用（即给你带来的好处）。”

6.5

万章问曰：“宋，小国也，今将行王政，齐、楚恶而伐之，则如之何？”

孟子曰：“汤居亳，与葛为邻。葛伯放而不祀。汤使人问之曰：‘何为不祀？’曰：‘无以供牺牲也。’汤使遗之牛羊。葛伯食之，又不以祀。汤又使人问之曰：‘何为不祀？’曰：‘无以供粢盛也。’汤使亳众往为之耕，老弱馈食。葛伯率其民，要其有酒食黍稻者夺之，不授者杀之。有童子以黍肉饷，杀而夺之。《书》曰：‘葛伯仇饷。’此之谓也。为其杀是童子而征之，四海之内皆曰：‘非富天下也，为匹夫匹妇复雠也。’‘汤始征，自葛载。’十一征而无敌于天下。东面而征，西夷怨；南面而征，北狄怨，曰：‘奚为后我？’民之望之，若大旱之望雨也。归市者弗止，芸者不变。诛其君，吊其民，如时雨降，民大悦。《书》曰：‘徯我后，后来其无罚。’‘有攸不惟臣，东征，绥厥士女。匪厥玄黄，绍我周王见休，惟臣附于大邑周。’其君子实玄黄于匪以迎其君子，其小人箪食壶浆以迎其小人。救民于水火之中，取其残而已矣。《太誓》曰：‘我武惟扬，侵于之疆，则取于残，杀伐用张，于汤有光。’不行王政云尔，苟行王政，四海之内皆举首而望之，欲以为君；齐、楚虽大，何畏焉？”

【译文】

万章（孟子的弟子）问："宋国是个小国，现在想实行仁政，齐国和楚国却厌恶它并要攻打它，怎么办？"

孟子说："汤住在亳这个地方，与葛国相邻。（葛国的国君）葛伯很放纵，不（按礼法）祭祀。汤派人问葛伯：'为什么您不（按礼法）祭祀？'葛伯说：'我没有牛羊作为祭品。'汤就派人送牛羊给他。葛伯把牛羊吃了，仍然不（按礼法）祭祀。汤又派人问葛伯：'您为什么不（按礼法）祭祀？'葛伯说：'我没有五谷作为祭品。'汤就派亳地的民众去为葛伯耕种，连老人孩子都去给种地的人送饭。葛伯却带着葛国的人，阻拦那些拿着酒饭粮食送饭的人，并抢夺他们的东西，如果不交出（酒饭粮食），就杀头。有个小孩子去送饭菜，葛国的人抢夺了他的饭菜，并杀了这个孩子。《书》上说：'葛伯仇恨那些送饭的人'，说的就是这事。汤因为葛伯杀害这个小孩子，而去征伐葛伯，天下人都说：'（汤征伐葛国，）并非为了掠夺天下的财富，而是为那些普通老百姓报仇。'汤就开始从葛国开始征伐，出征十一次（国），天下没有人能敌得过他。汤向东边出征，西边的人便抱怨；向南面出征，北方的人就埋怨。他们都说：'为什么把我们这个地方放在后面攻打？'老百姓盼望汤的军队，就像大旱之年盼望下雨一样。（在汤的军队所到之处，）不禁止集市买卖，耕地的人也照常耕地，汤杀掉那些暴君，安抚那些老百姓，就像及时雨降到土地上。老百姓都非常高兴。《书》上说：'等候我们的王（过来解救我们），我们的王到来之后，我们就不再受罪了！''有一个攸国不肯臣服，周王便向东征伐，安抚那里的老百姓，老百姓用筐子盛好黑色和黄色的绸子（币帛），请人介绍与周王相见，并以此为荣，希望臣服、依附于大周国。'（这里讲的是周王东征攸国的情形，）攸国的官员用筐子装满绸缎来迎接周王的官员，攸国的老百姓用竹筐盛着饭、用壶盛着酒来迎接周王的部队。周王的部队从水深火热的苦难中把老百姓拯救出来，仅仅杀掉那些凶残的暴君。《泰誓》中说：‘发扬我军（指武王的军队）的威武精神，进攻邘国的国土，杀掉残暴的君主，把那些恶人都消灭干净，我们的业绩比商汤还盛大。’（从以上汤和周王得天下的事迹来看，）（宋国）不实行仁政也就罢了，如果宋国实行仁政，天下人都会翘首盼望，都想拥护宋国的君主来做自己的国君，齐国和楚国虽然是大国，有什么可怕的呢？”

6.6

孟子谓戴不胜曰：“子欲子之王之善与？我明告子。有楚大夫于此，欲其子之齐语也，则使齐人傅诸？使楚人傅诸？”

曰：“使齐人傅之。”

曰：“一齐人傅之，众楚人咻之，虽日挞而求其齐也，不可得矣。引而置之庄岳之间数年，虽日挞而求其楚，亦不可得矣。子谓薛居州，善士也，使之居于王所。在于王所者，长幼卑尊皆薛居州也，王谁与为不善？在王所者，长幼卑尊皆非薛居州也，王谁与为善？一薛居州，独如宋王何？”

【译文】

孟子对戴不胜说：“你想让你的国君学好吗？我现在明明白白地告诉你（让国君学好的道理）。假如现在有个楚国的大夫，他想让他的儿子学会齐国话，那么他是让齐国人教儿子呢，还是让楚国人教儿子呢？”

戴不胜说：“当然是让齐国人教他儿子。”

孟子说：“他请一个齐国人教他儿子（说齐国话），（然而周围却有）很多楚国人乱吵乱闹干扰，那么即使他每天鞭打他的儿子而逼迫他学齐国话，他也是学不好的；（可是如果）把他的儿子放到齐国的庄街岳里（这样的闹市）住几年，那么即使每天鞭打他而逼迫他说楚国话，那也是办不到的（，他就自然而然学会齐国话了）。你说薛居州是个好人，就让他居住在王宫之中。住在王宫里的人（有很多），如果不管年龄大小、地位高低，都像薛居州一样是个好人，那么国君跟谁去干坏事呢？如果住在王宫里的人，不管年龄大小、地位高低，都不像薛居州（即不是好人），那么国君又跟谁去做好事呢？一个薛居州，能把宋王怎么样呢？”

6.7

公孙丑问曰：“不见诸侯，何义？”

孟子曰：“古者不为臣不见。段干木逾垣而辟之，泄柳闭门而不内，是皆已甚。迫，斯可以见矣。阳货欲见孔子，而恶无礼。大夫有赐于士，不得受于其家，则往拜其门。阳货瞰孔子之亡也，而馈孔子蒸豚；孔子亦瞰其亡也，而往拜之。当是时，阳货先，岂得不见？曾子曰：‘胁肩谄笑，病于夏畦。’子路曰：‘未同而言，观其色赧赧然，非由之所知也。’由是观之，则君子之所养，可知已矣。”

【译文】

公孙丑问：“不去谒见诸侯是什么道理？”

孟子说：“古代的人，如果自己不是臣子，就不要主动谒见诸侯。（从前魏文侯要去见段干木，）段干木跳墙逃避魏文侯；（鲁穆公想去见泄柳，可是）泄柳关上门不让（鲁穆公）进来。这两个人的做法都是有些过分了。如果国君迫切地要相见，也是可以见面的。当年阳货想要孔子来看他，又怕失礼，（就想了一个办法，当时有一个通行的礼节，）大夫如果对士有赏赐，如果士不能在家接受赏赐，就要找时间回拜大夫（来致谢）。于是阳货就趁孔子不在家的时候，赐赠蒸猪给孔子；而孔子也趁阳货不在家的时候，去到他家回拜（致谢）。如果当时阳货主动来看望孔子，孔子怎么会不见他呢？曾子说：‘耸着肩谄媚地笑着，这比在夏天的菜地里劳作还要令人疲惫。’子路说：‘不愿意同一个人说话，却勉强自己跟他说话，看他的脸色又面带愧容，我真是看不惯这样的人。’从以上事例来看，那么君子从哪些方面来培养自己的人格操守，就可以知道了。”

孟子所生活的战国时期，与孔子所生活的春秋时期，都是遭遇前所未有之大变局的动荡与转折时期。这一时期私学之勃兴与士人阶层（知识分子）之崛起，使得学术上呈现出空前的兴盛局面，为知识的传播与学术思想的繁荣创造了条件。而诸侯纷争时代各国对富国强兵、国家治理的巨大需求，从外部提供了士人阶层崛起的条件。春秋战国时期的各个学术团体（学派），实际就是从学术角度为当时的诸侯（统治集团）提供思想与战略支持的智库团体，他们之间完全是自由竞争的关系，形成了一个高度自由、高度竞争的思想市场；而诸侯们对这些智库集团的笼络与利用，就成为他们谋求天下霸主地位的重要方式与战略保障。

孟子当然是当时最有名的学者之一，在各国间有着广泛的学术影响力。而孟子所带领的学术团体，也就成为诸侯间竞相接纳与延聘的智库，而孟子及其门徒的待遇当然也是令人艳羡甚至惊叹的。他的学生彭更在一次问话中，曾经描述了孟子及其智库团体在各国间受欢迎并获得礼遇的盛况：“后车数十乘，从者数百人，以传食于诸侯”（6.4），这个阵势，以今天的眼光来看，也是极其浩大的，颇有“招摇过市”之感。孟子的车队，有数十辆车，他随从的门徒以及各色人等竟然有数百人，这样一个庞大的学术咨询队伍，在各诸侯国之间“传食”，吃了一国又一国，其场面何其壮观！就连孟子的弟子们都很感叹，甚至内心深处都会觉得有些过分：“不以泰乎？”弟子们肯定在享受极高待遇、享受美食车马的过程中，也产生了若干质疑甚至愧疚之感，感叹“不也太奢侈豪华了吧？”正像彭更所说：“士无事而食，不可也。”他们也觉得这一大帮子人“传食于诸侯”，什么事似乎也没有做，实在是问心有愧也。而孟子在6.4中对彭更之问的回答颇有理论高度，也颇有智慧。他认为，一个人在社会中获得多少分配（财富）、得到多少回报（收入），主要是看他在社会分工中所承担的角色（职责），而不同的社会分工（只要是正当的社会分工即职业）之间的交换、交易，则有利于社会之发展，使不同主体之间可以互通有无，各自增进自己的福利。这一基本原理，实际上与《滕文公上》中孟子与重农学派陈相的辩论中所揭示的社会分工与交易理论是一脉相承的，只不过这次，他不仅将社会分工理论推广到国家治理者（即“劳心者”），而且把这一理论推广到提供学术思想与道德教化功能的学者阶层。孟子认为，“传食于诸侯”这样的待遇与社会分配是否合理，关键是看这些学术团体是否通过正确的途径（方式）为这个社会提供了必要的服务，做出了应有的贡献，从而完成了一定的社会分工所赋予的社会职责；如果是通过正确的途径（方式）为社会提供了必要的服务，做出了应有的贡献，从而完成了一定的社会分工所赋予的社会职责，那么他们就应该心安理得地接受（享受）社会交换所分配给他们的财富，这叫“以其道”。孔子也说：“富与贵，是人之所欲也，不以其道得之，不处也。”如果是以正当的方式获得了富贵（社会财富与地位），就是应得的，不应有所愧疚。这也就是《中庸》中所说的“素富贵行乎富贵”。因为这富贵“得之有道”，故可泰然处之。如果不按正当的方式（途径），没有对社会做什么贡献，没有履行一定的社会分工所赋予的职责，就是“非其道”（6.4），那就“一箪食不可受于人”（6.4）。因此，孟子认为，回答彭更之问的关键是说明社会分工与交易的合理性，不同社会分工的人之间“通功易事”（即彼此交换、交流他们各自的产品与服务）是合理的，那么不论是种粟之农、织布之女，还是梓匠轮舆等手工业者，都可以获得其应得的社会财富，因为他们都完成了其社会分工所赋予的职责。因此，孟子以社会分工与交易这样一个最基本的原理来回答彭更之问，使这个回答具有了一般意义上的理论与学术价值，这不能不说是极为高明的，这说明孟子的社会分工与交换的理论已经十分成熟。而在回答彭更之问的过程中，孟子还更深入地探讨了知识分子（即士人阶层）的社会分工与职责使命问题。也就是在承认社会分工与交易原理、承认“通功易事”能够促进社会福利的条件下，进一步回答一个更棘手的问题：“士”到底做了什么事，到底有何贡献，才有资格享受这样的社会待遇？这个问题当然是很关键的，也很具有挑战性。孟子认为，“士”为社会提供的价值，不是一般可见的产品与服务，不是粟布，也不是轮舆之物，而是为整个社会提供了一种道义担当与德行楷范，并传承古圣先王所创造的正确的国家治理模式，使这些道德体系与治国体系可以薪火相传，不至于中途失坠。“于此有人焉，入则孝，出则悌，守先王之道，以待后之学者”（6.4），他们是整个社会的道德楷范，是仁义的承载者与传承者，他们遵循“先王之道”，并将这些神圣而符合道义的治国之道进行传播，从而使天下太平，共行大道。“士”提供了如此重要的、不可或缺的社会产品与服务，“士”承担了如此庄严、重要的社会分工、职责与使命，难道他们不应该由此获得其应得的社会分配（财富）吗？孟子对彭更的反问：“子何尊梓匠轮舆而轻为仁义者哉？”此问是很有力量的，充分显示了孟子对“士”阶层承担道义责任、传承“先王之道”之使命的自信与自我肯定。更进一步，孟子在此处将社会分工与交易理论又做了深化，探讨了社会分配的标准问题，即效用论（功用论）与动机论的争议问题，也就是客观标准与主观标准问题。孟子认为，承担一定社会分工的人获得一定的社会分配（财富），其标准应该是客观的效用论（功用论），也就是用这个人客观上能给社会带来多大效用（功用），来确定这个人所应得的社会分配（财富），而不是按照这个人主观上的动机来确定。也就是不论其动机如何，而看其客观效用，这就是孟子所言“志”（主观动机论）与“功”（客观效用论）的关系问题，结论是“食功”而非“食志”，这就彻底解决了彭更的问题，也就是肯定了“士”在客观上为社会提供了效用（功用），因此社会应该按其效用给他们以一定的社会分配（财富）。尽管梓匠轮舆（手工业者）的动机本来就是“求食”，而君子（士）的动机是“为道”（仁义），他们的“志”不同，然而从“功”上来说，他们都为社会完成了其社会分工所赋予的社会职责，因而都具备客观的社会效用，因而都可得到社会分配（财富）。而那些并未给社会带来正当的效用的人（即那些“毁瓦画墁”者、为非作歹者），即使他们的动机（“志”）是“求食”，也必将得不到任何社会分配（财富），因为他们无“功”（客观效用）。孟子在此处正确地区分了社会分配标准中的“志”（主观动机）与“功”（客观效用），在社会分配与社会分工理论上是一个重要的贡献。

孟子自信“士”担当着整个社会的道义追求，故而其社会使命与社会角色极为崇高，极为庄严，因而不仅为社会所必需，而且是“先王之道”得以薪传、从而文明得以延续的重要价值载体。“士”不为食禄，不为利，然而却应当得到社会之尊崇。孟子与孔子一样，认为君子“谋道不谋食”。孟子曾批评乐正子说：“我不意子学古之道而以哺啜也”（7.25，意谓我没想到你学习古人之大道仅是为了饮食），孟子认为，士（君子）关心的是道义，“士”应该有极为勇敢而清晰的道义追求，如果仅仅为了追求利益，甚至为了名利地位财富等利益而放弃自己的道德操守，即使得到了富贵名利，也是令人鄙视的。孟子崇尚那种充溢着浩然之气的大丈夫人格，为“士”赋予了极其光荣的道德使命，这就使他对“士”的定位远超尘俗，从而使“士”的精神具备了一种超越性。在世俗的标准看来，那些在诸侯间纵横捭阖、呼风唤雨、获得巨大社会声誉与功名利禄的人才是成功之士，就如 6.2 中景春（纵横家）所艳羡与尊崇的公孙衍、张仪之流。他们“一怒而诸侯惧，安居而天下熄”，位高权重，一言一行皆令天下瞩目，这样的人才是“大丈夫”。可是在孟子看来，景春心目中的大丈夫只是些人格上低矮、精神上渺小的追逐名利之人，他们遵循的是“妾妇之道”，“以顺为正”，在各国之间迎合诸侯们称王称霸的需要而施展纵横之术，虽挂六国相印，有苏秦、张仪、公孙衍那样令世俗艳羡的高位，也是不值得夸耀的。孟子以“妾妇之道”来评价这些纵横家们，其鄙夷轻蔑之态度溢于言表。孟子以极为浩瀚的人格境界，俯视这些游走于各国的苏秦张仪们，对纵横家之流不顾礼义、徒知求利的人格深深鄙弃。这些纵横家之流，正是他所蔑视、所不屑的“见利忘义”的“贱丈夫”（4.10）。而孟子所尊崇的道德人格，是那种以道义为先、以道义为乐的真正的“士”，是“尊德乐义”的“大丈夫”，他们“穷不失义，达不离道”，无论穷达，都能坚持自己心中的道义原则与道德节操；他们“得志泽加于民，不得志修身见于世，穷则独善其身，达则兼善天下”（13.9）。景春所艳羡的所谓“大丈夫”与孟子心目中的具有伟岸人格与道义担当的真正的“大丈夫”（士）有着霄壤之别。在与景春的对谈中，孟子描述了他心目中的“大丈夫”标准：“居天下之广居，立天下之正位，行天下之大道。得志，与民由之；不得志，独行其道。富贵不能淫，贫贱不能移，威武不能屈，此之谓大丈夫。”（6.2）这段话铿锵有力，气概轩昂，充盈浩然之气象，是《孟子》中最为辉煌、最为鼓舞人心的篇章之一，乃儒家大丈夫人格的最精彩、最准确之概括。两千多年来，这段不朽之文字对中华民族士人精神的感召之力可谓无与伦比。大丈夫住在天下最广阔、最轩敞的屋宇之中，这个“天下之广居”就是“仁”。孟子曾说：“夫仁，天之尊爵也，人之安宅也”（3.7），“仁”是君子真正的追求，“仁”是天赐之爵，而非人爵，“仁”又是君子所居住的“安宅”，居住在这样一个屋子里，君子就会时刻感到心安神宁，自得其乐（“尊德乐义”也）；无论穷达，无论荣辱，无论得失，只要他住在“仁”这个安宅之中，君子就会无往而不乐，忘怀得失，从容自在，天高地阔，心胸无比朗廓自由。君子心目中的“仁”这个“广居”，何其高远，何其广大，何其澄澈而纯粹，无一丝尘俗渣滓侵染充塞，君子居此，可谓“得其所哉”！

大丈夫还要“立天下之正位”，就是站立于天下最正当、最适宜、最正确的位置上，而“天下之正位”就是“礼”，这个“礼”代表着能够给天下带来道德秩序与和谐的行为规范。孔子曾经对他的儿子说：“不学礼，无以立。”一个君子，就要“立于礼”，通过自我约束、自我反省与自我修炼，来达到“礼”的要求，不断地“反身而诚”（7.12），不断地“克己复礼”，从而使自我行为与道德实践跟天下之秩序相合相洽，从而使自己立于天地最正确之位置。如果没有这种“克己复礼”、“反身而诚”的工夫，如果不能以“礼”的规范来要求自己，就会陷于放纵，流于邪僻，就会偏离正确的位置，从而使自己难于在社会立足，从而也就难以成就君子之人格。

君子还要“行天下之大道”，这个“天下之大道”，就是“义”。大丈夫走的大道，就是这个“义路”。孟子说：“仁，人心也；义，人路也。”（11.11）又说：“居仁由义，大人之事备矣。”（13.33）所谓“由义”，就是在“义”这条道路上行走，永不偏离这条大道。“义”者，宜也，用现代伦理学的术语来说，就是“应该”、“应当”，就是一个人在一定的时空条件下所做出的最合宜的行为选择。一个人做什么事、不做什么事，即所谓行止出入，都要遵照“义”，循此“义”路，则道宽正而行顺，不循此“义”路，则道邪仄而行阻。而“义”，这个“天下之大道”，并不是一套现成的、僵化的、固定的、死板的行为规则，而是一种根据不同时空条件所做出的灵活选择，其原则是“合宜”，是“应当”，“过”和“不及”都不可，应“恰如其分”。所以儒家的行为准则是：“无适也，无莫也，义之与比”。也就是说，一个大丈夫，他没有什么是必须去做的，也没有什么是必须不能做的；他做与不做，所遵循的唯一原则就是“义”，也就是符合特殊时间空间条件的“合宜”、“正当”。比如诚实一般而言是美德，撒谎一般而言是坏的行为，然而面对强盗与劫匪，说真话就是“不合宜”的，是“不义”，而欺骗劫匪反而是美德。这就是“义之与比”。大丈夫行走天下，光明磊落，行事从容，坚定不移，他能够在任何情境下（无论穷达、顺逆、贫富、贵贱），都做出符合“义”的原则的行为，心态静定，秉义而行，从无犹疑与彷徨；他安于当下，安于自我之使命与职责，从不逾越“义”的范围。正如《中庸》所言：“君子素其位而行，不愿乎其外。素富贵行乎富贵，素贫贱行乎贫贱，素夷狄行乎夷狄，素患难行乎患难，君子无入而不自得焉。”大丈夫之所以在任何情境下都“无入而不自得”，正因为他一言一行都与“义”相伴，走“义”路，行“义”事，无畏无惧，无怨无尤。“得志与民由之，不得志独行其道。”君子在其顺遂得意之时，出来为官，施展抱负，带领老百姓一起“尊德乐道”，致君尧舜，造福一方；而当君子处于患难之时，他虽然不能治国平天下，然而也并不丧志，不改其节操，他特立独行，卓然独立，不因处于贫贱忧患而丧失道德原则。他“用之则行，舍之则藏”，既能“入世”，也能“出世”，真正达到了“万物静观皆自得，四时佳兴与人同”（宋程颢）的“无事不从容”的境界。“富贵不能淫，贫贱不能移，威武不能屈”，孟子这三句话将大丈夫之行事之光明，处世之坚贞、人格之伟岸、气象之磅礴、格局之廓大，刻画得无比精到，两千年来成为中国士大夫、读书人的座右铭，塑造了中国人的光明正大的集体人格。

孟子往来于诸侯之间，其梦想与抱负跟张仪、苏秦之辈迥然不同。他虽然名满天下，富贵名利对他而言几乎唾手可得，然而孟子始终以“行道”为目标，坚持德性主义原则，而不以功利主义为原则。6.1 中陈代作为孟子的学生，对老师的“直道而行”的书生意气恐怕也有些意见，他很想规劝老师在世俗面前做些迂回、让步、妥协，“枉尺而直寻”，也出去做一番事业，辅佐诸侯们成就王霸之业，而不是执意“不见诸侯”。然而孟子一针见血指出陈代的规劝背后之功利主义考量，他批评说："枉尺而直寻者，以利言也"，你是在探讨"利"，以利为先，吾所不齿也。孔子赞叹虞人"非其招不往"的坚定，赞同他道德情操与自我人格的坚守，赞同他宁可杀头也不愿意丧失节操的勇敢。"志士不忘在沟壑，勇士不忘丧其元"，是"舍生而取义"。如果仅仅为了利而迂回、妥协、让步，则既能"枉尺而直寻"，那么为什么不能沦落到"枉寻而直尺"（屈折八尺而伸直一尺）呢？这样就完全为了利益，无所不用其极，什么道德操守与人格底线都可以丧失和突破，则人就不能成其为人，就会沦落为"小人"，此为君子所不齿也。善御者王良就是一个坚持自我道德人格独立性的君子，他不为"利"而屈己、枉己，不为利而丧其"义"，"不贯（惯）与小人乘"，显示了他坚贞不移的道德操守。在这里，"吾为之范我驰驱"，也就是王良作为"善御者"坚守自己的行事原则，"范"乃内心之道德原则，无人可以褫夺而使之抛弃，无人可以威逼而使之妥协。即使能获得大利，也不能改变，这就是"不失其驰"。如果放弃自己的"范"，丧失道德操守，那么就是猎获堆积如丘陵般丰盛的猎物，又有何益？"君子不可以货取"（4.3），大丈夫的人格岂是厚利可以交换的吗？

在为官出仕的问题上，孟子与孔子一样，都是极为通脱的。儒者要入世，要为世所用，才能施展其政治才华，才能达到治国平天下之目标。因此孟子从不自作清高，他从来都认为君子应该出仕。"孔子三日无君，则皇皇如也"，为什么？皆因孔子用世之切，入世之深，他希望能有为于世，希望天下能行其仁政，实现三代之治。而孔子"出疆必载质"，也不是什么丢面子的事，而是他要用世、入世、实现治平理想的最正常不过的举动，与农夫出疆不舍其耒耜没有什么两样。这里面也暗含了孟子所一直揭橥昌明的"社会分工"的理论，即出仕与务农毫无二致，"士之仕也，犹农夫之耕也"（6.3），两者都是正常的社会分工，出仕没有什么值得羞愧的。然而，孟子在肯定出仕的正当性的同时，也强调出仕要符合道义原则，"古之人未尝不欲仕也，又恶不由其道”（6.3），“不由其道”就是丧失道义，丧失道德合法性。孟子既反对在出仕问题上的过于清高、过于矫情的行为，如段干木“逾垣而辟之，泄柳闭门而不纳”，孟子就不太赞同，认为过于清高也不符合君子之义；但他又反对出仕“不由其道”，反对君子违背内心的道德原则，过于妥协而丧失人格，这样的出仕，贼仁害义，断不可取。孟子赞赏孔子在出仕上的独立人格操守，赞赏孔子在对待阳货（当时鲁国正卿季氏之宰）问题上的高度政治智慧（6.7），既不失礼又能保全自己的道德原则。向世俗过于妥协、为了名利而丧失自我人格，这是孟子所鄙视的。在6.7中，孟子引孔子见阳货事，引曾子之“胁肩谄笑，病于夏畦”，引子路之“未同而言，观其色赧赧然，非由之所知也”，都旨在说明“君子之所养”，旨在说明他对于用世出仕之态度。“君子之所养”，到底“养”什么？养的是“心”，淡然名利、超脱世俗之心；养的是“志”，是富贵不淫、贫贱不移、威武不屈之志；养的是“气”，是“浩然之气”，是独行其道的凛然正气。

十五　好辩弘道

6.8

戴盈之曰："什一，去关市之征，今兹未能，请轻之，以待来年，然后已，何如？"

孟子曰："今有人日攘其邻之鸡者，或告之曰：'是非君子之道。'曰：'请损之，月攘一鸡，以待来年，然后已。'如知其非义，斯速已矣，何待来年？"

【译文】

戴盈之（宋国大夫）说："实行十分之一的税率，免掉各地关卡集市的税收，这件事目前还办不到，请允许我先减免一点点税赋，等到明年，再完全停止征税（指关卡集市之税），怎么样？"

孟子说："现在有一个小偷，每天偷邻居一只鸡。有人劝告他说：'您这不是君子做的事。'这个小偷就说：'请允许我慢慢减少吧，先每个月偷一只鸡，等到明年，再完全不偷了。'如果明知道干这件事不符合道义，就应该赶快停下来不做。为什么非要等到明年呢？"

6.9

公都子曰："外人皆称夫子好辩，敢问何也？"

孟子曰："予岂好辩哉？予不得已也！天下之生久矣，一治一乱。当尧之时，水逆行，泛滥于中国，蛇龙居之，民无所定；下者为巢，上者为营窟。《书》曰：'洚水警余。'洚水者，洪水也。使禹治之。禹掘地而注之海；驱蛇龙而放之菹；水由地中行，江、淮、河、汉是也。险阻既远，鸟兽之害人者消，然后人得平土而居之。

“尧舜既没，圣人之道衰，暴君代作。坏宫室以为污池，民无所安息；弃田以为园囿，使民不得衣食。邪说暴行又作，园囿、污池、沛泽多而禽兽至。及纣之身，天下又大乱。周公相武王诛纣，伐奄三年讨其君，驱飞廉于海隅而戮之。灭国者五十。驱虎、豹、犀、象而远之，天下大悦。《书》曰：‘丕显哉，文王谟！丕承者，武王烈！佑启我后人，咸以正无缺。’

“世衰道微，邪说暴行有作，臣弑其君者有之，子弑其父者有之。孔子惧，作《春秋》。《春秋》，天子之事也。是故孔子曰：‘知我者其惟《春秋》乎！罪我者其惟《春秋》乎！’

“圣王不作，诸侯放恣，处士横议，杨朱、墨翟之言盈天下。天下之言不归杨，则归墨。杨氏为我，是无君也；墨氏兼爱，是无父也。无父无君，是禽兽也。公明仪曰：‘庖有肥肉，厩有肥马，民有饥色，野有饿莩，此率兽而食人也！’杨墨之道不息，孔子之道不著，是邪说诬民，充塞仁义也。仁义充塞，则率兽食人，人将相食。吾为此惧，闲先圣之道，距杨墨，放淫辞，邪说者不得作。作于其心，害于其事；作于其事，害于其政。圣人复起，不易吾言矣。

“昔者禹抑洪水而天下平，周公兼夷狄、驱猛兽而百姓宁，孔子成《春秋》而乱臣贼子惧。《诗》云：‘戎狄是膺，荆舒是惩，则莫我敢承。’无父无君，是周公所膺也。我亦欲正人心，息邪说，距诐行，放淫辞，以承三圣者，岂好辩哉？予不得已也。能言距杨墨者，圣人之徒也。”

【译文】

公都子说：“外面的人都说您老人家喜欢辩论，请问这是为什么呢？”

孟子说："我难道是喜好辩论吗？我是不得已（才跟别人辩论的）。人类社会出现很久了，（在长期的人类历史中，）时而大治（治理得好），时而大乱（治理得不好）。在尧治理天下的时候，洪水横流，在中国到处泛滥，地上野生动物到处可见，老百姓没有安居之所；在地势低的地方，老百姓就在树上筑巢穴（以躲避野生动物），在地势高的地方，老百姓就建造可以互通相连的洞穴。《书》上说：'洚水在警诫我们。'洚水，就是洪水。（后来到舜的时候，舜就命令大禹来治理洪水。）大禹挖掘水道，而将洪水引入到大海之中，将野生动物驱赶到没有人住的草泽之地；这样水就在河道中流动，就形成了长江、淮河、黄河、汉水这些大河。老百姓就远离了危险境地，那些害人的野生动物也销声匿迹，之后人们就可以在平地上安居了。

"尧舜死后，圣人的治国之道逐渐衰微，时不时就会出现暴君，这些暴君毁坏老百姓的房屋来挖沟池，老百姓就没有地方可以安居；暴君们霸占了很多土地来造园林（以供游乐），老百姓就被迫放弃耕地，于是就缺衣少食得不到温饱。各种歪理邪说流行，暴君们的暴行无休无止，他们造的园林、沟池以及荒凉的草泽到处可见，野生动物横行。到了商朝纣王之时，天下大乱，周公辅佐周武王讨伐纣王，又用三年时间讨伐奄国之国君，把飞廉驱赶到大海边杀掉，然后灭掉五十个国家，将那些野生动物驱赶到荒无人烟之处，天下老百姓都非常高兴。《书》上说：'文王的功业是多么伟大辉煌啊！武王继承文王的功业，其功烈何其盛大！他们启发保佑我们的后人，使大家都行为端正，毫无缺憾。'

"在那些世道衰微的历史时期，歪理邪说流行，残暴的行为时常出现，有臣子杀国君的，也有儿子杀父亲的。孔子对此深感忧虑，于是就撰写了史书《春秋》。撰《春秋》这种史书（，用以对史实进行褒贬），本来是天子的事（意谓经过天子之命才能做的事，但孔子还是以平民身份撰写了这部书）。所以孔子说：'理解我的人，就从这部

《春秋》吧；责备我的人，也从这部《春秋》吧！’

“此后圣王不再兴起，诸侯们放纵恣肆，士人在民间随意议论天下大事，杨朱和墨翟这些人的学说充斥天下。（这就导致）天下的各种言论，不属于杨朱一派，就属于墨翟一派。杨朱的学说主张纯粹的利己，这就相当于否定对君主的尽忠。墨翟主张爱无差等，不分亲疏，这就相当于否定对父母的尽孝。不对君主尽忠，不对父母尽孝，这是禽兽的行为（，就不能算是人了）。公明仪说：‘厨房里有肥肉，马厩里有肥马，可是老百姓却面有饥色，野外横躺着被饿死的人的尸体，这是率领禽兽来吃人。’如果不停止杨朱、墨翟学术的传播，如果孔子的治国之道不能得到彰显，那么就会使得邪说流行，而使老百姓被欺罔，仁义的行为与道德就会被阻遏。仁义的行为与道德被阻遏，那么就会出现带领兽类吃人的残暴行为，甚至出现人吃人的惨烈情形。我常常为此深感忧虑，于是决心继承往圣先贤的仁义之道，抨击杨朱墨翟的学说，制止他们的荒唐的言论，使得这些歪理邪说难以在社会上流行。如果这些荒谬学说影响到老百姓的思想心态，就会妨碍他们从事的工作；如果影响到老百姓的工作，就会妨害国家的治理。如果往圣先贤重新在此时兴起，他们也会认同我的话的。

“从前大禹止住了洪水之灾，使得天下太平；周公兼并了夷狄，驱赶猛兽，而使百姓安宁；孔子撰述《春秋》，而使那些祸乱国家、破坏人伦的坏人感到畏惧。《诗》中说：‘进攻戎狄，严惩荆舒，就没有人能够抵御我们。’而那些主张不对君主尽忠、不对父母尽孝的杨朱墨翟之徒，正是周公所惩戒的。我也希望能端正人心，制止歪理邪说，抨击不端行为，拒斥荒唐言论，来继承三位圣人的功业。我难道是爱好辩论吗？我是不得已才去辩论的。那些能够公开主张拒斥杨朱墨翟学说的人，才称得上是圣人的门徒。”

6.10

匡章曰："陈仲子岂不诚廉士哉？居於陵，三日不食，耳无闻，目无见也。井上有李，螬食实者过半矣，匍匐往，将食之，三咽，然后耳有闻目有见。"

孟子曰："于齐国之士，吾必以仲子为巨擘焉。虽然，仲子恶能廉？充仲子之操，则蚓而后可者也。夫蚓，上食槁壤，下饮黄泉。仲子所居之室，伯夷之所筑与？抑亦盗跖之所筑与？所食之粟，伯夷之所树与？抑亦盗跖之所树与？是未可知也。"

曰："是何伤哉？彼身织屦，妻辟纑，以易之也。"曰："仲子，齐之世家也。兄戴，盖禄万钟；以兄之禄为不义之禄而不食也，以兄之室为不义之室而不居也，辟兄离母，处于於陵。他日归，则有馈其兄生鹅者，已频顣曰：'恶用是鶃鶃者为哉？'他日，其母杀是鹅也，与之食之。其兄自外至，曰：'是鶃鶃之肉也。'出而哇之。以母则不食，以妻则食之；以兄之室则弗居，以於陵则居之，是尚为能充其类也乎？若仲子者，蚓而后充其操者也。"

【译文】

匡章说："陈仲子难道不是一个真正的廉洁之士吗？他居住在于陵（於陵），三天不吃饭，耳朵听不见，眼睛也看不见。井边有李子，李子的果实大半都被虫子吃了，他爬着到了井边，把李子拿来吃了，咽了三口，而后才使耳朵有了听觉，眼睛有了视觉。"

孟子说："对于齐国的读书人，我肯定把陈仲子作为最值得敬佩的人了。虽然如此，然而陈仲子哪能称得上是一个廉洁之士呢？如果我们将陈仲子的这种操行推而广之，那么只有把我们自己变成蚯蚓才能做得到。蚯蚓上吃泥巴，下喝地中之泉水（，可谓廉洁之至了）。陈仲子所居住的房子，是伯夷这样的圣人所造，还是跖这样的大盗所造？他所吃的粮食，是伯夷所种，还是跖所种？这些都不清楚，那么陈仲子怎么还住在那屋子里，还吃那些粮食呢？”

匡章说：“这又有什么关系呢？他自己编织鞋子，他老婆绩麻织布，从别人那里交换得来（房屋与粮食），这不就行了吗？”

孟子说：“陈仲子是齐国的显贵世族。他的兄长陈戴，从盖邑获得万钟厚禄。他认为他兄长的俸禄是不义之财，就不吃；认为他兄长的屋子是不义之屋，就不住。于是远离他的兄长与母亲，住到于陵（於陵）。过一段时间他回到家（即他兄长与母亲所居之处），正好有人送给他兄长一只活鹅，陈仲子皱着眉说：‘要这种嘎嘎叫的东西干什么呢？’过了几天，他母亲杀了这只鹅，给陈仲子吃了。他的兄长从外面回来说：‘这就是那只嘎嘎叫的东西的肉。’陈仲子就出去把吃的鹅肉吐出来了。母亲给他做的，他不吃；妻子给他做的，他就吃。给他兄长的屋子他不住，给他于陵（於陵）的屋子他就住了。这还能算是将他的廉洁德行推广扩充到极点吗？如果按照陈仲子的行为，那么只有变成蚯蚓，而后才能将其廉洁的操行推广扩充到极致。”

读《孟子》，与读《论语》，感受颇不同。《孟子》书中大部分内容是孟子与国君、大夫、士子、弟子以及当时各个学术流派辩论的记录，细读这些辩论会发现，孟子总是雄辩滔滔、辩才无碍，往往以其磅礴的气势、雄强的语言力量、缜密的逻辑以及巧妙的设问，把辩论对手置于被动地位，而孟子本人则往往处于强势地位，充分显示了孟子思想之敏捷深刻，以及性格上争强好胜、极富自信的特点。然而孟子之“善辩”，并不仅是他一个人身上独具的特征，而是在某种程度上代表了春秋战国之交的一种时代风气。春秋时期，社会人士间交往时往往注重辞令，特别是那些从事国家邦交工作的人，尤重语言修辞，若无辞令之达雅，就很难在社会交往与外交场合立足。所以春秋时期比较重视《诗经》，大家交往时引经据典，从《诗经》中找到恰当的语辞，一时蔚为风气，我们从《论语》中还可以看到这种时代风尚的遗存。正如谭戒甫先生在《墨辩发微·墨辩正名第一》中所说：“春秋各国，交际频繁，行人奉使，折冲樽俎，大抵以诗三百篇为辞令之书，过或不及，群相讥议，如晋平公谓‘歌诗必类’，赵文子谓‘诗以言志’，而齐卢蒲癸亦有‘赋诗断章，余取所求’之语，盖随机引用。恰如志义，乃能致命而不辱，则以一时风气使然。故孔子曰：‘不学诗，无以言。’又曰：‘诵诗三百，使于四方，不能专对，虽多亦奚以为？’是以孔门七十子中，宰我、子贡长于言语，善为说辞，亦时代所需也。”这是讲的春秋时以“诗”为标志注重辞令的时代，然而从春秋到战国的转变时期，风气发生了很大的变化，由“诗”而一变为“辩”。当时各学派间相互辩论问难，阐发义理，互相抨击，辩论的风气十分浓郁，今天我们若翻开战国时期诸子之典籍，即处处可见不同人士、不同学派间激烈的论辩，刀光剑影，语带锋芒，显示了战国时期思想界“辩风”之盛与学术思想之活跃。谭戒甫先生如此论春秋战国之交，由“诗歌”到“辩”的微妙然而却重要的转变：“此（指孔子时）以当春秋之交，社会一切剧变，阶级矛盾加深，交际间渐由‘诗’而转为‘辩’，谈说之士，已有‘辩者’之目。《庄子》谓孔子曾举‘辩者’之言以问老子，可以知其概矣。墨子之生，尚及孔子，时变日急，求善者寡，不强说人，人莫之知；故上自王公大人，次及匹夫徒步之士，莫不行说之以义。盖墨子雅善言谈，制器尚匠，宜究名理，因构范畴，同归知要，数逆精微，遂开华夏二千年前独道之辩学。”这是讲墨子开创“辩学”的历史背景，其中论及春秋战国历史转折时代之“辩风”，十分确当。老子、孔子时，这种风气尚不是十分盛隆，老子著书，无丝毫与人辩论之痕迹，而《论语》中亦多孔门师徒之发问启思，极少出现与人论辩之词句。然而到战国时，论辩之风已然成为当时之潮流，诸子的著作形式已发生很大变化。《墨子》、《庄子》、

《孟子》中到处可见互相辩论之篇章；而更重要的是，从战国时期蔚成风气的论辩潮流，衍生出中国独特的“辩学”，孕育出中国式的“逻辑学”体系，与印度的因明学、希腊的逻辑学并称“三大逻辑学体系”。其中贡献最大者当然是墨子。

论辩之风与逻辑学的演进密不可分。古希腊的先哲，不但擅长在公共场合演讲，以阐发其哲学，有时也当众朗读诗歌等以启导公众。然而到了苏格拉底，则特重论辩，即重视从论辩中进行推理，发现真理，昌明真知。所以苏格拉底最喜欢也最擅长在散步中与对手（或对谈之青年）展开问难论辩，在一问一答、一论一辩中，逐步揭示问题的实质，此所谓“启发式教学法”，亦是一种辩论形式。古希腊的逻辑学与此风气有直接的关系，亚里士多德后来发展了西方逻辑学中著名的“三段论”。而比中国的墨辩与希腊的逻辑稍早，古印度出现了因明学，而因明学的流衍，与古印度论辩之风的盛行也是分不开的。古印度哲人不仅试图通过论辩来阐发真理，而且更加深入地反思与梳理论辩之方式、论辩之程序，并进而研究了思维与逻辑的规律与规则。这就是印度因明学的渊源所在。当然，无论是古印度之因明学，还是古希腊之逻辑学，都既是一套形式逻辑方法，但又是一种认识论的体现，形式逻辑只是论辩者展开思维与双方论战所遵循的规则，而其背后则是不同学派认识世界的方法，归根结底，逻辑学是为认识世界、发现真理服务的。因而从逻辑学，进而到认识论，进而到本体论，这是我们研究中国先秦诸子、古希腊哲学家以及印度哲学时应遵循的路径与次序。

在春秋战国之交的学术圈中，擅长论辩的学者可谓比比皆是。墨子不用说是当时最深谙辩术的论辩家，亦称“辩者”，他发明的墨家的逻辑学“墨辩”，与印度因明、希腊逻辑三足鼎立，在中国乃至世界逻辑学发展史上都有崇高地位。庄子亦是论辩家，他在《庄子》中记载了他与很多君主名士之间的论辩，其中庄子与惠子（惠施，名家）

著名的“濠梁之辩”，可谓千古不朽之论辩。名家的公孙龙等学者，通过发明各种奇怪的辩题发起与其他学者的论辩，极大地推动了我国先秦时期逻辑学的开展，尽管惠施、公孙龙等名家受到庄子、荀子等学者的激烈批评，然而这些名学家实际上是中国逻辑学的重要创始者，诬他们为“诡辩”实际上是不公平的。形式逻辑的训练和思维方式的训练，对于一个民族、一个社会来说极其重要，名学、墨辩等中国逻辑学流派在中国的衰微，对中国的学术进步和中国人逻辑思维的进步实际上是不利的。当然，任何论辩，其对于事物本质与真理的揭示都是相对的、有局限性的，形式逻辑本身只是一种语言逻辑与思维方式，它并不保证就能够发现真理。如庄子，就很清楚地意识到语言在认识世界中的局限性，因此对于“辩”的价值，庄子持怀疑甚至否定的态度。《庄子·齐物论》中说：“既使我与若辩矣，若胜我，我不若胜，若果是也，我果非也邪？我胜若，若不吾胜，我果是也，而果非也邪？其或是也，其或非也邪？其俱是也，其俱非也邪？我与若不能相知也，则人固受黮暗，吾谁使正之？使同乎若者正之，既与若同矣，恶能正之？使同乎我者正之，既同乎我矣，恶能正之？使异乎我与若者正之，既异乎我与若矣，恶能正之？使同乎我与若者正之，既同乎我与若矣，恶能正之？然则我与若与人，俱不能相知也，而待彼也邪？”在这一段富有逻辑、极为雄辩的话中，庄子认为“辩无胜”，即任何人都无法判定辩论之胜负是非，辩论双方最终很难通过辩论对世界形成正确的理解。在这里，庄子既意识到语言的局限性、辩的局限性，也认识到真理的局限性，这种认识是很了不起的。

在整个战国时期，孟子的“善辩”都是很突出的。孟子有极为清晰缜密的逻辑思维，有极为生动犀利的语言形式与驾驭语言的能力，有丰富的文献知识可以使他旁征博引，也有极为睿智灵活的论辩技巧，故孟子之辩，往往如天风海雨般咄咄逼人，气势凌厉，无可阻挡。同时，孟子在论辩中显示出极为清晰的价值观念（是非），对自己的价值观念笃定不移，因此在抨击、批判、驳斥他人的言论时，往往斩钉截铁般决断，将对手打倒在地，全盘否定，不留任何余地。这种论辩风格，与公孙龙、惠施之流，与庄子都不同，他既不是公孙龙、惠施之流的标奇立异的“诡辩”，也不是庄子颇具有超越感与诗意的“诗辩”，而是一种强有力的、带有强烈价值观的、与孟子峻急之性格与强大的道德自信相关的“雄辩”。陈鼓应先生在《庄子今注今译》中曾讲到《庄子》中的寓言、重言与卮言，其中“寓言”是“寄托寓意的言论”，“重言”是“借重先哲时贤的言论”，而“卮言”则是“无心之言”，“‘卮’是酒器，卮器满了，自然向外流溢，庄子用‘卮言’来形容他的言论并不是偏漏的，乃是无心而自然的流露”，庄子宣称“他的话都是无成见之言，……他是替大自然宣泄声音的”。陈鼓应先生的这一洞见，实际上揭示了庄子在进行言说时特有的风格与方式，如果把这种风格与孟子的风格相映照，就会明显看到这种差异，这就是庄子之“诗辩”（诗意之辩）与孟子之“雄辩”（雄强之辩）的区别。李凯先生在《孟子诠释思想研究》中即揭示出这一区别：“我们可以看出孟子与庄子在诠释问题上的差异，前者使用的是雄辩的语言，后者使用的是诗意的语言。雄辩的语言总是尖锐泼辣，准确优美，它咄咄逼人地展现着论者鲜明的立场；诗意的语言则是婉曲含蓄，情理融合，它朴素自然地揭示着文中隐喻的哲理。”而造成这一差异的原因，一方面当然是由于性格上的因素使然，孟子的性格极其刚强自信，而庄子则高蹈洒脱；孟子往往严正峻急，而庄子则从容幽默，有超越之感。但另一方面，这种差异恐怕也与两个人对自身使命的不同定位有关。孟子以圣贤自期，以接续薪传汤文武周公孔子的道统为己任，以辟邪说、扬圣道为使命，因而他有极强的入世、用世情怀与意识，自我道德担当的精神极为清醒而自觉，因此他的论辩方式本身，承载了他的道德期许与“为往圣继绝学，为万世开太平”（张载）的伟大抱负，这极大地影响了孟子的言说方式与论辩方式。而庄子则超脱得多，他没有那么多道德、使命、抱负、道统上的包袱，因而他能够如此诗意、如此洒脱、如此自在，纯粹在一种诗意的哲学状态中“逍遥游”。

孟子对外间讥议自己“好辩”不以为然，当公都子以质疑的口吻问他“外人皆称夫子好辩，敢问何也”的时候，孟子为自己辩护：“予岂好辩哉？予不得已也。”这个“不得已”值得深深体味，并把我们自己（阅读者自己）放到孟子的立场上，放到孟子的时代背景中，去体悟孟子的“好辩”及其根由，这样我们才能对孟子“好辩”有一番真正的“同情的理解”。这也就是孟子所一贯主张的“知言”和“知人论世”的方法论与诠释学。孟子在答公都子一章中，用了很大的篇幅，婉转叙述了人类文明史中“一治一乱”的历史发展脉络，梳理了在这人类社会沉浮盛衰的历史大变迁中杰出人物（圣贤）的重要作用，同时也指出了“尧舜既没，圣人之道衰，暴君代作”“邪说暴行又作”时“天下大乱”给人民带来的痛苦。在这“一治一乱”中，每一个时代，都有尧、舜、禹、汤、文武、周公、孔子等圣贤出来，施仁政，诛邪说，泽后人，安邦国，利社稷，他们前仆后继，不以自己的荣辱得失为怀，而是以天下为己任，挽狂澜于既倒，才使得文明得以维系，道德体系不致崩塌，人民得以生生不息。这些圣贤既有智慧与牺牲精神，又有自觉的使命意识与担当精神，“佑启我后人，咸以正无缺”。他们在“世衰道微”之际，挺身而出，愤然而起，制止“邪说暴行”，把个人利益全然置于脑后，孔子的“知我者，其惟《春秋》乎！罪我者，其惟《春秋》乎！”，无论“知我罪我”，皆以一己之力担起，这才是真正的“圣人之徒”。孟子在字里行间，已充分流露出自己欲以一己之力接续湮没衰微之道统的使命意识，以及那种虽百折而无悔的献身精神。他的所有努力，都在于在一个“世衰道微”的时代奋起救世，“正人心，息邪说，距诐行，放淫辞，以承三圣”。不能不说，在我国两千多年士人精神史上，孟子代表着一个巅峰级的榜样形象。他承接了《周易》中所表彰的正大刚毅、乾健不息的天地精神，同时也显露出中国士人的一种浓重的历史感（即张祥龙先生所强调的“时间意识”）与对道德人格的自觉追求（“惟义所在”、“舍生取义”）。孟子将“正心承圣”作为自己“好辩”的落脚处，可见其用心，亦可见其格局与境界。

而孟子在当时思想界中的主要论敌（或曰他认为当时思想界危害最大的主要学说），是杨、墨两家。在6.9中，孟子比较集中地谈到当时邪说淫词泛滥天下的危害，以及自己对杨墨两家“邪说”的学术评价。“圣王不作，诸侯放恣，处士横议，杨朱、墨翟之言盈天下。天下之言不归杨，则归墨。杨氏为我，是无君也；墨氏兼爱，是无父也。无父无君，是禽兽也。”这段话流传极广，影响极大，但由此引起的学术论争与理论误解也极大，历来是研讨孟子学说及其方法论者所不得不关注的。孟子为什么要“拒杨墨”？而且更重要的是，他为什么要把杨墨两家贬低得如此厉害，竟然斥其为“禽兽”？这里面显示出孟子的何种意图与学术指向，又反映了他何种方法论（诠释学）特征？这些都是我们要细思详审的。

在中国哲学史与伦理学思想史上，杨朱与墨子代表了两个持论截然不同的流派。杨朱是早期道家学派的代表，在伦理学中倡导“绝对的利己主义”，即所谓“拔一毛利天下而不为”；而墨子是当时手工业者的代表，而手工业者相当于当时代表着最高生产力水平与科技水平的工人阶级，墨子倡导“绝对的利他主义”，“摩顶放踵利天下”，具有强烈的牺牲精神。杨子主张“为我”，这与老子、庄子的“爱身”、“贵己”、“贵身”的思想主张是一致的，他们不为天下而丧其身，在一个混乱的时代极力保持个体的独立，主张尊重生命个体的尊严与价值。杨朱等道家学派认为儒家所倡导的仁义道德只是使世道更坏，人心更伪善，因此他们从为己保身出发，主张“绝仁弃义”、“绝圣弃智”。所以杨朱的绝对利己主义，如果推演到人类理想社会模型，就必然是老子的“小国寡民”模型，“鸡犬之声相闻，民老死不相往来”，这与孟子等儒家心目中的“守望相助”的大同世界、“老吾老以及人之老，幼吾幼以及人之幼”的充满仁爱之社会理想大相径庭。绝对的利己主义，导向对自我利益、自我价值的绝对肯定，从而从另一方面否定了人的社会性特征，否定了人在一个共同体当中的责任义务关系，这就走上了一个极端。我们臆测，杨朱等早期道家学派代表着当时一批知识分子、小私有者（小土地所有者）以及没落的（失去权势的）贵族阶层，他们对当时礼崩乐坏的社会现实有清醒的认识，对春秋战国之交阶级矛盾激化的情况感同身受，他们中一些人也许就是社会大变革、大转折、大混乱时代的牺牲者（即利益受损的一部分人）。因此从总体而言，他们对社会现实有极为强烈的批判意识，比如老子与庄子就充溢着一种批判精神，老子的批判有时候还极为激越、极为峻急、极为猛烈。这样一些人，他们内心非常清醒，他们对社会现实不满、失意，同时又不想以勇猛的担当精神来改变世道人心，于是他们就选择了爱己保身的路径，行为高蹈，疏离社会，遁世无为，超然世外，以冷眼观望这个世界，“拔一毛利天下而不为”；因为他们对这个世界已失望透顶，故只有远遁高隐，以维持自我心灵世界的独立、超越与清净。他们既反对儒家的仁义道德之说教，又绝不可能如墨家信徒一般具有大无畏的牺牲精神，去主动改造社会。朱熹在《孟子集注》中说：“杨朱但知爱身，而不复知有致身之意，故无君。”杨子以失意、绝望的眼光来打量此乱世，故只欲保护内心之圆满与秩序，他要切割自己与社会的关系，将自己完全孤立出来，以免受到这个乱世浊世的污染与侵蚀。因此杨子所代表的这些人，要极力摆脱那些给他们带来痛苦的礼俗压迫与社会责任，他们否定社会的价值，否定任何共同体（无论是家庭还是国家）的存在价值，而试图把“人”归约、抽象为没有任何社会关系束缚的“纯粹个体的存在”，这个“纯粹个体的存在”，拥有绝对独立的意志，拥有绝对独立而不受侵犯的人格尊严，拥有自足的心灵世界。这个“抽象的”绝对为己的个体存在，当然只是一个大动荡年代失意者的梦想和幻影。“杨朱们”试图脱离社会，进入一个高蹈洒脱、不受羁束侵扰的精神世界，这种思想，当然与孟子理想中的儒家境界有霄壤之别。他们爱身故不知致身，绝对利己故不顾家国天下，如此便君不君、臣不臣、父不父、子不子，儒家所构想的这一礼义秩序之天下格局，就将无所着落。故孟子言杨子“无君”，亦是的当之言。然而从杨朱所代表的这一阶层的行为选择与道德指向来看，绝对的利己主义又有其深刻的社会历史渊源；而从其个人的情操与人格来看，这些人亦有其可取之处，不能一概予以否定。毕竟纯粹“为我”（绝对利己主义），并不等同于“损人利己”，它不是在“损人”条件下满足“为我”的目的，更不是直接以损人为目的，因而与那些暴君、贪官、奸臣、贼子等又有着本质的不同，这一点是需要特别加以澄清的。

墨学当然是孟子更加用力抨击的对象，相比于杨朱，墨子的影响力更大，其学说更系统、更深刻，其对社会大众的感召力更强，渗透力也更强。墨子在当时是有名的学者（包括科学层面）与思想家，同时又是一个技术水平极高超的手工业者（匠人）、技术创新者，以今天的眼光来看，他是当时高科技的代表，他制造的飞行器（木鸢）飞三日而败，可见其制造技术之高明。所以墨子是当时先进生产力的代表，同时也是工人阶级（手工业阶层就是当时技术最先进阶层）的代表，因为当时的手工业部门就是相对于农业而言的工业部门。他的门徒很多，多半是各地手工业者中的佼佼者。墨子所建立的墨学学派，实际上是三种角色兼于一身：它既是一个学术团体，以墨学与墨辩（逻辑学）为核心，强调兼爱、非攻、节用、非乐、节葬等思想学说；它又是一个类似于宗教组织的团体，其组织之严密、纪律之严明、门徒的组织纪律性之强，都令人叹为观止，在此准宗教团体内部有极为清晰的等级划分与角色定位，有共同的信仰，号召力很强；它同时又是一个准军团，墨子门徒因为是当时的工人阶级（手工业者）出身，因此自律意识强，他们往往跟随墨子辗转千百里，制止诸侯国之间的战争，有非常强的牺牲精神与斗争精神，可以说是呼之即来，来之能战，战之能胜，而胜利以后又极快地散之四方不见踪影。这样一个集学团、教团、军团于一体的组织，对当时的各国的震撼力是无与伦比的。因此墨学成为春秋战国时期与儒家分庭抗礼的显学，甚至在社会大众中的声望超过了儒家。

墨子的理论核心是“兼爱”，所谓“兼爱”，就是主张“爱无差等”，即对所有人的爱都是一样的，没有差异。如果说杨朱的思想核心是“绝对利己主义”，那么墨子的思想核心就是“绝对利他主义”。“绝对利己主义”强调“为我”、“爱身”，是纯粹的利己，而墨子的“绝对利他主义”则是“纯粹利他”。与杨朱的“绝对利己主义”的“拔一毛利天下而不为”相比，墨子的“绝对利他主义”的“磨顶放踵利天下”的牺牲精神、奉献精神与大无畏的舍身精神，当然是极其高尚的，代表着人性中最光辉灿烂、也最值得珍视的一面。墨子认为，“圣人以治天下为事者，必知乱之所自起，焉（即‘乃’之意）能治之；不知乱之所自起，则不能治”。然而天下为什么大乱？“当察乱自何起？起不相爱。”这是墨子的结论，即天下大乱，是因为人与人之间不相爱，“臣子之不孝君父，所谓乱也。子自爱不爱父，故亏父而自利；弟自爱不爱兄，故亏兄而自利；臣自爱不爱君，故亏君而自利，此所谓乱也。虽父之不慈子，兄之不慈弟，君之不慈臣，此亦天下之所谓乱也。父自爱也不爱子，故亏子而自利；兄自爱也不爱弟，故亏弟而自利；君自爱也不爱臣，故亏臣而自利。是何也？皆起不相爱”。他说那些盗贼也是一样：“虽至天下之为盗贼者亦然，盗爱其室，不爱其异室，故窃异室以利其室；贼爱其身，不爱人，故贼人以利其身。此何也？皆起不相爱。虽至大夫之相乱家、诸侯之相攻国者，亦然。大夫各爱其家，不爱异家，故乱异家，以利其家；诸侯各爱其国，不爱异国，故攻异国，以利其国，天下之乱物具此而已矣。察此何自起，皆起不相爱。”墨子认为大家都爱己而不爱人，因此天下大乱，君臣、父子、兄弟，乃至大夫、诸侯等，都互不相爱，才导致社会丧失基本的伦理秩序。所以他给出的治世之方是“兼相爱，交相利”。他说：“若使天下兼相爱，爱人如爱其身，犹有不孝者乎？视父兄与君若其身，恶施不孝？视弟子与臣若其身，恶施不慈？故不孝不慈亡有。犹有盗贼乎？故视人之室若其室，谁窃？视人身若其身，谁贼？故盗贼亡有。犹有大夫之相乱家、诸侯之相攻国乎？视人家若其家，谁乱？视人国若其国，谁攻？故大夫之相乱家，诸侯之相攻国者亡有。若使天下兼相爱，国与国不相攻，家与家不相乱，盗贼无有，君臣父子皆能孝慈，若此则天下治。故圣人以治天下为事者，恶得不禁恶而劝爱？故天下兼相爱则治，交相恶则乱。”这大段讲到墨子“兼相爱，交相利”的理想，认为只要大家恢复这种“相爱”的关系，把对自己的爱与对别人的爱等同起来，天下自然大治。当然这个治国之理念，是极其理想化的，其问题不是出在其逻辑推理（须知墨子是逻辑学之一代宗师），而是出在前提假设。从理想境界而言，墨子提出的“兼相爱、交相利”的思想，不可谓不高尚，它是人类自古以来一个高远的理想，至今仍是如此。然而墨子所提倡的“兼爱”是建立在“爱无差等”的假设之上，这样一个人性假设与心理假设是不是符合人类实际，是不是能在理论与实践中立得住，是决定墨子“兼爱”与“绝对利他主义”思想是否合理的前提。从人类心理学与人性论角度来说，人类之爱必然是“有差等”的，是有“次序”的。这是由人类的心理、生理和认知结构所决定的。所以“爱无差等”实际上是一个对于人性和人类心理的不真实的、脆弱的假定，因而这个假定是不合理的。尽管“爱无差等”是一个极其理想的、甚至是高尚的假定，然而这个假定又是一个不符合人类客观事实的假定。墨家由“爱无差等”这个不真实的、理想主义的假定出发，推论出“兼爱”的理想社会主张与理想政治主张，就使得他的主张建立在一个脆弱的、不可靠的伦理基础之上。人类有爱，人类应爱，这是儒家也承认并倡导的，所谓“仁者爱人”（8.28），“仁”的本质是“爱人”，就这一点而言，儒家与墨家并不矛盾，他们都认同“爱”是理想社会与理想政治的基础，都承认“爱”的伦理价值、社会价值与政治价值，这是儒墨相通处。然而其重大分歧点在于这个“兼”字，儒家认为“爱有差等”，爱自己的孩子、父母必定先于（重于）爱他人的孩子、父母，这两种爱虽然都是爱，然而却有顺序与程度之别，这就是“爱有差等”。从人类心理、生理与认知结构来说，很显然，“爱有差等”的假定一定比“爱无差等”的假定更合理，更符合人类的客观事实，因而也就是一个更加坚实的、有力的假定。因此由“爱有差等”出发，儒家虽然也承认“利他”行为并倡导“利他”行为，但又认为“利他”行为不是绝对的、没有条件的，而是相对的。所以儒家所倡导的，必定不会是理想主义但没有现实可操作性的“绝对利他主义”（即纯粹利他），而是更具现实性与客观性的“己他两利主义”（即为己利他），这是一种由（顺序与程度上）“有差等的爱”所推导出来的真实的人类伦理行为。朱熹在《孟子集注》中说：“墨子爱无差等，而视其至亲无异众人，故无父。”墨子认为一个人对自己父亲的爱应该等同于对他人父亲的爱，乃至等同于对所有人的爱，这种理想高则高矣，然而如何将对自己父亲的爱等同于对他人父亲的爱？现实中这一“兼爱”如何落地，如何操作？对这一内在的实践路径以及操作性步骤的有意忽视，是墨子“兼爱”理论的致命缺陷与漏洞。墨子对这一“兼爱”理想如何实现难以给出符合逻辑与操作可行性的答案，从而最终使一个人对自己父亲的爱落空，并使所有的基于“爱无差等”的“兼爱”行为空置，这就相当于“架空”了人类社会赖以维系的伦常秩序。而若一个社会将“爱无差等”的“兼爱”作为一个通行的伦理原则与社会运行原则，要求所有人都如墨子主张的“绝对利他”，必将导致整个人类伦理与社会组织运行陷于困境。要求每个人都达到“毫不利己、专门利人”是不现实的，这是只有人类中达到极高德性境界者才能做到的；“绝对利他”是一个理想主义假定，将之作为全社会的治理原则是不合适的，如果强行将这一不现实的伦理原则推行至全社会，要求全体社会成员都“绝对利他”，都达到“毫不利己、专门利人”的境界，则必将催生出虚伪的社会，其后果不堪设想。对于这一点，孟子所给出的严厉的警示是发人深省的。“绝对利他”是一个社会中的先进阶级（阶层）、甚至是先进阶级（阶层）中的最先进分子（如墨子）的伦理追求和道德境界，将之推广至整个社会成员则是不适宜的，事实上也不可能实现。真正具有可行性的科学合理的伦理原则，是“己他两利主义”（即为己利他），这是基于“爱有差等”假定的真正可行的社会伦理与社会治理原则。

孟子深刻地洞察到墨家学说中“爱无差等”这一伦理原则的内在逻辑问题及其在实现层面所面临的必然困境，“无父”在墨家这里不是其伦理学的初衷（墨家肯定也认同对自己父亲的爱），而是其伦理学内在逻辑的必然结果。因而这一结果包含着一个巨大的悖论，那就是：墨家试图从一个极为理想、极为高尚的“爱无差等”出发，来构建一个充满爱的理想世界（大同世界），然而这个理想世界最终却使得“爱”这一伦理原则在任何一个伦理关系中都空置（悬空）了，从而出现了墨家伦理中“初衷”与“结果”的巨大的悖论。孟子在《滕文公上》中驳夷子（墨家学派）之言，就谈到儒墨两家巨大的、不可调和的分歧。夷子说：“儒者之道，古之人若保赤子，此言何谓也？之则以为爱无差等，施由亲始。”（5.5）夷子试图“以子之矛，攻子之盾”，认为儒家既然主张“古之人若保赤子”，即古代君王爱护百姓好像爱护婴儿，这不是“爱无差等”吗？孟子一针见血地指出，“爱无差等”是不现实的，“人之亲其兄之子为若亲其邻之赤子”是不可能的，更何况“亲其邻之子”与亲自己的儿子相比呢。孟子认为夷子之所以会认为“爱无差等”，是因为夷子混淆了“恻隐之心”与“爱亲”的区别，人人见赤子将入井中都会产生恻隐之心，但这并不意味着人人爱别人的孩子都等同于爱自己的孩子。故人人皆有恻隐之心，但“爱”仍是“有差等”的，并非对任何人都完全等同。因此孟子（儒家）也强调仁爱，强调基于仁爱之心的“仁爱之政”，但是却明确反对基于“爱无差等”假定的“兼爱”，认为“兼爱”最终使人类伦理原则落空，导致“无父”之伦理困境。然而从另一角度来说，孟子亦不完全反对墨子的“绝对利他”的崇高精神境界，而是认为这一精神境界只是极少数卓越之士的精神追求，而不可能将之强行推广至一般民众，不可能将其作为整个社会的通行的、普遍的伦理原则。所以孟子尽管主张“士”应该“舍生而取义”，但是这是个别杰出者的境界，并不能成为社会通则。

儒家认为，一个人从对自己的爱、对自己的父母的爱出发，不断向外推广开去，就会将这种仁爱之心推至更大的社会共同体，从而构建一个基于“爱有差等”假设的“大同世界”。这个大同世界，“老吾老以及人之老，幼吾幼以及人之幼”，这是孟子屡次提及并深心向往的理想社会。但是我们注意，在实现这样一个理想社会的过程中，一个关键的“阶梯”或曰“通道”是这个“及”。“及”就是“推己及人”，就是将“爱”逐次推广到整个社会，其中的“次序”非常重要。先是“老吾老”，而后再“以及人之老”，即将“老吾老”之爱心推及“人之老”，这样就在更大范围的共同体中贯彻了“爱”的原则。所以孟子“距杨墨”，并不表明孟子完全不认同杨、墨两家所有学说，而是在一些关键点上存在重大分歧：孟子并不反对杨子之“爱己”，实际上儒家的爱正是从“爱己”出发，从自我出发，渐次推及更大的共同体，所以儒家八条目中“修身齐家治国平天下”的“身—家—国—天下”之格局是次第展开的，儒家反对的只是“绝对利己”，“绝对利己”就是对整个人类伦理秩序的否定与颠覆；儒家也不反对墨家的“爱”，相反，儒家强调“仁者爱人”、“爱人者人恒爱之”，儒家反对的只是“爱无差等”之“兼爱”，“兼爱”之结果是使这种理想主义之伦理世界在现实中难以真正实现，反而容易走向其反面。所以，孟子主张采取“中间路线”，即“执中”，不走极端，既不是“绝对利己主义”，也不是“绝对利他主义”，而是“己他两利主义”，这是唯一符合人类心理本性客观规律与事实的伦理选择。所以在《尽心上》中，孟子说：“杨子取为我，拔一毛而利天下，不为也。墨子兼爱，摩顶放踵利天下，为之。子莫执中。执中为近之。”（13.26）儒家走了一条中间路线，中道而行，故而比较合乎人类行为与心理之实际，因而儒家所倡导的“爱有差等”能够成为主流学说，而其仁政理论能够成为主流意识形态，这不是没有原因的。而墨子之学说逐渐式微，最终从显学而走向衰落，也不是没有原因的，虽然墨学本身具有极为伟大的思想价值与科学价值。

当然，在6.9中，孟子以激愤之言断言“（杨墨）无父无君，是禽兽也”，“杨墨之道不息，孔子之道不著，是邪说诬民，充塞仁义也”，这些断语从客观来说，都显得有些偏激，有失客观与公允，也有违孟子自己所倡导的“知言”原则，这是要从当时双方论辩的具体情境来加以“同情的理解”的，既要看到孟子在论辩中略显峻急、偏激从而有些主观性的一面，也要看到孟子理论与儒家学说在这一问题上比杨墨高明与深刻之处，尤其是孟子对以“绝对利他主义”的墨家原则为号召，试图建立“爱无差等”的理想社会所可能造成的灾难性后果的警示，至今仍有其深刻的现实意义；同时，我们又要看到孟子在内心深处所充溢的道义担当与使命感。正是这种“正人心，息邪说，距诐行，放淫辞，以承三圣”（6.9）的道义担当与使命感，才促使孟子以如此峻急、强势、咄咄逼人的姿态与人论辩，也才会使孟子在急于淑世、救世、用世时显得有些过于激越。这也是要从“知人论世”的观点来理解古人的。

程颢（明道先生）曾这样评价孔子、颜子与孟子：“仲尼，元气也；颜子，春生也；孟子，并秋杀尽见。仲尼无所不包，颜子示‘不违如愚’之学于后世，有自然之和气，不言而化者也；孟子则露其才，盖亦时然而已。仲尼，天地也；颜子，和风庆云也；孟子，泰山岩岩之气象也。观其言，皆可见之矣。仲尼无迹，颜子微有迹，孟子其迹著。孔子尽是明快人，颜子尽岂弟（恺悌），孟子尽雄辩。”这一大段，所论甚是精切。“尽雄辩”，在孟子的角度看，乃“不得已也”，也就是明道先生所说的“时然而已”。时势所迫，不得不为，救世之切，挺身而为，“知我罪我”，任人评说！

卷七　离娄上

十六　家国天下

7.1

孟子曰："离娄之明，公输子之巧，不以规矩，不能成方员；师旷之聪，不以六律，不能正五音；尧舜之道，不以仁政，不能平治天下。

"今有仁心仁闻而民不被其泽，不可法于后世者，不行先王之道也。故曰，徒善不足以为政，徒法不能以自行。《诗》云：'不愆不忘，率由旧章。'遵先王之法而过者，未之有也。

"圣人既竭目力焉，继之以规矩准绳，以为方员平直，不可胜用也；既竭耳力焉，继之以六律，正五音，不可胜用也；既竭心思焉，继之以不忍人之政，而仁覆天下矣。故曰：为高必因丘陵，为下必因川泽。为政不因先王之道，可谓智乎？是以惟仁者宜在高位。不仁而在高位，是播其恶于众也。

"上无道揆也，下无法守也，朝不信道，工不信度，君子犯义，小人犯刑，国之所存者幸也。故曰：城郭不完，兵甲不多，非国之灾也；田野不辟，货财不聚，非国之害也。上无礼，下无学，贼民兴，丧无日矣。

"《诗》曰：'天之方蹶，无然泄泄。'泄泄，犹沓沓也。事君无义，进退无礼，言则非先王之道者，犹沓沓也。故曰：责难于君谓之恭，陈善闭邪谓之敬，吾君不能谓之贼。"

【译文】

孟子说："即使有离娄那样超强的眼力、有公输般那样超强的工巧，如果不用圆规和曲尺，也画不出标准的方形与圆形。即使有师旷（音乐家）那样超强的听力，如果不用标准的音律，也不能正确地校正五音（宫、商、角、徵、羽）；即使有尧舜那样的德行，如果不实行仁政，也不能使天下大治。而今有一些国君，虽然有仁爱之心，也有仁爱的声誉，然而老百姓却难以得到他们的恩惠，后来的治理者也不可能用他们的治国方法作为楷范，其原因在于他们不能真正实行前代圣王的仁政。所以说，只是有善心还不足以治理国家，而只有好的法规也不可能自动施行（，善心与法规应加以结合才能治理天下）。《诗经》中说：'一切都要依循先王的典章制度，既不要有过错失误，也不要有遗失。'谨慎依循前代圣王的典章制度而犯过错的，是不会有的。古代圣人在竭尽眼力之后，再以圆规和曲尺作为标准来画出方圆平直的图形，那么各种图形的变化就无穷无尽了；圣人在竭尽耳力之后，再以标准的音律来校正五音，那么音乐的变化也就无穷无尽了；圣人在竭尽其心思来考虑天下事之后，再去践行仁政，那么他的仁爱也就遍天下了。所以说，要想建高台，就必须凭借丘陵这样的高地势；要想挖深池，就必须凭借沼泽这样的低洼地势；如果治理国家不依循效仿前代圣王的楷范，这样做能算是明智吗？所以说，只有那些有仁心而且能行仁政的人应该处于治理国家的高位。如果没有仁心也不行仁政的人处在治理国家的高位，那就会把他的罪恶传播到民众之中。在上位的人丧失了应该遵循的道德法度，在下位的人丧失了应该谨守的法律规则，朝廷里不能贯彻道义，工匠们也不遵循做工的尺度，官员们违反道义原则，普通老百姓违法犯罪，如果这样的国家还能维系，那是纯属侥幸。所以说，如果一个国家城墙不牢固、武器不充足，并不能算是国家最大的祸患；如果一个国家田野荒芜，不能开垦，商品财富不能积聚，这也算不上国家最大的祸患。（国家最大的祸患是）在上位的人完全丧失礼义道德，在下位的人又缺乏礼义道德的教化，违法悖德的那些坏人到处横行，这样的国家就离灭亡不远了。《诗经》中说：‘上天正在大变动，不要多言’，‘多言’（泄泄）就是罗嗦（沓沓）的意思。事奉君主不按照道义原则，平时的行为不遵守礼仪规范，但一开口就非议先王的典章制度，这样的行为就是‘多言’（，对于国家没有任何好处）。所以说，（用先王的道义仁政来）批评国君，才是真正的‘恭’；（向国君）阐发治国良言与仁政之法，并使之摒弃偏邪不义之心，这才是真正的‘敬’；而认为自己的国君没有能力（发仁心、行仁政）的人，这才是戕害国君的坏人，可以称为‘贼’。”

7.2

孟子曰：“规矩，方员之至也；圣人，人伦之至也。欲为君尽君道，欲为臣尽臣道，二者皆法尧舜而已矣。不以舜之所以事尧事君，不敬其君者也；不以尧之所以治民治民，贼其民者也。孔子曰：‘道二：仁与不仁而已矣。’暴其民甚，则身弑国亡；不甚，则身危国削。名之曰‘幽厉’，虽孝子慈孙，百世不能改也。《诗》云‘殷鉴不远，在夏后之世’，此之谓也。”

【译文】

孟子说：“圆规和曲尺，是画方形与圆形的标准；圣人，是做人的最高标准。要想当好国君，就要尽君主之道；要想当好臣子，就要尽臣子之道。当国君和当臣子，都效法尧和舜就可以了。不用舜服事尧的方式来服侍君主，就不可能真正地敬爱君主；不用尧治理百姓的方法来治理百姓，这就是戕害老百姓。孔子说：‘治国之道有两条，一条是仁政之道，另外一条是不施仁政。’有些国君极其残暴地对待百姓，就落个人死国亡的下场；有些国君虽然不是极其暴虐（然而也不施仁政），最后导致自己面临危险，国家实力被削弱，后人给他们取的谥号叫‘幽’、‘厉’（，以此来表达对这些国君的仇恨与厌恶），即使后来他们有孝子孝孙（试图改变谥号），也是永远也改变不了的。《诗经》上说：‘殷商有面镜子离它不远，那就是前朝的夏代’，说的就是这个意思。”

7.3

孟子曰：“三代之得天下也以仁，其失天下也以不仁。国之所以废兴存亡者亦然。天子不仁，不保四海；诸侯不仁，不保社稷；卿大夫不仁，不保宗庙；士庶人不仁，不保四体。恶死亡而乐不仁，是犹恶醉而强酒。”

【译文】

孟子说：“夏商周三代的开国君主得到天下，是因为仁，而后来的君主丧失天下，是因为不仁。一个国家之所以出现兴衰存亡的变化，也是基于这个道理。天子不仁，就不能保有天下；诸侯不仁，就不能保有自己的国家；卿大夫不仁，就不能保住自己的祖庙；普通的士人与百姓如果不仁，就难保住自身。现在的人厌恶死亡，却乐于不仁，这就好像讨厌大醉，却勉强喝酒一样。”

7.4

孟子曰：“爱人不亲反其仁，治人不治反其智，礼人不答反其敬。行有不得者，皆反求诸己，其身正而天下归之。诗云：‘永言配命，自求多福。’”

【译文】

孟子说：“你爱别人，但是别人却不亲近你，你就要反省自己爱别人的方式；你管理别人，却不能管理好，你就要反省自己在管理中是否正确地运用了智慧；如果你对人有礼，但对方却不接受，你就要反省自己表达礼貌恭敬的方式是否合宜。我们每一个行为，假如得不到预期的结果，都要去返回来反省自己，（检讨反思自己有无过错，）如果自身端正（符合道义），那么天下人就会归服。《诗经》中说：‘周朝的命运永远与天意相配，其福祉都是自己的德行所带来的。’”

7.5

孟子曰：“人有恒言，皆曰‘天下国家’。天下之本在国，国之本在家，家之本在身。”

【译文】

孟子说：“人们常常说的一句口头禅，就是‘天下国家’。天下的根本在于国，国的根本在于家，而家的根本在于每一个人自己。”

7.6

孟子曰：“为政不难，不得罪于巨室。巨室之所慕，一国慕之；一国之所慕，天下慕之；故沛然德教溢乎四海。”

【译文】

孟子说：“治理国家并不难，其关键在于不要与有影响且有德行的贤卿大夫之家发生矛盾。这些（有影响且有德行的）贤卿大夫之家所敬慕向往的，整个国家的人民都会去敬慕向往；而一个国家的人民所敬慕向往的，天下人都会去敬慕向往。因此，（治理国家只要团结好这些有影响且有德行的贤卿大夫之家，）就可以使道德教化与政令畅通无阻地施行于天下。”

7.7

孟子曰：“天下有道，小德役大德，小贤役大贤；天下无道，小役大，弱役强。斯二者天也。顺天者存，逆天者亡。齐景公曰：‘既不能令，又不受命，是绝物也。’涕出而女于吴。今也小国师大国而耻受命焉，是犹弟子而耻受命于先师也。如耻之，莫若师文王。师文王，大国五年，小国七年，必为政于天下矣。

《诗》云：'商之孙子，其丽不亿。上帝既命，侯于周服。侯服于周，天命靡常。殷士肤敏，祼将于京。'孔子曰：'仁不可为众也。夫国君好仁，天下无敌。'今也欲无敌于天下而不以仁，是犹执热而不以濯也。诗云：'谁能执热，逝不以濯？'"

【译文】

孟子说："天下大治的时候，道德不高的人被道德高的人所役使，不太贤能的人被非常贤能的人所役使；天下大乱的时候，力量小的人被力量大的人所役使，弱的人被强的人所役使。（前者比的是道德，而后者比的是强力。）这两种情况，都是天命所定。顺从天命的就会存活下来，违逆天命的就会灭亡。齐景公说：'既不能命令别人，又不接受别人的命令，这是一条绝路（意谓不可能）。'于是含泪把女儿嫁到吴国。现在小国以大国为师，而又以接受大国的命令为耻，这就好比弟子（接受老师的教育）而以接受老师的命令为耻一样。如果小国在接受大国命令时真的感到羞耻，那就不如学学周文王。如果一个国家以周文王为师（施行仁政），那么大的国家只需要五年，小国只需要七年，一定会使天下人都听从它的政令。《诗经》中说：'商的子孙，其规模何止数十万，上帝既然已经赐天命于周，商的子孙们就必须臣服于周。他们向周臣服，也就说明天命并不是恒常不变的。商的臣子虽然如此英俊聪明，然而他们也必须在周的都城执行灌酒的祭礼（以示臣服）。'孔子说：'仁德与人数的多寡没有关系。如果国君爱好仁德，那么这个国家就会天下无敌。'现在有些国君想无敌于天下，却不爱好仁德，施行仁政，这就好像怕热而又不肯洗澡一样。《诗经》说：'谁能够怕热，而又不去洗澡呢？'"

7.8

孟子曰："不仁者可与言哉？安其危而利其菑，乐其所以亡者。不仁而可与言，则何亡国败家之有？有孺子歌曰：'沧浪之水清兮，可以濯我缨；沧浪之水浊兮，可以濯我足。’孔子曰：‘小子听之！清斯濯缨，浊斯濯足矣，自取之也。’夫人必自侮，然后人侮之；家必自毁，而后人毁之；国必自伐，而后人伐之。《太甲》曰：‘天作孽，犹可违；自作孽，不可活。’此之谓也。”

【译文】

孟子说：“能跟那些不仁的人打交道（谋事）吗？这些人在（别人）危险之时却无动于衷，且从中获利，在那些足以亡国败家的事情上取乐。如果可以跟那些不仁的人打交道（谋事），那怎么还会有亡国败家的事情呢？有个小孩唱道：‘沧浪的水如此清澈，可以洗我的帽缨；沧浪的水浑浊，可以洗洗我的脚。’孔子说：‘你们这些学生听听！清水用来洗帽缨，浊水用来洗脚，这都是由水自身的清浊决定的。’一个人必然先有自取其辱的行为，而后才会有人欺辱他；一个家庭必定先有了自我毁坏的根源，而后才会有人毁坏这个家庭；一个国家必定先有了自取讨伐的原因，然后别的国家才会讨伐它。《尚书·太甲》说：‘上天造的罪孽还可以逃掉，人自己造的罪孽却不可逃掉’，说的就是这个道理。”

7.9

孟子曰：“桀纣之失天下也，失其民也；失其民者，失其心也。得天下有道：得其民，斯得天下矣；得其民有道：得其心，斯得民矣；得其心有道：所欲与之聚之，所恶勿施，尔也。

“民之归仁也，犹水之就下、兽之走圹也。故为渊驱鱼者，獭也；为丛驱爵者，鹯也；为汤武驱民者，桀与纣也。今天下之君有好仁者，则诸侯皆为之驱矣。虽欲无王，不可得已。

“今之欲王者，犹七年之病求三年之艾也。苟为不畜，终身不得。苟不志于仁，终身忧辱，以陷于死亡。《诗》云‘其何能淑，载胥及溺’，此之谓也。”

【译文】

孟子说："桀与纣失去天下，那是因为失去人民的拥戴；失去人民的拥戴，那是因为失去民心。想要得天下，需要遵循正确的方法：获得人民的拥戴，就得天下了；获得人民的拥戴，需要遵循正确的方法：得民心，就可以获得人民的拥戴了；得民心需要遵循正确的方法：他们所希望得到的东西，你帮他们聚积起来并给他们，他们所厌恶的事情不要去干，如此而已。老百姓归服于仁政，就像水向低处流、野兽向旷野跑一样。所以把鱼赶到深水中的，是水獭；把鸟儿赶到丛林中的，是老鹰；把老百姓赶到汤武那里的，是桀纣。现在天下的国君中，如果有好施仁政的，其他（不施仁政）的诸侯就会把老百姓赶到他们那里去。这时候即使这些国君不想一统天下，也不可能了。可现在那些想一统天下的国君们，就好像得了要七年才能治好的病，却来（急急忙忙）找三年的陈艾来治。如果他自己平时没有积蓄，那么他将终生得不到（三年之陈艾，因而也就没法治好病）。如果国君不有志于施行仁政，那么他就会终生忧虑不安、遭受耻辱，以至于陷进死亡之境地。《诗经》中说：'那将如何是好呢？（最后落得个）一起溺水而死（的结局）。'说的就是种情形。"

7.10

孟子曰："自暴者，不可与有言也；自弃者，不可与有为也。言非礼义，谓之自暴也；吾身不能居仁由义，谓之自弃也。仁，人之安宅也；义，人之正路也。旷安宅而弗居，舍正路而不由，哀哉！"

【译文】

孟子说："自我残害的人，不能跟他谈什么有价值的话；自我抛弃的人，不能跟他一起做什么有价值的事。说话就诋毁礼义，这就是自我残害；自己认为自己不能居于仁德并按礼义行事，这就是自我抛弃。

仁，就是一个人最适于安居的住宅；义，就是一个人所应该走的正确路径。空着最适于安居的住宅不去住，放弃那条最正确的道路不去走，真是可悲啊。”

7.11

孟子曰：“道在迩而求诸远，事在易而求诸难。人人亲其亲、长其长而天下平。”

【译文】

孟子说：“大道离我们很近，我们却到远处寻求；事情本来很容易，我们却往难处去做：只要每个人都亲爱自己的父母，都尊敬自己的长辈，那么就会天下太平。”

7.12

孟子曰：“居下位而不获于上，民不可得而治也。获于上有道：不信于友，弗获于上矣；信于友有道：事亲弗悦，弗信于友矣；悦亲有道：反身不诚，不悦于亲矣；诚身有道：不明乎善，不诚其身矣。是故诚者，天之道也；思诚者，人之道也。至诚而不动者，未之有也；不诚，未有能动者也。”

【译文】

孟子说：“居于下位的人不能获得居于上位的人的信任，那么老百姓就不能治理好。要获得在上位的人的信任，必须遵循正确的方法，（就是要首先要得到朋友的信任，）如果得不到朋友的信任，那就不能获得居于上位的人的信任。得到朋友的信任要有正确的方法，（就是首先要在事奉双亲的时候使双亲内心喜悦，）如果在事奉双亲的时候不能使双亲内心喜悦，那么就不能获得朋友的信任。使双亲喜悦要有正确的方法，（那就是首先要反躬自省自己到底是否是心诚，）如果反躬自省，觉得自己心不诚，那么就不会使双亲喜悦。要使自己诚心也要有正确的方法，（那就是要搞明白什么是善，）如果不明白什么是善，一个人就不会心诚。因此‘诚’是天地的大道；追求‘诚’乃是做人的大道。一个人内心达到至高的诚意而不能使人感动，这是没有的事；然而如果一个人心不诚，却一定不会使人感动的。”

7.13

孟子曰：“伯夷辟纣，居北海之滨，闻文王作，兴曰：‘盍归乎来！吾闻西伯善养老者。’太公辟纣，居东海之滨，闻文王作，兴曰：‘盍归乎来！吾闻西伯善养老者。’二老者，天下之大老也，而归之，是天下之父归之也。天下之父归之，其子焉往？诸侯有行文王之政者，七年之内，必为政于天下矣。”

【译文】

孟子说：“伯夷为了躲避纣，住在北海之滨，听说周文王兴起，便说：‘我何不归到西伯（文王）那里去呢！我听说西伯善待老人。’姜太公为躲避纣，住在东海之滨，听说周文王兴起，便说：‘我何不归到西伯那里去呢！我听说西伯善待老人。’这两位老者，乃是天下最有名望的老人，他们归服周文王，也就意味着普天下的父亲都归服周文王了。天下的父亲都归服周文王，那么他们的儿子们会到哪里去呢？（当然也会归服文王了。）如果诸侯中有谁能够施行周文王那样的仁政，那么七年之内，他就会一统天下了。”

7.14

孟子曰：“求也为季氏宰，无能改于其德，而赋粟倍他日。孔子曰：‘求非我徒也，小子鸣鼓而攻之可也。’由此观之，君不行仁政而富之，皆弃于孔子者也。况于为之强战？争地以战，杀人盈野；争城以战，杀人盈城。此所谓率土地而食人肉，罪不容于死。故善战者服上刑，连诸侯者次之，辟草莱、任土地者次之。”

【译文】

孟子说："冉求（孔子的学生）做季康子的家宰，没有改变季康子的不道德的行为，反而使其向老百姓征的税提高了一倍。孔子说：'冉求不再是我的学生了，大家可以敲鼓去攻击他！'从这事来看，国君不能施行仁政却帮助他聚敛财富的人，都是被孔子所鄙弃的人，更何况那些为了国君的私利而努力作战的人呢？他们为了争夺土地而战，杀的人遍地都是；他们为了争夺城池而战，杀的人满城都是，这就是所谓带领着土地来吃人肉（喻意因争地而杀人），其罪过死都不足以抵偿。所以那些擅长作战的人，应该得到最重的刑罚，在各国间（劝说国君）合纵连横的人所受的刑罚次之，那些（为了国君的私利而逼迫老百姓）开垦荒地并耕种（从而更多剥夺老百姓）的人，所受的刑罚再次之。"

孟子的政治学说可以概括为基于"性善说"的德性主义政治理论，强调治国者在治国实践中仁德、仁心的重要作用。但孟子并不是一个绝对的"道德至上主义者"，即：孟子将道德（仁心）作为国家治理的核心与前提，但这并不意味着孟子将道德（仁心）作为绝对的、唯一的政治要素。孟子在《公孙丑上》中说："人皆有不忍人之心。先王有不忍人之心，斯有不忍人之政矣。以不忍人之心，行不忍人之政，治天下可运之掌上。"（3.6）在"仁心—仁政"这一模型中，仁心是核心的、决定性的、前提性的要素，"仁政"是"仁心"的结果与呈现方式，有"仁心"才能实施"仁政"；但是我们还要注意到孟子的这一模型中后半段即"仁政"的重要性。"仁政"是"仁心"的落实与实践，如果仅仅有"仁心"，有所谓的"四端"（3.6），而不能施"仁政"，未能以踏实的、坚实的仁政实践来践履、落实、印证治国者的

“仁心”，那么这个“仁心”就要被悬置，不能化为真正的治国行为。因此，“仁心—仁政”这一模型并不意味着“仁心”可以自动地导向（成就）“仁政”的实践，而是存在一个“践履”的中间环节，这是研索孟子政治学说时需要特别加以注意的一点。孟子在《离娄上》中讲到：“离娄之明，公输子之巧，不以规矩，不能成方员；师旷之聪，不以六律，不能正五音；尧舜之道，不以仁政，不能平治天下。今有仁心仁闻而民不被其泽，不可法于后世者，不行先王之道也。故曰：徒善不足以为政，徒法不能以自行。”（7.1）光有“仁心仁闻“，光有那“善”的动机与初衷，而没有那个践履“仁心”与“善”的具体的“政”，就难以将尧舜之道真正落实，难以真正转化为“仁政”，就如同再巧的工匠，没有规矩也画不出标准的方圆；再厉害的音乐家，没有六律为标准，也辨不清、校不正五音。“徒善不足以为政，徒法不能以自行”，在内心的“善”的动因之外，必定存在一个能够真正将“仁心”落到实处的东西，使得有仁德的治国者能够真正实施“不忍人之政”即“仁政”。这个思想，就使孟子政治学带有一定的制度主义与建构主义的色彩，也就是不仅强调“仁心”与“善心”的先导作用与核心作用，而且强调以“仁心”为指导而建立一整套“仁政”，从而以此制度框架来作为从“仁心”到“仁政”过渡的中间环节。我们在以前的解读中，比较系统地探讨了孟子的土地政策、赋税政策、教育政策、社会保障制度，以及处理国内外事务的一整套制度安排，正是贯彻了这一理路。

孟子生逢“礼崩乐坏”之乱世，世道人心已混乱不堪，几近坍塌。“上无道揆也，下无法守也，朝不信道，工不信度，君子犯义，小人犯刑”，“上无礼，下无学，贼民兴，丧无日”（7.1），上下朝野皆大乱，大厦将倾，岌岌可危。孟子认为，在此存亡之时，最要紧的是收拾人心，即所谓“得民心者得天下”，只要得民心，就会“天下归仁”。他说：“桀纣之失天下也，失其民也；失其民者，失其心也。得天下有道：得其民，斯得天下矣；得其民有道：得其心，斯得民矣；得其心有道：所欲与之聚之，所恶勿施，尔也。”（7.9）得心乃能得民，得民乃能得天下；而得心的关键，即收拾人心的关键，无外乎实行有利于民生的政策；而有利于民生的政策之精髓，在于满足人民之正当需求，而去除人民所不欢迎的恶政，即“所欲与之聚之，所恶勿施”。也就是要因应、迎合、满足老百姓的需求，以老百姓的“欲”与“恶”为标准来实施制度，改革制度，老百姓所“欲”的制度就去实施，老百姓所“恶”的制度就要止之，革之。这一思想，与司马迁在《史记·货殖列传序》中所说的“善者因之”很相似，“因”其所“欲”，“去”其所“恶”。所谓“仁政”无非是响应人民的呼求，这样就可以得心、得民、得天下。在孟子看来，因民之“所欲”而“与之聚之”（也就是司马迁讲的“因民之所利而利之”），察民之“所恶”而“勿施”（当然隐含着革除弊政、进行制度创新之意，如《滕文公下》中所说“新子之国”，5.3），以民为本，以民意为依归，则“天下归仁”，这就是自“仁心”与“善”终至“仁政”的落脚处。然而这种“仁政”之施，要久久为功，要经过长时间的积累，要持恒不懈地以“善政”治民。“今之欲王者，犹七年之病求三年之艾也，苟为不畜，终身不得”（7.9），民心是长期积累出来的，是经过长期的制度建设、制度创新并扎实地执行“仁政”而获得的，不是治国者的一朝良心发现而得到的。所以孟子老是讲“五年”、“七年”就可以富国、安天下，实际上隐含着期冀治国者能够持恒笃志、持久施行“善政”的意思，“五年”、“七年”是个含糊的提法，既意在鼓舞施仁政之治国者的信心，也意在警醒治国者应有持恒之耐心。7.7 中说“师文王，大国五年，小国七年，必为政于天下矣”，7.13 中说“诸侯有行文王之政者，七年之内，必为政于天下矣”。一个治国者，既有“仁心”之发心（初衷），又有“仁政”之愿力与行动能力，则假数年持恒奋发，必有所作为。

在施仁政的过程中，孟子极为重视最高治国者的表率引领与模范作用。最高治国者不仅要有极强的道德感召力，而且需要有施仁政之决断力与意志力。一个国家是否能够施行仁政，首先取决于最高治国者（当然实际上是以最高治国者为首的统治集团）的道德表率与施仁政之能力，而不取决于民众。民众受到治国者的道德感召，就自然归附之，如追随伯夷、姜太公这样的“天下之大老”一样。所以孟子引孔子的话说：“仁不可以为众也。夫国君好仁，天下无敌。”（7.7）又说：“君仁，莫不仁；君义，莫不义；君正，莫不正，一正君而国定矣。”（7.20）老百姓受治国者之影响与感召，从而会归服、顺服治国者，也会效仿治国者，从而使天下大治。“君子之德，风也；小人之德，草也。草尚之风，必偃”（5.2），这就是“一正君而国定”，“国君好仁，天下无敌”。“人不可为众”，这句话很重要，也容易引起误解与歧义。孟子所引孔子这句话，实际上是非常深刻的，体现出儒家基本的治国理念。这句话可以从两个角度来解释。一种理解是“仁德之推行不是靠人数之多寡来判断的”，也就是说，看一个国家是否推行仁德，不是看这个国家“具备仁德的民众之规模”，绝对规模是没有意义的（或者说没有决定意义的），因为即使“具备仁德的民众”的绝对规模再大，如果其中根本不包含社会精英（或者仅仅包含很少的社会精英），这个国家也并不意味着真正推广了仁德。因为假如这个“具备仁德的民众”之绝对规模中仅包含普通大众（或绝大多数为普通大众），那也就意味着绝大多数社会精英阶层实际上是不具备仁德的；而社会精英阶层不具备仁德，意味着整个国家的上层社会与精英分子并不具备道德上的表率作用，而是普遍存在着道德堕落、伦理失序、仁义丧失的状况，这样的社会，这样的国家，必然是一个风气败坏的国家，而不可能是一个长治久安的仁义之国。第二种理解是“践行仁德不能从普通民众着手”，而要从社会精英阶层着手。这个理解基于第一种理解，但是触及到社会治理的更深层面，即操作性的层面。在整个社会推广仁德，要使整个社会风清气正，仁义流行，关键在于社会精英阶层。如果一个社会的精英阶层普遍遵循礼仪，恪守仁义之德，具备较高的道德情操与自觉的道德担当，那么整个社会的风气就会被带动起来，从而激浊扬清，树立一个良好的社会道德秩序，如此才能“仁覆天下”（7.1）。如果一个社会的精英阶层普遍道德堕落，寡廉鲜耻，伦理失序，那么老百姓就会失去效仿的对象，精英阶层的榜样力量就会丧失，整个社会的仁义之基就会极为脆弱，这就是“君子之德风”的道理。所以孟子认为，那些具备道德表率作用的社会精英应该居于高位，这样才能推广仁德，传播仁义之风。而如果社会精英堕落，士大夫与治国者阶层道德失陷，那么整个国家就会堕落下去。所以孟子说：“惟仁者宜在高位，不仁者而在高位，是播其恶于众也。”（7.1）整个国家的仁德风气取决于社会精英阶层，尤其是治国者，民众看精英，精英的一言一行均被民众看在眼里。如果精英堕落，那么整个国家的伦理道德与社会风气就不可收拾。这是“仁不可为众”的深刻用意所在。因此孟子特别重视治国者与社会精英的作用，这样一种思想，与他的民本主义治国思想并不矛盾。他呼吁社会精英在社会道德建设上起到表率作用、带头作用与模范作用，他期待有一个具备极高道义担当意识与道德践行自觉性的社会精英群体（以国家最高治国者为引领与核心），这样一个社会精英群体的崛起，乃是一个国家“无敌于天下”的道义基础。孟子说：“为政不难，不得罪于巨室”，这个说法正是上述道理的延伸。“不得罪于巨室”，并不是“不得罪于有权有势的既得利益集团”，而是“不得罪于那些有巨大道德感召力与影响力的社会精英阶层”。“巨室”不仅在政治、经济上有重大影响，更重要的是，“巨室”所代表的社会精英阶层在道德意识上、在精神信仰层面、在生活方式与伦理实践层面，都是整个社会的风向标，是整个社会的民众关注并效仿的对象。所以“巨室”的好恶、行止、取舍，他们的道德表现，就具有极大的影响力，他们的仁德之行就具备极强的感召力与渗透力。“巨室之所慕，一国慕之；一国之所慕，天下慕之”（7.5），社会精英阶层对整个社会风尚的影响是深刻而巨大的，因此“不得罪于巨室”意味着治国者要发挥好社会精英阶层的表率作用与榜样作用，这样整个社会的风气就会被扭转，自上而下形成一种巨大的力量，从而使“沛然德教溢乎四海”（7.5）。有了这样的社会精英作为榜样，民众就如“草尚之风，必偃”（5.2），“民之归仁也，犹水之就下，兽之走圹也”，因为精英感召、引领在前，群众必效仿、依循于后。

“仁不可为众”这样的治国思想，实际上对治国者提出了极高的道德要求。一国的最高道德表率，是国君；一国之理想道德楷范，是国君，“一正君而国定”（7.20），“国君好仁，天下无敌”（7.7）。儒家这一道德理想是很特别的，这与法家思想中国君使用“法术势”治国，以及马基雅维利的《君主论》国君运用权术治国的理念大相径庭。儒家的国君，类似于柏拉图的理想国中“哲学王”的角色，儒家的治国者既是国家的统帅，又是一国道德的表率，是万世之师表。儒家对国君要求很高。孟子说：“欲为君，尽君道；欲为臣，尽臣道”（7.2），君道就是国君要起到道德表率作用，而“尽臣道”就是臣不仅要忠诚勤勉以佐君治国，而且要时时给国君提出好的修德理政之方法，使国君在德义上有长进，在仁政上有长进。真正“尽臣道”的大臣，是那种能够向国君进诤言，忠心劝谏，使国君改邪归正、一心向善、力行仁政之人，而不是那种阿谀奉承、欺上瞒下、为国君粉饰太平、隐藏推诿过错之人。孟子说：“唯大人为能格君心之非。”（7.20）“大人”具备极高的勇气，具备超过常人的道德担当，他能不顾己身之安危荣辱，诤言劝谏，廷争面折，帮助国君改过自新，使其成为真正的道德表率。孟子说：“责难于君谓之恭，陈善闭邪谓之敬，吾君不能谓之贼。”（7.1）对君王真正的恭敬是什么？是时时指出国君之失误，使之时时儆醒、自省、奋发，更正错误，日新其德；是勇敢地、直率地、坦诚地劝诫国君向善避邪，施行仁政；而那些为国君诿过隐恶之人，为国君开脱罪责、只知拍马逢迎之人，乃是真正的“贼”，他们说“吾君不能”，看似为国君找到不施仁政、不践仁德的借口，实际上把国君推向不仁不义之深渊，把国家社稷推向万劫不复之深渊。说“吾君不能”，乃是“侮辱”国君，非为国君开脱也，“为仁”哪有“不能为”的，乃是“不愿为”也。孟子在《梁惠王上》中就对齐宣王说：“王之不王，不为也，非不能也。”“不为者”与“不能者”是不同的，“以不忍人之心，行不忍人之政”，是“折枝之类”的轻而易举的事，而不是“挟太山以超北海”这样的超出一个国君能力的事，是意愿（发心）之事，而非能力之事。不能进尽忠言，使君主改过向善，反而为君主找借口，诿过错，这样的“贼”臣乃真祸国殃民之人也。“今之君子，岂徒顺之，又从为之辞”（4.9），而“古之君子，其过也，如日月之食，民皆见之；及其更也，民皆仰之”（4.9）。因此历史上那些像魏征这样的忠臣诤臣，能够向国君直言劝谏，乃是真正的国之栋梁，进尽忠言是对国君的真正的“恭”与“敬”。

从“仁心”到“仁覆天下”，儒家构建了一个次第分明、井然有序的可操作的阶梯式纲要，这就是《大学》中所揭橥的八条目：“古之欲明明德于天下者，先治其国；欲治其国者，先齐其家；欲齐其家者，先修其身；欲修其身者，先正其心；欲正其心者，先诚其意；欲诚其意者，先致其知。致知在格物。物格而后知至，知至而后意诚，意诚而后心正，心正而后身修，身修而后家齐，家齐而后国治，国治而后天下平。”（《大学》第一章）孟子在其仁政学说中，也提出了类似八条目的操作纲目。“人有恒言，皆曰‘天下国家’。天下之本在国，国之本在家，家之本在身。”（7.5）孟子建立的“身—家—国—天下”实际上即包含于《大学》的八条目中。要得天下，要使天下太平，就要先治其国，国治而后天下平；要使国家安定繁荣，治理人民有方，就要先齐其家，每个家庭（包括治国者之家庭）都循礼由义，务使家家和谐，如此则国家大治；要使家家和谐，充满礼义祥睦，则每个人都必须有较高的道德追求，按照仁义礼智信的道德标准砥砺修炼，如此才能够使家族和睦而兴盛。儒家将一个人的自我修养与道德实践作为天下秩序与国家政治治理的基础，这在世界政治学说史中是一大特色。这一中国特色，在当今国际政治关系与全球治理中亦有重要意义，我们要充分珍视这一历史遗产，并将其“当代化”，赋予其“当代性”。这亦应是儒家政治哲学对当今国际政治与全球治理的一大贡献。“天下之本在国，国之本在家，家之本在身”，天下秩序之合法性取决于人的道德合法性，这是人类德性主义的胜利，是人类集体的道德自觉；天下秩序之合法性不再取决于强权，不再取决于军事与经济实力，而是取决于谁居于道德高地，谁具有道德合法性，这一全球政治理想对未来全球治理意义重大。而孟子这一学说更重要的启示在于，一个治国者要想平治天下，其最重要的方式，或曰最具有决定意义的行动，不在于富国强兵，而在于“退而修其身”。如果自己未能达到治国平天下之宏志，不要怨天尤人，也不要自暴自弃（7.10），而要从自身做起，深切反省，“反身而诚”，要从“内”用功，从“己”发力，修身立德，才能最终达到平治天下之目标。这个“反身而诚”的工夫，是儒家修身之根本心法，“反”即反省、检视、自我省察、自我鞭挞，知自我之不足，从而一日三省、革心自新。孟子说：“爱人不亲，反其仁；治人不治，反其治；礼人不答，反其敬。行有不得者，即反求诸己，其身正而天下归之。”自己去爱别人，然而别人并未给予相同的回报，这个时候不是抱怨别人，而是要深切地反省自己爱别人的方式是否合宜；你要管理别人，别人不服管，这个时候你不要抱怨别人刁钻不听话，而是要反省检讨自己治人之方式是否富有智慧，是否妥当；你如果对人恭敬有礼，而别人并不领情，并不以同样的礼仪对待你，你不要抱怨别人麻木不仁，而是要深切反省自己的“礼人”之法是否得当。这里面不是“爱”的多少、“智”的高低、“礼”的简繁问题，而是“合宜”的问题，是你的行为是否得当的问题。“反求诸己”，就是一切从自我反思出发，寻找问题之根源，而不要怨天尤人，所以孟子经常引用《诗经·大雅·文王》中的名句：“永言配命，自求多福”（3.4，7.4），一切都在“自身”，福祸都是自找的，根子在自己，而不在他人。所以孟子说：“仁者如射，射者正己而后发，发而不中，不怨胜己者，反求诸己而已矣。”（3.7）这与“自求多福”的主张是完全一样的。所以你是“无敌于天下”、“仁覆盖天下”，还是身败名裂、为万世所唾骂鄙弃，完全取决于自己；你是想如尧舜一样成为仁义圣明之王，天下归服而垂法后世，还是像桀纣一样身弑国亡，像幽王厉王一样死后得到恶谥而遗臭万年（“壅遏不通曰幽，动祭乱常曰幽，杀戮无常曰厉”，见《逸周书·谥法解》），也完全取决于自己（7.2）。就像孺子之歌中所唱的：“沧浪之水清兮，可以濯我缨；沧浪之水浊兮，可以濯我足”，而孔子评价道：“小子听之！清斯濯缨，浊斯濯足，自取之也。”（7.8）如果你是清水，就被用来濯洗帽缨；如果你是浊水，就被用来洗脚，你要获得什么样的境遇，完全取决于你自身的性质，你要别人如何对待你，完全取决于你自己的清浊高下。所以孔子说“自取之”。因此，如果你遭遇到人格被侮辱、家被毁灭、国被攻伐的命运，不要去怨天尤人，不要去埋怨天命之不公，而要反省自己，“反身而诚”，“反求诸己”，从自己身上找根源。“夫人必自侮，然后人侮之；家必自毁，而后人毁之；国必自伐，而后人伐之”（7.8），所以孟子一再引用《尚书·太甲篇》的名言“天作孽犹可为，自作孽不可活”（3.4，7.8），以此来说明“反求诸己”、“自求多福”的深切用意。一个人的荣辱成败，其根源皆在自身，天下之治平，其根源亦在人之自身。“近取诸身”（《周易》），就在于一切从自我、从内心、从近处省察自己，而不要从他人、从外在、从远处寻找原因。“道在迩而求诸远，事在易而求诸难，人人亲其亲、长其长，而天下平。”（7.11）这一“反身”、“内求”、“近取”之法，既是儒家修身之心法，亦是天下国家治平之根源。

十七　孝亲守身

7.15

孟子曰：“存乎人者，莫良于眸子。眸子不能掩其恶。胸中正，则眸子了焉；胸中不正，则眸子眊焉。听其言也，观其眸子，人焉廋哉？”

【译文】

孟子说：“观察一个人，没有比观察他的眼睛更准确了。眼睛是不能隐藏一个人的丑恶的。如果一个人心正，那么他的眼睛就会很明亮；如果他的心不正，那么他的眼睛就会混浊不明。听一个人说话的时候，细细观察他的眼睛，这个人的善恶又如何隐藏得了呢？”

7.16

孟子曰：“恭者不侮人，俭者不夺人。侮夺人之君，惟恐不顺焉，恶得为恭俭？恭俭岂可以声音笑貌为哉？”

【译文】

孟子说：“恭敬别人的人，不会去欺辱人；真正节俭的人，不会去侵夺别人（的财物）。那些欺辱和侵夺别人的君主，唯恐别人不顺从自己，这怎么算得上是真正的恭敬与节俭呢？恭敬与节俭难道仅仅是用柔和的声音与和悦的表情伪装出来的吗？”

7.17

淳于髡曰："男女授受不亲，礼与？"

孟子曰："礼也。"

曰："嫂溺，则援之以手乎？"

曰："嫂溺不援，是豺狼也。男女授受不亲，礼也；嫂溺援之以手者，权也。"

曰："今天下溺矣，夫子之不援，何也？"

曰："天下溺，援之以道；嫂溺，援之以手。子欲手援天下乎？"

【译文】

淳于髡说："男和女在递接东西的时候，不能有肌肤接触，这是符合礼的行为吗？"

孟子说："是符合礼的。"

淳于髡说："如果某人的嫂子溺水了，那么他能用手去救他吗？"

孟子说："嫂子溺水，而不去用手去救，那就是豺狼。男和女在递接东西时不能有肌肤接触，这是符合礼的行为；而嫂子溺水，他用手去搭救，这是（在礼的基础上）有所权变。"

淳于髡说："现在天下都陷溺（于不仁不义的危险境地里），而您并不出手援救，这是为什么？"

孟子说："天下陷溺（于不仁不义的危险境地），要用仁政之道去拯救。嫂子溺水，要用手去搭救。你难道想（让我）用手来拯救天下吗？"

7.18

公孙丑曰："君子之不教子，何也？"

孟子曰："势不行也。教者必以正；以正不行，继之以怒；继之以怒，则反夷矣。'夫子教我以正，夫子未出于正也。'则是父子相夷也。父子相夷，则恶矣。古者易子而教之。父子之间不责善。责善则离，离则不祥莫大焉。”

【译文】

公孙丑说：“君子不亲自教育自己的子女，这是为什么呢？”

孟子说：“（君子不亲自教育儿女，）这是因为情势行不通的缘故。教育孩子一定要用正理正道，如果用正理正道去教育仍然行不通，接着就会发怒。到了发怒的地步，就会反而伤害彼此的感情了。（孩子会对父亲说：）‘您用正道正理教育我，而您的行为却并不符合正道正理呢！’如果这样的话，父子之间的感情就会相互伤害。如果父子之间的感情相互伤害，那么这就适得其反了。古代的人都彼此教育对方的孩子，而父子之间不因为求善而相互责难。因为求善而相互责备，就会使父子的感情疏远，而父子感情一旦疏远，那么没有比这更糟的了。”

7.19

孟子曰：“事孰为大？事亲为大；守孰为大？守身为大。不失其身而能事其亲者，吾闻之矣；失其身而能事其亲者，吾未之闻也。孰不为事？事亲，事之本也；孰不为守？守身，守之本也。曾子养曾皙，必有酒肉。将彻，必请所与。问有余，必曰‘有’。曾皙死，曾元养曾子，必有酒肉。将彻，不请所与。问有余，曰‘亡矣’。将以复进也。此所谓养口体者也。若曾子，则可谓养志也。事亲若曾子者，可也。”

【译文】

孟子说：“事奉（别人），事奉谁是最重要的呢？事奉父母最重要；（一个人一生）持守，持守什么最重要？持守自己的节操最重要。不丧失自己的节操而能够事奉父母，我听说过；丧失自己的节操而能够侍奉父母的，我从未听说过。谁不做事奉人的事？事奉父母才是事奉的根本。谁不持守（什么东西）？持守节操才是持守的根本。曾参奉养他的父亲曾皙，一定每餐都有酒肉；而撤去饭菜的时候，一定要请示父亲剩下的饭菜给谁。如果父亲问还有没有饭菜，一定回答说‘有’。曾皙死后，曾参的儿子曾元奉养曾参，也一定每餐都有酒肉，可是要撤饭菜的时候，也不问父亲到底剩下的饭菜给谁。如果曾参问还有没有饭菜，曾元就回答说‘没了’。（曾元）想用这一顿剩下的饭菜下次再端上来。曾元这种事奉父亲的方法，就是所谓的‘口体之养’（，仅仅是喂饱饭而已）。而像曾子那种侍奉父母的方法，则是所谓‘养志’（，就是令父母心志愉悦舒畅的那种事奉方法）。事奉父母，如果像曾子那样，才可以（算是真正的孝养）。”

7.20

孟子曰：“人不足与适也，政不足间也。惟大人为能格君心之非。君仁莫不仁，君义莫不义，君正莫不正。一正君而国定矣。”

【译文】

孟子说：“那些（朝堂中的）小人不值得责备，他们的政事也不值得非议，只有那些人格高尚的人才能纠正君主心中的不符合仁义的思想。如果君主能够做到仁，那么就没有人不仁。如果君主做到了义，那就没有人不义。如果君主能够行正道，那么就没有人不行正道。一旦君主能够端正，那么整个国家就安定了。”

7.21

孟子曰：“有不虞之誉，有求全之毁。”

【译文】

孟子说：“既有意想不到而得来的赞誉，也有过于求全责备而遭致的诋毁。”

7.22

孟子曰："人之易其言也，无责耳矣。"

【译文】

孟子说："一个人什么话都能轻易说出口，这样的人也就不值得责备了。"

7.23

孟子曰："人之患在好为人师。"

【译文】

孟子说："一个人的祸患，往往因为他喜欢当别人的老师。"

7.24

乐正子从于子敖之齐。乐正子见孟子。孟子曰："子亦来见我乎？"

曰："先生何为出此言也？"

曰："子来几日矣？"曰："昔者。"

曰："昔者，则我出此言也，不亦宜乎？"

曰："舍馆未定。"

曰："子闻之也，舍馆定，然后求见长者乎？"

曰："克有罪。"

【译文】

乐正子跟着子敖到了齐国。乐正子去拜见孟子。孟子说："你也来看我呀！"（有不满之意）

乐正子说："先生您怎么说这话呢？"

孟子问："你来齐国几天了？"

乐正子说："昨天来的。"

孟子说："你是昨天来的，（而今天才来见我，）那么我说这话，难道不也是合适的吗？”

乐正子说：“昨天我住的宾馆还没定下来。”

孟子说：“你听说过定完宾馆再来求见长者的道理吗？”

乐正子说：“我错了。”

7.25

孟子谓乐正子曰：“子之从于子敖来，徒哺啜也。我不意子学古之道，而以哺啜也。”

【译文】

孟子对乐正子说：“你跟着子敖来（齐国），只是为了混口饭吃罢了。我没想到你学了那么多古圣先贤的道理，却仅仅为了混口饭吃。”

7.26

孟子曰：“不孝有三，无后为大。舜不告而娶，为无后也，君子以为犹告也。”

【译文】

孟子说：“不孝敬父母的情形有三种，其中最大的不孝是没有后代。舜不告诉他的父母就娶了妻，怕的是没有后代。因此君子认为舜虽然未告诉父母就娶妻，也就相当于告诉了一样。”

7.27

孟子曰：“仁之实，事亲是也；义之实，从兄是也。智之实，知斯二者弗去是也；礼之实，节文斯二者是也；乐之实，乐斯二者，乐则生矣；生则恶可已也，恶可已，则不知足之蹈之、手之舞之。”

【译文】

孟子说：“仁的核心，是孝养父母；义的核心，是敬从兄长；智的核心，是知晓孝养父母与敬从兄长的道理而不偏离；礼的核心，是在孝养父母和敬从兄长之间进行调节并加以文饰（指符合礼的要求）；乐的核心，是以孝养父母和敬从兄长为真正的快乐。（如果能做到孝养父母和敬从兄长，）那么快乐就会产生；这样的快乐一旦产生，就不会停止；这样的快乐如不停止，就会令人不知不觉手舞足蹈（，来表达这种快乐）。”

7.28

孟子曰：“天下大悦而将归己。视天下悦而归己犹草芥也。惟舜为然。不得乎亲，不可以为人；不顺乎亲，不可以为子。舜尽事亲之道而瞽瞍厎豫，瞽瞍厎豫而天下化，瞽瞍厎豫而天下之为父子者定，此之谓大孝。”

【译文】

孟子说：“（舜那个时候，）天下人都对他悦服而且甘愿归顺，而舜把天下悦服且归顺自己看作是如同草芥一般，这样的行为只有舜能做得到。如果一个人不能获得父母的欢心，那么他就没有资格做人；如果一个人不顺从父母的心意，就没有资格做儿子。舜尽了孝养父母的本分，他的父亲瞽叟就内心愉悦畅快；他的父亲瞽叟愉悦畅快了，天下人就得到了教化；他的父亲瞽叟愉悦畅快了，天下的父子之间的道德伦理就此确定，这就是最大的孝行。”

儒家伦理中所揭示与涵纳的伦理关系，包含慈爱、孝爱、性爱（夫妇）、友爱与忠爱等五种不同的类型，其中慈爱是父母对子女之爱，孝爱是子女对父母之爱，性爱是夫妇之爱，友爱是朋友间的爱，忠爱是对于更宏大的政治层构中的国家与君主（或更一般化地表现为社会化组织层构）的爱。这五种伦理关系在人类伦理中的重要性是不同的，其中慈爱与孝爱是具有血缘亲子关系的家庭个体之间的情感，在儒家看来，这两种情感具有原发性，因而具备人类伦理上的优先性。尤其是孝爱，乃是儒家伦理—政治思想中极为关键的、带有源头性的情感结构，正是由孝爱这一情感出发，才能渐次开展出超出血缘—家族—宗族关系的其他社会关系，才会奠定“家—国—天下”同构的这一儒家政治理想的根基。性爱，这里特指夫妇之爱，在时间上更是先于慈爱与孝爱，正是由于男女关系这一基于“性”的特殊关系，才开展出人类生生不已、阴阳互动、繁衍不息的壮丽篇章，从而才导引出家庭与家族的传承延续，以至于抵达“家—国—天下”的政治境域。《中庸》中说：“君子之道，造端乎夫妇，及其至也，察乎天地。”夫妇之道乃映射出天地阴阳动静变化之玄机，而夫妇之性爱乃超越血缘关系之爱，并进而构造基于血缘关系的慈爱与孝爱。慈爱、孝爱、性爱（夫妇）都是家庭关系中的情感结构，而友爱与忠爱则基于家庭关系中的情感而延展到更广大、更复杂、也更普遍化的社会共同体中。其中朋友之间基于“信”的友爱，是通往更大范围共同体之桥梁。而忠爱，在儒家模式中则大体上复制或模仿了家庭关系中“孝爱”与“慈爱”的互动模式。在以上五种爱的情感中，肇端于夫妇之性爱，而终于社会更大共同体之友爱与忠爱，这是儒家在构建政治学框架时必备的伦理基础。不难看出，“孝爱”在儒家伦理政治思想中具有不同寻常的意义。孟子在《离娄上》中所构建的“明善—诚身—悦亲—信友—获上—治民”的关系结构中，“悦亲”即孝道乃是最为核心的环节，乃是型构更大的社会共同体、从而奠定社会合作与治理的起点。“悦亲”（孝亲）既是一种情感，又是一种重要的、基本的能力（如舜的榜样所揭示的）。儒家认为，“孝亲”的情感与能力，乃是“家—国—天下”这一政治模型成立的基础，由“孝亲”才能“信于友”，才能“获于上”，才能使“民可得而治也”（7.12）；有了孝亲的能力，才能“亲睦九族”，进而“昭明百姓”，进而“协和万邦”（《尚书·尧典》）。儒家强调“以孝治天下”，其要义在此。

然而孝爱，又是人类最为独特、最为奇谲、最为艰难、当然也最为重要的情感。说孝爱是人类最为独特的情感，乃是因为在生物界中，只有人类具备孝爱这种情感，正像张祥龙在《孝意识的时间分析》中所说：“在所有非人的动物中，孝是缺失的。”慈爱（父母对子女的爱）在其他动物（如鸟类与哺乳动物）中也是存在的，但是孝爱却是人类独有的情感。说孝爱是人类最为奇谲的情感，乃是因为孝爱这种情感初看起来似乎是非天然的：慈爱是顺着时间的物理流向而产生的情感，父母照顾抚养子女，并期待着、瞻望着也享受着子女们一天天成长，因此慈爱是顺着时间之流而朝向未来的；而孝爱却正好相反，它是逆着时间的流向而朝向过去的，它朝向上一代正在衰老的父母，甚至在儒家中孝爱要朝向已经逝去多年的父母。说孝爱是人类最为艰难的情感，乃在于正因为孝爱是“逆流而上”而朝向过去的，这就使得孝爱的发生比慈爱看起来要“艰辛”得多。父母对子女的慈爱是那么自然、天然，因而显得很容易，而孝爱的发生则近乎艰辛，这也许就是儒家特别强调孝爱、而不是特别强调慈爱的重要性的原因。如果一个能力是极为轻易就可以获得的能力，那么这个能力的重要性反而降低了。就慈爱而言，它在鸟类与哺乳类动物中就极为常见，而且表现得极为动人，因此若给予特殊的强调，似乎意义不大。张祥龙先生说：“如果我们毕竟要承认时间——无论生存时间还是物理时间——有流向，并采取‘时间从过去流向将来’的观察角度的话，那么亲对子之慈爱，就是‘顺流而下’的，在这个意义上也是顺势而行、从源到流的。相反，子对亲之孝爱则是‘逆流而上’，并在这个意义上是从流到源、或者返本报源、慎终追远的。而且，慈爱朝向未来，也就是朝向生成着的新生命；而孝爱则朝向过去，朝向正衰老着、甚至已经消失了的前辈，‘事死如事生。事亡如事存’（《礼记·中庸》）。由此看来，慈爱比孝爱更充沛、更常见是有时间—意义机制的根据的。”（张祥龙《孝意识的时间分析》，收于张著《思想避难：全球化中的中国古代哲理》，北京大学出版社，2007年）所以孝爱比慈爱更艰难，它所遭遇的挑战、破坏与阻隔也更多，因此孝爱的实现需要比慈爱多得多的社会人文条件。这也就是从古代就面临的慈爱比孝爱更广泛，而孝爱比慈爱更难得的伦理困境。《礼记·坊记》中就感叹：“民犹薄于孝而厚于慈。”所以虽然儒家思想中笼统地提出“仁者，人也，亲亲为大”（《礼记·中庸》）、“立爱自亲始”、“民贵有亲”（《礼记·祭义》），然而实际上在这个“亲亲”的关系结构中，孝爱比慈爱的重要性更凸显，慈爱似乎不言自明，自然而然，而孝爱则常常面临艰难甚至危机的情境。孝爱之重要，是因为孝爱难。所以儒家极其重视孝道，《孝经》中说“夫孝，德之本也，教之所由生也”，又说“孝，天之经也，地之义也，民之行也”，把孝推到人类情感、道德、教化之根本、根源的高度上。孝道立，则天下定。

孟子认为，孝爱是一种人类的“不学而能”的良知良能：“人之所不学而能者，其良能也，所不虑而知者，其良知也。孩提之童，无不知爱其亲者，及其长也，无不知敬其兄也。亲亲，仁也，敬长，义也。无他，达之天下也。”（13.15）然而人类爱亲、敬长的“良知良能”，很显然与动物的本能还是有所不同的，动物的那些“不学而知”的本能（如鸡能司晨、蜂可采蜜），仅仅是一种特异化的、现成性的能力（“现成性”，用张祥龙先生的话说，就是指“任何意义上的存在者状态，也就是已经以某种方式获得了对自身的存在规定性”）。而人类爱亲敬长的良知良能，则是一种在与亲人（父母兄弟）漫长的亲缘互动与共生中，所逐步形成并强化的能力。动物的现成性的、特异化的本能，一旦获得永不消逝，而且在任何个体上都“现成地”存在着。而人类这种“亲亲”的能力，尤其孝爱的“良知良能”，却一方面存在着个体的巨大差异，另一方面其获致也需要更多、更严格的外在条件（环境）。而“亲亲”这种人类基本的、根本性的情感，乃是一种人类普遍的情感，这种情感可“达之天下”，可推而及于天下万物，故孟子说：“亲亲而仁民，仁民而爱物。”（13.45）“亲亲”（主要是对父母的孝爱）与“敬兄”这两种基本情感，都是来自人类家庭血缘关系（亲子关系）的情感，因而它们比任何其他情感都具备原发性、源头性、根本性、真实性。因此在孟子看来，所有人类伦理道德范畴实际上都源自于这两种基本情感（当然与“敬兄”相比，“亲亲”是更根本的、更主流的情感，“敬兄”则是分支的、派生的、衍生的情感）。孟子说：“仁之实，事亲是也；义之实，从兄是也；智之实，知斯二者弗去是也；礼之实，节文斯二者是也；乐之实，乐斯二者，乐则生矣。生则恶可已也，恶可已，则不知足之蹈之手之舞之。”为什么将儒家伦理中最重要的道德范畴——仁义礼智乐——都简单地归结、通约为“事亲”（即“亲亲”）与“从兄”（即“悌”，敬长）这两个伦理行为？这样看似“武断”、过于简单化的“抽象”背后，隐藏着儒家怎样的道德建构理路？从理论上来说，“仁义礼智乐”这些道德范畴，都是具有一定概括性的范畴。它们更多地指向一种理念，而这种理念需要更基础、更本源，更原发的伦理行为作为其根基，有了这个最原初、最具动力、最生生不息且自然流淌的“本”和“源”的情感与行动，才能衍生出、升华出、开展出更为一般性的伦理范畴。简单地、笼统地讲“仁者爱人”、“义者宜也”等泛言综论，很难触及人类道德行为与道德情感的核心。有了这个“源泉混混、不舍昼夜”的有着充沛能量、生生不息不断流淌的“源”，才能焕发出最圆满、也是最坚实的道德情感。如果“无本”，其他的道德说教都是苍白的。没有“源”的流淌，人类的道德情感与追求就易于干涸、枯竭，这就是孟子对孔子“水哉！水哉！”的深刻阐释的要义所在。而孟子认为最具原发性、最具动力、最能不竭流淌、生生不息的情感原动力就是“亲亲”，即包括“孝”与“悌”在内的、基于家庭血脉亲子关系的、最真实最强大的情感，这就是人类伦理行为的本源，也就是“人之所以为人”的依据所在。所以《论语》在《学而第一》中就讲到：“君子务本，本立而道生。孝悌也者，其为人之本欤？”由“事亲”（对父母之孝爱）而扩充之，乃至于“爱人”，是为“仁”；由“从兄”（对兄长之敬爱，即“悌”）而扩充之，乃至于在一切事务中采取合宜之行动，从而与社群各成员达成一种类似于“悌”的情感的共同体，是为“义”；秉持孝爱而至于爱人，秉持敬长而至于尽一切社会责任并做出合宜之选择，从而在各种环境、各种时机化的生存境遇中，都能做到明哲、从容、得体，此之谓“智”。制定各种正式和非正式的礼俗、制度、典章、规矩，用这些完备的、公众所认同的制度来规范、约束人类的行为，从而使所有伦理行为都有所依归，社会达到一种高度的和谐安详（“礼之用，和为贵”，“知和而和，不以礼节之，亦不可行也”，语出《论语·学而》），此之谓“礼”。孝亲与敬长也要以“礼”为度，以“礼”节之，不可逾越“礼”的范畴，“过”与“不及”皆不可，这就是孟子讲“礼之实，节文斯二者”的意义所在。所以孔子在解释“孝”的时候，讲到“生，事之以礼；死，葬之以礼，祭之以礼”（《论语·为政》），就是强调以礼来规范约束孝的行为。而一个人最本真、最原发的快乐（幸福）来自于在“孝爱”与“敬长”的家庭情感实践中所体验的“人伦至乐”，也就是中国人常说的“天伦之乐”。此“人伦至乐”之所以为“天伦之乐”，乃是因为它发自内心，源自天然，乃最深层、最本源、最本真、最质朴之快乐（幸福），其他的快乐都不能与这种“人伦至乐”相比，这是天（先秦时代亦曰“上帝”）所赐予的最大的快乐。所以孟子说：“乐斯二者（事亲与从兄），乐则生矣；生则恶可已也，恶可已，则不知足之蹈之，手之舞之”（7.27），这是人生最大的快乐，它一旦生发出来，就不可阻挡地壮大、开展，就会充溢在一个人的情感与行动中，生生不息，无休无止，直到令人手舞足蹈的程度。这种情感，是何等深沉，何等强大，而又何等澎湃而富有生气！所以孟子说："君子有三乐，而王天下不与存焉"，也就是有三样快乐，即使你富有天下，使天下悦服，也不能与之相提并论，其中第一快乐就是"父母俱存，兄弟无故"（13.20）。因为由孝悌带来的快乐，乃天下之至乐，乃世间快乐中最大、最本真之快乐，什么快乐都不能替代这个"天伦之乐"。如果与孝爱相比，天下算什么呢？所以孟子说"君子不以天下俭其亲"（4.7），即使在父母的丧祭中，孟子仍然坚持这样的原则，"亲亲"与"天下"孰轻孰重，一目了然。

舜是儒家传统最为推崇的"大孝"之人，而这种"大孝"不唯体现在舜能于极其艰难的环境中实践孝悌，而更体现在舜对"天下"与"孝亲"关系的处理上。孟子说："天下大悦而将归己，视天下悦而归己犹草芥也。惟舜为然。"舜把"天下悦而归己"视为草芥，而将孝爱置于"得天下"之上，这就揭示出儒家在"内"与"外"取舍上的优先次序。"孝亲"是内在的道德要求与道德追求，它既是一种道德律令，又是一个人发自衷心的道德追求与幸福，而"得天下"或"王天下"是一种外在的功利追求与功利评价，外在的功利追求与功利评价在优先顺序上永远要置于内在的道德要求与道德追求之后，这就使得加诸儒家身上的很多的误解得以澄清。很多人误以为儒家提倡一种无条件的、舍己为人的道德观，认为儒家伦理倡导对国家之忠爱或对任何团体之忠爱，要优先于对父母家庭之孝爱（慈爱），这种偏颇的理解是如此广泛而且持久，以至于人们总说"忠孝不能两全"这类话以含蓄地表明"忠爱"优先于"孝爱"的伦理指向。实际上，儒家以"孝爱"优先于"忠爱"的伦理指向并非割离二者，甚至并非贬低了"忠爱"的地位，而恰恰为"忠爱"奠定了更为坚实的基座："孝爱"乃是"忠爱"的前提，也是"忠爱"实现的道德基础，正是"孝爱"的存在才使之"推及"、"扩充"至"忠爱"，从而把家庭之爱推广到国家天下；如果没有这种"孝爱"，则"忠爱"就成为无源之水、无本之木，丧失"本"与"源"的"忠爱"就会很快干涸。正是因为“孝爱”中保留着一个人最为原发的、朴素的、直觉的、天然的爱之情感，因此它是一个人之所以成为“人”的标志，是一个“人”区别于“禽兽”的标志。正是在这个意义上，我们说，尽管孟子抨击墨子“兼爱”而“无父”为“禽兽”这一批评过于偏激而带有强烈的情绪化，然而从道理来说，却是基本成立的。所以孟子说：“不得乎亲，不可以为人；不顺乎亲，不可以为子”（7.28），这个判断即使在“得天下”这一条件下依然成立。反过来说，如果“得天下”可以在伦理上优先于“孝亲”，那么我们就可以沿着这个逻辑一直推论下去，如此则任何人都可以用任何外在的功利目的，乃至于用任何公共利益来替换“孝爱”，将所有外在的功利置于优先于“孝爱”的位置，这样“孝爱”就可以被抛弃；而在儒家的逻辑中，这样一种抛弃“孝爱”来换取功利目的（乃至公共利益）的行为是悖德行为，这样的人也是悖德之人，他既然可以抛弃世界最原发、最本真的“孝爱”，来换取功利目的（乃至于公共利益），那么也就表明他根本没有资格在任何功利的意义上被褒扬，没有资格去维护公共利益，因为他的行为有悖于“人之所以为人”的道德底线。所以当现实中，有些部门表彰某些“先进个人”为了单位的工作而放弃回家看弥留的父母最后一眼时，社会舆论普遍采取抨击与鄙弃的姿态，其道理在于，如果这些“先进行为”被鼓励，那就会使得一些连基本的人类道德都不具备的“伪君子”受到社会赞誉，并被安排到涉及公共利益的重要部门中，这其中包含的对社会利益与道德体系的危险性不言而喻。因此舜的大孝行为，正好表明了他才有担当天下的资格与能力，正因为他“视天下悦而归己犹草芥”，才表明舜具备这种人类最原发、最充沛、最本真的孝爱情感，他才是尧值得托付天下之人。舜在极为艰难的境遇中坚持孝亲，使父子兄弟和睦，从而为天下人做出了极为完美的道德榜样，天下得以被教化，这才是真正的“大孝”。正是在这种意义上，天下人更将悦而归舜。“舜尽事亲之道而瞽瞍厎豫，瞽瞍厎豫而天下化，瞽瞍厎豫而天下之为父子者定，此之谓大孝。”（7.28）舜以“孝亲”之行而“化天下”，感天下，为天下定“父子”之名分，从而确立了“孝”在儒家伦理中的至高无上的地位，这也就是孔子所说的“孝，德之本也，教之所由生”（《孝经》）的意义所在。

孝爱在人类情感中至关重要，但其实践又极为艰难。子代对亲代的孝爱在何种情况下是合理的——也就是“孝”在何种情况下是合乎“礼”的要求的——一直是一个令人困惑的问题。“孝”的原则与“度”（分寸），也是历史上争论不休的话题。“二十四孝”中所发展出来的类似“郭巨埋儿”式的愚昧、荒谬的孝爱模式，更是增添了现代人对传统“孝爱”的质疑与困惑。在儒家思想中，“孝亲”是“礼”的一部分，为“礼”所制约，因而必须符合“礼”所规定的“度”，“过度”的、不合宜的“孝”也是被摒弃的。孟子所说的“不得乎亲，不可以为人；不顺乎亲，不可以为子”，其中的“得”与“顺”值得注意。“得乎亲”，就是使父母喜悦，即“底豫”（至乐之意，7.28）；而“顺”乃是顺承父母之意，不违逆父母之意志。孔子也说“孝”就是“无违”（《论语·为政》），也就是不违逆父母之意志，然而他接着就说，所谓“无违”，无外乎就是按照“礼”的要求去为父母养生送死：“生，事之以礼；死，葬之以礼，祭之以礼”（《论语·为政》），也就是说，“无违”与“顺”不是无原则的，而要以“礼”为规范。“顺亲”与“无违”，其要诀（核心）在于令父母怡悦，也就是在精神上达到一种舒畅、开怀的状态，而不是仅仅在肉体上供养父母。孔子与孟子都对“口体之养”与“养志”做出了区分。《论语·为政》曰：“子游问孝。子曰：‘今之孝者，是谓能养。至于犬马，皆能有养，不敬，何以别乎？’”如果没有对父母的发自内心的敬爱，如果没有那种自然流露的孝爱，而仅仅是喂饱饭，那跟养犬马又有何异？所以当子夏问孝的时候，孔子说“色难”（《论语·为政》），“色难”就是孝之难，难在和颜悦色，难在发自衷心的孝亲之行。孟子也讲到曾子养曾皙与曾元养曾子之别，前者是真正的孝养，是“养志”，而后者是“口体之养”（7.19）。“养志”乃是让父母之志得舒，父母之愿得达，父母之怀得畅，此乃事亲之根本。

然而事亲是不是做到“养志”、令父母心怀舒畅就可以了呢？在孟子看来，事亲的前提是“守身”，要“不失其身”，才能真正事亲：“事，孰为大？事亲为大。守，孰为大？守身为大。不失其身而能事其亲者，吾闻之矣；失其身而能事其亲者，吾未之闻也。孰不为事？事亲，事之本也。孰不为守？守身，守之本也。”（7.19）在这里，孟子明确地将“守身”作为“事亲”的前提，一个人若是“失身”，丧其节操，失其所守，人格泯灭，生命颓废萎靡，在道德情操与生命实践中处于“失身”、“失守”的混乱沦落状态，那么他是很难真正履行“孝爱”的。所以孟子把“明善”与“诚身”作为“悦亲”的先决条件：“悦亲有道，反身不诚，不悦于亲矣。诚身有道，不明乎善，不诚其身矣。”（7.12）如此我们才能理解，孟子何以在《离娄下》中谈到“世俗所谓不孝者五”（五种不孝的表现）时，主要涉及的是一个人的道德行为与伦理实践：“惰其四支，不顾父母之养，一不孝也；博弈好饮酒，不顾父母之养，二不孝也；好货财，私妻子，不顾父母之养，三不孝也；从耳目之欲，以为父母戮，四不孝也；好勇斗狠，以危父母，五不孝也。”（8.30）所有的悖德、败德行为，如懒惰荒怠、赌博酗酒、贪婪好财，生活放纵糜烂、滥施暴力、好勇斗狠等，都是人类所共同摒弃、鄙视的行为，而这些行为最终都伤害了一个人的孝亲行为。这一逻辑本身，既说明一个人“守身”对“孝亲”的“前置性”意义，也更深刻地说明“孝亲”对“守身”的反向价值。也就是说，一个人不能“守身”，固然不能“孝亲”；然而反过来说，一个人为了更好地“孝亲”，为了“光前裕后”而成为“孝爱”典范，他就必然以更高的道德标准来要求自己：他就必然成为一个有自律精神与自我反省精神的人，成为一个在道德上不断进行自我砥砺、自我锤炼的人，成为一个勤谨、开阔、勇毅、明哲、内心光明的人，成为一个在人格上实现自我超越与自我升华的人。而这一切的内在动力源泉，仍在于那个生生不息、源源不竭、最本真而又最强大的“孝爱”意识，也正是因为这“孝爱”，他成为一个“真正的人”。

卷八　离娄下

十八　深造自得

8.1

孟子曰：“舜生于诸冯，迁于负夏，卒于鸣条，东夷之人也。文王生于岐周，卒于毕郢，西夷之人也。地之相去也，千有余里；世之相后也，千有余岁。得志行乎中国，若合符节，先圣后圣，其揆一也。”

【译文】

孟子说：“舜生在诸冯，迁居到负夏，死在鸣条，是东方之人。周文王生在岐周，死在毕郢，是西方之人。两个地方相距有一千多里，两个人的时代相距有一千多年，然而他们的志向得以抒展之时，（一统天下，）施行政令于中国，却似乎（惊人地）一致。先前的圣人和后来的圣人，他们度量天下（的德能）是相同的。”

8.2

子产听郑国之政，以其乘舆济人于溱洧。孟子曰：“惠而不知为政。岁十一月，徒杠成；十二月，舆梁成，民未病涉也。君子平其政，行辟人可也，焉得人人而济之？故为政者，每人而悦之，日亦不足矣。”

【译文】

子产在郑国主持政务，他用他所乘坐的车子帮人渡过溱河和洧河。孟子说：“子产有惠民之心，但并不懂得如何从政。若十一月（夏历九月）修好能过人的桥梁，十二月（夏历十月）修好能走车的桥梁，那么老百姓就不会为渡河而犯难了。君子为国家平治政事（，毫无缺失），就是出行时令老百姓避让都是无可非议的，何必一个一个的帮助老百姓渡河呢？因而从事政事者，如果要取悦于每一个人，那么他（真正从事政事）的时间也就不够了。”

8.3

孟子告齐宣王曰：“君之视臣如手足，则臣视君如腹心；君之视臣如犬马，则臣视君如国人；君之视臣如土芥，则臣视君如寇仇。”

王曰：“礼，为旧君有服，何如斯可为服矣？”

曰：“谏行言听，膏泽下于民；有故而去，则使人导之出疆，又先于其所往；去三年不反，然后收其田里。此之谓三有礼焉。如此，则为之服矣。今也为臣，谏则不行，言则不听；膏泽不下于民；有故而去，则君搏执之，又极之于其所往；去之日，遂收其田里。此之谓寇仇。寇仇，何服之有？”

【译文】

孟子告诉齐宣王说：“国君把臣属看作是自己的手足（一般亲爱），则臣属就会把国君看作是自己的腹心（一般珍惜）；国君把臣属看作是狗马（一般低贱），臣属就会把国君看作是普通国人（一般不去重视）；国君把臣属看作是泥土草芥（一般微不足道），则臣属就会把国君看作是贼寇仇敌（一般仇恨他）。”

齐宣王说：“按照礼制，已经离职的旧臣为过世的旧君（以前侍奉的君主）服丧，（那么君主应该怎样对待臣属，）才能让旧臣为他服丧呢？”

孟子说：“臣属给君主提意见而君主接受，有所建言而君主听从；施政中的恩惠，能够落实到老百姓；如果因为某种缘故而离开这个国家，那么君主就会派人引导他出境，并派人先到他所到的国家（而褒扬宣传他的贤良才干）；离开国家三年还不回返，君主才收回他的土地房产。这就是‘三有礼’的做法。君主能做到这一点，离开国家的旧臣，将来才能为他服丧。现在的君主对待臣属，臣属谏言，他不实行；提建议，他也不听从；政治上的恩惠也落实不到老百姓身上；臣属因故离开这个国家，君主就把他的族亲搜家并捆缚起来，又（使用各种方法）让他在所去的国家困穷到极点；他离开国家的当天，就没收他的田地房产。这就是所谓的贼寇仇敌。对于贼寇仇敌，还服什么丧呢？”

8.4

孟子曰：“无罪而杀士，则大夫可以去；无罪而戮民，则士可以徙。”

【译文】

孟子说：“士人没有罪却被杀，那么大夫便可以离开这个国家；老百姓没有罪却被杀，那么士人就可以迁出这个国家。”

8.5

孟子曰：“君仁，莫不仁；君义，莫不义。”

【译文】

孟子说：“君主仁，则没有人不仁；君主义，则没有人不义。”

8.6

孟子曰：“非礼之礼，非义之义，大人弗为。”

【译文】

孟子说：“似是而非的礼，似是而非的义（意谓并非真正的礼与义），有仁德的人是不去做的。”

8.7

孟子曰："中也养不中，才也养不才，故人乐有贤父兄也。如中也弃不中，才也弃不才，则贤不肖之相去，其间不能以寸。"

【译文】

孟子说："以那些能达到中和境界的贤人，来教诲养育那些尚未达到中和境界的较差的人；以那些有俊才的人，来教诲养育那些没有才能的人，这样的话，人人都高兴有贤能的父兄。如果那些达到中和境界的贤人抛弃那些不贤能的人而不去教诲养育，如果那些有俊才的人抛弃那些没有才能的人而不去教诲养育，那么贤能的人和不贤能的人之间的差距就近得不能用分寸来计算了（意谓好的和不好的人之间也就没有什么不同了）。"

8.8

孟子曰："人有不为也，而后可以有为。"

【译文】

孟子说："人要有所不为，而后才能够有所作为。"

8.9

孟子曰："言人之不善，当如后患何？"

【译文】

孟子说："说别人的坏话，以后自己有了患难，该怎么办呢？"

8.10

孟子曰："仲尼不为已甚者。"

【译文】

孟子说："孔子做什么事都不会太过分。"

8.11

孟子曰："大人者，言不必信，行不必果，惟义所在。"

【译文】

孟子说："有仁德的人，说话不必都信实，行动也不必都能贯彻始终，而只是根据义的要求去做。"

8.12

孟子曰："大人者，不失其赤子之心者也。"

【译文】

孟子说："有仁德的人，是那些不丧失其婴儿般的纯真朴质的人。"

8.13

孟子曰："养生者不足以当大事，惟送死可以当大事。"

【译文】

孟子说："养活父母不值得算什么大事，唯有为父母送终（葬祭）才可以算得上大事。"

8.14

孟子曰："君子深造之以道，欲其自得之也。自得之，则居之安；居之安则资之深；资之深，则取之左右逢其原，故君子欲其自得之也。"

【译文】

孟子说："君子按照正确的方式，以达到极深的学问境界，（目的是）希望能够获得学问的本原，如同自己本性所固有的一样（指学问与自我本性相融）。获得学问的本原并与本性相融，就会内心安定地秉持固守所学之道；内心安定地秉持固守所学之道，就能使学问积蓄得更为深厚（，而不会流于浅薄的、表面的袭取）；使学问积蓄深厚，那么就能无论怎样发挥运用这些学问，都能不离开学问的根本。因此君子在追求学问的时候，要探其本原并与本性相融。”

8.15

孟子曰：“博学而详说之，将以反说约也。”

【译文】

孟子说：“广博地学习探寻道意，并详尽地加以解说，最终还是要返回到以简约朴素的语言解说道意的境界。”

孟子深谙修身养气之学，强调学问之道乃在于一个人整体气象、人格、境界之陶冶塑成，而不在于闻见之知。气象有广狭，人格有贵贱，境界有高下，“养其小者为小人，养其大者为大人”（11.14），吾人学问之所得，有赖于吾人自身的眼光与识见。成为“小人”还是成为“大人”，主要不由外界环境决定（尽管外界环境影响也很大），而是由一个人内在的价值追求与自我定位所决定。孔子常言“君子”，罕言“大人”，而孟子除了强调“君子”之行，更强调“大人”之道。“大人”与“小人”之区分，当然并不仅在于外在的等级身份，而更在于人格、德性与境界。在孟子的语境中，“大人”是那些在社会中拥有重要地位、有着巨大的社会影响力与人格感召力、有着极高道德修养与生命境界的人。他们是社会中政治价值与道德标准的代表，从内在的身心修养到外在的接物处世都堪称表率。学孟子，当得其“大”，养其“大”，立其“大”，此是学孟子最紧要处。读孟子直读到心怀廓大无疆，眼界遥远无垠，琐屑小事微利都抛之九霄，胸中存不得一点尘滓，直到怀抱洒落，衷心唯有万丈浩然之气，沛然无御，所谓“充实而有光辉之谓大”（14.25）也，即成就一种“大人”人格、

“大丈夫”气象，方是得其真谛。孟子说：“从其大体为大人，从其小体为小人”，“先立乎其大者，则其小者不能夺也，此为大人而已矣”（11.15）。“大体”是学问生命之根本处，“小体”是学问生命之琐屑微末不足道处，“大”处得以确立，“大”的格局、气象、眼界有了，“小”处则不足忧也。

“大人”超越表面的“礼义”约束，而尊崇真正的仁德道义，摆脱世俗的虚假的“礼义”羁绊，而臻至真正的内心自觉。“大人”不把“礼义”仅仅看作是一套外在的、僵死的规则与制度，而更把“礼义”看作是一种内在的随“时”而应、因“时”而变、与“时”俱进的道德行为。孟子说：“非礼之礼，非义之义，大人弗为。”（8.6）“大人”对那些并非真正的“礼”的繁文缛节，采取藐视态度，对那些并非真正的“义”的虚伪的陈规陋俗，采取摒弃态度。“非礼之礼，非义之义”，流于表面，流于虚浮，助长乡愿伪善之恶风与假道学之恶俗，戕害圣学，以此为最。真正的礼，是发自人内心的道德自觉所外化的规则形式，先具备内心的仁德之觉悟，而后形成“礼”。如果没有内心的道德自觉，则外在的“礼”以及“乐”等规则制度都成为表面的繁文缛节，对于社会真正的德性进步毫无意义。孔子说：“人而不仁，如礼何；人而不仁，如乐何？”（《论语·八佾》）孔子也反对形式主义的“礼”，即孟子讲的“非礼之礼”，《论语·八佾》中说：“林放问礼之本。子曰：‘大哉问！礼，与其奢也，宁俭；丧也，与其易也，宁戚。”“礼”的根本在内心，不在外表的奢华繁缛。而“义”，在孟子看来，是一个与“时间意识”相关的、可以灵活权变的道德范畴，“义”没有固定不变的教条主义的标准，而要视“时间”（场合）而加以权变，要有经有权，不可拘泥僵滞。儒家对“义”的定位是“宜”，而“宜”是因“时”而变的。如孟子说：“大人者，言不必信，行不必果，惟义所在”（8.11），这个观点很容易被人误解。在一般的世俗的道德原则来看，“言必信，行必果”，才符合一个人的道德标准。然而在儒家看来，如果没有“时间意识”，如果没有权变的能力，则“言必信，行必果”这一看起来符合“义”的原则的行为，却恰恰有可能违背“义”和戕害“义”。这就是孟子所说的“非义之义”。当子贡问什么是“士”的时候，孔子回答说：“言必信，行必果，硁硁然小人哉！”（《论语·子路》）在这里，孔子把“言必信，行必果”称为是“硁硁然小人”的行为。所谓“硁硁然”，就是僵硬、僵化、不知变通、不能权变以顺时的人。所以任何“礼义”都要视时间、环境而定，要看实质，而不是僵硬地遵循“规则”，要“与时偕行”（《周易》），要因“时”而取舍。用舍由“时”，行藏得“宜”，这才是儒家礼义之真义。孔子说：“君子之于天下也，无适也，无莫也，义之与比。”（《论语·里仁》）君子立于天下，行于天下，没有什么事是必须（应当）做的，也没有什么事是必须（应当）不做的，唯一的行动原则是遵循“义”，因地制宜，因时制宜，知权变，知通化，不死板，不执著于一端。孔子、孟子皆深谙用舍行藏之道。什么时候“出”，什么时候“入”，什么时候“行”，什么时候“藏”，都要因“时”权变，见“机”（古人也作“几”）而作。孟子说：“人有不为也，而后可以有为”（8.8），“有为”与“无为”的辩证法，是需要在实践中灵活掌握的，人只有知道什么时候“舍”、“藏”、“止”，才会真正清楚什么时候“用”与“行”。孟子在这方面继承了孔子的思想，而且非常推崇孔子在政治实践中对用舍行藏的诠释。《论语·述而》中孔子对颜渊说：“用之则行，舍之则藏，惟我与尔有是夫！”孔子表扬南容：“邦有道，不废；邦无道，免于刑戮”（《论语·公冶长》）；也同样表扬宁武子：“邦有道，则知；邦无道，则愚”（《论语·公冶长》）。孔子倡导“天下有道则见，无道则隐”（《论语·泰伯》）、“邦有道则仕，邦无道则可卷而怀之”（《论语·卫灵公》）的从政态度，在“不为”与“有为”之间把握了很恰当的尺度，这些思想以及孔子本人的从政实践，都令孟子激赏赞叹。孟子说：“（孔子）可以速而速，可以久而久，可以处而处，可以仕而仕”，乃是“圣之时者也”（10.1）。孟子赞赏孔子能够因时而权变、“惟义所在”的生命姿态，这种生命姿态既坚守礼仪、固守节操、实践道义、成就仁德，又能保持一种高蹈、洒脱、超越的生命美感与自由意志，是一种最佳的生命姿态。

“大人”既然懂得在礼仪与内心之间、在“不为”与“有为”之间、在“用舍行藏”之间进行“因时”抉择，就必深谙折衷中和之道，而这种最为高明的中庸之道，在孔子身上体现得尤为突出。所以孟子赞扬孔子说：“仲尼不为已甚者”（8.10）。“不为已甚者”，就是在每件事上都维持最合宜、最恰如其分的尺度，既不“过”，也不是“不及”，所以孔子说“过犹不及”（《论语·先进》）。中庸是一种最高的人格成就，要达到“中庸”的境界，需要艰苦的道德修炼与漫长的反躬自省过程。所以尧教导舜说：“咨！尔舜！天之历数在尔躬，允执其中”（《论语·尧曰》），“允执其中”就是要永远执守那个最合宜的“中”的尺度，而不要走极端。“执中”就是要求我们在每件事上都要有权衡，有权变，不要固执一端，不要偏执一隅，而要通权达变，灵活应对。这才是一个“大人”人格的高度，而不是“小人”的“一根筋”式的偏执。“偏执”并不是一种坚守、坚贞、执著（所谓“择善固执”，语出《中庸》）的美德，而是有害于仁德、有害于礼义的行为。孟子说：“执中无权，犹执一也。所恶执一者，为其贼道也，举一而废百也。”（13.26）“无权”则“执一”，“执一”则“贼道”，对于“大人”人格之修行有害而无益。只有“执中权变”，才能下应人事，上达天命，臻于圣域。孔子曾多次感叹“中庸”之艰难：“中庸之为德也，其至矣乎！民鲜久矣”（《论语·雍也》，亦见《中庸》第三章），又说：“天下国家可均也，爵禄可辞也，白刃可蹈也，中庸不可能也”（《中庸》第九章）。就连天下都可以轻松治理，高官厚禄都可轻松放弃，就连锋利的刀刃都能有胆量蹈踏，而中庸却不容易做到，这是多么富于挑战的事！可见要像颜回那样“择乎中庸，得一善则拳拳服膺而弗失之”（《中庸》第八章），要像舜那样“执其两端，用其中于民”（《中庸》第六章），是非常艰难的，不经过痛苦的、漫长的道德实践与体悟，是很难达到的。所谓“一日三省”（《论语·学而》），所反思、所检讨、所儆醒的正在于这“执一”，而所追求的正是这“中庸”之境，这也是孟子所衷心向往、“拳拳服膺”的生命之道。而孟子气象超迈，特立独行，往往被目为锋芒毕露的狂者，二程就说孟子“性偏”。事实上，孟子的言行虽有特立独行、浩然独往的一面，但也有“权变”、“通化”的一面，有灵活、均衡的一面，并非走极端。郝敬在《孟子说解》中就为孟子的言行作了辩护：

> 孟子不见诸侯，而齐梁好士，未尝不往。仕不受禄，而宋薛之馈，未尝不受。道不苟合，而不为小丈夫之悻怒，故去齐三宿。廉不苟取，而不为陈仲子之矫情，故交际不辞。匡章得罪于父，不以人言而不加礼貌。夷之受学于墨，不以异端而吝其教诲。其告君也，园囿亦可，台池鸟兽亦可，好货好色亦可，故曰人不足责，政不足间，惟格君心之非而已。是故以臧苍之谤，不遇于鲁，而未怨其沮己。以王驩之佞幸，出吊于滕，而未尝不与之朝暮。虽不悦于公行之家，而从容片辞，嫌疑立解，宛然若孔子待阳货、公伯寮之气象。岂非愿学之深，有得于温良恭俭让之遗范者欤？是故以伯夷为隘，柳下惠为不恭，以仲尼为不为已甚，其所向慕可知。而世儒犹谓其锋芒太露，何欤？

这段辩词确实写得气势充沛而逻辑清晰，事实俱在，不须废话。孟子通权达变的言行境界，于此可见。在孟子这里，“无适也，无莫也，义之与比”（《论语·里仁》），没有僵死的道德教条。他既有原则性，又有灵活性；既有生命之坚守，又有顺时之权变；既有道德价值之追求，也有特殊时境下的权衡处置。妙在合乎情理，顺乎情势，不悖礼义而又在情理之中，可见其浸淫圣学之深，得圣学精髓之妙，吾人以“狂者”、“性偏”目之，真是对孟子的一大误解！孟子虽特立独行，具备极为强大的自我意志，然而他却不是一意孤行，不是横冲直撞，不是偏执妄行，而是“依义”而行，因“时”而变，情理交融，行止从容；他涵泳于圣人之学，入之深，得之切，故体用无间，融会贯通，处处洒落自然，无一毫拘泥，无一毫矫情。

这也就是孟子所叹赏推崇的“深造自得”的境界。“君子深造之以道，欲其自得之也。自得之，则居之安；居之安则资之深；资之深，则取之左右逢其原，故君子欲其自得之也。”（8.14）“造”，即是“极”，即是“至（致）”，焦循《孟子正义》引赵岐注：“造，致也。言君子学问之法，欲深致极竟之以知道意，欲使己得其原本，如性自有之也。”此解甚是。吾人追求生命之学，极博学审问慎思明辨之功，其最终目的乃在于探求生命究竟意义，深究道体，务求其精，务求其广，务求其极。然而欲达此极深之境界，必循其道，也就是要遵循正确的途径，运用正确的方法。儒家所说修身治心之道，乃“反身而诚”，最终落实到自家田地，此乃子夏所云“博学笃志切问近思”（《论语·子张》）之深意所在。“博学”就是要广博地汲取关于生命、社会、宇宙之学问（兼内外），务求深广博大，“好古敏求”（《论语·述而》），这也是孟子所说“博学而详说之”（8.15）所主张的进学路径。“笃志”就是要笃实用功，恒志不懈。“切问”与“近思”皆反躬自省、切己发问之意，这是“博学”的真正落脚处，若无“切问”、“近思”之功夫，不能“反身而诚”，则圣学终归是他人之学，难以内化为“我”之学问，于是全部的“博学”之功仅在于“为人”，而不能“为己”，故孔子深叹“古之学者为己，今之学者为人”（《论语·宪问》）。因而孟子说：“君子深造之以道，欲其自得之也”，这个“自得”极为要紧！君子深究圣学，博取广收，转益多师，务使学问广大悉备；然而所有这些学问，当其臻至“深致极竟”之地步，却要落到这“自得”二字。“自得”乃是将圣人先贤之学融于内心，化于自我；当此际也，圣人之学即是“我”之学，“我”之学即“我之心”，“我之心”乃与“我”之本性相契相洽，丝丝入扣，虽圣人去我两千载，其学在我，乃若“自得”，须臾不离我分寸矣！儒家身心性命之学，本不在外，而在内；“博学”只是阶梯，而归处仍在于“自我”之觉悟，身心之涅槃，我师古人，实得我心，本性一朝焕现，则与圣人之学不期而遇，与古人隔空会心一笑，此“自得”之乐，无可言喻，如孟子所说“不知足之蹈之手之舞之”（7.27）。焦循在《孟子正义》中说：“自得，则通天下之志，成天下之务也。‘一阴一阳之谓道’，道者，反复变通者也。博学而不深造，则不能精；深造而不以道，则不能变；精且变，乃能自得；自得，乃能不疾而速，不行而至，为至神也。非博学无以为深造之本，非深造无以为以道之路；非以道，无以为自得之要；非自得，无以为致用之权。读书好古而能自得之，乃不空疏，不拘滞。”这段话把“深造”与“自得”的关系说得很清楚，然似有未尽者。“深造”乃是功夫，“自得”乃是境界；“深造”是入门阶梯，“自得”方登堂入室；深造是十年面壁，“自得”乃一朝顿悟；“深造”乃学问生命之积累、培蓄、熏陶、磨砺，“自得”乃自我生命之觉醒体悟与超越升华。苟无深造，“自得”仍是空疏狂怪；苟无“自得”，则“深造”皆是表面的花拳绣腿功夫，不能将圣学融会贯通，更不能将之内化为自我的切实践履，如何能改天换地，脱胎换骨？到此“自得”之境，则学问得其根本，圣学在心，不离须臾，念兹在兹，安住我心，此之谓“居之安”。“安”即是“固”，即是“安顿”，圣学已融入我身心之内，不再是记诵之学，此时所有“博学多闻”已有了落脚处，正可“得鱼忘筌”（《庄子》），直追根本究竟之身心性命，故可“由博反约”（孟子“博学而详说之，将以反说约也”，8.15）。返回自心，得自在从容之道，此时学问焉得不“安顿”，焉得“不固”？此时生命之悟，已从往昔记诵之学到身心性命，从“博学”

而到“反身而诚”，由外在的“博取”到内在的觉悟，由义理之学而至切实之践履；此时生命之培蓄更深，生命之阅历感悟更为丰厚充实，达到“万物皆备于我”（13.4）之境界。此之为“资之深”。到此境界，则从容进退，“从心所欲而不逾矩”（《论语・为政》），“取之左右而逢其源”（8.14）。此之谓“自得”之妙，“自在”之妙也。圣人之道即吾之道，圣人之性即吾之性，圣人之学即吾之学，道与性融，学与心契，“深造自得”，乐莫大焉。

十九　存心顺性

8.16

孟子曰："以善服人者，未有能服人者也；以善养人，然后能服天下。天下不心服而王者，未之有也。"

【译文】

孟子说："用善（仁义）来征服别人，是没有人真正服输的；用善（仁义）来陶养教化人，而后才能使天下心服。天下人不心服却能一统天下的，是没有的事。"

8.17

孟子曰："言无实不祥，不祥之实，蔽贤者当之。"

【译文】

孟子说："言语没有实质内容，是不好的（即不善的）。那些不能进用贤才（从而使贤才得以埋没）的人，其行为的实质正是这种'不好'（或'不善'）。"

8.18

徐子曰："仲尼亟称于水，曰：'水哉，水哉！'何取于水也？"

孟子曰："源泉混混，不舍昼夜，盈科而后进，放乎四海。有本者如是，是之取尔。苟为无本，七八月之间雨集，沟浍皆盈；其涸也，可立而待也。故声闻过情，君子耻之。”

【译文】

徐子说：“孔子几次称赞水，说：‘水啊！水啊！’这是取法水的哪一点呢？”

孟子说：“有本原的泉流滚滚而下，日夜不停地流淌，流水把洼坎填满才继续前行，最后流到大海。凡是有本原的事物都是这样的，孔子（称赞水）就是取法水的这一点而已。如果没有这个本原，在七、八月（夏历的五、六月）之间，雨水汇集，沟渠都满了；可是等到（不下雨的枯水季节），泉流的干涸却是瞬间的事。因此假如一个人的声誉超过了实际情况（，从而就像泉流丧失本原），这是君子所引以为羞耻的。”

8.19

孟子曰：“人之所以异于禽兽者几希，庶民去之，君子存之。舜明于庶物，察于人伦，由仁义行，非行仁义也。”

【译文】

孟子说：“人与禽兽之所以不同，实际上仅在于那一点点的差异而已，（而区别人与禽兽的那一点点仁义之德，）普通老百姓却往往失去了它，而君子却保存了它。舜明了事物内在的规律，洞察人类的伦常秩序，他依循仁义之心而行事，而并不是（以仁义为工具而）强行仁义。”

8.20

孟子曰：“禹恶旨酒而好善言。汤执中，立贤无方。文王视民如伤，望道而未之见。武王不泄迩，不忘远。周公思兼三王，以施四事；其有不合者，仰而思之，夜以继日；幸而得之，坐以待旦。”

【译文】

孟子说："禹讨厌美酒而喜欢（有益于仁德的）好话。汤持守中道，选拔贤能之人时不拘一格。文王看待老百姓就像老百姓受伤患病一样（，不去扰动百姓，故而行动雍容而不急迫）；他（追求大道）已然望见大道，但他（仍不满足、不松懈，）就好像没有望见大道一样。武王不亵慢近臣，不遗忘（散于四方的）远臣。周公希望自己兼有禹、汤、文、武的功业，以实践这四位先贤的仁德之政；如果有些事情（因为时代与形势变化而）有与先贤不相合的情况，周公就夜以继日地详加思忖；如果有幸想通了其中的道理，就坐着（不睡觉，）等待天亮（去急切地施行）。"

8.21

孟子曰："王者之迹熄而《诗》亡，《诗》亡然后《春秋》作。晋之《乘》，楚之《梼杌》，鲁之《春秋》，一也；其事则齐桓、晋文，其文则史。孔子曰：'其义则丘窃取之矣。'"

【译文】

孟子说："古代圣王采集歌谣的制度消失，《诗》也就消亡了；《诗》消亡之后，孔子便编修了《春秋》。晋国当时的史书叫作《乘》，楚国史书叫作《梼杌》，而鲁国则称为《春秋》，其实都是一样的史书：所记录的事情不过是齐桓公、晋文公这些诸侯的事迹，其文章的写法也就是史书的写法。孔子说：'（我编修《春秋》，）是借取了《诗》中褒善刺恶的大义（笔法）。'"

8.22

孟子曰："君子之泽五世而斩，小人之泽五世而斩。予未得为孔子徒也，予私淑诸人也。"

【译文】

孟子说："圣贤在位的君子之家，其流风余韵经过五代之后就断绝了；圣贤不在位的人，其家族的流风余韵经过五代也就断绝了。我（很遗憾）没能做孔子的门徒，我是私下向别人学到（孔子学说）的。"

8.23

孟子曰："可以取，可以无取，取伤廉；可以与，可以无与，与伤惠；可以死，可以无死，死伤勇。"

【译文】

孟子说："可以拿也可以不拿，如果拿了就会有害于自己的廉洁（，那么就不要拿）；可以施与别人，也可以不施与别人，如果施与别人就有害于真正的恩惠（，那么就不要施与）；可以（为某人）死，也可以不（为他）死，如果（为他）死就有害于真正的勇敢（，那么就不要为他死）。"

8.24

逢蒙学射于羿，尽羿之道，思天下惟羿为愈己，于是杀羿。孟子曰："是亦羿有罪焉。"

公明仪曰："宜若无罪焉。"

曰："薄乎云尔，恶得无罪？郑人使子濯孺子侵卫，卫使庾公之斯追之。子濯孺子曰：'今日我疾作，不可以执弓，吾死矣夫！'问其仆曰：'追我者谁也？'其仆曰："'庾公之斯也。'曰：'吾生矣。'其仆曰：'庾公之斯，卫之善射者也；夫子曰吾生，何谓也？'曰：'庾公之斯学射于尹公之他，尹公之他学射于我。夫尹公之他，端人也，其取友必端矣。'庾公之斯至，曰：'夫子何不为执弓？'曰：'今日我疾作，不可以执弓。'曰：'小人学射于尹公之他，尹公之他学射于夫子。我不忍以夫子之道反害夫子。虽然，今日之事，君事也，我不敢废。’抽矢，扣轮，去其金，发乘矢而后反。”

【译文】

逢蒙跟羿学习射箭，把羿射箭的本事全部掌握了，心想天下射箭的人中，只有羿超过自己，于是就杀了羿。孟子说：“在这件事上，羿也有过错。”

公明仪说：“羿应该好像没有什么过错。”

孟子说：“羿的过错较轻罢了，怎么能说没有过错呢？郑国派子濯孺子进攻卫国，卫国派庾公之斯迎击他。子濯孺子说：‘今天我病了，不能拿弓了，我死定了！’他问他的仆人：‘前来迎战的人是谁？’仆人说：‘庾公之斯。’子濯孺子说：‘我这下死不了了。’仆人说：‘庾公之斯是卫国非常擅长射箭的人，而您却说死不了了，这是为什么呢？’子濯孺子说：‘庾公之斯的箭术是跟尹公之他学的，尹公之他的箭术是向我学的。尹公之他这个人，是一个道德端正的人，他选择朋友弟子，也一定是道德品行端正的人。’庾公之斯到，问子濯孺子：‘先生您为什么不拿弓？’子濯孺子说：‘我今天疾病发作，拿不了弓。’庾公之斯说：‘我跟尹公之他学射箭，而尹公之他向先生您学射箭。我不忍心用先生您传授的射箭之道反过来伤害先生。虽然如此，但是今天的事是国君派下来的公事，我不敢擅自放弃。’于是庾公之斯抽出箭来，用箭敲击车轮，把箭头敲掉，连发四箭，而后回去（复命）了。”

8.25

孟子曰：“西子蒙不洁，则人皆掩鼻而过之；虽有恶人，齐戒斋浴，则可以祀上帝。”

【译文】

孟子说：“如果西施身上沾上了脏东西，那么人人都会捂着鼻子经过她；有的人即使长得丑陋，但如果他斋戒沐浴，那么也就可以参与祭祀上帝。”

8.26

孟子曰：“天下之言性也，则故而已矣。故者以利为本。所恶于智者，为其凿也。如智者若禹之行水也，则无恶于智矣。禹之行水也，行其所无事也。如智者亦行其所无事，则智亦大矣。天之高也，星辰之远也，苟求其故，千岁之日至，可坐而致也。”

【译文】

孟子说：“天下人讨论性，也就是能推究事物之本真而已。而推究事物的本真，其根本原则是顺应事物之自然本性。我们之所以讨厌（在推究事物本真的过程中运用）小聪明，是因为这些小聪明过于穿凿附会（，属于小智慧）。如果（我们在推求事物本真的过程中运用的）这种智慧是像大禹导水的大智慧，那么我们就不会讨厌这种智慧了。大禹引导水的运行，是引导水顺其自然而行（，而不是违逆水的本性去做）。如果有智慧的人也顺应事物的自然本性（而不妄用自己的小聪明），那么这种智慧才是大智慧。天虽然那么高，星辰虽然那么远，如果（顺应自然之理来）推求事物的本真，那么即使一千年之后的冬至，都可以坐着（不费力）就推算出来了。”

8.27

公行子有子之丧，右师往吊。入门，有进而与右师言者，有就右师之位而与右师言者。孟子不与右师言，右师不悦曰：“诸君子皆与驩言，孟子独不与驩言，是简驩也。”

孟子闻之，曰：“礼，朝廷不历位而相与言，不逾阶而相揖也。我欲行礼，子敖以我为简，不亦异乎？”

【译文】

公行子死了儿子，举行丧礼，右师王驩去吊唁。他进了门，有人过来跟他说话，有人走近他的位置跟他说话。孟子（进来后）没有同右师王驩说话，右师很不高兴，说："各位大夫都跟我说话，惟有孟子不跟我说话，他是故意怠慢我。"

孟子听到这件事，说："按照礼仪，在朝廷中，不跨过位次互相说话，也不越过台阶相互作揖。我希望依循礼仪而行，子敖（王驩的字）却认为我有意怠慢他。这不是奇怪的事吗？"

8.28

孟子曰："君子所以异于人者，以其存心也。君子以仁存心，以礼存心。仁者爱人，有礼者敬人。爱人者，人恒爱之；敬人者，人恒敬之。有人于此，其待我以横逆，则君子必自反也：我必不仁也，必无礼也，此物奚宜至哉？其自反而仁矣，自反而有礼矣，其横逆由是也，君子必自反也：我必不忠。自反而忠矣，其横逆由是也，君子曰：'此亦妄人也已矣。如此，则与禽兽奚择哉？于禽兽又何难焉？'是故君子有终身之忧，无一朝之患也。乃若所忧则有之：舜，人也；我，亦人也。舜为法于天下，可传于后世，我由未免为乡人也，是则可忧也。忧之如何？如舜而已矣。若夫君子所患则亡矣。非仁无为也，非礼无行也。如有一朝之患，则君子不患矣。"

【译文】

孟子说："君子跟一般人不同之处，在于其居心。君子居心在仁，居心在礼。具备仁心的人爱别人，行动有礼的人恭敬别人。爱别人的人，别人都会爱他；恭敬别人的人，别人也都会恭敬他。假如现在有个人，他对我非常横暴无理，那么作为君子，我就一定会自我反思：我必定（做了）不仁（的事），必定（做了）不符合礼（的事），不然此人为何以这种态度对待我呢？如果通过自我反思，（我的行为）符合仁、符合礼，而那个人对我的横暴无礼依然不变，那么作为一个君子，必然会自我反思：我必定（做了）不忠（的事）。如果经过自我反思，（我的行为）符合忠，而那个人对我的横暴无理依然不变，君子就会说：'这个人不过是一个狂妄的人而已，他这样（横暴无理）又同禽兽有什么区别呢？我对于他这样的禽兽一样的人又何必加以责难呢？'所以君子有终其一生的长远的忧虑，却从不担心眼前的事。如果君子真有所忧虑，那么就是：舜是人，我也是人；舜的行为为天下人所效法，他的声名传扬到后代，我却仍然不能不做一个普通的（毫无仁德声名的）人，这才是我应当担忧的事。担忧这件事怎么办呢？那就效仿舜的行为罢了。要说君子其他方面的忧虑，那是没有的。（一个君子，）如果这件事不符合仁，就不去做，如果不符合礼，也不去做。如果真有一些眼前的灾患，那么君子也不会为这些眼前的灾患真正忧虑。"

8.29

禹、稷当平世，三过其门而不入，孔子贤之。颜子当乱世，居于陋巷，一箪食，一瓢饮；人不堪其忧，颜子不改其乐，孔子贤之。孟子曰："禹、稷、颜回同道。禹思天下有溺者，由己溺之也；稷思天下有饥者，由己饥之也，是以如是其急也。禹、稷、颜子易地则皆然。今有同室之人斗者，救之，虽被发缨冠而救之，可也；乡邻有斗者，被发缨冠而往救之，则惑也，虽闭户可也。"

【译文】

禹、稷正当清平之世，（禹）三次经过家门而不进去，孔子（对他的行为）非常赞赏。颜回生在乱世，他住在穷陋的巷子中，饿了就吃简单的饭食，渴了就喝白水。别人都不堪忍受这种穷苦的生活，而颜回却不改他内心之乐。所以孔子（对颜回的行为）也非常赞赏。孟子说："禹、稷、颜回（达到仁德）的大道是相同的（意谓他们持守的道是相同的）。禹忧思天下那些遭水淹没的人，就好像是自己使他们淹没一样；稷忧思天下那些饥饿的人，好像自己使他们饥饿一样，所以他们拯救老百姓的心情才如此急切。如果禹、稷和颜回换个位置，也会是一样的作为。现在假如有同屋的人打起架来，就要赶紧去救，即使披头散发、来不及结帽带就去救他都可以；假如乡里邻人有人在打架，也披头散发、来不及结帽带就去搭救，那就是糊涂的行为了，在这种情况下，即使把门一关（，不闻不问，高枕无忧），也是可以的。"

8.30

公都子曰："匡章，通国皆称不孝焉，夫子与之游，又从而礼貌之，敢问何也？"

孟子曰："世俗所谓有不孝者五，惰其四支，不顾父母之养，一不孝也；博弈好饮酒，不顾父母之养，二不孝也；好货财，私妻子，不顾父母之养，三不孝也；从耳目之欲，以为父母戮，四不孝也；好勇斗很，以危父母，五不孝也。章子有一于是乎？夫章子，子父责善而不相遇也。责善，朋友之道也；父子责善，贼恩之大者。夫章子，岂不欲有夫妻子母之属哉？为得罪于父，不得近，出妻屏子，终身不养焉。其设心以为不若是，是则罪之大者，是则章子而已矣。"

【译文】

公都子说："匡章这个人，全国人都说他不孝，而您却与他交往，还对他挺尊重，请问这是为什么？"

孟子说："世俗中所说的不孝的情况有五种：身体懒惰，不顾孝养父母，这是一不孝；喜欢赌博酗酒，不顾孝养父母，这是二不孝；贪爱钱财，偏爱自己的妻儿，不顾孝养父母，这是三不孝；放纵声色欲望，使父母蒙受耻辱，这是四不孝；好斗逞勇，使父母处于危险之中，这是五不孝。这五种情况，章子有其中一种吗？（其实一种都没有。）章子是因为跟他的父亲互相以善相责，从而使父子之间感情破裂。以善相责，这是处理朋友关系的原则；而假若父子之间以善相责，那么就会极大地伤害父子之间的感情。章子难道不想享受夫妻母子这些天伦之乐吗？因为他得罪了他的父亲，不能亲近自己的父亲，于是他不得不赶走了自己的妻子和儿子，从而使自己终生都得不到他们的奉养。他这样做的初心，是认为如果不这样（把妻子儿子赶出家门，从而不要他们奉养），那么他得罪父亲的罪过就更大了。这就是章子的做法啊。”

8.31

曾子居武城，有越寇。或曰：“寇至，盍去诸？”曰：“无寓人于我室，毁伤其薪木。”寇退，则曰：“修我墙屋，我将反。”寇退，曾子反。左右曰：“待先生如此其忠且敬也，寇至，则先去以为民望；寇退，则反，殆于不可。”沈犹行曰：“是非汝所知也。昔沈犹有负刍之祸，从先生者七十人，未有与焉。”

子思居于卫，有齐寇。或曰：“寇至，盍去诸？”子思曰：“如伋去，君谁与守？”

孟子曰：“曾子、子思同道。曾子，师也，父兄也；子思，臣也，微也。曾子、子思易地则皆然。”

【译文】

曾子住在武城，有越国的军队来侵犯。有人告诉曾子说：“敌寇来了，何不离开呢？”曾子（在离开前嘱咐守卫的人）说：“不要让人住在我的房子里，不要让人毁坏我的树木。”敌寇撤退后，曾子却说：“给我修理房子，我要回到武城。”敌寇撤退后，曾子就返回到武城。他身边的人议论说：“武城的邑大夫对您是如此忠诚恭敬，而您在敌寇到来时率先离开武城，给百姓树立了不好的榜样（，大家都效仿您逃走）；而敌寇撤退，您又要回来，这样做恐怕不妥当吧。”沈犹行说：

“先生的做法，不是你们这些人所能理解的。以前先生曾经住在我们沈犹氏之地，那里有一个叫负刍的人作乱，先生的弟子有七十人都跟从先生离开了，没有人参与（抵御这场祸乱）。”

子思居住在卫国，有齐国军队进犯。有人说：“敌寇来了，何不离开呢？”子思说：“如果我离开了，卫君跟谁来守卫卫国呢？”

孟子说：“曾子和子思（两人所持守）的大道是相同的。曾子是老师，是父兄辈；子思是臣子，地位卑微。曾子、子思如果对换位置，他们的做法也应该是一样的。”

8.32

储子曰：“王使人瞯夫子，果有以异于人乎？”

孟子曰：“何以异于人哉？尧舜与人同耳。”

【译文】

储子说：“王派人来窥探先生，看看您到底与平常人有什么不同。”孟子说：“有什么跟平常人不同的地方呢？尧舜也跟平常人没有什么区别。”

8.33

齐人有一妻一妾而处室者，其良人出，则必餍酒肉而后反。其妻问所与饮食者，则尽富贵也。其妻告其妾曰：“良人出，则必餍酒肉而后反；问其与饮食者，尽富贵也，而未尝有显者来，吾将瞯良人之所之也。”

蚤起，施从良人之所之，遍国中无与立谈者。卒之东郭墦间，之祭者，乞其余；不足，又顾而之他，此其为餍足之道也。其妻归，告其妾，曰：“良人者，所仰望而终身也，今若此。”与其妾讪其良人，而相泣于中庭，而良人未之知也，施施从外来，骄其妻妾。

由君子观之，则人之所以求富贵利达者，其妻妾不羞也，而不相泣者，几希矣。

【译文】

齐国有一个人家里有一妻一妾，他们的丈夫每次外出，一定会饱食酒肉后才回家。他的妻子问他跟谁一起饮酒吃饭，（他回答说）都是富贵的人。他的妻子告诉妾说："夫君出去，每次必定酒饱饭足之后才回家，问他跟谁饮酒吃饭，他说都是富贵之人，然而我们家未曾有显达的人过来，我要去打探一下夫君到底去了什么地方。"

妻子早早起来，偷偷地尾随在丈夫后面，走遍全城也没有一个人站住跟丈夫说话。最后看见他来到东郊的坟地，到祭祀的人跟前，跟人乞讨祭祀后剩下的酒肉；一家的祭品吃不饱，他又到另一家去吃——这就是他每天酒饱饭足的方法。

他的妻子回到家，把自己看到的情形告诉他的妾说："夫君是我们都非常尊敬而且要托付终身的人，（可是没想到看到）今天他竟然这样。"他的妻子与妾就一块责骂她们的丈夫，在庭院里相对而哭。然而她们的丈夫却并不知道（自己的行动已经暴露），一路醉醺醺、高高兴兴从外面回来，还向妻妾夸耀自己耍威风。

从君子的观点来看，那些追求富贵显达的人所用的方法，能不令妻妾感到羞耻而相对哭泣的，是很少的。

孟子思想言"心性"处甚多，可以说，孟子是中国哲学中"心性论"的早期奠基者，也是在心性论领域最有创见的思想家。言"心性"，其根本处在言人之本质属性，也就是探究"人之所以异于禽兽"（8.19）的诸种属性。而在这些"人之所以异于禽兽"的诸种属性中，孟子尤其重视其"道德属性"，注重探究"人之所以异于禽兽"、也就是“人之所以为人”的伦理基础。这一伦理基础，孟子坚定地认为即是人的自觉的“向善”之心，“向善”代表着人与禽兽的核心差异。孟子说：“舜之居深山之中，与木石居，与鹿豕游，其所以异于深山之野人者几希。及其闻一善言，见一善行，若决江河，沛然莫之能御也。”（13.16）舜与野人的区别，只是那么“一点点”（“几希”），而“深山之野人”与“禽兽”的区别也只是那么“一点点”。然而这“一点点”的、区别舜与“野人”的东西，就是那种强烈的、内在的、自觉的且没有任何力量可以阻遏的“向善的趋向”，就是那种人类卓越者中特殊的然而又源源不断的道德激情。这种道德自觉和道德激情的完好保存，乃是人类道德价值的大厦得以不倾圮的重要支柱。而丧失这种道德自觉与道德激情，则舜与“野人”无异，推而言之，则人与禽兽无异。《周易·系辞传上》中说：“夫《易》，圣人所以崇德而广业也。知崇礼卑，崇效天，卑法地。天地设位，而《易》行乎其中矣。成性存存，道义之门。”“成性”者，成就万物之性也；“存存”者，令万物各存其存、各保其性、各守其本，而不自失也，而这正是“道义之门”所开启、所引导之处。所谓道义，乃天地之理；人之道义，即天之道也，即效仿天地运行之旨，圣人效天法地而得以“崇德而广业”。而这“天之道义”，其开启乃是因了“成性存存”，即因了万物各存其性、各守其根本而不移，此乃“崇德广业”之根本。“存性”这一《周易》中就提出来的命题，在先秦诸子中都有类似的回响。

孟子极重视“存性”、“存心”。“人之所以异于禽兽者几希，庶民去之，君子存之。舜明于庶物，察于人伦，由仁义行，非行仁义也。”（8.19）这种“庶民去之，君子存之”的标志着人与禽兽之内在差异的人类本质属性，在孟子看来，即是“仁义”，即是人类的道德价值。君子时时刻刻警醒奋发，以“闻一善言，见一善行，若决江河”的道德激情，去实践这种道德价值，如此才使“仁义”这一道德价值不丧失。而舜很好地保存了这一追求道德价值的自觉性，保持了君子之仁义本性，这就是孟子在《尽心上》中所说的“存其心，养其性，所以事天”（13.1）。而舜与一般人（庶民）的区别在于，他是“由仁义行”，而不是“行仁义”，“仁义”在舜那里，是发自内心的道德自觉，他完好地保存了仁义的本心本性，而得以使“性”不失丧，不受戕害，而不是把“仁义”当作外在的工具和具备功利价值的手段。这是人类卓越者中保存其道德本性（“存心”）的最高境界，其道德行为乃是其内心道德自觉的自然流露与外部呈现，内觉于心，外化于行，不假一丝做作矫情，也不含一丝刻意作为。所以孟子说：“尧舜，性之也；汤武，身之也；五霸，假之也。”（3.30）孟子又说：“尧舜，性者也。汤武，反（返）之也。”尧舜这些道德卓越的古代圣人，其行高于众而为万世效法者，并不是因为他们刻意作为，而是因为他们能葆其心，不“放心”，“存心养性”、“修身俟命”（13.1），很好地保持了他们的天性，故能“事天”。这是很不容易的一件事，境界之高，令人仰止。尧舜顺达天道，顺其天性，看似无所作为，实则高不可攀，这是生命的大智慧，这就是孟子所倡导的“顺性”。他在《告子上》中说：“顺杞柳之性”（11.1），强调人应该顺其天性，而不可拂逆其天性，戕贼其天性。他又说：“人性之善也，犹水之就下也，人无有不善，水无有不下。”（11.2）人性本皆向善，如水之就下，自然而然，不须造作矫揉，而“庶民去之”的原因乃在于外在的环境、形势以及人的利欲等原因，遂使本心丧失。所以孟子强调顺随天性，顺其自然之理，以保存本心。

《离娄下》说：“天下之言性也，则故而已矣。故者以利为本。所恶于智者，为其凿也。如智者若禹之行水也，则无恶于智矣。禹之行水也，行其所无事也。如智者亦行其所无事，则智亦大矣。”（8.26）“故”者，乃事物之根本、本真、本质之处，“故”既是“事”，又是“理”，更是“性”。因此要推究事物之根本、本真、本质，既要察其事，又要通其理，更要顺其性。赵岐注曰：“言天下万物之情性，当顺其故，则利之也。改戾其性，则失其利矣。”此解甚当。《周易·系辞传》中说：“感而遂通天下之故”，又曰：“是以明于天之道，而察于民之故”。“故”在这里明显是指事物内在之本真、本质、本原。然而要洞察和推究事物内在之本质、本真、本原，就要顺应事物之自然，即所谓“故者，以利为本”。“利”者，顺也，顺物之性，应物之天然，方能真正洞察事物内在之本真、本质、本原。大禹行水，之所以成功，就是因为他顺应了水的本然之性，顺其性故得其本，得其本故成其事。“禹之行水也，行其所无事也。”禹的大智慧，乃在于不违逆水之天然之性，而能因势利导，故能行水于无为。这种“无为”，是不露痕迹之为，是顺应物性之为，故能“行其所无事”。“无事”这个词，使人联想到老子的“无为”，而“顺物之情”则使人联想到“道法自然”，这两种思想自然有相通之处，然而又有宗旨上的差异。禹并不是真正的“无事”，他是让水“无事”，而他之所以能让水“无事”，要妙在于他顺应水之天然之性，顺应水之本然之理。焦循说：“禹凿山穿地，不能无事，正所以使行无所事；若禹只凭空论，无有实事，则水转不能无事矣。圣人明庶物，察人伦，仰而思之，夜以继日，忧勤极矣。乃所以使民行无所事矣。”（《孟子正义》卷十七）

孟子以大禹行水为譬喻，来解释什么是“大智”之人的“行无所事”，进而印证“顺物之性”、“故者以利为本”的道理。因而在孟子这里，“行无所事”的“大智”，不同于老子之“清净无为”，而是禹的“顺性”、舜的“无为而治”的“大智”。《中庸》第六章也讲到舜的“大智”：“舜其大知（智）也与！舜好问而好察迩言，隐恶而扬善，执其两端，用其中于民，其斯以为舜乎！”所以儒家的理想的“无为而治”，是圣王顺民之性，善于权变，执两用中，不走极端；圣王不惊扰百姓，不侵犯百姓，他让百姓“无事”，而自己好问察言，体察民意，隐恶扬善，看似“无为”，实则日日忧勤。舜无为而治，正如禹之行水，在顺物之性，引之而已。《中庸》第一章即言：“天命之谓性，率性之谓道，修道之谓教。”“顺性”即“率性”，即使民遵循天命之性而行之，不违逆戕害之，则无为而治。而圣王之夙夜忧勤，其最高境界正在于使民常安于“无事”。“禹恶旨酒而好善言。汤执中，立贤无方。文王视民如伤，望道而未之见。武王不泄迩，不忘远。周公思兼三王，以施四事；其有不合者，仰而思之，夜以继日；幸而得之，坐以待旦。”（8.20）圣王察纳雅言，执两用中；诚待远近人才，不拘一格；视民如伤，对人民从不加侵扰，使其安居乐业；仰思俯察，通宵达旦，忧思天下。然而百姓却看不到圣王之忧勤，而只以无事为乐，这是以“顺性”、“率性”为治国的最高境界。

孟子言圣人君子“存性”、“顺性”，亦言“养性”。“存其心，养其性”（13.1），这个“养”非常重要。所以要讲孟子的心性论，若涉及到工夫层面（非本体层面），就要完整地讲“存”、“顺”、“养”这三个层面的工夫，缺一不可。

“养”者，培育、熏陶、冶炼、教化、滋润也：培育使之壮强，熏陶使之贞固，冶炼使之精纯，教化使之迁移，滋润使之圆满，务使顺其天性，化于无形。圣人完好地保存了他的天性，所以说“尧舜，性之”。然而大部分人受到内外因素的影响，其本然之心已受世俗沾染，其天命之性已被俗尘扭曲，其“赤子之心”（8.12）已被功利所戕贼，故“庶民去之”，堕于“不善”。因此，即使孟子主张“人性善”，倡言人人具备向善的道德趋向，然而由于后天的内外情势之影响，人类之“善心”仍有很大可能被遮蔽，这就是孟子所说的“放心”，即本心被放逐，善心失丧，因而要把它找回来，此之谓“求其放心”（11.11）。

儒家言存养之道，对于圣人而言，存而未失，“性之”也，只须率性而行；而对于“去之”（本性失丧）的庶民而言，则更要“养”。“养”的工夫，对于我们这些“学而知之”乃至“困而学之”的人而言，是极其重要的。而尧舜这样的人，是“生而知之”（《论语·季氏》），因为他们“存性”而未“放其心”。而这个“养”，既是指一个人“个体化”的自我修炼与自我陶冶，又是指“社会化”的教化养育之功：前者如孟子讲的“我善养吾浩然之气”（3.2）、“养其大者为大人”（11.14），都是指向“个体化”的修养功夫；而后者则如孟子讲的“以善养人”（8.16）、“中也养不中，才也养不才”（8.7），都是指向“社会化”的教育引导。从“社会化”的“养”而言，“养”即是“教”。《周易》中说：“教以人文，以化成天下”，不“教”就不能“化”。孟子极重视在治国中的“教”与“养”，把国民的“教”与“养”视为治国之根本、安民之基础，也是使民众能以较高的道德修养来达到社会和谐的重要途径。所谓“修道之谓教”（《中庸》第一章），主要指的是这种“社会化”的教育。孟子说：“以善服人者，未有能服人者也；以善养人者，然后能服天下。”（8.16）“以善服人”，要用善来征服人，用硬性的道德规范来约束人，这是不能得民心的；而“以善养人”，则是用“善”这种道德标准来教化、陶冶百姓之情操，通过“润物细无声”的陶养培植之功，使老百姓自然受到影响，从而向善、迁善、乐善。这个“养”，强调自然而然，久久为功，只有经过长期的熏陶教化，才能达到这种“以善养人”的目的，也才能真正使“天下心服”。正如孟子在《尽心上》中所说：“善政不如善教之得民也。善政，民畏之；善教，民爱之。善政得民财，善教得民心。”（13.14）“善教”就是“以善养人”，“善政”就是“以善服人”。只有通过社会化的教育手段，通过深入人心的教化之功，才能真正树立民风，得民心，从而使“天下心服”。“善政”是从外“治”之，“善教”是从内“化”之，“善政”使人畏，“善教”不但使民爱，而且使民乐、使民服。所以，孟子认为，治国者担负着教化的使命，仁政的重要体现和核心组成部分之一，即是“教”，“谨庠序之教，申之以孝悌之义”（1.3），“设为庠序学校以教之。庠者，养也；校者，教也；序者，射也。夏曰校，殷曰序，周曰庠，学则三代共之，皆所以明人伦也。人伦明于上，小民亲于下。有王者起，必来取法，是为王者师也”（5.3）。

教化之功，润物无声，使仁义道德之理念渗透人心，敦俗成化，唤起民众之良知，使民众可以找回那个已被斫丧之初心（“求其放心”），重新获得良知良能，社会人心之面貌必为之一新。“养性”不唯一己之向善行动，而更是社会化的集体熏陶，从而形成集体性的道德共识，形成道德价值的共同体，此则“教”之大义也。而在人群之中，必有德行超迈之人，必有仁义卓越之士，他们“先知先觉”，在道德自觉与道德自律上堪称众人之表率，因此这些人负有更大的社会道德义务，去以自身的道德感召力影响人、熏陶人、培养人，此为“养性”之更高境界，所谓“自觉觉他”、“自渡渡人”之境界。德行超迈之人，不光要“独善其身”，还要“兼善天下”（13.9）。这个“兼善天下”，就是自觉担负起道德教化与道德感召之责任与义务，挺身而出，以“化”天下为己任。孟子借伊尹的口说：“天之生此民也，使先知觉后知，使先觉觉后觉也。予，天民之先觉者也，予将以斯道觉斯民也。非予觉之，而谁也？”（9.7）伊尹认为自己是“天民之先觉者”，因而自然就担负着“使先知觉后知，使先觉觉后觉”的使命，要自觉地以自己的行动去启发民众，熏陶教化民众，“以斯道觉斯民”。伊尹的使命感很强，自我担当的意识很清晰，孟子实际上是借伊尹之口，说出了自己的抱负，“非予觉之，而谁也”？如果不是“我”来使众人觉悟，启发引领众人，还要等谁呢？颇有“舍我其谁”（4.13）的壮志豪情，这也是一种使命担当的体现。《离娄下》中，孟子说：“中也养不中，才也养不才，故人乐有贤父兄也。如中也弃不中，才也弃不才，则贤不肖之相去，其间不能以寸。”（8.7）“中”即是德行卓越、达到中和境界的先觉者与贤人，“才”就是富有才能而大有作为之士。德行卓越与才能超众者应自觉担负起“养不中”、“养不才”的责任，“养”即是道德教化，用朱熹的话来说，就是要对民众进行“涵育熏陶、俟其自化”（《孟子集注》）。整个社会若有一批德行超迈、远见卓识，又富有奉献精神、有强烈使命担当意识的人出来，“以先觉觉后觉”，那么整个社会的道德水平就会大大提升，仁义自然深入人心，社会良序自然而然形成。此“养”，不唯养自我心性，乃养天下之心性，“化”天下之心性也。

君子“存心”、“养性”之功夫，背后是清醒的自我省察意识，也就是“自反”（8.28）的功夫，“反身而诚”（7.12）的工夫。“自反”的修身功夫，孟子多次提及，可见其重视。《离娄下》曰：“有人于此，其待我以横逆，则君子必自反也：我必不仁也，必无礼也，此物奚宜至哉？其自反而仁矣，自反而有礼矣，其横逆由是也，君子必自反也，我必不忠。自反而忠矣，其横逆由是也，君子曰：‘此亦妄人也已矣。如此，则与禽兽奚择哉？于禽兽又何难焉？’是故君子有终身之忧，无一朝之患也。”（8.28）君子“存心”而不泯，遇横逆而不怒、不怨、不哀，唯知“自反”，“自反”再三，其犹横逆，则不加责难，坦然面对，胸中无愧无怍，无忧无患也。“自反”不是自虐、自残，而是自省、自励，经过“自反”的功夫，更加确定了自己的道德自信，确立自身“存心”之内在价值，从而具备了更强大的道德勇气。世间“物之不齐，物之情也”（5.4），有君子亦有禽兽，有德行超迈之人，亦有滥施横逆、毫无道德仁义之人。君子“躬自厚而薄责于人”（《论语·卫灵公》），况于禽兽，又有何非难之必要？如果君子经过沉痛而深切的“自反”，始终立身正，行事端，不违礼义，“立天下之正位”（6.2），则应该更加鼓舞自身的道德勇气，坚持自我的道德操守，“自反而缩，虽千万人，吾往矣！”（3.2）。君子“存心”、“存性”，志在成圣，故其于当下之琐屑尘俗之事，不加措意，所谓“仁者不忧”（《论语·宪问》）也；而君子所终身忧患者，乃不能为圣人也。孟子说：“乃若所忧则有之：舜，人也；我，亦人也。舜为法于天下，可传于后世，我由未免为乡人也，是则可忧也。忧之如何？如舜而已矣。若夫君子所患则亡矣。”（8.28）君子“自反”，无“一朝之患“，从不为日常饮食琐事所困扰，如颜回箪食瓢饮不改其乐（8.29）；然而他真正的大忧虑，在于自身德性之追求是否达到了一定的境界，故以舜为楷范，“舜，人也；我，亦人也”，我为什么达不到舜的境界？君子以不能为舜、不能为圣贤而忧也。《滕文公上》曰：“颜渊曰：‘舜，何人也？予，何人也？有为者亦若是。’”（5.1）此乃“终身之忧”，日日念兹在兹，时时儆醒奋发，皆为“如舜”，若有一言一行“如舜”，则“乐莫大焉”（13.4），若有一言一行不如舜，则必“自反”，朝乾夕惕，尽在立德修心，务期以圣人为极则。君子存心养性，若无“如舜”之自我期许，则必不能“存其心”，亦不能“养其性”；若无颜回“有为者亦若是”的道德自信，则必懈怠、迷茫，必终身徘徊于圣人之门外，不得登堂而入室矣。庶人与圣贤差异何在？端在内心“自反”之诚，端在内心“向善”之志，端在“有为者亦若是”的自我期许。孟子说：“何以异于人哉？尧舜与人同耳。”（8.32）此中有深意在。尧舜这些德行卓越之人，与我们凡人百姓，难道有什么不同吗？“人人皆可以为尧舜”，只要我们时刻以存心养性为念，以尧舜为楷则，以“自反”为功夫，则圣贤可期。此所谓“求则得之，舍则失之”（13.3）也，是“求”是“舍”，命运掌握在我们自己手里。

卷九　万章上

二十　怨慕孝爱

9.1

万章问曰：“舜往于田，号泣于旻天，何为其号泣也？”

孟子曰：“怨慕也。”

万章曰：“父母爱之，喜而不忘；父母恶之，劳而不怨。然则舜怨乎？”

曰：“长息问于公明高曰：‘舜往于田，则吾既得闻命矣；号泣于旻天，于父母，则吾不知也。’公明高曰：‘是非尔所知也。’夫公明高以孝子之心，为不若是恝：我竭力耕田，共为子职而已矣，父母之不我爱，于我何哉？帝使其子九男二女，百官牛羊仓廪备，以事舜于畎亩之中。天下之士多就之者，帝将胥天下而迁之焉。为不顺于父母，如穷人无所归。天下之士悦之，人之所欲也，而不足以解忧；好色，人之所欲，妻帝之二女，而不足以解忧；富，人之所欲，富有天下，而不足以解忧；贵，人之所欲，贵为天子，而不足以解忧。人悦之、好色、富贵，无足以解忧者，惟顺于父母，可以解忧。人少，则慕父母；知好色，则慕少艾；有妻子，则慕妻子；仕则慕君，不得于君则热中。大孝终身慕父母。五十而慕者，予于大舜见之矣。”

【译文】

万章问：“舜来到田野里，向天哭诉，他为什么要哭诉呢？”

孟子说：“因为舜对父母既埋怨，又怀念。”

万章说："父母爱儿子，儿子应内心欢喜，但不松懈（孝行）；父母讨厌儿子，儿子虽内心忧愁但不埋怨。那么，舜内心埋怨父母吗？"

孟子说："长息问公明高（曾子弟子）说：'舜到田野里去，这个事情我已经明白；（然而）舜向天哭诉，他如此对待父母的原因，我还是搞不懂。'公明高说：'这就不是你所能理解的了。'公明高以为，舜这样的孝子内心，是不可能这样（在得不到父母欢心的情况下）无所怨悲：我尽力耕作，恭勉尽心于作为儿子的职责本分罢了，而父母仍然不爱我，我还有何罪（使父母至此）呢？（后来）尧帝派他的九子二女以及百官带着牛羊粮食，到田野中服事舜。天下的士人也来依附舜，尧帝便让舜辅佐自己治理天下，并要将天下禅让给舜。而舜却因为不能得父母之欢心，便如同穷人无所归往一样（感到忧愁）。天下的士人都喜爱他，这是每个人都愿意得到的，但这不足以消除舜内心的忧愁；美色是每个人都想得到的，然而尧帝把两个女儿都嫁给了舜，也不足以消除舜内心的忧愁；富有是人人都想得到的，但是舜富有天下，还是不能消除内心的忧愁；身份尊贵，这是人人都想得到的，然而舜贵为天子，却还是不能消除内心的忧愁。获得每个人的喜爱、美色、富贵这些东西，都不能消除舜内心的忧愁，而惟有使父母欢心，可以消解他内心的忧愁。一个人幼小之时，就依恋他的父母；等到知道爱好美色的年纪，就喜欢年轻美貌的女子；有了妻子，就迷恋妻子；当官就依恋君主，得不到君主宠爱就会心急如焚。而大孝之人，终其一生都怀恋父母。到了五十岁还对父母满怀依恋之情，（这种大孝）我在大舜身上算是见到了。"

9.2

万章问曰："《诗》云：'娶妻如之何？必告父母。'信斯言也，宜莫如舜。舜之不告而娶，何也？"

孟子曰："告则不得娶。男女居室，人之大伦也。如告，则废人之大伦，以怼父母，是以不告也。”

万章曰：“舜之不告而娶，则吾既得闻命矣；帝之妻舜而不告，何也？”

曰：“帝亦知告焉则不得妻也。”

万章曰：“父母使舜完廪，捐阶，瞽瞍焚廪。使浚井，出，从而掩之。象曰：‘谟盖都君咸我绩。牛羊父母，仓廪父母，干戈朕，琴朕，弤朕，二嫂使治朕栖。’象往入舜宫，舜在床琴。象曰：‘郁陶思君尔。’忸怩。舜曰：‘惟兹臣庶，汝其于予治。’不识舜不知象之将杀己与？”

曰：“奚而不知也？象忧亦忧，象喜亦喜。”

曰：“然则舜伪喜者与？”

曰：“否。昔者有馈生鱼于郑子产，子产使校人畜之池。校人烹之，反命曰：‘始舍之，圉圉焉，少则洋洋焉，攸然而逝。’子产曰‘得其所哉！得其所哉！’校人出，曰：‘孰谓子产智？予既烹而食之，曰：得其所哉？得其所哉。’故君子可欺以其方，难罔以非其道。彼以爱兄之道来，故诚信而喜之，奚伪焉？”

【译文】

万章问：“《诗经》上说：‘娶妻应该怎么办？一定要事先报告父母。’相信这句话的，应该没有人比得过舜。然而舜不报告父母就娶妻，这是为什么呢？”

孟子说：“（这是因为舜相信如果）告知父母就娶不成了。男女婚嫁，乃是人的最重要的伦理关系。如果舜报告父母（，就反而娶不成），这就相当于废弃了人类最重要的伦理关系，结果就会怨恨父母，所以舜（干脆就）不报告父母。”

万章说：“舜不告知父母而娶妻，我是已经弄明白了；而尧帝也不告知舜的父母而把女儿嫁给舜，这是为什么呢？”

孟子说：“尧帝也知道告诉舜的父母，舜就娶不成妻了。”

万章说："舜的父母让舜去修理粮仓，（等舜爬上仓顶，）他们就撤掉梯子，他父亲瞽瞍就焚烧粮仓（，试图烧死舜，而舜设法逃走了）。舜的父母又让舜去疏通水井，（瞽瞍和舜的弟弟象）出来了，他们便用土石掩埋水井（而不知道舜设法从旁边打了洞）。象说：'谋害舜都是我的功劳，牛羊、粮仓归父母，盾戟都归我，琴和雕弓也归我，两个嫂嫂也归我为妻（栖，即'床'，'治栖'为铺床，引申为'为妻'）。'象来到舜的住处，而舜正在床上鼓琴，象说：'我很想念你啊（，才过来看你）。'（一边说，一边）露出不好意思的惭愧神色。舜说：'我正在考虑我这里臣民众多，你就来帮我治理吧。'我不明白，舜难道不知道象是要杀掉自己吗？"

孟子说："他怎么会不知道？（舜只不过是顺着象的话来回应他罢了，）象忧愁，舜就忧愁；象高兴，舜也高兴。"

万章问："既然他知道，那么舜是假装高兴吗？"

孟子说："舜的高兴并不是假装的。从前有人送给郑国子产一条活鱼，子产让管池塘的人把鱼养在池子里。管池塘的人把这条鱼煮吃了，回来向子产复命说：'我刚开始把它放在池子里，它还不太精神；过了一会儿，它就开始活跃起来，后来忽然游走了，不知去向。'子产说：'它是到了它喜欢去的地方，它是到了它喜欢去的地方！'管池塘的人出来说：'谁说子产聪明呢？我把那条鱼煮吃了，他却说：它到了它喜欢去的地方！它到了它喜欢去的地方！'所以，别人可以用符合君子原则的方式来骗君子，却不能用违背君子原则的方式来欺罔他。象既然做出一副敬爱兄长的神情来，舜因而诚挚地相信弟弟并感到高兴，怎么能说舜的高兴是假装的呢？"

9.3

万章问曰："象日以杀舜为事，立为天子，则放之，何也？"

孟子曰："封之也，或曰放焉。"

万章曰："舜流共工于幽州，放驩兜于崇山，杀三苗于三危，殛鲧于羽山，四罪而天下咸服，诛不仁也。象至不仁，封之有庳。有庳之人奚罪焉？仁人固如是乎？在他人则诛之，在弟则封之。"

曰："仁人之于弟也，不藏怒焉，不宿怨焉，亲爱之而已矣。亲之欲其贵也，爱之欲其富也。封之有庳，富贵之也。身为天子，弟为匹夫，可谓亲爱之乎？"

"敢问'或曰放'者，何谓也？"

曰："象不得有为于其国，天子使吏治其国，而纳其贡税焉，故谓之放，岂得暴彼民哉？虽然，欲常常而见之，故源源而来。'不及贡，以政接于有庳'，此之谓也。"

【译文】

万章问："象整天想着要杀舜，可是舜做了天子后，只是流放了象，这是为什么？"

孟子说："（实际上是）封他为诸侯，（只是）有些人（把封侯）说成是流放了。"

万章说："舜把共工流放到幽州，把驩兜流放到崇山，将三苗头领驱逐（一说杀戮）到三危，把鲧流放到羽山，他惩罚了四个罪人，天下都归服，这是因为他惩罚的都是不仁的人。象是最不仁的人，舜却封他以有庳之国，有庳国的人民又有什么罪过（要承受这样的惩罚，让最不仁的人来治理）？仁人的做法难道应该如此吗？如果是别人（至为不仁）就惩罚，如果是弟弟（至为不仁）则封侯？"

孟子说："仁人对于自己的弟弟，不掩藏自己的忿怒，也不保存太久的怨恨，只是亲他爱他罢了。亲他，就想让他尊贵；爱他，就想让他富有。以有庳国作为封地封给象，就是舜想让弟弟象尊贵富有。自己身为天子，而弟弟却是（穷酸）老百姓，这能说是亲他爱他吗？"

万章说："请问，有人说是舜把象流放到有庳国了，这是怎么一回事？”

孟子说：“象不能在有庳国的封地上为所欲为，天子舜派官吏治理有庳国，并收缴贡税（，象的尊位是象征性的），所以有些人说是流放。（在这种安排下，）象怎么能对封地上的老百姓进行暴虐统治呢？（完全不可能。）虽然如此，舜还是想经常见到弟弟，所以就三番五次到象的封地来（看望弟弟）。（《尚书》中说：）‘等不到纳贡的时候，舜借办政事的机会顺便来有庳国与弟弟会面’，说的就是这个情况。”

9.4

咸丘蒙问曰：“语云：‘盛德之士，君不得而臣，父不得而子。’舜南面而立，尧帅诸侯北面而朝之，瞽瞍亦北面而朝之。舜见瞽瞍，其容有蹙。孔子曰：‘于斯时也，天下殆哉，岌岌乎！’不识此语诚然乎哉？”

孟子曰：“否。此非君子之言，齐东野人之语也。尧老而舜摄也。《尧典》曰：‘二十有八载，放勋乃徂落，百姓如丧考妣，三年，四海遏密八音。’孔子曰：‘天无二日，民无二王。’舜既为天子矣，又帅天下诸侯以为尧三年丧，是二天子矣。”

咸丘蒙曰：“舜之不臣尧，则吾既得闻命矣。《诗》云：‘普天之下，莫非王土；率土之滨，莫非王臣。’而舜既为天子矣，敢问瞽瞍之非臣，如何？”

曰：“是诗也，非是之谓也；劳于王事，而不得养父母也。曰：‘此莫非王事，我独贤劳也。’故说《诗》者，不以文害辞，不以辞害志。以意逆志，是为得之。如以辞而已矣，《云汉》之诗曰：‘周余黎民，靡有孑遗。’信斯言也，是周无遗民也。孝子之至，莫大乎尊亲；尊亲之至，莫大乎以天下养。为天子父，尊之至也；以天下养，养之至也。《诗》曰：‘永言孝思，孝思维则。’此之谓也。《书》曰：‘祗载见瞽瞍，夔夔齐栗，瞽瞍亦允若。’是为父不得而子也？”

【译文】

咸丘蒙问：“俗语说：‘品行极为隆盛之人，君主不可以把他仅仅当作臣子（来随意使唤），父亲也不可以把他仅仅当作儿子（来随意使唤）。’舜（当了天子后）面朝南而立，尧率领诸侯面朝北来朝拜他，舜的父亲瞽瞍也面朝北朝拜他。舜见到瞽瞍，脸上露出不安的神情。孔子说：‘在这个时候，天下真是危殆得很啊！’不知道这句话真是如此吗？”

孟子说：“不是的。（刚才你说的俗语）不是君子的话，而是齐东粗野之人所说的话。尧年老的时候，舜代理天子之职。《尧典》说：‘二十八年以后，尧帝逝世，百官好像死了父母一样悲痛，为他服丧三年，天下都停止音乐娱乐（以表哀思）。’孔子说：‘天上没有两个太阳，民众没有两个天子。’舜当时如果真是（在尧在世时）已为天子，（在尧死后）又率领天下诸侯为尧服丧三年，这就是同时有两个天子了（，这是不可能的）。”

咸丘蒙说：“舜不把尧帝当作臣子，我已经懂得您的教诲了。《诗经》中说：‘遍天下没有一寸土地不是天子的土地，在环绕土地的四围之内生活着的人没有一个不是天子的臣民。’而舜既然是天子，那么请问瞽瞍却为什么不是舜的臣民呢？”

孟子说：“这些诗句并不是你说的这个意思。这句诗说的是作者忧劳于国事，而不能孝养父母。他说：‘这些事无一不是天子之事，而唯独我承担这劳苦工作。’所以解释《诗经》的人，不能拘泥于文字而妨害对词句的理解，也不能拘泥于词句的表面意思而妨害对于作者原意的理解。只有用自己切身的体会去（合理地）理解推测作者的原意，这才是获得对诗句正确理解的正确方法。如果仅仅拘泥于表面的词句，那么《诗经·大雅·云汉》诗中说：‘周朝遗留下的老百姓一个人都没有了。’如果我们真相信这句话是真实的，那么周朝就没有遗民了（，这怎么可能呢？)。做孝子尽孝应该做的事，没有比尊敬父母更大的了；尊敬双亲应该做的事，没有比用天下来奉养父母更大的了。瞽瞍作为天子的父亲，这是尊贵到了极点；舜以天下来孝养瞽瞍，这是奉养父母的极致了。《诗经》中说：'永远地讲求孝道，孝道是治理天下的准则'，说的就是这个意思。《尚书》中说：'舜以恭敬之心见瞽瞍，谨慎小心，瞽瞍的态度也变得诚恳和顺。'这难道是说'对于品行隆盛之人，父亲不能把他当儿子'吗？"

儒家始终面临两大伦理关系之间的张力，这两大逻辑关系一方面是基于家庭血缘关系而固有的"孝爱"伦理(此孝爱伦理在内涵上也包含夫妇之伦理)，另一方面是基于社会结构而衍生出来的"忠爱"伦理，而"忠爱"伦理包含着一切社会关系之伦理，从最底层的乡党、朋友之伦，一直到最顶层的君臣关系伦理。"孝爱"乃是人类伦理之根基与原点，是人类道德追求与道德激情的触发之处、启动之处，而"忠爱"则是扩大了的"孝爱"，是从"孝爱"中衍生出来的道德情感与道德价值。我们今天以现代国家治理的道德标准与法律政治标准来衡量古代儒家的道德实践，往往会感觉颇多抵牾之处。儒家强调孝爱的根本性、绝对性的道德价值，同时强调忠爱的条件性、依附性的道德价值，忠爱在构建更广大、更具弹性的社会共同体中具有重大价值，然而相对于孝爱，忠爱并不具备优先性和替代性，这是儒家始终坚守的人类伦理底线。这一伦理底线之持守，使儒家伦理既具有一定的超越性，其人格追求一直到"舍生而取义"(11.10)的高度；然而又具有厚实的现实性，将超拔之理想人格与笃实的生命实践结合起来，达到一种平衡。而将孝爱与忠爱这两大伦理体系的关系处理得最为完美、将孝爱与忠爱之内涵诠释得最为美妙的人，当推大舜，古往今来无一人能与大舜比肩。虽然尧、禹、文、武、孔、孟等，皆堪为万世之师，然而他们没有一个人在孝爱与忠爱的平衡中面临像舜那么棘手、那么富于挑战性的困境，因而也没有一个人像舜那样，在孝爱与忠爱的抉择中遭遇那么多殊死的心灵斗争与致命的道德抉择。舜的遭遇与困境如此惊心动魄，以至于他在孝爱与忠爱中所树立的榜样、他在孝爱与忠爱中所体现出来的生命智慧，是无人企及的，也是具有永恒的道德价值的。从这一角度来说，舜的故事堪称一部具有永恒且迷人价值的道德寓言。

舜是尧帝的继任者，也是古代因禅让之制而践天子之位的第一人。舜的事迹，在《尚书》中有一些记录，司马迁的《史记·五帝本纪》中可能主要依据《尚书》也做了一些记录，而《孟子》一书中对舜的描述远较《论语》为详尽，其主要参考文献应该也是《尚书》。尧帝当然是仁德与智慧都达到极高境界的人，《史记·五帝本纪》中这样描述："帝尧者，放勋。其仁如天，其知如神。就之如日，望之如云。富而不骄，贵而不舒。黄收纯衣，彤车乘白马。能明驯德，以亲九族。九族既睦，便章百姓。百姓昭明，合和万国。"然而尧帝最大的智慧却体现在他对舜的发现和试炼上。尧在年老时，要选择继承人，他询问了"四岳"及诸臣继承者之人选，然而他对"四岳"及诸臣推荐的人选都不满意："放齐曰：'嗣子丹朱开明。'尧曰：'吁！顽凶，不用。'"放齐推荐尧的儿子丹朱，尧却认为自己这个儿子愚顽凶狠，并不开明，不堪重用。"讙兜曰：'共工旁聚布功，可用。'"讙兜（"四凶"之一）推荐共工（也是"四凶"之一），说他广聚人力，兴办事业，是个能臣，然而尧帝却认为"共工善言，其用僻，似恭漫天，不可"，也就是说尧洞察到共工这个人表里言行不一，表面上很会说话，然而其行为邪恶，表面上态度恭敬，然而却欺慢上天，可见尧帝确实能察人、识人。尧于是就说："嗟，四岳，汤汤洪水滔天，浩浩怀山襄陵，下民其忧，有能使治者？"尧面对当时洪水滔天、万民忧困之危急局面，求贤若渴，于是大家推荐鲧，而尧试用鲧九年，“功用不成”，于是尧要求“四岳”推荐更广泛的人选，“悉举贵戚及疏远隐匿者。”众人此时才说：“有矜（按：‘矜’同‘鳏’，三十无妻曰‘鳏’）在民间，曰虞舜。”即谓有一个老光棍叫舜的，这个人是“盲者子。父顽，母嚚，弟傲，能和以孝，烝烝治，不至奸”。这个瞎子的儿子，父亲瞽瞍凶顽无德，后母亦人品恶劣无信无义，弟弟象品性狂傲，然而舜却能以友爱、和顺、温厚、孝悌之道来对待父母兄弟，勉力维系整个家庭之和睦稳定，不使家庭破裂。尧听四岳推荐舜，就立即表现出极大的兴趣，他也早已耳闻这个著名的大孝子，估计也对舜如何在如此严酷的家庭环境中“和孝治家”的奇迹般的道德能力感到好奇（或困惑），所以尧决定“吾其试哉！”他要亲自用某些特殊的方式来试验这个至孝奇人。我们可以想象，尧帝之所以在此后决定用极为丰富的手段测试舜在各方面的能力，而且在这些手段中还包含着将两个女儿（娥皇与女英）嫁给舜这样极为冒险的测试（测试若失败，也就毁了两个女儿的终生幸福），乃是因为尧通过他极为睿智的洞察，通过他自己的生活经验与处世智慧，已经对舜的德性、智性、能力、情商等有了一个直觉的、然而又是极为精准的判断。尧帝相信，能够在那样的家庭环境中仍然保持坚定的德性追求的人，一定是一个具备极贞固、极本原的仁德品质的人，必是大孝、大德之人。同时，凶顽无义的父母与狂傲残忍的弟弟“日以杀舜为事”（9.3），而舜在那样严酷的家庭环境中，不但使家庭保持了和睦（不致崩溃破裂），而且完好地保持了自身的生命安全，表明他一定是一个具备极高的智慧的人，一个生存能力极强的人，一个在任何时机、时势中，都能做出最佳决策的“时机化能力”极高超的人。如果舜不具备“时机化能力”，而只是心存至孝，他早就难保性命。这也就是尧帝敢于冒毁掉两个女儿终身幸福的危险而对舜进行系列测试的原因，尧相信自己的判断与洞察，舜后来的表现，也充分证明了尧帝的判断与洞察是极其准确的。

《史记·五帝本纪》中说："于是尧妻之二女，观其德于二女。舜饬下二女于妫汭，如妇礼。尧善之，乃使舜慎和五典，五典能从。乃遍入百官，百官时序。宾于四门，四门穆穆，诸侯远方宾客皆敬。尧使舜入山林川泽，暴风雷雨，舜行不迷。尧以为圣，召舜曰：'女谋事至而言可绩，三年矣。女登帝位。'舜让于德不怿。……于是帝尧老，命舜摄行天子之政，以观天命。……"尧帝将二女嫁给舜，这个测试实际包含着极为深刻也极为睿智的用意。他要通过观察舜在处理两位夫人和家人的关系的过程中，考察并验证舜的德行与能力。娥皇与女英贵为天子的女儿，出身高贵，生活条件必定十分优渥，而舜是一介平民，舜的家庭是一个极为普通的家庭，这就产生了一个极为明显的"落差"，舜要处理得当，极不容易。他一方面要以极高的道德感召力与人格魅力影响与熏陶娥皇与女英，使之能顺从舜之意愿，在这一平凡家庭中任劳任怨，恪尽妇道，而不能仅仅用礼法制度甚至用威逼手段来强迫两位出身高贵的夫人尽其家庭义务。由此可见，舜在使两位夫人心悦而顺服方面确实显示出高超的艺术与极高的人格魅力，否则夫妻之间必然触发极大的矛盾，从而毁坏整个家庭。另一方面，舜的家庭并不是一个寻常人家，而是一个"父顽，母嚚，弟傲"的家庭，舜要带领两位出身高贵的夫人进入这样一个极其复杂且极为严酷的家庭环境，而且要使两位夫人恪尽妇道，与家人保持和顺关系，这是一个"世界级"的伦理难题，这比舜自己能在严酷家庭中"和孝治家"更难上百倍。可见尧对舜这个测试的用心真是"良苦"，以尧的处事智慧，他当然能预料两个女儿与舜在此后的家庭生活中所面临的巨大考验与试炼，这是对舜德性、才能与智慧的最严格、最全面测试。

"尧妻之二女，观其德于二女"的测试，首先是夫妇之道的测试，在家庭出身反差极大的舜与娥皇、女英之间，夫妇之道的考验对于观察舜真正的德行操守至关重要。在人类伦理关系中，"夫妇"这一伦是最为初始、最为原本、最具有生机的一层，孟子说："男女居室，人之大伦也。”（9.2）一阴一阳，乾健坤顺，天地变化，神妙莫测；夫妇之道，贵在其生生不已，自阴阳乾坤开合动静而开展出人类家国天下的伦理世界。《周易·系辞传上》曰：“天尊地卑，乾坤定矣。卑高以陈，贵贱位矣。动静有常，刚柔断矣。方以类聚，物以群分，吉凶生矣。在天成象，在地成形，变化见矣。是故刚柔相摩，八卦相荡，鼓之以雷霆，润之以风雨。日月运行，一寒一暑。乾道成男，坤道成女。乾知大始，坤作成物。”男女夫妇之道，是宇宙天地阴阳变化之具体而微的缩影，男女夫妇所体现出来的刚柔动静，乃天地之生生气象的最生动的呈现，也是人类繁衍不息的动力源泉。《周易·系辞传上》又说：“夫乾，其静也专，其动也直，是以大生焉。夫坤，其静也翕，其动也辟，是以广生焉。广大配天地，交通配四时，阴阳之义配日月，易简之善配至德。”夫妇之道，即是乾坤之道，其阴阳交通生发出天地之广大丰富，从而构型人类生生不已之壮美篇章，因此儒家极重视夫妇一伦。夫妇之道既神妙莫测，又纤微毕现，在夫妇之间长期的亲密的交往中，彼此的一切都向对方完全敞开，任何隐藏的心灵秘密都难以长期遮蔽，因此夫妻关系也是最考验一个人的人格、道德与精神世界的一种关系。长期亲密的夫妻关系，使一切道德上的伪装与欺骗，都成为几乎不可能的事。从这个角度说，尧帝将自己的女儿嫁给舜，要观察这个“老光棍”（尧见舜的时候，舜已经三十多岁）的道德表现（尤其家庭中的孝道）之真伪，真是一个极为智慧的测试方法。尧帝相信，在夫妻间长期耳鬓厮磨的亲密关系中，舜在家庭中的道德表现的任何瑕疵都将无可逃遁，是“观其德”的最佳方式。而且更为奇妙的是，尧帝还将两个女儿一起嫁给了舜，这就使舜在家庭道德表现中“造假”的概率又大大地降低了，可以说将尧帝测试“无效”的可能性降低到极点。这又是尧帝的不可思议的智慧所在，即使一个女儿因过于迷恋倾慕大舜而被蒙蔽，从而被大舜的“伪孝伪善”所俘获，但两个女儿同时“中招”则几无可能。尧帝的这一测试对于舜当然是极其

“切中要害”的，要知道，舜是一个三十几岁还没婚娶的光棍汉（矜，即鳏），当他突然如天上掉馅饼般从尧帝那里惊喜“接获”两个美貌女子，而且是天子之女儿，在他的人生发生如此令人头晕目眩、难以置信的巨大变化时，他还能否淡定、坚定、冷静地处理自己、妻子与“顽父、嚚母、傲弟”的关系？他如果只顾自己的小家庭，而与原来的恶劣的家庭关系决裂，也不是没有可能的，甚至也不是不合情理的，因为舜之孝天下皆知，舜之父母兄弟之冥顽不化、残暴不义也是天下皆知。孟子说：“人少，则慕父母；知好色，则慕少艾；有妻子，则慕妻子；仕则慕君，不得于君则热中。”（9.1）舜面对美女，能过“慕少艾”这一关吗？他有了妻子，能过“慕妻子”这一关吗？他娶了天子的女儿，以舜的聪睿，毕竟知道此后可能“仕途显赫”，他能过“慕君”这一关吗？从所有这些方面来看，尧帝的试炼真正堪称天底下最难通过的测试！然而面对极其艰难的测试，舜处理得极为从容、极为平易，轻描淡写，毫不费力。《史记·五帝本纪》中说：“舜饬下二女于妫汭，如妇礼。”“尧二女不敢以贵骄事舜亲戚，甚有妇道。”舜在面对天子赐下的两个女儿时，并未头晕目眩，也没有得意忘形，他打发他的两个妻子回到位于妫汭的老家去侍奉公婆，“饬”有训教、告诫、规诫之义，舜完全没有把两个出身高贵的妻子看作是“掌上明珠”，而是训教她们应孝顺公婆，处理好家庭关系。我们猜想，舜必定以极大的智慧，以极为妥帖柔和的方式，让两个妻子深刻地理解舜家庭结构中的困境，并心悦诚服地接受舜之劝教而愿尽为人儿媳的义务，这个说服、劝教、引导的过程（即“饬”）需要多大的智慧！一般的智慧，是很难让这两个出身高贵的妻子，在舜那样一个潜藏巨大伦理危机的家庭中心甘情愿地尽义务的。如果我们仔细设身处地地揣摩舜的处境，以及舜劝教、感化娥皇女英的过程，我们就会体会舜作为丈夫、作为儿子，所面对的绝大的艰难困境，也不能不油然而生对舜的“时机化智慧”的惊叹与赞佩之情！两位妻子在舜的劝教感化下深明大义，在大舜的家庭中恪守妇道，尽妇礼，把整个家庭维系得很妥帖，其妇德之盛，其处世之智慧，亦令人叹服。“尧善之”，尧对舜的表现非常满意，证实了舜的大孝乃至孝，非伪孝；同时也印证了舜处理各种复杂问题时的进退从容、应付裕如的办事才能。于是尧又让舜主持典章制度的制订工作，让舜总领行政工作管理百官，让舜主持外交工作接待四方宾客，而且让舜在极为复杂恶劣的环境下考察国内的山川地理，舜无一不从容应对，办理得极为圆满妥当。舜顺利通过后面的这些测试，是顺理成章的：尽管舜作为一介平民，“发于畎亩之中”（12.15），此前并没有参与政事，然而他在复杂的家庭关系中平衡孝爱与自我心灵的能力，他善于调节矛盾、化解矛盾的能力，都为他果断妥当地处理政事打下了基础。因此，尧帝对舜的“孝行”的测试，表面上是看他是否“伪孝”，然而其隐含的政治伦理原则则是“孝行”与“天子之德”之间的相关性，是“齐家”与“治国平天下”之间的相关性，是“孝爱之能力”与“治国之能力”之间的相关性。对于舜这样一个随时能以极为高超的“时机化能力”处理复杂家庭关系的人而言，他既能“齐家”，就能“亲睦九族”，就能“协和万邦”，因为治理“九族”与“万邦”的原则与能力，不外是“孝爱”原则与能力的推广扩充而已。

《史记·五帝本纪》对于舜的记载较《孟子》为详，在叙述尧对舜的测试以及禅让之事后，《史记》又补叙了舜的家庭故事，这些描述有些与《孟子》类似，而有些则有较大出入。舜“不告而娶”的事，孟子数及之（7.26，9.2），均以“不孝有三，无后为大”（7.26）、“男女居室，人之大伦也，如告，则废人之大伦，以怼父母，是以不告也”（9.2）来解释。对舜的家庭及舜之孝爱与机变，《史记》载：“舜父瞽叟盲，而舜母死，瞽叟更娶妻而生象，象傲。瞽叟爱后妻子，常欲杀舜，舜避逃；及有小过，则受罪。舜事父及后母与弟，日以笃谨，匪有解。舜，冀州之人也。舜耕历山，渔雷泽，陶河滨，作什器于寿丘，就时于负夏。舜父瞽叟顽，母嚚，弟傲，皆欲杀舜。舜顺适不失子道，兄弟孝慈。欲杀，不可得；即求，尝在侧。”舜这个人有着超常的机变能力，也就是“时机化能力”，他会极为明智地根据当下的情势、时机而采取最合宜的权变行为，既合礼义，又合常情，同时还能完好地保全自己。“欲杀舜，舜避逃；有小过，则受罪”，大舜非常善于应变，当父母大怒欲杀之之时，择机避逃；而只有犯小过错的时候，他才承受责罚。“欲杀，不可得；即求，尝在侧”，父母要杀他，总不能得手；待到父母有事呼求他时，他却每求必应，舜的机变、权变能力，实在是到了神妙莫测的地步。也正是基于对舜的这一能力的惊叹及疑惑，尧决定用一系列测试来考验舜：“舜年二十以孝闻。三十而帝尧问可用者，四岳咸荐虞舜，曰可。于是尧乃以二女妻舜以观其内，使九男与处以观其外。舜居妫汭，内行弥谨。尧二女不敢以贵骄事舜亲戚，甚有妇道。尧九男皆益笃。舜耕历山，历山之人皆让畔；渔雷泽，雷泽上（之）人皆让居；陶河滨，河滨器皆不苦窳。一年而所居成聚，二年成邑，三年成都。尧乃赐舜絺衣，与琴，为筑仓廪，予牛羊。”（《史记·五帝本纪》）尧对舜进行了家族内外事务之考验，且观察到舜在众人中的道德表现，对舜能在各种情境（职业、居所）中秉德义而行、以德义化人的能力甚为满意。舜这个在严酷家庭中仍笃行孝爱并锤炼出极高明的机变权衡能力的人，在民众之中亦有极为强大的道德感召力。舜所到之处，民众皆被其感化，故皆努力向善，礼让谦逊，民风淳厚，诚信不欺，从中可见舜具备了一个领袖所独有的人格魅力，他以一己之至诚，感化、教化众人，从而使天下归仁。

对于舜被父母与弟谋害的故事，孟子与司马迁所描述的略有差异，其中有些出入有待深考。《万章上》中借万章之口详述了舜被谋害的过程：“父母使舜完廪，捐阶，瞽瞍焚廪。使浚井，出，从而掩之。象曰：‘谟盖都君咸我绩。牛羊父母，仓廪父母，干戈朕，琴朕，弤朕，二嫂使治朕栖。’象往入舜宫，舜在床琴。象曰：‘郁陶思君尔。’忸怩。舜曰：‘惟兹臣庶，汝其于予治。’”（9.2）这段话应是万章引自于古代文献（如《尚书》），而不可能出于万章之“创作”。《史记·五帝本纪》中的记叙更细，然而与万章的记叙有出入：“瞽叟尚复欲杀之，使舜上涂廪，瞽叟从下纵火焚廪。舜乃以两笠自扞而下，去，得不死。后瞽叟又使舜穿井，舜穿井为匿空旁出。舜既入深，瞽叟与象共下土实井，舜从匿空出，去。瞽叟、象喜，以舜为已死。象曰：‘本谋者象。’象与其父母分，于是曰：‘舜妻尧二女，与琴，象取之。牛羊仓廪予父母。’象乃止舜宫居，鼓其琴。舜往见之。象鄂不怿，曰：‘我思舜正郁陶！’舜曰：‘然，尔其庶矣！’舜复事瞽叟爱弟弥谨。”这段故事情节更丰富，显示了司马迁的小说家之本事，而其事大致与万章的描述差不多。然而结尾处司马迁记载象杀完舜，住进了舜的居所，而且在那里鼓琴，舜回家来见到象，搞得象既惊愕又尴尬；而《孟子》中却说舜逃命出来后，回到家里，在床畔抚琴，此时象来到舜的居所，见面后象忸怩不安，与《史记》记载的时间前后顺序正好相反。这一记载之差异，不光是事件前后逻辑之差异，更反映了司马迁与孟子对“抚琴”这一行为理解之不同。《孟子》所载，是说“舜已出井，而象乃掩盖。是舜先已在宫，象掩毕而后来，未见舜，先已闻琴，故愕然而反”，而“《史记》以瞽叟与象实土后，舜乃从匿空旁出，故以为象先居舜宫，鼓其琴，舜后入宫见之。若此，则象先不知舜未死，既居舜宫，必已彰其跋扈之迹，则郁陶思舜之言，何能自掩，《史记》非也。惟舜先从井出，潜自入宫，知象将来，故鼓琴以示之。既示其未死，且感以和，此象所以愕然而悔也”（焦循《孟子正义》卷十八）。焦循这段辨析，以《史记》为非，以《孟子》为是，是有道理的，其最关键处在于对“鼓琴”之意义的理解。琴者，礼乐之器也，舜鼓琴而使象闻之，乃晓之礼义，使象知其非；琴乐以和为上，舜抚琴以中和之音，乃使象知中和之美，进而知家和之要；琴声和缓而悦耳，可使象知舜必心平而气和，不以象之恶行而介然在怀，故使象愕然而惊、幡然悔悟，而象“忸怩”、“不怿”之情态，正可说明象内心之挣扎、尴尬与纠结，也正表明象虽傲而残暴，然其善心终不尽泯也，其良知仍未全丧也。因此鼓琴这一行为，在舜则意义非凡，蕴含着丰富的寓意，而在象则不合逻辑了。

然而舜的行为仍然是令人困惑的，万章的困惑两千多年以来也困扰着很多人。“象日以杀舜为事”（9.3），面对这样的弟弟，舜的反应令人惊异，他处理问题的方式也是世界上绝无仅有的。万章的疑问“不识舜不知象之将杀己与？”（9.2），当然也是我们每一个人的疑问。而以舜的处事智慧与洞察人性的能力，他怎么会不知道父母与弟弟要杀自己呢？他不但知道，而且早已经以极高的时变能力预先想好了各种应对策略，“欲杀，不可得；即求，尝在侧”，对于这样一个世事洞明之人，他对一切早已洞彻。然而当他在床抚琴之时，内心的情感是如何的呢？他的琴声里传达了他怎样的情感波动与心灵挣扎呢？作为一个有着真情实感的人，舜不会对父母兄弟的行为无动于衷，尤其是对于大舜这样一个情商极高、感受力极深、情感世界极为丰沛之至人，他面对家人的行为时，当面临更大的、更致命的心灵战争。故舜之抚琴，其声既有中和仁德之音，又有劝诫化人之声，而且也必有深沉的幽怨、感伤之声：中和仁德之声，乃表舜之大孝大悌、至宽至仁之高风，面对家人之恶行，舜以内心强大的道德力量来纾解，而不是以愤怒、报复来应对；劝诫化人之声，乃表舜对家人之不弃，尤其对于弟弟，他尚祈望弟弟能改过自新，有所悔悟，此孟子所谓“中也养不中，才也养不才，故人乐有贤父兄”（8.7）之意，而当他听到象说“郁陶思君尔”，并做出“忸怩”尴尬神情时，更知象良知之萌，知象尚未完全丧失其内心之道德良心，故此时之琴声，润物无声，内含劝勉，舜欲保住象这一点良知根苗，点醒象之内心的道德自觉意识，使之于一念之间向善，复其良知；而幽怨感伤之声，正是大舜至情至性的另一面，是他内心巨大的痛苦挣扎与强烈的孝爱道德追求双方展开斗争的一种体现，舜在此时是一个“活生生的人”，是一个有着丰沛、复杂、敏感的情感世界的“真正的人”，而不是一个按照固有的礼法制度与道德规则僵硬行事的“道德机器”，而唯有这幽怨感伤之声，才正是舜有血有肉、至情至性的孝爱的最真实的表达，也才能体现出舜的孝爱行为中所蕴含的真正的艰难、痛苦、纠结与挣扎，也才能显示舜在这场致命的道德战争中所付出的心灵代价和所达到的心灵境界。如果不设身处地地把自己置于舜的内心之中，而是理所当然地把舜的行为归结于理性的孝道行为与冷静的道德选择，那么舜的真正的人格的伟大与心灵的超越之处也就难以呈现；而舜作为古往今来最值得珍视、最光辉照人的孝爱典型的意义，也必将黯淡，难以真正震荡、撼动后人的心灵。舜“象忧亦忧，象喜亦喜”，正体现出舜这种复杂的、然而却是真实的情感：当象以“忸怩”之态，言不由衷而又充满愧疚地说出“郁陶思君尔”这句话时，舜的内心实际上充溢着复杂的情感，他既为自己的孝悌之行得不到应有的回馈与反应而感到忧伤，又为弟弟能以“郁陶思君”之言表达内心之纠结悔恨而略感一丝欣慰，从弟弟内心尚存一丝良知根苗，而望其可救可教。因此孟子说：“彼以爱兄之道来，故诚信而喜之，奚伪焉？”舜的忧喜是极为复杂的，当他看到象的表现，心情既忧又喜，象的尴尬失态、忸怩作态、纠结挣扎，舜都看在眼里，然而舜最终以极开阔宽宏的胸怀、极具有权变的时机化能力、极真挚的孝爱情感，选择了面对象的最合宜的方式：既化解了矛盾，保存了家庭中的孝爱情感，又达到了教化感化弟弟的目的。在这场惊心动魄的情感剧中，舜的“见机而作”的时变能力、深沉的孝爱意识、高度的情感自控力、清醒而自觉的道德意识，都得到了极其完美的呈现。舜的目的，不是惩罚象、报复象、揭露象，而是感化象、引领象、教育象，使象不仅能感受到舜的兄弟之爱，而且更能回归到一条正确的道德之路。舜要帮助象“求其放心”（11.11），这就是孟子所说的“得其所哉”（9.2）。“得其所哉”是一种对于象这样的人的“道德期许”，即使象欺罔了舜，舜也没有放弃感化象、使象归于正途的努力。

舜不但没有报复和责罚象，而且说：“惟兹臣庶，汝其于予治”（9.2），要让象得到封地并“治理”政事。古人的叙事方式较简洁，在这短短的对话背后，我们可以想象必定有极为复杂、比较长期的情感交流与心理辅导工作，只有经过这样周密的、深入的情感交流与入心入脑的心理辅导疏引，才能使舜做这样一个决定，因为这个决定不仅涉及“家”这个情感共同体，而且涉及到更为广阔的“国”（天下）这个政治共同体。因此，舜将象封于有庳国，不同于将共工、驩兜、三苗、鲧流放于边远地区的“诛不仁”，而是“封之”。所以万章在9.3中提出了重大的疑问：“有庳之人奚罪焉？仁人固如是乎？在他人则诛之，在弟则封之。”对于象这样一个至为不仁之人，为什么要采取与共工这些“不仁”之人不同的方式呢？这里面所显示出来的行为悖论，正是儒家所面临的最艰难、最棘手的伦理问题之一，即如何在公共伦理与家庭伦理中找到一个合适的、合情合理合制（礼法之制）的平衡。这就涉及到一种伦理体系中处理各种（各级）伦理关系时的优先次序问题。在儒家伦理观念中，“亲亲”作为一种家庭伦理原则，其重要性要优先于那些适用于其他社会共同体的伦理原则，在“忠爱”与“孝爱”中，“孝爱”（以及与之相连的“悌”）具有优先性。因此在舜对弟弟象的处理上，明显地体现出这一孝爱原则的优先性，家庭伦理被置于其他社会共同体伦理之前，尔后再来讨论二者的协调与平衡问题。所以孟子认为，舜封象于有庳国乃是“孝悌之爱”的真实表现，而且唯其如此，才能真正诠释舜之孝爱之真实性与合理性：“仁人之于弟也，不藏怒焉，不宿怨焉，亲爱之而已矣。亲之欲其贵也，爱之欲其富也。封之有庳，富贵之也。身为天子，弟为匹夫，可谓亲爱之乎？”（9.3）舜一方面将弟弟封于有庳而使之富贵，然后同时，作为天子，舜又要考虑到国家治理与天下秩序，这一层伦理关系的核心乃是公正与仁道。于是舜派专门的官吏来管理有庳国，以行使其行政权与财政控制权，从而在实质上剥夺了象行使政事的实际控制权，这样象就既得到了富贵，又不可能对有庳国的政治经济治理造成实质性的影响，不得“暴彼民”，象的封赏及其职位是象征性的，不会影响到国家治理与天下秩序，如此舜就达到了“孝悌之爱”与国家治理伦理的巧妙平衡。

舜在对父亲瞽叟的态度上，也体现了这一原则。9.4 中咸丘蒙以齐东野人之语：“盛德之士，君不得而臣，父不得而子”来问询于孟子，其中最关键的伦理难题乃是身为天子的舜如何处理与作为普通百姓的瞽叟之间的关系问题。“舜南面而立，尧帅诸侯北面而朝之，瞽瞍亦北面而朝之。舜见瞽瞍，其容有蹙。孔子曰：‘于斯时也，天下殆哉，岌岌乎！’”舜以君（尧）、父（瞽叟）为臣，不是违背了“盛德之士，君不得而臣，父不得而子”的俗语了吗？如果真如此，天下可就真的危殆了！此事在《墨子·非儒篇》和《韩非子·忠孝篇》也有类似的记载。孟子认为，舜此时只是辅相尧帝以行政事，“尧老而舜摄”，舜并非为天子，而是摄政，故不存在“以尧为臣”的事。更困难的问题在后面。舜作为摄政天下的人，应如何处理与父亲的关系？在这里，孟子仍然强调儒家伦理中“孝爱”之于“忠爱”的优先性原则，从而认为“舜见瞽瞍，其容有蹙”，乃是至孝至爱的亲情流露，这种真实的孝爱情感不仅不应受到谴责，而且应该受到肯定与褒扬。舜富有天下，他和父亲瞽叟就面临着双重关系，第一重是基于孝爱原则的血亲伦理关系，第二重是基于忠爱原则的治国者与被治理者的公共伦理关系。从传统社会的公共伦理来看，治国者必须受到被治理者的尊崇，其地位的尊卑关系是极为明确的；然而从儒家的“孝爱—忠爱”关系来看，却始终将“孝爱”置于“忠爱”之先，孝爱具有优先性。即使舜作为富有天下的治国者，当他面对自己的父亲的时候，也必定遵循孝爱优先的原则。所以舜在看到父亲时表现出一个儿子所特有、且应有的恭谨不安的表情，这才是舜大孝的表现，也是舜作为人子的最真实最本真的情感流露。“孝子之至，莫大乎尊亲；尊亲之至，莫大乎以天下养。为天子父，尊之至也；以天下养，养之至也。《诗》曰：‘永言孝思，孝思维则。’此之谓也。《书》曰：‘祗载见瞽瞍，夔夔齐栗，瞽瞍亦允若。’”舜以天子之尊，敬事瞽叟，见父亲必恭谨小心，敬慎战栗，绝不会在父亲面前摆官架子，而是始终持守为人子的本分，孝爱之真挚情感时时流露；而这种真诚的孝爱情感，也使父亲深受感动，瞽叟虽盲，看不见大舜“其容有蹙”、“夔夔齐栗”之貌，然而儿子的一片赤诚孝心他是感受到了，而且这种赤诚孝心在舜的地位变化之后，一点儿也没有改变。舜之本真孝爱感天动地，纵使铁石心肠也必受到感化，故“瞽叟允若”。允者，诚也，信也；若者，善也，顺也。瞽叟被舜的至孝至亲的情感所化，亦诚而向善，孝爱至此，令人感佩，亦令人慰藉！此即孟子所说“瞽瞍厎豫而天下化”（7.28）。舜的孝爱既能使愚顽的瞽叟化之，则必化天下也。

然而舜作为一个至情至性、有着丰沛情感的“真实的人”（而不是一个被人塑造的道德标本），他内心所经受的折磨与锤炼是别人所难以完全体会的，他所面临的巨大的痛苦、致命的忧伤，与内心的彷徨无助，也不是外人所能够切身感受的。舜在道义与心灵之间所做的抉择，既是基于他道德人格的自觉的行动，但同时也必然经受了心灵深处巨大的创伤。而作为一个“真实的人”，他也不得不经受犹疑、绝望、忧伤与徘徊，他也不得不体会被至亲之人抛弃甚至毁灭带来的内心崩溃。他在这每一次的艰难选择中都要经受一遍内心的挣扎，这种挣扎不仅是道德上的，甚至主要不是道德上的（因为道德上的选择极为清晰明确），而是情感上的；他在道德选择上的明智，既给他带来内心的慰藉与自我肯定，但同时也给他带来无边的孤独与忧伤。“舜往于田，号泣于旻天”（9.1），这是一个怎样的令人悲怆、感天动地且惊心动魄的画面！舜在无边的旷野之中，向着苍天呼号哭泣，天地亦为之动容！在这充溢着哀伤、依恋、失落、感激、幽怨、怀念、孤独的哭泣中，隐藏着孝爱作为一种人类情感的最大奥秘。舜在这与神倾诉的境况中，不仅向我们展示了他在孝爱中最为丰沛、最为复杂的情感，同时也向人类证明了孝爱作为一种最伟大的情感的艰难、深沉与光辉。曾子言“父母爱之，喜而不忘；父母恶之，劳而不怨”，而孟子则深切地洞察舜的“怨慕”内心，这是孟子孝爱哲学中最值得重视的、也是最独特的贡献。孟子幼而丧父，慈母将其教育抚养成人。孟子的内心深处，虽不曾对父母涌起如同舜那样由于严酷孝爱环境所激发出来的复杂孝爱情感，然而孟子之身世，也能够使他有足够的生命体验来体悟舜内心的困境与挣扎，能够体味舜怨慕交加的独特心路历程。如果仅仅是“父母恶之，劳而不怨”，那么一个孝子就可以在恭顺孝养父母之后再无所纠结，这边照顾完父母，那边出门就满心释然，甚至如无事人一般乐享人生，然而这样的看似符合曾子孝亲原则的人，并不是一个“真实的人”，并不是一个具备正常人心理状态的人，也并不是一个拥有丰沛情感的人，事实上这样的人要么并不存在，要么并非真正意义上的具备深刻孝爱意识的人，这样的人只是一个“摹刻”儒家孝亲道德规则的刻板的“道德模板”，而不是一个活生生的怀有真实孝爱情感的人。公明高对长息的回答寓意深长：“是非尔所知也”，如果仅仅拘泥于儒家的道德伦理立场，不能深入到舜的内心深处，不能在舜的真实场景中理解舜，不能把自己置于舜的情境中去“将心比心”地响应舜的内心震动，则我们将永远不能理解体悟舜的“号泣于旻天”、“怨慕交织”，也永远不能还原舜在“怨慕”的背后所蕴含的真正伟大、亲切、真实、深厚的孝爱情感。“公明高以孝子之心，为不若是恝：我竭力耕田，共为子职而已矣，父母之不我爱，于我何哉？”（9.1）。公明高实在是深解大舜之人，他认为像舜这样一个真正的孝子，面对父母对待自己的境况，是无论如何不可能无动于衷的，他内心的挣扎、苦痛，乃至于彷徨、绝望，都是他至情至性的真实体现：我已竭力承担家庭重担，竭力以恭顺孝爱之德恪尽为人子之道德义务，而父母仍然厌恶我，我又有何罪使父母至此呢？故大舜在旷野之中面向苍天、面向神灵的哭诉号泣，乃既慕又怨：他以赤诚之心孝养父母，但仍不得父母欢心喜悦，父母对舜的态度令至纯至真、至情至性的孝子感到极度的困惑，而又感到极度的绝望与彷徨。他号泣于旻天，也在向苍天发问，问苍天如何才能解决自己的困境，祈祷苍天使父母能回心转意，从而使父母能够以诚挚的慈爱来呼应舜的孝爱！如果舜不能得到父母真正的慈爱，他的父母就难以在舜的孝爱中获得真正的精神愉悦与心灵慰藉，则舜的孝爱就不能成为真正的孝爱，也就不能成为“养志”（7.19），而只是养口养体之表面意义上的孝养。因此大舜号泣于旻天，怨慕交织之“怨”，并非是“恨”，而是一种呼求父母“慈爱”回响的忧伤失丧之情感，也是舜通过向苍天神灵的哭诉，而希求达到自我解脱、自我释放的真实情感。他内心的苦闷彷徨，乃是如此强烈，然而又无法向任何人流露宣泄，故旷野中的号泣，亦是舜向神灵表明心迹、渴求获得身心解脱的一种自然的情感表现。舜以至孝至爱之情，视天下如敝屣（13.35），“视天下悦而归己犹草芥”（7.28），“人悦之、好色、富贵，无足以解忧者，惟顺父母可以解忧”（9.1）。外在的功名利禄与物欲满足均不能使舜解忧，而只有得到父母的“慈爱”回响，能使大舜粲然无忧，如果能得到父母发自衷心的慈爱与欢悦，舜必会“足之蹈之手之舞之”（7.27），他内心的满足与喜乐必定无与伦比！大舜的内心深处，时时在期待着这一个温暖而且灿烂的时刻，如果这一刻能够到来，相信舜可以用一切来交换！这就是大舜在“号泣于旻天”之时内心“怨慕交织”的最真实的情境。无此情境之还原，则我们将永远无法理解大舜号泣怨慕的深厚意蕴，也将永远不能理解大舜孝爱行为之真谛。“大孝终身慕父母，五十而慕者，予于大舜见之矣。”（9.1）每一个至孝至爱、至情至性之人，也必“终身慕父母”，即使到了生命的尾声，仍无一日不慕父母，而慕中有怨，怨中有慕，慕父母之恩养也，怨父母不待其养也。舜之大孝，既如此惊天地泣鬼神，又如此合乎人性人情常理，他既是人类永恒的孝爱榜样，又是一个引领我们深探孝爱丰富内涵、使我们体悟孝爱之深邃、博大、艰难、沉重的“活生生的人”。

二十一　天命民本

9.5

万章曰:“尧以天下与舜,有诸?”

孟子曰:“否。天子不能以天下与人。”

“然则舜有天下也,孰与之?”曰:“天与之。”

“天与之者,谆谆然命之乎?”

曰:“否。天不言,以行与事示之而已矣。”

曰:“以行与事示之者如之何?”

曰:“天子能荐人于天,不能使天与之天下;诸侯能荐人于天子,不能使天子与之诸侯;大夫能荐人于诸侯,不能使诸侯与之大夫。昔者尧荐舜于天而天受之,暴之于民而民受之,故曰:天不言,以行与事示之而已矣。”

曰:“敢问荐之于天而天受之,暴之于民而民受之,如何?”

曰:“使之主祭而百神享之,是天受之;使之主事而事治,百姓安之,是民受之也。天与之,人与之,故曰:天子不能以天下与人。舜相尧二十有八载,非人之所能为也,天也。尧崩,三年之丧毕,舜避尧之子于南河之南。天下诸侯朝觐者,不之尧之子而之舜;讼狱者,不之尧之子而之舜;讴歌者,不讴歌尧之子而讴歌舜,故曰天也。夫然后之中国,践天子位焉。而居尧之宫,逼尧之子,是篡也,非天与也。《太誓》曰:‘天视自我民视,天听自我民听’,此之谓也。”

【译文】

万章说：“尧帝把天下授与舜，有这回事吗？”

孟子说：“不是的。天子不能把天下授与一个人。”

万章说：“既然这样，那么舜拥有了天下，是谁把天下给他的呢？”

孟子说：“是天把天下授与舜的。”

万章说：“（既然是）天把天下授与舜，那么是天反复叮嘱、教导他的吗？”

孟子说：“不是的。天不说话，天是通过那些（人的）行动与所发生的事来暗示罢了。”

万章说：“用行动与事情来暗示，是怎么一回事呢？”

孟子说：“天子可以向天推荐继承人，但不能让天把天下授与此人；诸侯可以向天子推荐继承人，但不能让天子把诸侯之位授与此人；大夫能够向诸侯推荐继承人，但不能让诸侯把大夫之位授与此人。从前尧向天推荐舜作为继承人，而天接受了；尧又将舜公开推举给民众，民众也接受了。所以说天不说话，而是用行动和事情来暗示罢了。”

万章说：“请问：尧向天推荐舜，而天接受；向民众推举舜，民众也接受。这是怎么一回事呢？”

孟子说：“尧让舜主持祭祀大礼，祭祀后天下得福，说明众神都享用了祭品，这就是天接受了（尧的推荐）；尧让舜主持政事，舜把所有的政事都治理得井井有条，老百姓都很满意，这就是民众接受了（尧的推荐）。是天授与舜（天下），是民众授与舜（天下），所以说，天子不能把天下授与一个人。舜辅佐尧治理天下二十八年，这不是靠某个人的个人能力所能做到的，这是天的旨意。尧死后，三年服丧结束，舜就来到南河的南边，以避让尧的儿子（，以示不与尧的儿子争夺天子之位），而天下诸侯来朝见的，不到尧的儿子那里，而到舜那里；那些有诉讼的人，不到尧的儿子那里，而到舜那里；那些歌颂的人，不歌颂尧的儿子（的功德），而歌颂舜（的功德），所以说（舜为天子）是天的旨意。然后舜才回到都城而履行天子之职。然而如果舜（主动）强居在尧的宫室中，强迫尧的儿子（让出天子之位），这就是篡位，而不是天授与他天子之位。《尚书·泰誓》篇说：‘天从老百姓的眼睛来看（一个人的德行），从老百姓的耳朵来听（一个人的声誉）（，从而判断是否授与他天子之位）。’说的就是这个意思。”

9.6

万章问曰：“人有言：‘至于禹而德衰，不传于贤而传于子。’有诸？”

孟子曰：“否，不然也。天与贤，则与贤；天与子，则与子。昔者舜荐禹于天，十有七年，舜崩。三年之丧毕，禹避舜之子于阳城。天下之民从之，若尧崩之后，不从尧之子而从舜也。禹荐益于天，七年，禹崩。三年之丧毕，益避禹之子于箕山之阴。朝觐讼狱者不之益而之启，曰：‘吾君之子也。’讴歌者不讴歌益而讴歌启，曰：‘吾君之子也。’丹朱之不肖，舜之子亦不肖。舜之相尧，禹之相舜也，历年多，施泽于民久。启贤，能敬承继禹之道。益之相禹也，历年少，施泽于民未久。舜、禹、益相去久远，其子之贤不肖，皆天也，非人之所能为也。莫之为而为者，天也；莫之致而至者，命也。匹夫而有天下者，德必若舜禹，而又有天子荐之者，故仲尼不有天下。继世以有天下，天之所废，必若桀纣者也，故益、伊尹、周公不有天下。伊尹相汤以王于天下。汤崩，太丁未立，外丙二年，仲壬四年。太甲颠覆汤之典刑，伊尹放之于桐。三年，太甲悔过，自怨自艾，于桐处仁迁义；三年，以听伊尹之训己也，复归于亳。周公之不有天下，犹益之于夏，伊尹之于殷也。孔子曰：‘唐虞禅，夏后、殷、周继，其义一也。’”

【译文】

万章问："有人说：'到了禹，道德衰落，不把天子之位传给贤人，而是传给儿子。'有这样的事吗？"

孟子说："不是，事实并非如此。天将天子之位授与贤人，那么贤人就得天子之位；如果天将天子之位授与天子的儿子，那么天子的儿子就得天子之位。从前舜向天推荐禹（为继承人），十七年后，舜死去，三年服丧结束后，禹来到阳城以躲避舜的儿子商均（，以示不与商均争夺天子之位），而天下民众都跟从禹，就像尧死后天下民众都追随舜而不追随尧的儿子丹朱一样。禹向天推荐益（做继承人），禹死去，三年丧礼结束后，益来到箕山北面以躲避禹的儿子启（，以示不与启争夺天子之位）。然而那些来朝觐天子和打官司的人都不到益那里去，而到启那里，说：'他是我们君主的儿子啊。'那些歌颂的人不歌颂益而歌颂启，说：'他是我们君主的儿子啊。'尧的儿子丹朱不好，舜的儿子商均也不好。舜辅佐尧、禹辅佐舜，经历的时间比较长，所以舜和禹向人民广施恩泽的时间久。启贤明，能够谨慎恭敬地继承禹的治国方略。益辅佐禹，经历的时间短，益向人民施恩泽的时间就短一些。禹、舜、益相隔的时间有长有短，（尧、舜、禹的）儿子也有好有坏，这些因素都是天决定的，而不是人的意志所能决定的。没有人想这样做而竟然这样做了，这就是天意；没有人想达到这样的目的，而竟然达到了这样的目的，这就是命定。作为一个老百姓而能得到天下的，必须既具有舜、禹这样的德行，而且又有天子向天推荐，（而孔子有舜、禹的德行，但没有天子的推荐，）所以孔子不能得到天下。（有些人是因为）继承父亲王位而得到天下。天所废弃的那些帝王，必定是像桀、纣那样的昏庸残暴的人，（然后才会有人在他们之后得到天下，而益、伊尹、周公所遇到的并不是这样的帝王，）所以益、伊尹、周公就没有得到天下。伊尹辅佐汤一统天下，汤死后，他的儿子太丁没有继承王位就死了，太丁的弟弟外丙继承了两年，弟弟仲壬继承了四年，（之后太丁的儿子太甲继承王位，）太甲完全抛弃了汤所建立的治国法度，伊尹就把太甲流放到桐邑。太甲在桐邑三年，悔恨自己的作为，改过自新，在桐邑修养人格，归于道义，三年后完全听从伊尹的训教，于是（伊尹又让太甲）回到亳都（做天子）。周公不能得天下，就好像益在夏朝（不得天下）、伊尹在商朝（不得天下）一样。孔子说：'唐尧虞舜实行禅让制，夏商周实行继承制，其道理都是一样的。'"

9.7

万章问曰："人有言'伊尹以割烹要汤'有诸？"

孟子曰："否，不然。伊尹耕于有莘之野，而乐尧舜之道焉。非其义也，非其道也，禄之以天下，弗顾也；系马千驷，弗视也。非其义也，非其道也，一介不以与人，一介不以取诸人，汤使人以币聘之，嚣嚣然曰：'我何以汤之聘币为哉？我岂若处畎亩之中，由是以乐尧舜之道哉？'汤三使往聘之，既而幡然改曰：'与我处畎亩之中，由是以乐尧舜之道，吾岂若使是君为尧舜之君哉？吾岂若使是民为尧舜之民哉？吾岂若于吾身亲见之哉？天之生此民也，使先知觉后知，使先觉觉后觉也。予，天民之先觉者也；予将以斯道觉斯民也。非予觉之，而谁也？'思天下之民匹夫匹妇有不被尧舜之泽者，若己推而内之沟中。其自任以天下之重如此，故就汤而说之以伐夏救民。

"吾未闻枉己而正人者也，况辱己以正天下者乎？圣人之行不同也，或远或近，或去或不去，归洁其身而已矣。吾闻其以尧舜之道要汤，未闻以割烹也。《伊训》曰：'天诛造攻自牧宫，朕载自亳。'"

【译文】

万章问："有人说：'伊尹做厨子，以美食向汤干求（爵禄）'，有这回事吗？”

孟子说：“不是的，事实并非如此。伊尹在莘国耕田，而以尧舜之道为乐。如果不符合道义原则，即使把天下作为俸禄给他，他也不屑一顾；（如果不符合道义，）即使有四千匹马放在那里（赐给他），他也不看一眼。如果不符合道义，他一丝一毫也不给予别人，也一丝一毫不从别人那里索取。汤派人带上布帛礼物，去聘请伊尹（出来当官），伊尹却淡然地说：‘我为何要接受汤的聘礼呢？我何不住在乡野之中，这样以尧舜之道为乐岂不更好吗？’汤三次派人持聘礼见伊尹，而后伊尹完全改变了主意，说：‘我与其住在乡野之中，由此以尧舜之道为乐，又何不让这位君王成为尧舜那样的君王呢？又何不让老百姓成为尧舜的老百姓呢？又何不（通过这些努力而）亲身见到尧舜之治呢？天生养人民，就必定让那些先知先觉的人来教化后知后觉的人。我，乃是上天所生养之民中的先知先觉者，我也应当以（自己觉悟到的）尧舜之道来教化那些（尚未觉悟的）民众。如果不是我来教化民众使之觉悟，谁又能让他们觉悟呢？’（伊尹）一想到天下的老百姓还有不曾享受尧舜之治的惠泽的，好像是自己把老百姓推到沟里一样。伊尹就是这样自己承担了天下如此沉重的使命，所以他就到汤那里，劝说汤讨伐夏桀，拯救人民。

“我没有听说过（圣人）使自己屈曲不正而能够使别人正直的，更何况使自己受屈辱来匡正天下吗？圣人的行事各有不同，有的疏远君主，有的亲近君主，有的离开君主，有的不离开君主，但归根结底圣人都努力保持人格的高洁而已。我听说伊尹以尧舜之道来向汤表明心迹，没听说过亲任厨师、以美食向汤干求。《尚书·伊训》说：‘（汤曰：）上天诛灭桀是从桀的宫殿开始，我是从亳都开始（与伊尹共谋顺天伐桀的）。’”

9.8

万章问曰："或谓孔子于卫主痈疽，于齐主侍人瘠环，有诸乎？"

孟子曰："否，不然也。好事者为之也。于卫主颜雠由。弥子之妻与子路之妻，兄弟也。弥子谓子路曰：'孔子主我，卫卿可得也。'子路以告。孔子曰：'有命。'孔子进以礼，退以义，得之不得曰'有命'。而主痈疽与侍人瘠环，是无义无命也。孔子不悦于鲁、卫，遭宋桓司马，将要而杀之，微服而过宋。是时孔子当阨，主司城贞子，为陈侯周臣。吾闻观近臣，以其所为主；观远臣，以其所主。若孔子主痈疽与侍人瘠环，何以为孔子？"

【译文】

万章问："有人说，孔子在卫国，住在痈疽（卫灵公宠信的宦官）家里，在齐国住在宦官瘠环家里。有这回事吗？"

孟子说："不，事实并非如此，是那些好事之人乱说的。孔子在卫国，住在颜雠由（卫国贤大夫）家里。弥子瑕（卫灵公的宠臣）的妻子与子路的妻子是姊妹俩。弥子瑕对子路说：'孔子如果住在我家中，卫国卿相的职位就可以得到了。'子路回来告诉孔子。孔子说：'一切听天由命。'（于是孔子就没有住到弥子瑕家里，更不会住在痈疽家里。）孔子依循礼而进，依循义而退，无论得到官位还是得不到官位，都说'听天由命'。而孔子若住在卫国的宦官痈疽和齐国的宦官瘠环那里，那就不是依循礼义而进退，也就无视天命了。孔子在鲁国和卫国不太得志，又遭到宋国司马桓魋要截杀他，于是换了一身衣服，避开桓魋，过了宋国。那个时候，孔子正处于困厄之中，就住在司城贞子家中，做了陈侯周的臣。我听说这样一个道理：如果要观察一个在朝的臣子的表现，就看他作为主人所招待的客人（是什么品性）；而如果观察一个远方来的臣子的表现，就要看他所寄居的主人（是什么品性）。如果孔子住在卫国宦官痈疽和齐国宦官瘠环家里，那么孔子还算是孔子吗（意谓这哪里是孔子的做派呢）？”

9.9

万章问曰：“或曰：‘百里奚自鬻于秦养牲者，五羊之皮，食牛，以要秦穆公。’信乎？”

孟子曰：“否，不然。好事者为之也。百里奚，虞人也。晋人以垂棘之璧与屈产之乘，假道于虞以伐虢。宫之奇谏，百里奚不谏。知虞公之不可谏而去，之秦，年已七十矣，曾不知以食牛干秦穆公之为污也，可谓智乎？不可谏而不谏，可谓不智乎？知虞公之将亡而先去之，不可谓不智也。时举于秦，知穆公之可与有行也而相之，可谓不智乎？相秦而显其君于天下，可传于后世，不贤而能之乎？自鬻以成其君，乡党自好者不为，而谓贤者为之乎？”

【译文】

万章问：“有人说：‘百里奚把自己卖给秦国饲养牲畜的人，得到五张羊皮，又为人饲养牛，以此来向秦穆公干求（官禄）。’真有这回事吗？”

孟子说：“不，事实并非如此，这是好事之人乱说的。百里奚是虞国人。晋国人用垂棘所产的美玉和屈地所产的良马向虞国借道，要经过虞国来攻打虢国，虞国贤臣宫之奇就进谏（虞公不要接受晋国礼物而让晋国借道打虢国）。然而百里奚并不向虞公进谏，因为他知道虞公根本不会听从劝谏，于是百里奚就离开虞国来到秦国，这时候他已经七十岁了，竟然不知道用养牛这种方式来向秦穆公干求（官禄）是一件道德上很污浊的行为，这算是聪明人的做法吗？然而百里奚深知虞公根本不会听从劝谏，于是就决定不去劝谏虞公。这难道说是不聪明吗？百里奚预见到虞公即将被灭亡，因而提前离开虞国，这不可谓不聪明。百里奚当时在秦国被推举出来（辅佐秦穆公），他深知秦穆公是一个值得辅佐并将大有作为的君主，于是决定辅佐秦穆公。这难道说不明智吗？百里奚辅佐秦穆公，而使得秦穆公的声名在天下显扬，一直流传到后世，如果百里奚不贤能，他能够做到这一点吗？把自己卖掉来成全君主（意谓传言百里奚把自己卖掉，换得五张羊皮，并为人饲牛，以此来干求秦穆公，并辅佐秦穆公成就大业），乡邻里那些洁身自好的人都不屑于做这样的事，我们却反而说贤人这样做（，这样合理吗？）。”

尧舜之禅让天下，在儒家政治哲学中是备受推崇的政治事件，堪称中国远古时期政治治理的典范。古今中外推举政治领导人的基本模式，大概不外继承制、禅让制、选举制这三种模式。继承制是传统社会尤其是帝制时代的推举政治领导人的主流模式，即使是在不存在帝制的远古时期（即前国家时代，尚未出现成熟的国家政体，而基本实行部落制、部族制或部族与部落的联盟制），很多部落（部族）推举领导人的方式也是世袭的继承制。选举制据说在古希腊时期存在过，这种制度到了现代有很多的变化，各国选举制的差异非常大。世袭的继承制，其合法性来自血统（血缘关系），而选举制的合法性来自于民意（只是“民”的范围有大小），而在任何时代的选举制，民意都是在一定选举制度约束下的民意，因此都是“部分”民意的表达机制。禅让制与选举制、继承（世袭）制比较起来，很多方面是令人困惑的。禅让制的合法性来自何处？其合理性来自何处？禅让制在何种意义上是一种优越的制度，而在何种意义上又是一种极具挑战性的制度？尧、舜实行禅让制，是一种必然的、固定的、有意义的制度安排，还是数千年中国政治实践中“昙花一现”的、偶然“灵光乍现”的“奇葩”？

而自大禹开始对禅让制的抛弃以及继承（世袭）制的开启，又具有什么样的政治意义？对这些问题的探求，对于理解中国传统政治理念自然极为重要而且关键，对于我们理解儒家政治理念的独特性亦极为有益。孟子在古代政治传统的理解上有独到的贡献，在《孟子》一书中，孟子比较详尽地探讨了尧舜禅让天下与禹传子的政治意义，其“天命观”与“民本观”尤其值得重视。

尧在推举舜作为继承人之前，对舜的道德品质、内政外交才能进行了长时期的周密考察，尔后才放心地把天下交给舜。《史记·五帝本纪第一》载：“尧乃试舜五典百官，皆治……舜入于大麓，烈风雷雨不迷，尧乃知舜之足授天下。尧老，使舜摄行天子政，巡狩。舜得举用事二十年，而尧使摄政。摄政八年而尧崩。三年丧毕，让丹朱，天下归舜。”又说：“舜年二十以孝闻，年三十尧举之，年五十摄行天子事，年五十八尧崩，年六十一代尧践帝位。”孟子也说：“舜相尧二十有八载，非人之所能为也，天也。尧崩，三年之丧毕，舜避尧之子于南河之南。天下诸侯朝觐者，不之尧之子而之舜；讼狱者，不之尧之子而之舜；讴歌者，不讴歌尧之子而讴歌舜，故曰天也。夫然后之中国，践天子位焉。”（9.5）孟子的记叙与司马迁相差不大，但是孟子更强调“天”在这场天子易位中的作用。孟子否定了万章所说的“尧以天下与舜”这一传统政治理念，认为“天子不能以天下与人”，天子并没有这个权利（力），也不存在一种合法性来把天下“私自”给一个人。天子在“尧舜禅让”这一事件中只扮演了“推荐人”的角色，他只有向天推荐候选人的权利（力），但最终决定权仍在于“天”。天子当然也没有命令“天”、强迫“天”接受他推荐的候选人的权利（力），故“天子能荐人于天，不能使天与之天下”，只有“天”自己才能决定是否授予天下给这个候选人。因此在孟子的政治哲学中，唯一具备合法性的是“天”，只有“天”在推举政治领导人的过程中能够做出最后的决断。“天”是合法性与正当性之源头。这就是孟子政治思想中的“天命观”，“天”并不意味着一个人格化的神灵来掌握、控制、决定政治领导人的推举，而是代表着一个超越个人意志的、更具权威性的政治原则与理念。然而“天”这个政治概念是空洞的，孟子讲的“天与之”跟“君权神授”的政治理念如果完全一致的话，那就没有什么新意了。万章的提问不但很调皮，而且还很致命：“天与之者，谆谆然命之乎？”意思是，您说“天与之”，“天”难道是对舜耳提面命，当面谆谆教诲，反复叮咛，而把天子的位置交给舜吗？您说的这种神话在现实中怎么可能存在？孟子接着回答：“天不言，以行与事示之而已矣。”儒家“敬鬼神而远之”（《论语·雍也》），当然孟子不会将人格化的上帝的行为安在“天”的身上，然而“天”对天子的选择，都会显示、暗示、印证在“行”与“事”上，这些“行”与“事”都是可观察到的、可验证的事实，而非子虚乌有的神话。而天“以行与事示之”，这个“示”是如何呈现、如何彰显的呢？为了回答这一疑问，孟子开展出了更具理论意义的命题，即“天受—民受”。“尧荐舜于天，而天受之。暴之于民，而民受之。故曰：天不言，以行与事示之而已矣。”孟子在上面回答“天与之”（上天授予天子之位给舜），而在更深一层的回答中，孟子又不露声色地、悄悄地在他的命题中添加了“民受”的因素，这一添加看似不露声色，是不经意的，是在“天受”之后连带提及的，却呈现、暴露了孟子“天与”思想背后的真正用意。因而“天与”这一概念，在操作上就分裂为（衍伸出）两个路径，来显示“不言之天”的真正用意：一个是“天受”，一个是“民受”，这两个要件缺一不可，都是彰显“天”的意志（“以行与事示之”）的重要“暗谕”。而在万章穷根问底的追问之下，孟子终于开显出“天命民本”的政治观的整个逻辑。“荐之于天，而天受之；暴之于民，而民受之”，在操作层面又是如何以可验证的方式来呈现的呢？孟子的回答是：“使之主祭，而百神享之，是天受之；使之主事，而事治，百姓安之，是民受之也。”“天受”的标志是让舜主持祭天之典礼，“百神享之”，也就是代表“天”接受了舜，舜通过了“天”的测试。然而“百神享之”难道是“天”享用了那些祭品吗？这岂不是又搬出“人格化的神”来搪塞万章吗？这样的回答是不会令万章满意而心服的，而且也难以真正开显孟子之政治逻辑。“百神享之”，意谓舜主持祭天大典之后，天下政治清明，国泰民安，风调雨顺，这就表示舜所主持的祭天大礼乃得上天神灵祝福，祭祀得福，故曰“百神享之，是天受之”。因此“百神享之”乃是可以用实际发生的事实验证的，而不是不可验证的“神话”。而“民受”的标准是“使之主事，而事治，百姓安之，是民受之也”。尧使舜摄行天子事，总揽经济政教、内政外交大事，舜都能处理得井井有条，《尚书》曰：“慎徽五典，五典克从；纳于百揆，百揆时叙”，《史记》曰：“乃使舜慎和五典，五典乃从；乃遍入百官，百官时叙”，“乃试舜五典百官，皆治”。事治而民安，老百姓遂“安”于舜之治，这就表示“民受”，人民接受了舜。以“天受—民受”之合体来显示“天与”，这是孟子超越传统的“君权神授观”的重要标志，而孟子在回答万章步步为营的追问时所进行的巧妙的“概念转化（转移）”，也是极富政治哲学意味的。更为神妙的是，在由“天与”而衍伸出“天受—民受”两条路径之后，孟子接下来的结论又转换了新的政治范畴，这一“致命”的转换才真正呈现出孟子“天命民本观”的全貌：“天与之，人与之，故曰天子不能以天下与人。”在这一结论性的陈述中，“天受—民受”这一带有中间过渡意义的、带有操作意义的（即通过“天受—民受”来观察“天以行与事示之”背后的暗谕）的政治范畴，以一种毫不经意、自然而然、顺理成章然而又是极其重大的转变（转换），过渡到“天与—人与（民与）”模式，从而又一次不露声色地把文章开头的“天与之”这一回答，拓展为更具政治哲学意味、更具民本精神的“天与—人与（民与）”模式。这一转变转换，经过“天与”—“天受—民受”—“天与—民与”这一逻辑链条中两次概念的拓展，最终终于显露出孟子“天命观”的真正落脚处：“天命”乃在人，“天与”乃是“人（民）与”，“天受”乃是“民受”，“天”的任何带有超越性的决定与选择，实质上都最终落实到“人”，这个“人”，就是“民”。因此尧舜禅让，天子易位，其最终决定的因素，乃是“民”，“民”是隐藏着的、潜在的、长期的、实质性的决定因素，“民”是“天”的代表、代理人，“民意”是“天意”的表现，上天的意志（“天不言”），正是通过民众的意志来呈现的。孟子讲“天受—民受”、“天与—人（民）与”的真正用意，乃在于“人”。孟子说：“尧崩，三年之丧毕，舜避尧之子于南河之南。天下诸侯朝覲者，不之尧之子而之舜；讼狱者，不之尧之子而之舜；讴歌者，不讴歌尧之子而讴歌舜，故曰天也。夫然后之中国，践天子位焉。”孟子表面上说的是“天”，然而其“证据”（实证检验的信息来源）却全是“人”，诸侯与民众，上层与下层，精英与百姓，人心所向，民心所归，都是大舜，所以孟子在讲“天也”的时候，其真正的潜台词是“民也”，正是由“民意”才窥到“天意”，由“民心”才验证“神享”。因此，“天命”、“天与”、“天受”的本质，乃是“民命”、“民与”、“民受”。在孟子的政治理念中，天子乃是“天”与“民”的政治代言人、代理人，天子代表天意，代表着具有超越性的神灵的意志，然而这超越意志需要通过“民”来体现，通过“民”来验证。孟子最后引用《尚书·泰誓》中的话作结：“天视自我民视，天听自我民听”，把“天”与“民”的关系讲得很透彻。在“天子—天—民”这一政治关系共同体中，天子奉“天命”以行事，代表上天之意志以治民，然而“天”的意志要通过“民”的意志来体现，天虽“不言”，而民代言之，这就是孟子“天命民本”思想的逻辑理路。

尧舜禅让天下，至禹则传位于子，万章所问“至于禹而德衰，不传于贤而传于子”，代表了两千多年以来中国政治实践的一个大疑问，也是儒家在建构政治哲学中无法避免、必须面对且给予正面回应的一个理论难题。这一理论难题的要点在于，如果说尧禅位于舜乃是“天与—民与”的，符合孟子的“天命民本观”，然而禹传位于子也具有同样的合法性吗？更进一步的问题跟着来了：禹因舜禅让而得位，而禹传位于子的内在机理何在？禅让与继承的选择背后，是否有一些前置条件，而且是否存在着一个“一以贯之”的政治原则？舜对禹的选择，几乎完全复制了尧对舜的甄选路径：“舜荐禹于天，十有七年，舜崩。三年之丧毕，禹避舜之子于阳城。天下之民从之，若尧崩之后，不从尧之子而从舜也。”人民选择了禹，而没有选择舜的儿子商均，而禹之所以受到天下之民的共同爱戴，与禹的政治道德的高尚是分不开的。禹的父亲鲧本是尧的大臣，然而鲧因治水不力，被舜流放，《史记·夏本纪》曰：“当帝尧之时，鸿水滔天，浩浩怀山襄陵，下民其忧。尧求能治水者，群臣四岳皆曰鲧可。尧曰：‘鲧为人负命毁族，不可。’四岳曰：‘等之未有贤于鲧者，愿帝试之。’于是尧听四岳，用鲧治水。九年而水不息，功用不成。于是帝尧乃求人，更得舜。舜登用，摄行天子之政，巡狩。行视鲧之治水无状，乃殛鲧于羽山以死。天下皆以舜之诛为是。于是舜举鲧子禹，而使续鲧之业。”舜流放（一说诛杀）了禹的父亲鲧，但又举荐了禹，说明舜作为摄天子政者，其心胸是何等公正、博大；禹之父被舜所流放，而当舜起用禹平治洪水之时，禹仍能以天下为重而不计私怨（前提是舜无私而“天下皆以舜之诛为是”），可见禹之心胸亦同样公正、博大。而禹的政治才能与政治品格也是无与伦比的：“禹为人敏给克勤；其德不违，其仁可亲，其言可信；声为律，身为度，称以出；亹亹穆穆，为纲为纪。禹乃遂与益、后稷奉帝命，命诸侯百姓兴人徒以傅土，行山表木，定高山大川。禹伤先人父鲧功之不成受诛，乃劳身焦思，居外十三年，过家门不敢入。薄衣食，致孝于鬼神。卑宫室，致费于沟淢。陆行乘车，水行乘船，泥行乘橇，山行乘檋。”禹舍己为公，兢兢业业，克勤克俭，为天下殚精竭思，“居外十三年，过家门不敢入”的天子形象，深入人心，为君王之典范，他既是上古之治水英雄，亦是圣王之楷则。禹仿效前人，曾先后荐皋陶、益来辅佐政事。益辅佐禹十年后，禹“东巡狩至于会稽而崩”（《史记·夏本纪》），于是“以天下授益。三年之丧毕，益让帝禹之子启，而辟居箕山之阳。禹子启贤，天下属意焉。及禹崩，虽授益，益之佐禹日浅，天下未洽。故诸侯皆去益而朝启，曰：‘吾君帝禹之子也。’于是启遂即天子之位，是为夏后帝启。”《史记》与《孟子》的记述皆源于《尚书》，除了辅禹之年数有出入外，（孟子说“禹荐益于天，七年，禹崩”），其他皆同。由尧、舜、禹之间的禅让，至禹、启之间的继承（世袭），中国远古的帝王继承制度与政治实践发生了重大的转折，这一转折的背后，实际上是中国国家体制的初步确立。如果说尧舜之时，中国仍然是部落联盟制的政治体制，而到了禹、启之时，则演进为比较完备的国家体制，此“政制”之变，意味着中国大地第一次出现了较为完善的“国家”，这是人类私有制发展的必然。私有产权制度的完备、国家暴力体系的完备（以法律与军队的完善为标志）、国家政治和宗教（祭祀）体系的完备，是国家形成的主要标志。近年来中国考古学界发掘出的大量早期文明遗址（如山西陶寺遗址），即印证了夏时期中国“国家”体制的初步形成，实际上也就意味着“中国”的初步形成，为“最早的中国”的发源之研究奠定了初步的考古学基础。在孟子看来，禹的天子之位被启所继承，并不是禹“德衰，不传于贤而传于子”，因为禹也曾仿效尧舜而举皋陶和益。禹死后，益也仿效禹，避禹之子而不与之争。然而民众还是选择了启，“朝觐讼狱者不之益而之启”，“讴歌者不讴歌益而讴歌启”，这说明启继位仍是“天命”，“非人之所能为”（9.6），“莫之为而为者，天也；莫之致而至者，命也”（9.6），“天命”不可违也。而“天命”的背后仍是民意，比如桀纣，虽然“继世以有天下”，他们自己也相信自己是“真命天子”，不至于灭亡，然而却终因倒行逆施、不得民心而被推翻。孟子认为“汤武革命”是具备合法性的，是代表民意的。

而益、伊尹、周公、孔子这些古代圣贤之所以不得其位，未能成就一番帝业，不能成为一代天子，也是因为“天命”使然，时势使然。益之“不有天下”，不是因为益不贤，乃是因为他辅佐禹的时间较短，“益之相禹也，历年少，施泽于民未久”（9.6），民众对益的政治才能与政治品格的了解还不深，另外启也与尧子丹朱、舜子商均不同，丹朱、商均都是不肖之子，而启的德行应该还可以（当然历史文献中对此有争议，孟子、司马迁皆以启为贤，而墨子则认为启乃“淫溢康乐”之徒），故民众选择启而不选择益。因而孟子倾向于认为禹传位于启，更像是一定历史情境下一系列偶然性因素（如儿子的贤和不肖，辅相天子的时间长短等）发挥作用的结果，并不能否认他的“天命民本观”的基本定律。禹之后，古代中国的“公天下”体制逐渐过渡到“家天下”体制，这一转变，自历史唯物观之角度视之，乃“国家”这一人类特殊政治暴力组织日臻完善的必然结果，亦是人类文明进步之必然。然而“家天下”在政治伦理层面，仍然对儒家的传统政治哲学提出了严峻的挑战。儒家政治哲学在道统上当然极其推崇尧舜禹这三位圣王之间形成的宝贵的禅让传统，这一传统代表着“天下为公”的政治理念，代表着中国古代“选贤与能”（《礼记·礼运篇》）的最高境界的政治实践，就是放诸世界政治制度史来看，中国远古时期所实行的“禅让”制度也是极具魅力、极为独特、极为璀璨的政治实践，是值得珍视的政治遗产。儒家传统政治哲学对“公天下”向“家天下”的过渡的理论解释，也呈现出多元的面貌，孔子所言“唐虞禅，夏后殷周继，其义一也”乃是经典的天命观念；而孟子则在经典的天命观中，极其巧妙地渗透进“民本”的观念，使“天命观”演变为更具有民本精神、更焕发人文精神、从而更具有逻辑力量与理论张力的“天命民本观”；而到了荀子那里，则提出“水则载舟，水则覆舟”的命题，在《吕氏春秋》中则提出“天下非一人之天下，天下人之天下也”，孟子的“民本”思想有了广泛的回响，从而使中国政治传统中的“民为邦本，本固邦宁”（《尚书·五子之歌》）的“民本”政治理念代代传承，绵延不绝。

天子践位，顺乎天命；而臣出仕而佐君，亦顺乎天命。君有君的道，臣有臣的道，无论做天子还是为人臣，都须顺天命、尽本分，其道一也。因而孟子说：“欲为君，尽君道；欲为臣，尽臣道。二者皆法尧舜而已矣。不以舜之所以事尧事君，不敬其君者也；不以尧之所以治民治民，贼其民者也。”（7.2）无论为君为臣，皆“尽其道”，则天下安。一个人出仕还是隐居，其选择权在“己”，而决定这个选择的是“天命”。“天命”隐含着两层意蕴：一是指上天所赋予的、具有超越性的、不可更改的“命运”；二是指上天所赋予一个人的不可推卸、不可逃避的“使命”。因此在中国古代传统中，士人决定自己是出仕还是隐居，决定入世还是出世，实际上取决于他对上天所赋予的“命”——命运与使命——的理解与感悟，“用舍行藏”的决断中，既包含着自我意志的成分，更包含着对命运与使命的深刻认知。因此，孟子与万章在《万章上》中所讨论的伊尹、孔子、百里奚干禄出仕的事例，一方面显示出这几位古代圣贤在“用舍行藏”选择上的时变意识，但另一方面更反映出这些圣贤对自身命运与使命的深刻省察。伊尹辅佐商汤建立帝业，然而传言说伊尹以庖厨的身份向商汤干求爵禄，孟子认为乃无稽之谈。《史记·殷本纪》曰：“伊尹名阿衡。阿衡欲奸（通‘干’，干求之意）汤而无由，乃为有莘氏媵臣（陪嫁的奴仆），负鼎俎，以滋味说（通‘悦’）汤，致于王道。或曰：伊尹处士，汤使人聘迎之，五反然后肯往从汤，言素王及九主之事。”司马迁的记载颇有小说家之风，说伊尹为了向汤干求，为了接近汤，就做了商汤后妃的陪嫁奴仆，然后以厨子的身份给汤烹制美味，并以烹饪的道理来比喻治国平天下之道，终于使汤认识到伊尹之才华，用伊尹而得天下。但是司马迁也没忘记在精彩的故事之后，补上另一种传说，即汤五次派人持聘礼邀请伊尹“出山”，伊尹才最终决定辅佐汤。焦循《孟子正义》中说："吕不韦书有《本味》一篇，言有侁氏（即有莘氏）得婴儿于空桑之中，令烰人养之，是为伊尹。汤请有侁为婚，有侁以伊尹为媵送女。尹说汤以至味，极论水火调剂之事，周举天下鱼肉之美、菜果之美、和之美、饭之美、水之美者，而云非为天子不得具。割烹要汤之说，无如此篇详尽者。其文若果之美者，箕山之东有卢橘，应劭《史记注》引之。饭之美者，玄山之禾，南海之秏，许慎《说文》引之。所称书目，俱不曰《吕览》，曰《伊尹》。考班固《艺文志》有伊尹二十七篇，列于小说家。盖吕氏聚敛群书为书，所谓《本味》篇，乃掇自《伊尹》说中，故汉人之及见原书者，独标注其原目如此。夫小说之怪诞猥鄙，何足挂唇，而其时枉己辱身之徒，援以自卫，津津乐道，至辗转传闻于孟子之门，又乌可不辩论哉！马迁自命良史，《殷纪》中杂陈二说，且次孟子正说于后。又做《孟子传》，而云牛鼎之意。近世学者，不复料前古有小说，而但奉迁史为信书，则虽经孟子明辨，犹其惑未尽去也。愚故追索其根株，以实抉之曰：是说也，但本《伊尹》说也。《伊尹》说，乃怪诞猥鄙之小说也。"（《孟子正义》卷十九）焦循的这段梳理，对于我们理解万章与孟子之间的问答极为重要。《史记》所言伊尹"割烹要汤"之事，是我们今天多数人信以为真的事，实际上司马迁的故事所依据的文献，乃是《吕览》，《吕览》中讲的故事比司马迁更细致，也更诡奇，看起来更像一个传奇小说；然而吕不韦的书，所依据的文献则来自于《伊尹》一书，班固《汉书·艺文志》中将其列为"小说家"，并非信史也。伊尹的故事，长期流播，愈传愈奇，到孟子时，估计已有多种版本，一些传言流播到孟子的门徒之中，于是方有万章之问。殊不知"割烹要汤"之说皆源于怪诞猥鄙之小说家言，而那些"枉己辱身"之徒津津乐道之，不过是为自己的行为找借口开脱罢了。在孟子看来，伊尹为人高洁，乃洁身自好之人，"非其义也，非其道也，禄之以天下，弗顾也；系马千驷，弗视也。非其义也，非其道也，一介不以与人，一介不以取诸人"

（9.7），“取”与“不取”，“得”与“不得”，“与”与“不与”，都以道义为准绳，而不贪图小利，如果不合道义，即使给他天下之富贵，他也不屑一顾。伊尹以洁身自好的品格，安于寒微，淡然自若，从容自得，“我岂若处畎亩之中，由是以乐尧舜之道哉！”隐士高风跃然纸上。中国隐藏在民间的高士，一直在“独善”与“兼善”之间寻找一个平衡，时运亨通之际，他们出山匡世，辅佐明君，成就王业，惠及百姓，造福天下；时运蹇困之际，他们则持身守节，栖身江湖，绝不失节，绝不同流合污。如孟子在《尽心上》中所说：“士穷不失义，达不离道。穷不失义，故士得己焉；达不离道，故民不失望焉。古之人，得志，泽加于民；不得志，修身见于世。穷则独善其身，达则兼善天下。”（13.9）伊尹在隐居之时，“乐尧舜之道”而介然自守，而汤反复诚聘其出山之后，方有志于佐汤以得天下，浩然有将尧舜之道在天下推广实践之雄心。他不仅要独善其身，不仅要自己“乐尧舜之道”，还要让汤成为“尧舜之君”，还要让民成为“尧舜之民”，从而要通过自己的奋发有为，在现实世界重现尧舜之治。经过这样的内心体悟与改变，伊尹完成了他内心理想的重大转换，他不仅要“内圣”，还要通过实践圣王之道来实现“外王”；他不仅要自守清高，自持高节，自乐于尧舜之道，而且要使人民享受并见证尧舜之治。伊尹自任之高如此，担负使命之重如此，而其道德自信之坚如此！伊尹对上天赋予自己的命运有极为笃定的把握，对上天赋予自己的神圣使命更有极为清醒的认知：“天之生此民也，使先知觉后知，使先觉觉后觉也。予，天民之先觉者也，予将以斯道觉斯民也。非予觉之，而谁也？”伊尹自认乃“天民之先觉者”，故担负“先知觉后知，先觉觉后觉”的荣耀使命，这一使命无可逃避，无可推卸，“非予觉之，而谁也”的宣示，何其自信，何其豪迈刚毅！颇有孟子“当今之世，舍我其谁”（4.13）的气概！在伊尹、孔子、孟子身上，都有这种中国士人特有的强烈的使命感，他们内心有笃定的自信，有自觉的担当意识，有为天下人忧劳牺牲的伟大精神。“禹思天下有溺者，由己溺之也；稷思天下有饥者，由己饥之也。”（8.29）“天下有溺犹己溺，天下有饥犹己饥”，这就是禹和稷的境界。伊尹也有禹和稷的怀抱，“思天下之民匹夫有不被尧舜之泽者，若己推而内之沟中”，伊尹的“自任以天下之重”，已经到了这样的境界，这就是“吾曹不出如苍生何”的自我期许与道德自任。圣人之用舍行藏，皆以道义为宗旨，不以功利为目的，不论“独善其身”还是“兼善天下”，都要“守身为大”（7.19），都要“尊德乐义”（13.9），也就是孟子在《万章上》中所说的“洁身”：“圣人之行不同也，或远，或近，或去，或不去，归洁其身而已矣。”（9.7）

圣贤出入行止，不仅要“尊德乐义”，始终以道义为准绳，更要具备一种因时而变的时变、机变、权变的智慧，这就是孔子所赞赏的“用舍行藏”（《论语・述而》）的智慧，两者缺一不可。无德义，则失道；无权变，则失时。失道则不能正己，而是“辱己”、“枉己”，不能“正人”、“正天下”（9.7），失时则不能“与时偕行”（《易・损卦》），不能因时而制宜，不唯有丧身之忧，而且有误天下之虞。孔子对自己的“用舍行藏”之时变能力是有清醒的认识的，他既有使命感、道义感，又知道如何因时权变，“天下有道则见，无道则隐”（《论语・泰伯》），“邦有道则仕，邦无道则可卷而怀之”（《论语・卫灵公》），强调“深则厉，浅则揭”（《论语・宪问》）的权衡艺术，而反对不识时势傻干蛮干。所以孔子既懂得“命”（命运与使命），又懂得“时”（时变与权变）。孔子在卫国住在贤士颜雠由家里，而当时卫灵公宠臣弥子瑕的妻子与孔子学生子路的妻子是姊妹，因此弥子瑕就对子路说：“孔子主我，卫卿可得也”（9.8），意思是暗示子路告知孔子，如果住在弥子瑕家里，依附于他，与他拉好关系，就可以在卫国得卿相之位，飞黄腾达。孔子说：“有命。”孔子的回答如此平静、如此淡定，“有命”两个字的含义非常丰富深刻。一方面，孔子借“有命”两个字向弥子瑕传达“听天由命”的达观与超脱心态，以不开罪于弥子瑕，亦含谦逊自守之意；而另一方面，也向弥子瑕表明，“我”（孔子）是不是得志，是不是能在卫国实现仁政，并不是由“您”（弥子瑕）决定的，而是“天命”决定的，只有上天能决定“我”是否能在卫国施展抱负，其他人都决定不了。因此“孔子进以礼，退以义，得之不得曰有命”（9.8）。孔子极为达观，极为通脱，极有超越感，是因为他既“知命”、“知天”，又能够看淡得失，看淡得志与困蹇，看淡富贵贫贱，他始终相信自己“使命”在身，无可逃避，而“死生有命，富贵在天”（《论语·颜渊》），不是他能决定的。孟子说：“孔子不悦于鲁、卫，遭宋桓司马将要而杀之，微服而过宋。”（9.8）孔子既然不能在鲁卫得志，其仁政思想不被鲁卫所悦纳，就明智地选择离开，这就是“用之则行，舍之则藏”的时变能力。而当“孔子去曹适宋，与弟子习礼大树下，宋司马桓魋欲杀孔子，拔其树。孔子去”（《史记·孔子世家》）。面对桓魋的追杀，孔子无所畏惧，相当自信，他说了句很豪迈的话：“天生德于予，桓魋其如予何？”（《论语·述而》）意思是上天在我身上赋予了德能与使命，桓魋能把我怎么样呢？圣人之自信、自任如此！这是“知命”的功夫，是一个人的修养的极高境界。在《论语》的最后一段《尧曰》中，孔子说：“不知命，无以为君子也”，孔门弟子以此语作为《论语》一书的结语，意蕴深长。君子不知天命，则不能弘毅有为，亦不能“穷则独善其身，达则兼善天下”；君子不知上天赋予之使命，则辜负上天之期许，不能达成此生命之真正目标，亦不能在困厄颠沛中始终保持强大的自信。百里奚在出入行藏之间也表现了极其高明的时变意识，他“知虞公之不可谏而去之秦”，“知虞公之将亡而先去之”，这是一种识人察人之智慧，可谓先见之明；而他去虞之秦，则体现出生命关键时刻的使命意识与决断能力，因为他确信“穆公之可与有行也而相之”，故决心辅佐大有为之君以“显其君于天下”（9.9）。百里奚洁身自好，“自鬻以成其君”的传言如同伊尹“割烹要汤”的故事一样，只是猥鄙小说家言。百里奚作为一代贤相，真正的可取之处乃是他的操守与人格，乃是他应时而变通、顺时而取舍的时变精神。时人只对猥鄙小说家言有兴趣，津津乐道，而孟子则更能以弘大格局与独特眼光，看到伊尹、孔子、百里奚等圣贤身上自任天下的使命意识、忘怀得失的超越精神，以及用舍行藏的大智慧。这不能不说是“养其小者见其小，养其大者见其大”（11.14），此是读书之法，亦是修身之法。

卷十　万章下

二十二　尊德尚友

10.1

孟子曰："伯夷，目不视恶色，耳不听恶声。非其君，不事；非其民，不使。治则进，乱则退。横政之所出，横民之所止，不忍居也。思与乡人处，如以朝衣朝冠坐于涂炭也。当纣之时，居北海之滨，以待天下之清也。故闻伯夷之风者，顽夫廉，懦夫有立志。

"伊尹曰：'何事非君？何使非民？'治亦进，乱亦进，曰：'天之生斯民也，使先知觉后知，使先觉觉后觉。予，天民之先觉者也。予将以此道觉此民也。'思天下之民匹夫匹妇有不与被尧舜之泽者，若己推而内之沟中——其自任以天下之重也。

"柳下惠不羞污君，不辞小官。进不隐贤，必以其道。遗佚而不怨，厄穷而不悯。与乡人处，由由然不忍去也。'尔为尔，我为我，虽袒裼裸裎于我侧，尔焉能浼我哉？'故闻柳下惠之风者，鄙夫宽，薄夫敦。

"孔子之去齐，接淅而行；去鲁，曰：'迟迟吾行也，去父母国之道也！'可以速而速，可以久而久，可以处而处，可以仕而仕，孔子也。"

孟子曰："伯夷，圣之清者也；伊尹，圣之任者也；柳下惠，圣之和者也；孔子，圣之时者也。孔子之谓集大成。集大成也者，金声而玉振之也。金声也者，始条理也；玉振之也者，终条理也。始条理者，智之事也；终条理者，圣之事也。智，譬则巧也；圣，譬则力也。由射于百步之外也，其至，尔力也；其中，非尔力也。”

【译文】

孟子说：“伯夷，眼睛不看不好的东西，耳朵不听不好的声音。如果不是他心目中理想的君主，他就不去服事；如果不是他心目中理想的老百姓，他也不会去役使。天下大治之时，他就出来做官；天下大乱之时，他就隐退。那些实行暴政的地方以及暴民横行的地方，他是不会去居住的。他把与乡下人相处，看作是好像穿着上朝的衣服坐在泥涂或是炭火上一般。正当纣治理天下之时，伯夷住在北海海边，等待天下重新变得清明太平。所以听闻伯夷的风范的，贪顽的人都变得廉洁了，懦弱的人也开始有志于行仁义之道。

“伊尹说：‘有什么君主不可以服事？有什么民众不可以役使？’伊尹在天下大治的时候出来做官，天下大乱的时候也出来做官。他说：‘上天养育百姓，就要使先知先觉的人去开导教化后知后觉的人。我是民众中的先知先觉者，我将用我觉悟到的尧舜之道来开导教化老百姓。’他把老百姓不能沾润尧舜之道的惠泽，看作是如同自己把他们推到沟壑中一样。他就是这样自觉地承担了天下的重担。

“柳下惠不以服事坏君主为耻，也不推却当小官。当他出来做官时，从不隐藏自己的才能，然而又必须持守自己的原则。如果没有君主任用自己，自己被遗弃，他也不抱怨；即使处于穷困境地，他也不愁闷自艾。与乡下人相处，他非常坦然欣然，不忍心离开。‘他是他，我是我。他即使赤身裸体站在我身边，又怎能使我受到丝毫沾染呢？’所以听闻柳下惠风范的人，鄙狭的也变得宽宏了，刻薄的也变得敦厚了。

“孔子离开齐国时，不等漉好米做好饭就（着急地）赶路；而他离开鲁国时，说：‘我们慢慢上路吧，这是离开父母之邦应有的态度。’孔子这个人，应该迅速离开的时候就迅速离开，应该长久留下就长久留下；应该不出来做官就不出来做官，应该出来做官就出来做官，这就是孔子。”

孟子说：“伯夷，是圣人中清高的人；伊尹，是圣人中敢当天下大任的人；柳下惠，是圣人中宽厚中和之人；孔子，是圣人中能够因时而权变的人。孔子可以说是集先圣优点于一身的‘集大成者’。所谓‘集大成者’，就像奏乐时先击大钟以开启，终了时再击玉磬以收束（，有始有终，终始如一）。先击大钟，表示音乐调理节奏的开始；再击玉磬，表示音乐调理的终了。调理节奏开始之时，要使用智者的智慧；调理节奏终了之时，则需要圣人的智慧（，这样才能有始有终，始终如一）。智者的智慧，就好比工巧；圣人的智慧，就好比力量。犹如一百步以外射箭，能射够一百步的距离，凭的是你的力量；而射中箭靶，则不是仅凭力量（，还要凭工巧）。”

10.2

北宫锜问曰：“周室班爵禄也，如之何？”

孟子曰：“其详不可得闻也。诸侯恶其害己也，而皆去其籍。然而轲也，尝闻其略也。天子一位，公一位，侯一位，伯一位，子、男同一位，凡五等也。君一位，卿一位，大夫一位，上士一位，中士一位，下士一位，凡六等。天子之制，地方千里，公侯皆方百里，伯七十里，子、男五十里，凡四等。不能五十里，不达于天子，附于诸侯，曰附庸。天子之卿受地视侯，大夫受地视伯，元士受地视子、男。大国地方百里，君十卿禄，卿禄四大夫，大夫倍上士，上士倍中士，中士倍下士，下士与庶人在官者同禄，禄足以代其耕也。次国地方七十里，君十卿禄，卿禄三大夫，大夫倍上士，上士倍中士，中士倍下士，下士与庶人在官者同禄，禄足以代其耕也。小国地方五十里，君十卿禄，卿禄二大夫，大夫倍上士，上士倍中士，中士倍下士，下士与庶人在官者同禄，禄足以代其耕也。耕者之所获，一夫百亩。百亩之粪，上农夫食九人，上次食八人，中食七人，中次食六人，下食五人。庶人在官者，其禄以是为差。”

【译文】

北宫锜问：“周朝规定的官爵与俸禄的等级，是怎么样的？”

孟子说：“详细的情况已经无从知道了，诸侯们都厌恶周朝的爵禄制度，认为有损于自己的利益，所以把有关的文献都毁了，不过我还是听闻一些大概的情况。爵位分为五等：天子一等，公一等，侯一等，伯一等，子、男同一等；禄位分为六等：君主一等，卿一等，大夫一等，上士一等，中士一等，下士一等。天子所治理的土地之规制是方圆一千里，公、侯都是方圆百里，伯方圆七十里，子、男方圆五十里，共四等。不够五十里的，不能直接见天子，而附属于诸侯，叫作附庸。天子的卿所受的封地相当于侯，大夫所受的封地相当于伯，元士所受的封地相当于子、男。大国方圆一百里，君主的俸禄是卿的十倍，卿是大夫的四倍，大夫比上士多一倍，上士比中士多一倍，中士比下士多一倍，下士与在公家任职的百姓俸禄相同，所得俸禄足以抵得上他们耕种土地的收入。次一级的中等的国家方圆七十里，君主的俸禄是卿的十倍，卿是大夫的三倍，大夫比上士多一倍，上士比中士多一倍，中士比下士多一倍，下士跟在公家任职的百姓俸禄相同，他们的俸禄足以抵得过种地的收入。小国土地方圆五十里，君主的俸禄是卿的十倍，卿是大夫的两倍（实际上就是比大夫多一倍之意），大夫比上士多一倍，上士比中士多一倍，中士比下士多一倍，下士跟在公家任职的百姓俸禄相同，足以抵得过种地的收入。耕种的所得，一对夫妇可以得到一百亩田，加上所施之肥，这是上等的农夫，其所得粮食可以供养九个人，上次等农夫供养八人，中等农夫供养七人，中次等农夫供养六人，下等农夫供养五人。普通老百姓在公家任职的，其俸禄也按照这五个等级来加以区分。”

10.3

万章问曰："敢问友。"

孟子曰："不挟长，不挟贵，不挟兄弟而友。友也者，友其德也，不可以有挟也。孟献子，百乘之家也，有友五人焉：乐正裘、牧仲，其三人则予忘之矣。献子之与此五人者友也，无献子之家者也。此五人者，亦有献子之家，则不与之友矣。非惟百乘之家为然也，虽小国之君亦有之。费惠公曰：'吾于子思，则师之矣；吾于颜般，则友之矣；王顺、长息则事我者也。'非惟小国之君为然也，虽大国之君亦有之。晋平公之于亥唐也，入云则入，坐云则坐，食云则食；虽蔬食菜羹，未尝不饱，盖不敢不饱也。然终于此而已矣。弗与共天位也，弗与治天职也，弗与食天禄也。士之尊贤者也，非王公之尊贤也。舜尚见帝，帝馆甥于贰室，亦飨舜，迭为宾主，是天子而友匹夫也。用下敬上，谓之贵贵；用上敬下，谓之尊贤。贵贵尊贤，其义一也。"

【译文】

万章问："请问交友之道。"

孟子说："交朋友，不要倚仗自己年纪长，不要倚仗自己地位尊贵，也不要倚仗自己的兄弟身份显赫。交朋友，是因为他品德好而去交往，不能有任何倚仗身份地位的想法。孟献子，是拥有一百辆车马的大夫之家，他有五个朋友：乐正裘、牧仲，其他三个我记不得了。孟献子与这五个人交朋友，心里并没有自己是大夫之家这样的念头。而他的五个朋友，如果心里也有孟献子是大夫之家的念头，也就不会与孟献子交朋友了。不光大夫之家交朋友这样，即使是小国的国君也有这种情况。费惠公说：'我对于子思，把他视为老师；我对于颜般，把他当作朋友；王顺、长息这些人，只是服事我的人。'不光是小国君主交朋友这样，即使是大国的君主也有这样的情况。晋平公对于亥唐

（，也是采取对待朋友的态度），亥唐让他进门，他就进门，让他坐下，他就坐下，让他吃饭，他就吃饭；即使是糙米饭菜汤，也不曾不吃得饱饱的，因为在朋友面前不敢（有架子）不吃饱。然而晋平公对待亥唐也止于此罢了，他不与亥唐分享上天赐予的君主之位，不与亥唐共同履行上天所赐予的职责，不与亥唐分享上天所赐予的俸禄，（晋公平平等地与亥唐交友，）是士人尊重贤者的态度，而不是王公贵族尊敬贤者的态度。舜晋见尧帝，尧帝请舜这位女婿住在副宫，也请舜吃饭（，舜也请尧帝吃饭），他们互为宾主，这是尧以天子之尊而同普通老百姓交往的典范。以地位低的人来尊敬地位高的人，称作'贵贵'（即以尊贵者为尊）；以地位高的人尊重地位低的人，称作'尊贤'（即以贤者为尊）。'贵贵'和'尊贤'，其道理是一样的。"

10.4

万章曰："敢问交际何心也？"

孟子曰："恭也。"

曰："却之却之为不恭，何哉？"

曰："尊者赐之，曰：'其所取之者，义乎，不义乎？'而后受之，以是为不恭，故弗却也。"

曰："请无以辞却之，以心却之，曰：'其取诸民之不义也。'而以他辞无受，不可乎？"

曰："其交也以道，其接也以礼，斯孔子受之矣。"

万章曰："今有御人于国门之外者，其交也以道，其馈也以礼，斯可受御与？"

曰："不可。《康诰》曰：'杀越人于货，闵不畏死，凡民罔不譈。'是不待教而诛之者也。殷受夏，周受殷，所不辞也。于今为烈，如之何其受之？"

曰："今之诸侯取之于民也，犹御也。苟善其礼际矣，斯君子受之，敢问何说也？”

曰：“子以为有王者作，将比今之诸侯而诛之乎？其教之不改而后诛之乎？夫谓非其有而取之者盗也，充类至义之尽也。孔子之仕于鲁也，鲁人猎较，孔子亦猎较。猎较犹可，而况受其赐乎？”

曰：“然则孔子之仕也，非事道与？”

曰：“事道也。”

“事道奚猎较也？”

曰：“孔子先簿正祭器，不以四方之食供簿正。”

曰：“奚不去也？”

曰：“为之兆也。兆足以行矣，而不行，而后去，是以未尝有所终三年淹也。孔子有见行可之仕，有际可之仕，有公养之仕。于季桓子，见行可之仕也；于卫灵公，际可之仕也；于卫孝公，公养之仕也。”

【译文】

万章问：“请问交往应该采取何种态度？”

孟子说：“应该采取恭敬态度。”

万章问：“俗话说：‘一再推却别人的礼物，是不恭敬的’，这是什么意思？”

孟子说：“地位尊贵的人对自己有所馈赠，自己心想：‘他得到这些东西是符合义还是不符合义呢？’这样思忖了一下之后再接受馈赠，这就是不恭敬的态度，所以还是不要推却。”

万章说：“那么还是不要用言语明确地表示拒绝，而是内心里（暗暗）表示拒绝，心里想：‘他从老百姓那里得到这些东西是不符合义的’，于是就用其他的话（委婉地）表示不接受馈赠，这样做不可以吗？”

孟子说：“他同我交往依循道义，同我接触依循礼节，如果是这样，就是孔子也会表示接受（馈赠）的。”

万章说：“现在有一个人在都城的郊野拦路抢劫，他跟我交往也依循道义，他馈赠我东西也依循礼节，那么我就可以接受他抢劫而来的东西吗？”

孟子说：“不可以。《尚书·康诰》说：‘杀死人并抢劫财物，强暴不怕死，对这样的人，没有不怨恨的。’这种人不必先教育就可以诛杀了。殷商继承了夏朝的这种法律，周朝又继承了殷商，都没有变更。现今这种杀人越货的行为更加猖獗，怎么可以接受（这些人）馈赠的礼物呢？”

万章说：“现在的诸侯从老百姓那里获取财物，跟抢劫也差不多。如果他们馈赠礼物进行交际的方法得当，而君子接受他们的馈赠，请问怎么样？”

孟子说：“你认为现在假如有圣王兴起，对于今天的诸侯是一律诛杀呢，还是先教育他们，如果他们不思悔改再诛杀呢？你把这些（诸侯）不该拥有这些财物而（以暴力）获取称之为‘盗抢’，这是把这类行为推广到极端情况了。孔子在鲁国做官时，鲁国人以逐猎得来的猎物来祭祀，而孔子也参加逐猎。逐猎都可以，更何况接受鲁国国君的赏赐呢？”

万章说：“既然这样，那么孔子在鲁国当官，不是为道义而当官吗？”

孟子说：“当然是为道义而当官。”

万章说：“为道义当官怎么还去参加逐猎呢？”

孟子说：“孔子在逐猎之前，先用簿书明确载录应该用于祭祀的祭品与祭器，不把那些来自其他地方（如逐猎得来）的祭品录入其中（，这样逐猎的猎物自然就不能用于祭祀了）。”

万章说：“那么孔子为什么不辞去官职离开鲁国呢？”

孟子说：“因为那是刚开始（所做的尝试）。刚开始（尝试）如果认为可行，但国君却不实行，而后就可以辞官离开，所以孔子不曾在一个国家停留时间有超过三年的。孔子做官，有时因为可以实行其政治主张，有时因为君主对他有较好的礼遇，有时因为这个国家有公开养贤的制度。孔子在鲁国季桓子那里当官，是因为可以实行自己的政治主张；在卫灵公那里当官，是因为卫灵公给孔子很好的礼遇；而在卫孝公那里当官，则是因为国君有公开养贤的制度。”

在儒家伦理观念中，朋友一伦在人类伦理关系中有着特别的意义。与父子、夫妇、兄弟等基于血亲家庭关系的伦理结构不同，朋友之间的伦理关系更带有不确定性和主观的选择性。尽管夫妇关系也带有一定不确定性与主观的选择性，但其灵活性与弹性要远远低于朋友关系，而父子兄弟的关系则基本不存在不确定性和主观选择性。因而朋友一伦，在人类伦理关系的扩展中具有特殊的意义，尤其对于中国这样一个传统上以“血亲一家庭”为伦理轴心的文化而言，朋友一伦的社会价值更加凸显。孔子就极其重视朋友之间的伦理关系，他在《论语》的开篇就提出这个问题：“有朋自远方来，不亦乐乎？”（《论语·学而》）朋友与“我”心灵相契，彼此之间分享生命，虽无血缘之亲，然而朋友之间的情感、精神、信仰、道德层面的交往更加深刻，朋友之间的友谊比基于“血亲一家庭”关系的伦理情感更具有超越性，因此也更单纯而不受羁束。朋友在精神上的相互支撑，成为每一个人生命里不可缺少的心灵力量，即使朋友在远方，也会令人感受到两个心灵之间纯真而强烈的激荡，这是家庭伦理关系所不能比拟的。正是在这个意义上，儒家将朋友一伦视为构建更大的、超越家庭共同体的人类共同体的重要途径。孔子强调“益友”在自我道德修养中的重要作用，“友直，友谅，友多闻，益矣”（《论语·季氏》），道德高尚的朋友有利于提升我们的境界与品行，“以文会友，以友辅仁”（《论语·颜渊》）。朋友一伦对于我们的德行如此重要，故择友必须慎重。孔子曾两次讲：“无（毋）友不如己者”（《论语》中的《学而》篇与《子罕》篇），而交友之道存在于彼此真正的信任与平等，“与朋友交，言而有信”（《论语·学而》）。而正是因为朋友关系是基于真正的平等与信任，所以“友爱”比其他的情感——忠爱（对国家、国君）、孝爱（子代对父母）、慈爱（父母对子代）、性爱（夫妇之间）——更具有一种自由的、轻松的意味，它超越血缘、超越政治、超越功利，甚至超越年龄、性别与身份，所以纯粹的朋友之间的友爱比其他情感更迷人，只有人类能够构建如此永恒且美好的情感。

孟子也多次谈到交友之道，而在交友之道中，与孔子强调“信”略有差异的是，孟子更强调平等这一伦理原则，从而更倾向于还原“朋友”这一伦理关系的本原意义，即还原其纯粹精神上的、心灵上的意义，而摒弃功利性的因素。一旦朋友之间的友爱关系被地位、财富、身份等社会因素所沾染，朋友也就失去其存在的意义，这种不纯粹的朋友关系也就丧失了人性的光辉。在《万章下》中，当万章问孟子什么是交友之道时，孟子讲到“三不挟”：“不挟长，不挟贵，不挟兄弟而友。友也者，友其德也，不可以有挟也。”（10.3）一个人交友，一旦心目中有了功利性的想法，就会对真正的、纯粹的友谊产生致命的影响，“友爱”这一情感天然是与功利不相容的。“三不挟”，就是抛弃所有功利性的考虑与标准，而使友爱回归真正基于平等的情感，无论年长年幼、无论富贵贫贱、无论对方的家庭如何，都不在考虑范围之内，而唯一考虑的就是对方的道德品质：他的操守、他的人格、他的境界、他的情怀，这就是“友其德”，而非“友其贵”、“友其位”、“友其财”。朋友之间要互相砥砺品性，彼此造就，而不是出于功利的计算相互利用以作为晋升致富之阶；朋友之间情投而道合，志同而心契，忘怀尘世之贵贱得失，而以生命心灵相交。他们彼此保持人格之独立，抛开身份地位，无所羁束地坦诚相交，一杯浊酒，一夕清风，即可心心相通，人生到此，夫复何求？

汉光武帝刘秀与严光（子陵）青年时结下深厚友谊，而光武帝即帝位之后，邀请严光出仕，而严光不慕名利，更想栖身江湖，从而与刘秀保持纯粹的友谊；而刘秀作为帝王，其难能可贵之处在于“不挟贵”，他与老友相交，把身份地位放在一边，而当严光不辞而别时，刘秀也能尊重严光老同学之志，从而使两个人成就了一番千古佳话。刘秀当年邀严子陵来京，两人像少年时期一样通宵达旦地高谈阔论，晚上又抵足而眠，严子陵竟然在深夜将一条腿搭在光武帝身上，致使次日有人奏告“仰观天象，克星犯帝座”。这虽然只是一个传说，但却彰显了真正的朋友之间的相知、相敬，严光之清高自守与刘秀之胸襟格局互相成就，彼此辉映，完全诠释了朋友之间的超越功利的友爱之情。范仲淹在《严先生祠堂记》中说：“先生，汉光武之故人也。相尚以道。及帝握《赤符》，乘六龙，得圣人之时，臣妾亿兆，天下孰加焉？惟先生以节高之。既而动星象，归江湖，得圣人之清。泥涂轩冕，天下孰加焉？惟光武以礼下之。在《蛊》之上九，众方有为，而独不事王侯，高尚其事，先生以之。在《屯》之初九，阳德方亨，而能以贵下贱，大得民也，光武以之。盖先生之心，出乎日月之上；光武之量，包乎天地之外。微先生，不能成光武之大，微光武，岂能遂先生之高哉？而使贪夫廉，懦夫立，是大有功于名教也。”范仲淹这篇文章里所说的“相尚以道”，就是孟子说的“友其德”，朋友之间惟以道相互激励，以德相互劝勉，才能彼此造就，互相成全。严子陵不慕荣利，不贪富贵爵禄，是“圣之清者”，而正是他这种清高品格，才使他和刘秀之间的友谊更加纯粹，更加高尚。而刘秀作为一代帝王，也能以纯粹朋友之道来对待昔日同窗，其平等、谦逊、宽容、博大的品格修养令人赞佩，他没有以天子之威把自己的意志强加于朋友之上，从而完好地保存了他与严子陵的友谊。

孟子讲“三不挟”时，提到鲁国大夫孟献子，孟献子在与五位朋友交往时，完全出于对彼此人格情怀的认可，而内心里完全没有自己是有权有势的大夫重臣的想法；而那五个朋友在与孟献子交往时，也完全没有把孟献子的身份地位考虑在内，更没有借孟献子的身份地位而攀附的想法。如果双方有任何一方掺杂了功利考虑，或流露出尊卑贵贱的区分，则朋友关系即告崩溃。费惠公作为小国之君，把师、友、下属分得很清楚，朋友是可以毫无心理负担来交往的人，名利地位在“朋友”这种情感面前不仅没有意义，而且还会具有致命的破坏性。晋平公作为大国之君，他在朋友面前是多么放松，多么随和，“入云则入，坐云则坐，食云则食；虽蔬食菜羹，未尝不饱，盖不敢不饱也”（10.3）。一个国君，在朝堂上下这些社会关系中，他始终难以摆脱身份地位给他带来的影响，这些“身外之物”既给他带来荣耀与成就感，也给他带来巨大的束缚和压抑。而在平民好友亥唐那里，他褫去了所有社会地位的“伪装”，抛下所有“身外之物”，而成为一个“真正的人”；他摆脱了所有身份的羁绊，进入一个唯属于“朋友”身份的真实、自在、朴素、简单的状态中：朋友让他吃他就吃，让他坐他就坐，粗茶淡饭，也能欣然饱足，陋室谈笑，更能畅怀无忌！这就是朋友这一重要伦理关系给我们带来的单纯的愉悦与满足，友爱使我们回归单纯，回归自我，而把社会上的秽滓与功利置诸脑后。晋平公将政治地位与“朋友”很好地隔离开来，而唯有如此，他才能够保护好他和亥唐之间这份难能可贵的真纯友爱之情。“弗与共天位也，弗与治天职也，弗与食天禄也”，正是因为这种功利与友情的隔离，才能使友情长久。在功利的社会身份地位框架之外，朋友之间以相互的平等与信任，以对朋友的发自衷心的人格上的认同与敬重，而实现心灵的相互联结与融合。无论是“用下敬上”的“贵贵”，还是“用上敬下”的“尊贤”，在朋友这一情感世界中，都通约为彼此之间高度的人格认同，从而使朋友双方都不仅得到了精神上的提升，而且获得了心灵上的解放。

正是由于朋友一伦的可选择性（择友须志同道合）、非功利性（“友其德”）和超越性（“三不挟”），使得朋友能够跨越血亲与族群的障碍，在“道义”的基础上结成更广大、更坚实、更具精神性的共同体，从而人类才能在精神、信仰、道德层面相互联结，同气相求，以友辅仁，从而达到“四海之内皆兄弟也”（《论语·颜渊》）的境界，也才能最终体会到“有朋自远方来，不亦乐乎”的精神愉悦。孟子深刻洞察到“朋友”对于人类共同体拓展的意义，君子以善相交，以仁相辅，以德相砺，道不孤，必有“友”。孟子说：“一乡之善士斯友一乡之善士，一国之善士斯友一国之善士，天下之善士斯友天下之善士。”（10.8）一乡之内，善士相交，相互砥砺奋发，共求上进，共担道义，可使一乡之风气为之化；一国之内，有志之士为友，相互切磋琢磨，朋友“切切偲偲”（《论语·子路》），相互劝勉，迁善改过，共臻圣域，则可使一国之道德文化水平为之提升；四海之内，德行高迈之士相融相合，共同推动世界向善向上，则天下大同可期也。朋友一伦的不断拓展，使得人类精神共同体也在不断拓展，虽远隔千山万水，斯道同，斯心通，则越万里亦可引为知己。朋友可以超越空间的限制，而与五湖四海的志同道合者进行精神上的交流，在互联网发达的当今世界，这种超越空间地理限制的精神共同体的形成，更是具备了精神与技术两方面的条件。

然而在孟子的“朋友观”中，“友”不仅可由一乡跨越拓展到“天下”，从而突破空间之藩篱，而且可以与古人为友，从而突破时间之限制。“以友天下之善士为未足，又尚论古之人。颂其诗，读其书，不知其人，可乎？是以论其世也。是尚友也。”（10.8）“尚友论”乃是孟子的独特创造。所谓“尚友”，就是与那些志行高洁的古代圣贤为友，在“知人论世”的基础上，追寻古圣先贤的心灵轨迹，把他们当作相知的挚友，跨越时间与他们进行精神上的交往，这样的精神享受该是多么令人陶醉振奋，这样的心灵沟通又是多么悠远深邃而令人心如澡雪！与孔子、孟子为友，与尧、舜为友，与苏格拉底为友，与柏拉图为友，在这样的跨越时空的朋友之间，形成了人类高贵精神的神秘联结，使人类的宝贵的精神追求与信仰能够在这种“忘年交”中薪火相传，生生不息。孟子讲“上下与天地同流”，其中既包含着与天地之间无比辽阔的精神交流，也包含着与古往今来一切伟大心灵的超越时空的精神交流。“尚友”是朋友一伦在时间上的延伸与拓展，与古人为友，“颂其诗，读其书，知其人，论其世”，隔千年而心相知，“尚友”之乐，会心而已。当我们的心灵与仲尼相激荡、与大舜相唱和、与孟子庄子相融化之时，他们就不再是遥不可及的古圣先贤，而是我们时时亲近、时时切磋、时时互通心曲的益友，我们就不会发出“前不见古人，后不见来者，念天地之悠悠，独怆然而涕下”（陈子昂《登幽州台歌》）的叹息，因为古圣先贤作为“尚友”从来都没有离开过“当下”的我们，他们时时与我们同在；而我们亦不必忧虑“不见来者”，未来的心灵与生命亦将通过这种“精神上的朋友关系”（“尚友”）与我们的心灵与生命相联结。“尚友”至此，乐何如哉！可以说，孟子的“尚友论”，把“朋友”的内涵扩张到了极致，把“朋友”的价值与意义推到了最高境界。

与朋友的交往，是基于对彼此人格、道德、信仰、境界的高度认同，然而到了实践操作层面，交友之道则在于原则性与灵活性的兼容。交友既要在礼法范围内进行，又要有足够智慧的灵活的权变，这就是“交际”的艺术。孟子认为，朋友相交，贵以其道，其中核心原则之一即是“恭”，这个“恭”不单是恭敬有礼之恭，而是心存敬意，尊重朋友的人格。当然，尊敬朋友、尊重其人格，有时也会与“义”相矛盾，此时就要有权衡，有取舍，不能固执一端。对于正当的、符合“道”与“礼”的朋友间的礼尚往来，要采取相对灵活的态度，而不要过度纠结于“义”与“不义”。所以孟子说：“其交也以道，其接也以礼，斯孔子受之矣。”（10.4）朋友之间的交往，只要道义礼节上过得去，不要过于执着于“义”与“不义”的价值评判，这是一种变通与灵活的态度，并不意味着没有原则，丧失基本的道德操守。对于那些靠杀人越货得来的东西去馈赠朋友的，当然要拒绝，因为这种可以“不待教而诛”的人的恶劣行为已经触碰了人类伦理的底线，不仅这样的馈赠不能收，这样的“损友”也不可教。

然而孟子也委婉地批评了万章把诸侯“取之于民”与“御人于国门之外”这两件事简单地等同起来的极端想法，认为“夫谓非其有而取之者盗也，充类至义之尽也”（10.4），也就是说，孟子认为万章所言，将“诸侯取之于民”皆视为强盗抢劫，这是把“盗”这类行为推广到了极端的地步，实际上并不可取。那些杀人越货的强盗“不待教而诛”，不用教育就杀掉都行，然而对于圣王而言，诸侯不同于简单的杀人越货的强盗，需要先教育，“教之不改而后诛”。因而对于强盗之馈赠，则拒之可也。然而对于诸侯之馈赠，则要灵活处理，要有权变。在 10.4 中，万章与孟子的讨论已经由“交际之道”不知不觉地转向关于如何对待诸侯、如何求仕的问题上来。实际上，“交友之道”与“求仕之道”都是相通的，都要既坚守恭敬与合宜（“义”）的原则，又要有所变通，所谓“孔子不为已甚者”（8.10），就是讲中庸、讲权衡、讲灵活权变。所以孔子求仕当官的情况有多种，具体选择要视情况而定，孔子很会变通，很会在道义与现实相互矛盾的境况中求得一种平衡。孔子既与鲁人“猎较”（即猎逐动物），又能“簿正祭器”（符合祭礼），既与鲁人习俗不相违背，又能坚守礼制。“孔子有见行可之仕，有际可之仕，有公养之仕”，孔子的仕或不仕，留下与离开，都既照顾到原则性，照顾到道义与操守，又能有足够的灵活性与人情味。他不过于清高如陈仲子，也不随意丧失操守，其平衡感真是无与伦比。

正是在这种意义上，孟子把孔子称为“圣之时者也”（10.1）。“圣之时者”，察时变，识时务，顺时势，动静得时，行之应时，在孟子看来，这是一个人处世的最高境界。在这种最高境界中，用舍行藏无不合宜，达到了“从心所欲，不逾矩”（《论语·为政》）的自得、自如、自由、自在的高度。相比于孔子之“圣之时者”，伯夷、柳下惠、伊尹都得圣人之一体，只有孔子得圣人之全体，孟子称之为“集大成”。孟子多次谈到伯夷、柳下惠、伊尹等古代圣贤，时加评议，可见他对这几个人品德行迹之熟悉与重视。在孟子心目中，这几个古代圣贤代表着几种截然不同的处事类型，各有偏重，也各有利弊。《公孙丑上》中说：“非其君不事，非其民不使；治则进，乱则退，伯夷也。何事非君，何使非民；治亦进，乱亦进，伊尹也。可以仕则仕，可以止则止，可以久则久，可以速则速，孔子也。”（3.2）在同一章中，孟子又说：“伯夷，非其君不事；非其友不友。不立于恶人之朝，不与恶人言；立于恶人之朝，与恶人言，如以朝衣朝冠坐于涂炭。推恶恶之心，思与乡人立，其冠不正，望望然去之，若将浼焉。是故诸侯虽有善其辞命而至者，不受也。不受也者，是亦不屑就已。柳下惠不羞污君，不卑小官；进不隐贤，必以其道。遗佚而不怨，阨穷而不悯。故曰：‘尔为尔，我为我，虽袒裼裸裎于我侧，尔焉能浼我哉？’故由由然与之偕而不自失焉，援而止之而止。援而止之而止者，是亦不屑去已。孟子曰：‘伯夷隘，柳下惠不恭。隘与不恭，君子不由也。’”（3.9）《万章下》又比较了伯夷、伊尹、柳下惠、孔子四位圣贤的行事风格，此段记叙更加详尽，对四位圣贤的处事类型的分析也清晰起来。在孟子看来，伯夷生性清高，介然自守，不苟流俗，是“圣之清者”：“伯夷，目不视恶色，耳不听恶声。非其君，不事；非其民，不使。治则进，乱则退。横政之所出，横民之所止，不忍居也。思与乡人处，如以朝衣朝冠坐于涂炭也。当纣之时，居北海之滨，以待天下之清也。故闻伯夷之风者，顽夫廉，懦夫有立志。”（10.1）伯夷的处事类型为“清”，他一点也不迁就，一点也不屈从世俗，从不随波逐流，从不阿世丧志，他极其坚定地秉持自己的操守，显得有些固执，显得有些

“洁癖”，显得与世间格格不入。从他不食周粟、采薇而食、饿死首阳山的行为来看，他是一个极端倔强、不肯屈就世俗之人。伯夷并不想济世，没有安天下、平天下之志，他只想保持自己的高洁，孔子说伯夷“不降其志，不辱其身”（《论语·微子》）。伯夷之清高自守，自能激励世人保持操守气节，不降志辱身，所以孟子称赞说：“闻伯夷之风者，顽夫廉，懦夫有立志”，使人知有所不为也。但孟子也不是完全认同伯夷之“清”，他认为伯夷的行动与思想有些走极端，他讲“伯夷隘”，是个出言很重的断语。“隘”者，狭也，窄也，不广、不阔、不容，失之于偏仄，格局不大，不能容世，故无所作为，隘者自失也。

伊尹则被孟子称为“圣之任者”，他胸怀鸿鹄之志，欲大有为于世；他有强烈而清晰的使命感，用世之心甚为急切，救世之情甚为热烈，其人格之力量极其巨大，以天下之利为利，以天下之忧为忧，自视甚高，气象弘大伟岸，傲然而往，其志不可阻挡。孟子说：“伊尹曰：‘何事非君？何使非民？’治亦进，乱亦进，曰：‘天之生斯民也，使先知觉后知，使先觉觉后觉。予，天民之先觉者也。予将以此道觉此民也。’思天下之民匹夫匹妇有不与被尧舜之泽者，若己推而内之沟中——其自任以天下之重也。”（10.1，9.7 中亦有类似表述）这种自任天下、舍我其谁的气概，颇有孟子“夫子自道”的意味。伊尹的有为气象、恢弘格局，与孟子确实很相似，所以孟子尽管对伯夷、柳下惠有过一些批评，但对伊尹却未有一字之批评。然而伊尹亦有其弊，他知进而不知退，一往无前而不知迂回通融，有用世之志而无用舍行藏之智慧，刚猛有余而柔韧不足，勇毅有余而婉转不足，能有为而不能无为，生命的柔韧度、灵活度与权变能力稍逊，有时显得不够飘逸，此乃很多大有为之士，遭遇悲剧结局的根源之一。

柳下惠的处事类型被孟子称为“圣之和者”。柳下惠是古代一位很有操守的贤者，从他“坐怀不乱”的品行来看，他是一个有着强大自律的人，然而他又是一个极能适应周遭环境的人，为人随和、豁达，在任何境遇中都能应付裕如。伯夷“思与乡人处，如以朝衣朝冠坐于涂炭”，深层意识中的精英观念与道德洁癖很强烈，可是柳下惠却能够与下层民众打成一片，在民众乡邻中处之泰然。孟子在《万章下》中说：“柳下惠不羞污君，不辞小官。进不隐贤，必以其道。遗佚而不怨，厄穷而不悯。与乡人处，由由然不忍去也。‘尔为尔，我为我，虽袒裼裸裎于我侧，尔焉能浼我哉？’故闻柳下惠之风者，鄙夫宽，薄夫敦。”（10.1）柳下惠能顺应世俗，在各种境遇下均能从容自得，在艰苦困厄之时亦无怨无尤；他有自律之节操，故出淤泥而不染，孟子赞扬柳下惠“不自失”（3.9），肯定柳下惠尽管顺应世俗，为人随和，然而又能以强大的自律保持自身的道德操守，这一点不容易。一个人既能在世俗的规则中处之泰然，又能不为世俗所染，不为外物所移，而始终坚守自我，“不自失”，行事为人“必以其道”（10.1），是值得赞佩的品格。所以柳下惠之“和”，不是没有原则的随波逐流，不是丧失自我以混迹于尘世，而是不失自我，不失其道，既能“和光同尘”（《道德经》第四章、第五十六章），又能独立不倚，因而“闻柳下惠之风者，鄙夫宽，薄夫敦”，世风变得宽弘敦厚。然而孟子对柳下惠也有批评，认为柳下惠“不恭”（3.9），“不恭”乃是过于随和而失去诚敬之本心。这个断语也是很重的，虽然有一定道理，但是从柳下惠“不自失”、“必以其道”的操行来看，他并非是那种随和到玩世不恭地步的人，他的“和”还是“以其道”的“和”，是“不自失”的“和”，是坚守自我道德节操的“和”，所以孟子之批评也有内在矛盾。当然孟子之“提醒”仍是必要的，很多人认为顺应世俗就是“举世混浊，何不随其流而扬其波；众人皆醉，何不哺其糟而啜其醨”（《史记·屈原贾生列传》），以至同流合污、丧失自我，此乃真正的“不恭”。孟子的提醒，对于今天的人们也是极为中肯的。我们教育年轻人要适应社会，然而又要告诫他们不能“自失”，要持守自己独立的、高贵的人格。

孟子最为欣赏、最为推崇的处世类型是孔子的“圣之时”，即“以时而行”的人格，“可以速而速，可以久而久，可以处而处，可以仕而仕”（10.1），他既有极高的道德追求，又有足够灵活的时变精神与能力，因此凡所行无不合宜，凡所止无不自得，故能行藏自如，去留从容。孔子有伯夷之高尚操守，有伊尹自任天下的使命意识与担当情怀，有柳下惠顺应世俗、“和而不同”（《论语·子路》）的灵活态度，他兼三圣之长，而能超出三圣之上而“集大成”。孔子对自我生命节奏的把握，对自我生命的定位，对自我内心世界与外部世界平衡关系的调节，对复杂情境中持己接物的艺术的掌控，都达到了极高的境界。孔子既有内心强大的力量，有着成圣成贤的伟大抱负，此所谓“力”也；同时又有着应对复杂局面、灵活处置各种尘世矛盾与紧张关系的智慧与明哲，他有足够的灵活度，有极强的变通能力，不死较真，善于回旋，善于融通，此所谓“巧”也。要成为孔子这样的“圣之时者”，既需要内心具备强大的激情与力量，经过长期的自我磨砺与自我锤炼，实现内在生命的觉醒与心灵的涅槃，从而脱胎换骨、成圣成贤；同时又需要具备足够的世俗智慧，需要识别与权衡，以达成内在生命与外部环境的统一协调。前者是“力”，是圣；而后者是“巧”，是智。要成为“圣之时者”，必“力”与“巧”并重，“圣”与“智”兼备。“由射于百步之外也，其至，尔力也；其中，非尔力也。”（10.1）一方面无“力”则不至，无圣则不远；另一方面，无“巧”则不中，无智则不达。唯有将内心强大而执着的道德追求与灵活明哲的时变能力相融汇，才能最终成就圣贤人格。

二十三　悦贤养士

10.5

孟子曰："仕非为贫也，而有时乎为贫；娶妻非为养也，而有时乎为养。为贫者，辞尊居卑，辞富居贫。辞尊居卑，辞富居贫，恶乎宜乎？抱关击柝。孔子尝为委吏矣，曰：'会计当而已矣。'尝为乘田矣，曰：'牛羊茁壮长而已矣。'位卑而言高，罪也；立乎人之本朝，而道不行，耻也。"

【译文】

孟子说："当官不是为了要解决贫穷，但有时当官确实是为了要解决贫穷；娶妻并不是为了要孝养父母，但有时娶妻确实是为了孝养父母。为了解决贫穷而去当官，应该辞去那些尊贵的高位而选择低微的官位，辞去俸禄优厚的官位而选择俸禄微薄的官位。辞去尊贵的官位而选择低微的官位，辞去俸禄优厚的官位而选择俸禄微薄的官位，需要到什么地步才合适呢？（那就好比那些）守门打更的职位。孔子曾经（为解决生计而）当过仓库管理员，他说：'（做仓库管理员，）对粮食收支计算得都一丝不差就行了。'他也曾经（为了解决生计而）当过牲畜管理员，他说：'（做牲畜管理员，）让牛羊茁壮成长就行了。'官位低的人去议论国家大事，这是一种罪过；而那些在朝廷中为官的人，若不能实现道义，这是一种耻辱。"

10.6

万章曰："士之不托诸侯，何也？"

孟子曰："不敢也。诸侯失国，而后托于诸侯，礼也；士之托于诸侯，非礼也。"

万章曰："君馈之粟，则受之乎？"

曰："受之。"

"受之何义也？"

曰："君之于氓也，固周之。"

曰："周之则受，赐之则不受，何也？"

曰："不敢也。"

曰："敢问其不敢何也？"

曰："抱关击柝者，皆有常职以食于上。无常职而赐于上者，以为不恭也。"

曰："君馈之，则受之，不识可常继乎？"

曰："缪公之于子思也，亟问，亟馈鼎肉。子思不悦。于卒也，摽使者出诸大门之外，北面稽首再拜而不受，曰：'今而后知君之犬马畜伋。'盖自是台无馈也。悦贤不能举，又不能养也，可谓悦贤乎？"

曰："敢问国君欲养君子，如何斯可谓养矣？"

曰："以君命将之，再拜稽首而受。其后廪人继粟，庖人继肉，不以君命将之。子思以为鼎肉使己仆仆尔亟拜也，非养君子之道也。尧之于舜也，使其子九男事之，二女女焉，百官牛羊仓廪备，以养舜于畎亩之中，后举而加诸上位。故曰：王公之尊贤者也。"

【译文】

万章说："士不可寄食于诸侯，这是为什么呢？"

孟子说："（那是因为）不敢这样做。诸侯假如失去了自己的国家，之后在别的国家寄食，这是符合礼制的；而士寄食于诸侯，则是违背礼制的。”

万章说：“如果国君馈赠他食物，那么他是否接受呢？”

孟子说：“接受。”

万章说：“接受又是出于什么理由呢？”

孟子说：“国君对于那些从别国来的士人，本来就可以进行周济。”

万章说：“被人周济就可以接受，而被人赐与（衣食）就不可以接受。这是为什么呢？”

孟子说：“（这是因为他）不敢接受。”

万章说：“他为什么不敢接受呢？”

孟子说：“那些守门打更的人都因为有固定的职务，所以才从上面接受给养。没有固定的职务却接受上面的赐与，会被人认为是不恭敬的行为。”

万章说：“国君馈赠东西给他，他就接受，不知道是否可以经常如此？”

孟子说：“鲁缪公对于子思，经常表示问候并馈赠肉食给他。子思不太高兴。最终子思把使者推出大门以外，自己朝北叩首，拜了两次，不接受礼物，说：‘从现在往后，我知道国君是把我子思当作犬马来畜养。’大概从那时开始，（鲁缪公）不再馈赠东西给子思了。喜悦贤士，但又不能推举他（担任职责），又不能供养他的生活，这能叫喜悦贤士吗？”

万章说：“请问国君如果想供养贤士，那么要怎么做才算得上是真正的供养呢？”

孟子说：“尊奉国君的旨意把礼物送给他（指贤士），他拜了两次又叩首表示接受礼物。然后管仓库的人继续给他送粮食，管厨房的人继续给他送肉食，然而却不再重复国君的旨意就可以送给他。子思觉得鲁缪公派人给他送去一点肉食，就使自己不胜其烦地屡屡叩首拜谢，这不是供养贤士的正确方法。尧对于舜，派他的九个儿子服侍舜，将自己的两个女儿嫁给舜，又派官员备好牛羊粮草，使舜在乡野之中得到（非常周到体面的）供养，后来又推举舜当官，把舜提到高位。所以说，这才是王公尊敬贤士（的正确方法）。”

10.7

万章曰：“敢问不见诸侯，何义也？”

孟子曰：“在国曰市井之臣，在野曰草莽之臣，皆谓庶人。庶人不传质为臣，不敢见于诸侯，礼也。”

万章曰：“庶人，召之役，则往役；君欲见之，召之，则不往见之，何也？”

曰：“往役，义也；往见，不义也。且君之欲见之也，何为也哉？”

曰：“为其多闻也，为其贤也。”

曰：“为其多闻也，则天子不召师，而况诸侯乎？为其贤也，则吾未闻欲见贤而召之也。缪公亟见于子思，曰：‘古千乘之国以友士，何如？’子思不悦，曰：‘古之人有言曰，事之云乎，岂曰友之云乎？’子思之不悦也，岂不曰：‘以位，则子，君也；我，臣也；何敢与君友也？以德，则子事我者也，奚可以与我友？’千乘之君，求与之友而不可得也，而况可召与？齐景公田，招虞人以旌，不至，将杀之。‘志士不忘在沟壑，勇士不忘丧其元。’孔子奚取焉？取非其招不往也。”

曰：“敢问招虞人何以？”

曰：“以皮冠。庶人以旃，士以旂，大夫以旌。以大夫之招招虞人，虞人死不敢往；以士之招招庶人，庶人岂敢往哉？况乎以不贤人之招招贤人乎？欲见贤人而不以其道，犹欲其入而闭之门也。夫义，路也；礼，门也。惟君子能由是路，出入是门也。

《诗》云：‘周道如底，其直如矢；君子所履，小人所视。’”

万章曰：“孔子，君命召，不俟驾而行。然则孔子非与？”

曰：“孔子当仕有官职，而以其官召之也。”

【译文】

万章说：“请问士不应谒见诸侯，这是什么道理？”

孟子说：“（那些没有官职的人，）在城市的被称为‘市井之臣’，在乡下就叫作‘草莽之臣’，总之都是老百姓。没有官职的老百姓不应拿着见面礼去求职为臣，不敢去谒见诸侯，这是符合礼制的。”

万章说：“作为老百姓，（国君）召他去服劳役，他就要去服劳役；而国君要见他，召唤他，他却不去见国君。这是为什么呢？”

孟子说：“（国君召老百姓去服役，老百姓就去）服役，这是符合义的行为。而老百姓去谒见诸侯，是不符合义的。况且国君要召见他，到底是为什么呢？”

万章说：“（国君召见士，）是因为士见识广博，是因为士有贤能德行。”

孟子说：“如果国君召见士是因为他见识广博，那么就连天子也不应召唤老师，更何况诸侯国的国君呢？如果国君召见士是因为他有贤能德行，那么我从来没有听说过要见贤能之人而去召唤他的。鲁缪公多次去见子思，说：‘古代拥有千辆兵车的大国国君，如果要同士交友，会怎样呢？’子思很不高兴，说：‘古人有句话说：国君是以士为师，还是同士交友呢？’子思之所以不高兴，难道不是想表达这样的潜台词吗？‘从地位来说，你是国君，我是臣民，我哪敢跟国君交友呢？从德行上说，你是要以我为师的，怎么能跟我交朋友呢？’拥有千辆兵车的大国之君，想要与士交朋友都不行，更何况要召唤他呢？齐景公去打猎，用羽毛旗召唤林场管理员，他不来，齐景公就要杀他。（但是林场管理员并不畏惧，）是志士就不怕自己的尸骨被抛在沟壑之中，是勇士就不怕被杀头。孔子称道这个林场管理员哪一点呢？就是称道他如果国君不按应该召唤他的礼节来召唤他，他就宁死也不去（的这种操守气节）。”

万章说：“请问召唤林场管理员应该用什么样的方式？”

孟子说：“应该用皮帽来召唤。召唤普通老百姓用绸缎做的曲柄旗子，召唤士要用带铃的交龙旗，召唤大夫要用羽毛做的旗子。齐景公用召唤大夫的方式去召唤林场管理员，他是宁死也不敢去的；如果国君用召唤士的方式去召唤老百姓，老百姓怎么敢去呢？更何况国君用召唤不贤之人的方式来召唤贤人呢？（贤人更不会听从召唤了。）国君想见贤人却不采用正确的方法，这就好比想让人进来却关上门一样。义，就是我们应该走的路；礼，就是我们应该进屋要过的门。只有君子才能行走于‘义’路，才能出入这个‘礼’门。《诗经》说：‘大道如同磨刀石一样平坦，如同箭一样笔直，这是君子要走的大道，也是老百姓应该效法的礼仪规矩。’”

万章说：“孔子，国君下命令召唤他，他不等到马车准备好就急急忙忙地自己先走，可是这样做，孔子错了吗？”

孟子说：“孔子之所以这样做，是因为他当时在朝为官，有职责在身，国君召唤他，是用孔子的官职来召唤。”

10.8

孟子谓万章曰：“一乡之善士斯友一乡之善士，一国之善士斯友一国之善士，天下之善士斯友天下之善士。以友天下之善士为未足，又尚论古之人。颂其诗，读其书，不知其人，可乎？是以论其世也。是尚友也。”

【译文】

孟子对万章说：“一个乡的卓越人士彼此结交成为好友，一国的卓越人士彼此结交成为好友，天下的卓越人士也彼此结交成为好友。认为与天下的卓越人士交友还不够，还要上溯历史，讲论古代贤士（，与古人交友）。诵读古代贤人的诗篇，阅读研索古代贤人的著作，如果不能（深入）理解他们的为人，我们怎么可能跟他们交友呢？所以又必须讲论研究他们所处的时代（，这样才能深入理解他们的为人）。这就是与古人交友（之道）。”

10.9

齐宣王问卿。孟子曰：“王何卿之问也？”

王曰：“卿不同乎？”

曰：“不同。有贵戚之卿，有异姓之卿。”

王曰：“请问贵戚之卿。”

曰：“君有大过则谏；反复之而不听，则易位。”

王勃然变乎色。

曰：“王勿异也。王问臣，臣不敢不以正对。”

王色定，然后请问异姓之卿。曰：“君有过则谏，反复之而不听，则去。”

【译文】

齐宣王询问关于公卿的事。孟子说：“您是问哪一种公卿？”

齐宣王说：“公卿还有差别吗？”

孟子说：“有差别。有与君主同姓同宗的‘贵戚之卿’，也有与君主不同姓的‘异姓之卿’。”

齐宣王说：“请问与君主同姓同宗的‘贵戚之卿’是什么情况？”

孟子说：“对于‘贵戚之卿’，君主有重大过失，就要去劝谏他改正；反复几次劝谏后，君主还不听劝、不改正，就可以废弃他而改立新的君主。”

齐宣王突然脸色大变。

孟子说：“您不要惊讶。您问我关于‘贵戚之卿’的事，我不敢不直言相告。”

齐宣王过了一会儿，神色安定下来，又向孟子询问关于“异姓之卿”的事。

孟子说：“对于‘异姓之卿’，如果君主有过错，就应该去劝谏，如果反复劝谏他还不听从，就（辞职）离开。”

战国时代，士人阶层蔚然兴起，他们游走于诸侯之间，为各国国君、王公出谋划策，充分显示出他们卓越的才华与驾驭局势的能力。士人阶层仅仅凭借自己的学识与能力，就跻身于高位，这对于崇尚身份门第的贵族世袭制社会而言，自然代表着一股进步的力量。而随着士人阶层的兴起，这一阶层也开始出现士人精神的自觉，他们作为一个阶层的独立人格开始觉醒。这一社会结构的重大变化，是中国由贵族世袭制的传统社会，向重视能力的新型社会转型的标志，而战国之后秦帝国废除封建世袭、建立郡县制与人才任命选拔制度，乃是这种社会转型的必然结果。在这一社会转型中，以自身学识、才能、道德建树而立身的士人阶层，与以自身出身、门弟、血统关系而立身的贵族世胄阶层，就产生了矛盾。士人阶层为追求更高的社会地位，就不得不游说诸侯，寄身于贵族世胄阶层，并为其服务，然而士人又极力想在这个过程中保持人格的独立与尊严，不丧失自己的节操。《战国策》中记载了很多这样的故事。我们所熟知的《战国策·齐策》中的“冯谖客孟尝君”的故事，就体现了贵族与士人关系的一面：孟尝君善养士，对士宽容、尊重、信任，而冯谖作为投靠贵族、寄食于诸侯的士，也能择主而栖并竭忠尽智。冯谖为了自己的待遇，屡屡弹铗而歌：“长铗归来乎！食无鱼！”、“长铗归来乎，出无车！”、“长铗归来乎！无以为家！”而孟尝君则不问其能，一一满足其要求，后冯谖知恩图报，通过“焚券贾义”等行动，为孟尝君在危急之际保身避祸立了功。在这个故事中，孟尝君之“善养士”、他对士的人格的尊重、他的宽宏博大的君子之风令人印象深刻，正是因为他“善养士”，士才能为他竭忠尽智。而《战国策·齐策》中“颜斶说齐王”的故事则是另外一个典型。齐宣王召见齐国隐士颜斶，态度不敬，而颜斶不卑不亢，保持了人格的独立与自尊，同时颜斶提出了“士贵而王者不贵”的著名论断，这在当时的等级社会实在是振聋发聩的论点，充分说明了当时士人阶层集体人格的形成与自我价值的觉醒。这段史实当与孟子同时，因孟子与齐宣王也有很深入的交往。齐宣王先是倨傲不恭，端架子，但颜斶却不认账，清高孤傲，不肯屈节，《战国策·齐策》的描述很是生动：“齐宣王见颜斶，曰：‘斶前！’斶亦曰：‘王前！’宣王不悦。左右曰：‘王，人君也。斶，人臣也。王曰斶前，斶亦曰王前，可乎？’斶对曰：‘夫斶前为慕势，王前为趋士，与使斶为慕势，不如使王为趋士。’王忿然作色曰：‘王者贵乎？士贵乎？’对曰：‘士贵耳，王者不贵。’”后来齐宣王有所悔悟，便改了态度，并以高官厚禄许诺颜斶。宣王曰：“嗟乎！君子焉可侮哉？寡人自取病耳！愿请受为弟子。且颜先生与寡人游，食必太牢，出必乘车，妻子衣服丽都。”而颜斶则不为利禄所惑，拒绝了宣王，颜斶说：“夫玉生于山，制则破焉，非弗宝贵矣，然太璞不完。士生于鄙野，推选则禄焉，非不尊遂也，然而形神不全。斶愿得归，晚食以当肉，安步以当车，无罪以当贵，清净贞正以自虞。”颜斶终于隐居江湖，“归真返璞，则终身不辱”。

颜斶见齐宣王这个事例，很能说明孟子所生活的那个年代的一种普遍的社会风尚，颜斶在齐宣王面前那种凛然不可犯的气势、那种宝贵的令人动容的人格自尊，都令人想到孟子的风范，这不就是孟子所说的“说大人则藐之，勿视其巍巍然”（14.34）的那种傲骨吗？颜斶不被高官厚禄所诱惑，宁愿保持自己的人格操守与精神自由。孟子也说：“堂高数仞，榱题数尺，我得志，弗为也；食前方丈，侍妾数百人，我得志，弗为也；般乐饮酒，驱骋田猎，后车千乘，我得志，弗为也。在彼者，皆我所不为也；在我者，皆古之制也。吾何畏彼哉？”（14.34）孟子同颜斶一样，以王公贵族的骄奢淫逸为耻，而以士的精神自由与人格追求为贵，他们在诸侯国君前不卑不亢，挺起高贵的头颅，既不为所惧，更不为所惑。王公贵族的富贵权势在士看来并不值得尊贵，值得尊贵的是士的道德操守。孟子说：“古之贤王，好善而忘势。古之贤士，何独不然？乐其道而忘人之势，故王公不致敬尽礼，则不得亟见之。见且由不得亟，而况得而臣之乎？”（13.8）古代贤君，好善政而忘记自己的富贵权势；而古代贤士则以道义为乐，而忘记了别人的富贵权势，他们如颜斶般清高自守，不“慕势”，不阿贵，“富贵不能淫”，而视自己的人格操守为至高无上之珍宝。士有强烈的自尊，如果王公贵族诸侯不能以恭敬的态度师事之，如果不能依循礼制尊重他们的人格，那么士是不会屈尊而臣事之的。

而那些“大有为之君”，对于士往往采取尊重的态度，他们“悦贤”、“举贤”、“养贤”、“尊贤”，能够尊重人才，吸纳人才，重用人才，使那些有才能有气节的士，能够奋其所能，实现其政治理想。孟子屡次谈到“士不托诸侯”、“士不见诸侯”（6.7、10.6、10.7），其意在强调士之独立不倚之人格，同时也在强调诸侯应对士“致敬尽礼”，要以礼相待，以诚相待，否则真正的士是不会来的。孟子几次以子思为例，谈到诸侯国君如何尊贤养士的问题。“缪公之于子思也，亟问，亟馈鼎肉。子思不悦。于卒也，摽使者出诸大门之外，北面稽首再拜而不受。曰：‘今而后知君之犬马畜伋。’盖自是台无馈也。悦贤不能举，又不能养也，可谓悦贤乎？”（10.6）子思为什么不高兴？不是因为物质条件不优渥，而是因为鲁缪公并没有在人格上尊重他，而只是像喂犬马一样畜养他，这是子思所不能接受的。“子思以为鼎肉使己仆仆尔亟拜也，非养君子之道也”（10.6），士怎么会为了这几块肉而折腰呢？“悦贤”就应该“尊贤”，“尊贤”就应该以礼养贤，就应该尊重其才华而“举贤”。孟子推崇尧对待舜这个乡野人才的做法，“尧之于舜也，使其子九男事之，二女女焉，百官牛羊仓廪备，以养舜于畎亩之中，后举而加诸上位”（10.6），这才是“悦贤”、“尊贤”、“举贤”、“养贤”的典范。“尊贤使能，俊杰在位，则天下之士皆悦，而愿立于其朝矣”（3.5），君王只有能尊贤养士，最终才能得天下。

孟子说：“天下有达尊三：爵一，齿一，德一。朝廷莫如爵，乡党莫如齿，辅世长民莫如德。恶得有其一以慢其二哉？故将大有为之君，必有所不召之臣；欲有谋焉，则就之。其尊德乐道，不如是，不足与有为也。故汤之于伊尹，学焉而后臣之，故不劳而王；桓公之于管仲，学焉而后臣之，故不劳而霸。今天下地丑德齐，莫能相尚，无他，好臣其所教，而不好臣其所受教。汤之于伊尹，桓公之于管仲，则不敢召。管仲且犹不可召，而况不为管仲者乎？”（4.2）为什么“将大有为之君，必有所不召之臣”？就是因为，这些“不召之臣”，都是一些极富才能、极具人格尊严、极有道义担当的士子，他们不屈尊俯就，独立不倚，不畏权势，然而那些“大有为之君”若能以礼下之，能以宽宏、谦逊、平等、尊重的态度对待这些真正的士，那么这些士必将给国家带来福祉。如果没有“尊德乐道”、礼贤下士的谦逊态度与平等精神，则“不足与有为也”，齐宣王等人就属于这种不堪造就之君王。这样的君王，喜欢那些低眉顺眼、媚上阿贵的臣子，这些小人处处时时听从君王命令，卑躬屈膝，唯唯诺诺，丧失独立人格；这样的君王不会喜欢那些具备真正独立人格的士，不能尊重他们，包容他们，当然更不能重用他们，这就是“好臣其所教，而不好臣其所受教”。这样心胸狭隘、刚愎自用、不能举贤养贤的国君，怎么会大有为呢？孟子认为，士的人格至为尊贵，“志士不忘在沟壑，勇士不忘丧其元”（6.1，10.7），真正的士，会誓死维护自己的人格尊严，而不会屈就世俗。因此真正的“大有为之君”，是不会以损害士的尊严的方式去“悦贤”的。鲁缪公自以为是“千乘之君”，如果要跟子思这样一个士子为友，应该够给士子面子了吧？然而子思却不悦：“以位，则子，君也；我，臣也。何敢与君友也？以德，则子事我者也。奚可以与我友？”（10.7）这是孟子代子思所讲出的“潜台词”。这就是“爵”与“德”的关系。论“爵”与“位”，有上下君臣之分；然而论德，则有师生之分，缪公应以尊师之礼事子思，而不是高高在上，毫无谦逊尊贤之意。“千乘之君求与之友，而不可得也，而况可召与？”士之“不可召”，不是士不想为世所用，而是诸侯“其召不以礼”，“欲见贤人而不以其道”，不能礼贤下士，“尊贤乐道”，这样的国君欲得士得贤，难乎哉！

卷十一　告子上

二十四　人本性善

11.1

告子曰："性犹杞柳也，义犹杯棬也。以人性为仁义，犹以杞柳为杯棬。"

孟子曰："子能顺杞柳之性而以为杯棬乎？将戕贼杞柳而后以为杯棬也？如将戕贼杞柳而以为杯棬，则亦将戕贼人以为仁义与？率天下之人而祸仁义者，必子之言夫！"

【译文】

告子说："人的性，就好比杞柳树，而仁义，就好比杯盘。把人性归结为仁义，就好像用杞柳树来制作杯盘。"

孟子说："您能顺应杞柳树的本性，来把它做成杯盘吗？还是要戕害杞柳树的本性之后把它做成杯盘呢？如果要戕害杞柳树的本性来把它做成杯盘，那么也要戕害人的本性来使人变得仁义吗？率领天下的人来祸害仁义的，一定是您的这种论调。"

11.2

告子曰："性犹湍水也，决诸东方则东流，决诸西方则西流。人性之无分于善不善也，犹水之无分于东西也。"

孟子曰："水信无分于东西。无分于上下乎？人性之善也，犹水之就下也。人无有不善，水无有不下。今夫水，搏而跃之，可使过颡；激而行之，可使在山。是岂水之性哉？其势则然也。

人之可使为不善，其性亦犹是也。”

【译文】

告子说：“人性，就好比回旋的流水，如果从东边打开缺口就向东流，如果从西边打开缺口就向西流。人性不分善和不善，就好像水不分东流之水与西流之水。”

孟子说：“水诚然不分东流之水与西流之水，然而水难道也不分向上之水与向下之水吗？人性的善，就好比水总是向下流。人的本性没有不善的，好比水没有不向下流的。当我们击打水使之跃动起来，就可以使水高过额头；激荡水使之逆行，也可以让水流上山。这难道是水的本性吗？是外部的形势使它这样。人也可以（被外部的形势所影响而）做不善的事，人本性的改变也像水一样。”

11.3

告子曰：“生之谓性。”

孟子曰：“生之谓性也，犹白之谓白与？”

曰：“然。”

“白羽之白也，犹白雪之白；白雪之白，犹白玉之白与？”

曰：“然。”

“然则犬之性犹牛之性，牛之性犹人之性欤？”

【译文】

告子说：“天生的自然资质，就叫作性。”

孟子说：“天生的自然资质就称为性，好比天生的白色之物就可称为白吗？”

告子说：“是的。”

孟子说：“白羽毛的白，就如同白雪的白；白雪的白，就如同白玉的白吗？”

告子说：“是的。”

孟子说："既然这样，那么狗的性就好比牛的性，牛的性就好比人的性吗？"

11.4

告子曰："食、色，性也。仁，内也，非外也；义，外也，非内也。"

孟子曰："何以谓仁内义外也？"

曰："彼长而我长之，非有长于我也。犹彼白而我白之，从其白于外也，故谓之外也。"

曰："异于白马之白也，无以异于白人之白也。不识长马之长也，无以异于长人之长与？且谓长者义乎？长之者义乎？"

曰："吾弟则爱之，秦人之弟则不爱也，是以我为悦者也，故谓之内。长楚人之长，亦长吾之长，是以长为悦者也，故谓之外也。"

曰："耆秦人之炙，无以异于耆吾炙，夫物则亦有然者也，然则耆炙亦有外与？"

【译文】

告子说："爱好美食与美色，这是人的本性。仁是内在的东西，不是外在的东西；义是外在的东西，不是内在的东西。"

孟子说："为什么说仁是内在的而义是外在的呢？"

告子说："他年长，于是我尊敬他，并不是因为我心里先有尊敬的想法；就好像那个东西是白色的，于是我就认为它是白色的东西，这是我从它的白色的外表而得到这样的认识，所以称它为外在的东西。"

孟子说："白马的白，与白人的白没有差别。难道说对于年老的马的同情怜悯，与对长者的尊敬，也是没有差别的吗？而且您认为是'义'在于长者本身，还是在于尊敬长者的人呢？"

告子说："如果是我的亲弟弟，我就会爱他；如果是秦国人的弟弟，我就不爱他，这是以我内在的爱亲人的情感而喜悦的，所以我把仁称为内在的。尊敬楚人中的长者，也尊敬我自己的长者，这是以年长之人作为喜悦的对象，所以我把义称为外在的。”

孟子说：“喜欢吃秦国人的烤肉，与喜欢吃自己做的烤肉没有差别，而各种事物也都如此。既然这样，那么喜欢吃烤肉本身也是外在的东西吗？”

11.5

孟季子问公都子曰：“何以谓义内也？”

曰：“行吾敬，故谓之内也。”

“乡人长于伯兄一岁，则谁敬？”

曰：“敬兄。”

“酌则谁先？”

曰：“先酌乡人。”

“所敬在此，所长在彼，果在外，非由内也。”

公都子不能答，以告孟子。

孟子曰：“敬叔父乎？敬弟乎？彼将曰：‘敬叔父。’曰：‘弟为尸，则谁敬？’彼将曰：‘敬弟。’子曰：‘恶在其敬叔父也？’彼将曰：‘在位故也。’子亦曰：‘在位故也。庸敬在兄，斯须之敬在乡人。’”

季子闻之，曰：“敬叔父则敬，敬弟则敬，果在外，非由内也。”

公都子曰：“冬日则饮汤，夏日则饮水，然则饮食亦在外也？”

【译文】

孟季子问公都子说：“为什么说义是内在的呢？

公都子说：“从我内心的敬出发来行动，因此义是内在的东西。”

孟季子问：“乡邻比兄长大一岁，那么该尊敬谁？”

公都子说：“尊敬兄长。”

孟季子问："如果是一块儿饮酒，那么应该先敬谁？"

公都子说："应先向乡邻敬酒。"

孟季子说："你内心所尊敬的是兄长，然而（在酒席上）所敬的却是乡邻，这就说明义是外在的东西，而不是内在的东西。"

公都子没法回应，就去告诉孟子。

孟子说："（你要问他，）是尊敬叔父呢，还是尊敬兄弟呢？他会说：'尊敬叔父。'你要问他：'如果兄弟是主祭人，那么你尊敬谁？'他会说：'敬兄弟。'你问他：'为什么又说尊敬叔父（又说敬兄弟）呢？'他会说：'是因为兄弟处在主祭人位置的缘故。'你也可说：'（之所以饮酒要先敬乡邻，）也是因为这个道理。平时的尊敬在于兄弟，而（在特殊场合中的）暂时的恭敬在于年长的乡邻。'"

孟季子听说了（公都子转述的孟子的话），说："敬叔父是一种敬，敬兄弟也是一种敬，这就证明义果然是一种外在的东西，而不是发自内心的东西。"

公都子说："冬天就喝热汤，夏天就喝凉水。（虽然不同境遇下喝的东西不同，）可是难道说饮食也是外在的、不是发自人的内在本性吗？"

先秦关于"性善恶论"的学术讨论，到孟子时代形成一个高峰，诸家并出，莫衷一是。这种道德本体意义上的讨论，由于难以进行实证检验以决其真伪，因而更多的带有"理论预设"的意味，即不论是持有哪种"性善恶论"的学派，在对"人性"进行探索与诠释之前，已经具备了一种提前设定的"立场"，这个"立场"为解释"人性"提供了一种海德格尔所说的"前结构"，从而决定着每个学派的理论倾向。更重要的是，这种作为诠释的"前结构"的"立场"之所以在各学派之间有着巨大的差异，其根本原因在于每一个诠释者心目中都有着不同的社会理想与政治蓝图，所有“前结构”的“立场”（理论预设），都是为他们的社会理想与政治蓝图服务的。从这个意义上来说，也许并不存在一个一劳永逸的科学的“人性论”，这就是关于“人性论”聚讼千年而尚未有定论的“诠释学”原因。

与孟子“性善论”同时并存的，还有荀子与韩非子的“性恶论”、告子的“性无善无不善论”以及世硕的“性可以为善可以为不善论”（或者说“有性善有性不善论”）。荀子持“性恶论”，韩非子、李斯师事荀卿，继承了“性恶论”，并由此发展出一整套崇尚法制的制度主义学说，这套学说认为人性本恶，须以外在的法律制度加以规范，从此开启法家之学。司马迁在《史记·老子韩非列传》中如此评价韩非：“韩子引绳墨，切事情，明是非，其极惨礉（通‘刻’）少恩。”“引绳墨”也就是重视法律规章这些对于人性的外在制度性的规范与约束，这与儒家强调内在的道德性的引导与教化不同；“切事情，明是非”乃是说法家的基于“人性恶”假设的制度主义学说，切近社会人性的现实，比较现实主义，这与司马迁评价孟子的“迂远而阔于事情”的断语相对照，可见司马迁比较认同韩非的现实主义，而讥笑孟子的“性善”学说以及基于“人性善”假说的“仁政”思想是迂阔的理想主义。而这种现实主义与理想主义的社会政治目标的分野，正好说明了持“性恶论”的荀韩学派与持“性善论”的孟子学派在社会理想上的差异：韩非是要通过承认“人性恶”的消极现实，而希图“绳墨天下”，从而以外在的制度法规刻画出一套建构性的社会秩序；而孟子则是要通过“人性善”（实为“人性向善”）的理想假定，开出人类的“向上一路”，从而发扬人类内心的道德自觉与良心本心，以实现道德自律基础上的内在性的社会秩序。荀韩学派之“人性恶”，开出法家严刑峻法之治国理路，其好处是“明是非”，短时期可富国强兵，然而其内在缺陷是“其极惨礉少恩”，也就是说，依循荀卿韩非的“人性恶”，从而选择严刑峻法的治国理路，走到极端必然是刻薄寡恩，长此以往，则严刑峻法不但不会换来社会秩序，而且会引发社会伦理之混乱与人民之反抗。“其极惨礉少恩”是司马迁对韩非一派很重的批评，实际上司马迁总体上是对法家学派持批判态度的。他在《史记·商君列传》中说商鞅“其天资刻薄人也”，又说商鞅“少恩”，在《史记·孙子吴起列传》中说吴起“刻暴少恩”，而在《史记·袁盎晁错列传》中说晁错“峭直刻深”，这些批评性的评价都指向同一个意思：法家之流虽“切事情”，直面现实，但是却“刻暴少恩”，在法家的严刑峻法下，社会风气也必然刻薄凶暴成风。如果说孟子基于理想的“人性善”假说而主张的“仁政”是一种有温度的、一片春意的政治社会学说，则荀韩学派基于“人性恶”假说而开出的严刑峻法政治治理路径，则是一种冷冰冰的政治学说，它过于现实和功利，过于理性和阴冷，有秋日肃杀之气，缺乏人性的热度与向上的力量。而司马迁对法家一派韩非、商鞅、吴起、晁错的性格的精到分析，是否向我们揭示了另外一个极为深刻的道理：任何社会政治学说背后，实际上彰显的都是“人性”本身，任何学者对于现实“人性”的观察与判断以及对于理想“人性”的刻画与诠释，其实都与研究者本人的“人性”——也就是研究者的“个性”密切相关。“刻薄寡恩”的研究者满眼皆是人性之恶，故欲以严刑峻法来羁束、禁锢人性之恶，以获得社会秩序；而带有积极向上气质的研究者，则胸中自有春风，这样的研究者眼中“满街都是圣人”（明王艮语），“人皆可以为尧舜”（12.2），所以他要积极引导每一个人焕发内心的“善因”，从而结出社会和谐之“善果”。每一学派之理论，不正是不同学者人格的反映和写照吗？周濂溪（敦颐）庭草不除，为“留一点春意思”，这样光风霁月令人如沐春风的敦厚和蔼、宽弘朗阔之人格，无论如何也不会赞同“人性恶”学说的。孟子说：“术不可不慎也”（3.7），而“择术”（本书这里说的“术”主要指学术）本身，更深一点说，不是“慎”的问题，而是与学者自身有直接的关联。学者自身之人格，即关乎他观察事物的“立场”，从而决定他诠释一切的“前结构”与一切“理论预设”。

“性可以为善可以为不善论”与“有性善有性不善论”，是一种试图在性善、性恶之间进行折衷的理论，或可统一称为“性善恶兼有论”或“性兼善恶论”。持“性兼善恶论”的人，其中有很多是孔子的门徒以及再传弟子。《史记·儒林列传》中说：“自孔子卒后，七十子之徒散游诸侯，大者为师傅卿相，小者友教士大夫，或隐而不见。故子路居卫，子张居陈，澹台子羽居楚，子夏居西河，子贡终于齐。如田子方、段干木、吴起、禽滑釐之属，皆受业于子夏之伦，为王者师。是时独魏文侯好学。后陵迟以至于始皇，天下并争于战国，儒术即绌焉，然齐鲁之间学者独不废也。于威、宣之际，孟子、荀卿之列，咸遵夫子之业而润色之，以学显于当世。”孔子的弟子“七十子之徒”，在孔子死后流散四方，在继承孔子学说的基础上又多加发挥，从而形成了儒家学派多元化发展的局面，各流派的学术面貌发生了分化。子夏开创的“西河学派”培养出田子方、段干木、吴起、禽滑釐等当时著名的学者与政治家，他们的学术思想，因为要做“王者师”的缘故，更多地倾向于以制度主义理路来应对国家治理的一系列挑战，实际上已经向法家过渡，至荀子之弟子韩非，这种过渡得以逐步完成。《史记·魏世家》中说：“文侯受子夏经艺，客段干木，过其闾，未尝不轼也。秦尝欲伐魏，或曰：‘魏君贤人是礼，国人称仁，上下和合，未可图也’，文侯由此得誉于诸侯。”田子方、段干木这些人的思想，法家的色彩已很明显。因此在孔子弟子“七十子之徒”及再传弟子中，对于“性善恶”的讨论必定已出现多元化的局面，他们各自都从孔子学说中找到依据，从不同的方向开拓“人性论”的研究。“性兼善恶论”实际上是孔子学派发生分化的反映。焦循《孟子正义》引孔广森《经学卮言》：

> 王充《论衡·本性篇》云："周人世硕以为人性有善有恶，举人之善性养而致之，则善长；恶性养而致之，则恶长。故世子做《养书》一篇。宓子贱、漆雕开、公孙尼子之徒亦论性情，与世子相出入，皆言性有善有恶。"按公都子此问，即其说也。汉艺文志《世子》二十一篇，名硕，陈人，七十子之弟子。《韩非子》八儒有漆雕氏之儒，世子或其徒与？盖或人二说，皆原于圣门，而各得其一偏。可以为善，可以为不善，所谓"性相近，习相远也"。有性善有性不善，所谓"上智与下愚不移"者也。《古论语传》曰："辟如尧舜，禹、稷、契与之为善则行，鲧、驩兜欲与为恶则诛；可与为善，不可与为恶，是为上智。桀纣，龙逢、比干欲与为善则诛，于莘、崇侯与之为恶则行；可与为恶，不可与为善，是谓下愚。"详见《汉书·古今人表》，与或人舜象之喻略同。

这一段对"性兼善恶论"的渊源追溯极为精当。《告子上》曰："或曰：'性可以为善，可以为不善；是故文武兴，则民好善；幽厉兴，则民好暴。'或曰：'有性善，有性不善。是故以尧为君而有象，以瞽瞍为父而有舜；以纣为兄之子，且以为君，而有微子启、王子比干。'"（11.6）世硕是"七十子之徒"的弟子，也就是孔子的再传弟子，他主张"性兼善恶论"；而王充提到的漆雕开（也称漆雕启）、宓子贱（宓不齐），都是孔子的弟子，公孙尼子（据传是《乐记》的作者），是孔子的再传弟子，早于孟子，他们大体都主张"性兼善恶论"。孔子讲"性相近也，习相远也"（《论语·阳货》），孔子并没有直截了当地、清楚地讨论性善还是性恶，而只谈"远近"，这是孔子的高明处，也为孔子之后"人性论"的分化埋下了伏笔。人的本性相近（而非相同），然而后天的习得使人产生了巨大的差别，"可以为善，可以为不善"，关键在于"习"。"有性善有性不善论"认为人性本来就存在着"善"与"不善"之分，他们的理论基础是孔子的"唯上智与下愚不移"（《论语·阳货》)。那些最高等的“上智之人”如尧舜，“可与为善，不可与为恶”，而那些最下等的“下愚之人”如桀纣，“可与为恶，不可与为善”，这两类人都是天生的，不可移易其“性”，只有处于两者之间的人，才可以移易其“性”，通过学习来达到人性的提升。

告子持“性无善无不善论”，在《告子上》中，告子与孟子的探讨论辩机锋频出，非常精彩。赵岐认为告子“名不害，兼治儒墨之道者，尝学于孟子，而不能纯彻性命之理”，但阎若璩和毛奇龄都否认此说。从告子与孟子的论讲口气而言，显然告子的口气与万章这些孟门弟子的口气是有所不同的，请益的味道少些，而论辩的味道多些。告子往往提出命题，但并非提问，而是直接端出论点；而孟子则就告子之观点加以辨析反驳，其间告子亦有再驳孟子之处。告子与孟子的论辩，计有“性犹杞柳”、“性犹湍水”、“生之谓性”、“仁内义外”四个辩题。下面我们对这四个辩题逐一进行详细的申说探析。

在“性犹杞柳”这一辩题中，告子把“性”喻为“杞柳”，而把“义”喻为“杯棬”(杯盘或杯盘之素胎)，而认为“以人性为仁义，犹以杞柳为杯棬”(11.1)。“杞柳杯棬”之论，历来学者的意见并不统一，其中一种意见认为，杞柳之才根本不堪为器，我取这种观点。也就是说，告子之意，是说既然以杞柳为杯棬是不可能的，则把人性归结为(塑造为)“仁义”，也是不可能的。其潜台词是，由于杞柳的本然之性根本不适合做成杯棬，因而非要矫揉、戕害杞柳之本然之性以期之为杯棬，必为徒劳之举；故推论：若非要把人性强制性地归为“仁义”，则亦属徒劳之举，这就证明了告子的“性无善无不善论”，从而证明“性善论”为“矫揉”之论。

孟子对告子的观点进行了反驳。孟子认为，既然杞柳之性不堪为器，因而无论是“顺杞柳之性”还是“戕贼杞柳之性”，都不可使杞柳成为杯棬，因为本质上来说，这就是违逆杞柳之“本然之性”的。杞柳的“本然之性”是新条柔软，故适合编物，而不能用以制杯棬；

因此不能从“不可戕贼杞柳而以为杯棬”推论出“不可戕贼人（性）以为仁义”，这样的推理是不通的。孟子认为，人性本善，仁义乃人性善之内在表现，故顺应人之本性则自为仁义，而何须“戕贼”人之本性以为仁义？告子认为不能戕贼杞柳（人的本性）而为杯棬（仁义），而孟子则驳之以人本性善，自然能“内在”地生出仁义，何用“戕贼”之？孟子反驳告子的逻辑很清晰，论辩也很有力。孟子说：“率天下之人而祸仁义者，必子之言夫！”孟子在这里指出告子学说的危害，即“率天下之人而祸仁义”，可谓祸莫大焉。如果按照告子“性无善无不善论”的逻辑，要在天下推行仁义，必然要“戕贼”人性，因为人性本来“无善无不善”；因此推行仁义就是违背人性之本然，是矫揉之举，这样的仁义是伪善；而孟子极为深刻地洞察了告子学说对天下道德秩序之危害，指出“杞柳之喻”在逻辑上的悖论，更深刻言明“仁义内生于性善”这一“性善论”之核心要旨。

“性犹湍水”这一辩题，是告子借以论证其“性无善无不善论”的一个譬喻。湍水就是“圜水”，即环流萦绕之水，焦循《孟子正义》训为“湍湍萦水也”。萦水或东或西，方向不定，“无分于东西”，故告子认为犹如人性，也是方向不定，“无分于善不善也”（11.2）。孟子在驳告子时指出，萦水之或东或西，并非反映水之本然之性，水的本然之性乃是“水之就下”。“水之就下”乃水之恒常本然之性，“人无有不善，水无有不下”，孟子在此处以“水之就下”这一恒常本然之性来譬喻“善”乃人之恒常本然之性。然而水之所以“搏而跃之可过颡，激而行之可在山”（11.2），其根源在于“势”。“势”这个范畴在解释人之本然恒常之性的变化迁移方面极为重要。“水之就下”作为水的本然恒常之性之所以会在一定条件下改变，乃是因为“势”这种外在条件、外在力量，外在环境的改变，而并不能证明水的本然恒常之性的改变。同理，人可以“为不善”，也并不意味着人的本然之性“非善”，而是外在条件、外在力量、外在环境改变了，从而使人之

“本性善”得以迁移。后天的习得、环境的压迫引诱、功利的推动等外在因素，使人之本性扭曲、遮蔽、丧失。因此告子的“性犹湍水”之譬喻，并不能说明水之本然恒常之性“可东可西”，而恰恰说明水既有其“就下”的本然恒常之性，又有其受到“势”的外在影响的可能。只有超凡卓越之人和那些天性良善而不可移易之人，才能抵御外在的“势”的影响、压迫、诱惑与侵蚀，才能在外在条件与环境的变化中始终保持自己的内心与节操，“富贵不能淫，贫贱不能移，威武不能屈”（6.2），而其他很多人极易被“势”所裹胁与影响，故失其本心，丧其良知良能。

“生之谓性”的辩题，其核心是告子以物拟人，从物的自然属性出发来说明其“性无善恶论”。所谓“生之谓性”，就是一种东西的与生俱来、不曾改变的自然属性，是一种东西天然生成的资质。《荀子·正名篇》云：“生之所以为然者，谓之性。”《春秋繁露·深察名号篇》云：“如其生之自然之资，谓之性。”《白虎通·性情篇》云：“性者，生也。”《论衡·初禀篇》云：“性，生而然者也。”焦循《孟子正义》云：“性从生，故生之谓性也。”然而告子所言“生之谓性”与孟子所言“人性善”的语境有很大差异，告子的“生之谓性”主要从“物”的自然属性而言，故混同“人”与“物”，从“物”的自然属性出发来推断“人”之道德属性，这一逻辑漏洞被孟子抓得很准。所以当孟子设问“生之谓性，犹白之谓白与”时，告子的肯定回答就为孟子进一步论辩提供了论据，孟子进一步迫使告子按自己的逻辑承认“白羽之白，犹白雪之白；白雪之白，犹白玉之白”这一具有明显逻辑问题的结论，从而又在这一明显的悖论基础上再提出“犬之性犹牛之性，牛之性犹人之性与”这一令告子无法回答的悖论性问题。在告子与孟子的论辩中，“生之谓性”这一辩题本身并未得到直接的剖析与展开，而孟子故意将不同种类的“物”的表面上的自然属性相提并论，其目的正在于揭示告子的“生之谓性”在探讨人性善恶问题上的逻辑漏洞，故借以说明“物”之自然属性与“人”之道德属性之根本区分。白羽、白雪、白玉虽同为“白”，然而其“性”却有轻、消（融化）、坚之差异，拿不同类的“物”的表面上的自然属性之同，来说明“生之谓性”，从而证明白羽、白雪、白玉之“性”同，当然是荒谬的，而将犬、牛、人之性归为同一，其荒谬性正同此理。这里面就涉及到孟子在“性善论”的论证当中一直特别强调的“类”这一范畴。“类”就是物类，使不同事物之间发生本质差异的根源，不同种类的东西，其“性”必然产生根本的差异，如玉、雪、羽之不同类，其“性”必异，而不论其表面上的颜色性征之“白”有多么相同；同理，犬、牛、人不同类，其“性”必异，而不论其表面上的生理性征有多么相同。孟子用“类”这一概念，来说明不同类之物，其性不同，而同类之物，其性相似：“故凡同类者，举相似也，何独至于人而疑之？圣人与我同类者。”（11.7）正因为同类之物其“性”相似，故人与人作为同“类”，亦有相似之性；而正因为人之感觉、情志之爱恶有相通相似之处，所以人与人在“本性”上必相通相似，人同此心，心同此理。所以“类”这个范畴，应该说是孟子“性善论”学说的方法论基础。

“仁内义外”辩题（11.4，11.5）也是告子借以反驳孟子“性善论”的主要根据之一。《管子·戒篇》曰：“仁从中来，义从外作”，《易·文言传》中也说：“义以方外”，可见这一辩题早已不是一个新命题。告子为什么要强调“仁内义外”？从一般的意义上来说，“仁”之德，发自衷心，乃本然之性，根植于内，故非发之于外；而“义”则是“合宜”的社会规范与外在约束，一个社会究竟何种行为属“义”（合宜），应由这一社会共同认同的社会规范来衡量，故“义”似乎是外在的东西。这也是《管子》与《易·文言传》以及很多其他典籍所主张的意思。然而告子所提出的“仁内义外”，却有特别的指向与用意，因为一旦证明“义”是外在的东西，不属于人之本性，那么即可证明人的本性无义亦无不义，“义”只是外在的力量所强加于人的一种道德约束，如此则儒家的礼乐仁政一套外在的制度规则就是强迫人而为“义”的东西，是“戕贼”人的本性的，如同试图戕贼杞柳之本性而为杯棬一样，如此就驳倒了孟子的“性本善”之说。然而在《告子上》第四章中，告子的提问一开始就出现很多逻辑漏洞：“食色，性也。仁，内也，非外也；义，外也，非内也。”告子讲“食色性也”，实际上是延续他在第三章中所持的“生之谓性”的观点。“食色”是人的基本欲求，是自然属性，是与生俱来的，所以告子认为这就是人的本性，“食色”这种“生之谓性”的自然属性与孟子所讲的“性善”迥异，这是告子据以反驳孟子“性善论”的理由之一。然而“食色之性”与孟子所说的属于道德属性的“人性”并不能相提并论，“食色之性”仍属于动物（生理）本能的范畴，而非代表人的自然本然之性。然而告子又说“仁，内也，非外也”，也就是承认“仁”是人的内在本性，实际上是在部分地认同孟子的“性善”，与第一章中把“仁义”都排除在人性之外有了立场上的微妙然而又是重大的转变。告子在第一章中还持论“以人性为仁义，犹以杞柳为杯棬”，据以否认仁义非本质内在之人性，而到此第四章，居然开始认可“仁，内也，非外也”，不能不说显示了自己逻辑上的不周全与悖论。更重要的是，“食色性也”与“仁，内也，非外也”这两者也存在逻辑上的悖论，“食色”这样的自然属性与“仁”这样的道德属性既然同为人之本然内在之性，那么告子的“性无善无不善”的观点就难以成立。把“食色之性”与“仁”都归结为本然内在之性，而又将“仁”与“义”割裂开来以强调“仁内义外”，从一开始就就显示出告子逻辑的混乱。当孟子追问什么是“仁内义外”的时候，告子又将“自然属性”与“道德属性”混同起来讨论：“彼长而我长之，非有长于我也。犹彼白而我白之，从其白于外也，故谓之外也。”（11.4）“年龄之长”与“物之白”都是客观的自然属性，先有“物之白”，后有“我认为它白”（“我白之”）。同理，先有“彼长”（他年龄大），而后有“我长之”（我尊敬他），告子认为这就表明“我”是从“外在”的角度去实施“长之”（尊敬他）这一道德行为的，故而“尊敬长者”这一道德行为是外在的而非内在的。这一把“物之白——我白之”与“人之长（年龄大）——我长之（我尊敬他）”相提并论从而推论“义外”的论证逻辑是有漏洞的，前者是人对“物之白”的自然认知，故“物之白”是外在于人的自然认知的客观实在，因人之认知改变不了“物之白”的自然属性与客观实在，人只是被动地认知“物之白”；而因“人之长”而有“我长之”，则是“我”对于“人之长”这一“自然属性”的道德认知（非外在于人的自然认知），故虽然“人之长”是外在于我的一种客观实在，然而“我长之”这一道德行为却是以“我”为主体所实施的带有主观性与道德属性的行为，因此并不是“人之长”这一自然属性与客观实在引发和决定了“我长之”这一道德行为，故不是“人之长”这一自然属性与客观实在引发和决定了“义”，而是“我”作为道德行为主体实施道德行为后产生的“义”。孟子的反诘也非常有力：“长马之长也，无以异于长人之长欤？且谓长者义乎？长之者义乎？”如果按照“彼长（年龄大）——我长之（我尊敬他）”这一逻辑，那么马年龄大，我也尊敬它吗？“我”对于长者的尊敬（义）到底是来自于“长者”（年龄大的人），还是来自于“我”（作为“长之者”）的内在的道德本性（道德能力）？当然是后者。

第五章对“仁内义外”的讨论是第四章的延续。“我”作为道德行为主体对他人之“敬”（即是“义”），都是来自于“我”的内在道德本性。然而现实中这些道德行为之所以存在着一定的差异（即存在着不同情境下的选择性），乃是因为“敬”这一道德行为要根据不同的情势而有所调整，然而这一调整的对象仅是外在的“敬”的形式（面貌），而不能改变“敬”这一道德行为的本质，改变不了“敬”这一道德行为乃出自于道德行为主体内在的道德自觉与道德能力这一事实。故而无论敬弟兄、敬叔父还是敬乡邻，因场合（情境）不同，“敬”需要权变（时变），但这不能否定“敬发自内在”、“义为内不为外”这一事实。《论语》中记载孔子在乡党、宗庙、朝廷、交友、家居中有着不同的道德行为，这些道德行为都根据不同情境而善加抉择，务使每一种道德行为都要合乎“当下”的情境要求；但是这些道德行动中体现出来的“敬”，皆发自于内心，而非外在于心，非为守礼而强为“敬”也（参《论语·乡党》）。这就好比公都子反驳季子所说：“冬日则饮汤，夏日则饮水，然则饮食亦在外也？”（11.5）冬夏气候不同，自应随“势”而择饮，然而“饮食”之行为本质则一也，如同“敬”的外在形式可依情势、情境不同而异，然而其“义”则一也。

二十五　养心存气

11.6

公都子曰："告子曰：'性无善无不善也。'或曰：'性可以为善，可以为不善；是故文武兴，则民好善；幽厉兴，则民好暴。'或曰：'有性善，有性不善。是故以尧为君而有象，以瞽瞍为父而有舜；以纣为兄之子，且以为君，而有微子启、王子比干。'今曰'性善'，然则彼皆非与？"

孟子曰："乃若其情，则可以为善矣，乃所谓善也。若夫为不善，非才之罪也。恻隐之心，人皆有之；羞恶之心，人皆有之；恭敬之心，人皆有之；是非之心，人皆有之。恻隐之心，仁也；羞恶之心，义也；恭敬之心，礼也；是非之心，智也。仁义礼智，非由外铄我也，我固有之也，弗思耳矣。故曰：'求则得之，舍则失之。'或相倍蓰而无算者，不能尽其才者也。《诗》云：'天生蒸民，有物有则。民之秉彝，好是懿德。'孔子曰：'为此诗者，其知道乎！'故有物必有则，民之秉彝也，故好是懿德。"

【译文】

公都子说："告子说：'人的本性没有什么善和不善的区分。'有人说：'人的本性可以使之成为善的，也可以使之成为不善的。因此周文王、周武王兴起的时候，那么老百姓就喜好向善；而当周幽王、周厉王出现的时候，那么老百姓就喜好强暴了。'有人说：'人的本性有的向善，有的趋向于不善，因此有尧这样的天子，却有象这样的恶劣的臣民；有瞽叟这样的坏父亲，却又有舜这样的好儿子；有纣这样的坏侄子、坏君王，却有微子启、王子比干这样的好叔叔、好臣子。’现在您说‘人的本性是善’，那么他们的说法都错了吗？”

孟子说：“从人的本性资质来说，每个人都是可以成为善的，这就是我所说的人性善。如果有人做不善的事，那并不是本性资质的问题。同情之心，是人人都具备的；羞耻之心，是人人都具备的；恭敬之心，是人人都具备的；是非之心，是人人都具备的。同情心就是仁，羞耻心就是义，恭敬心就是礼，是非心即是智。仁义礼智，不是外面的力量所赋予我的，而是我本来就具备的，只不过没有深入思考探求它罢了。所以说：‘探求它，就会得到它；放弃它，就会失去它。’人和人之间有的相差一倍、五倍甚至无数倍，就是因为人不能充分发挥穷尽他的天性禀赋。《诗经》说：‘上天生养万民，每样事物都有自己的法则，人们执守常道，崇尚美好的品德。’孔子说：‘作这首诗的人，真是一个深谙大道的人啊！’因此，每一件事物都有其法则，百姓执守常道，故而崇尚美德。”

11.7

孟子曰：“富岁，子弟多赖；凶岁，子弟多暴。非天之降才尔殊也，其所以陷溺其心者然也。今夫麰麦，播种而耰之，其地同，树之时又同，浡然而生，至于日至之时，皆孰矣。虽有不同，则地有肥硗，雨露之养、人事之不齐也。故凡同类者，举相似也，何独至于人而疑之？圣人与我同类者。故龙子曰：‘不知足而为屦，我知其不为蒉也。’屦之相似，天下之足同也。口之于味，有同耆也；易牙先得我口之所耆者也。如使口之于味也，其性与人殊，若犬马之与我不同类也，则天下何耆皆从易牙之于味也？至于味，天下期于易牙，是天下之口相似也。

惟耳亦然。至于声，天下期于师旷，是天下之耳相似也。惟目亦然。至于子都，天下莫不知其姣也。不知子都之姣者，无目者也。故曰：口之于味也，有同耆焉；耳之于声也，有同听焉；目之于色也，有同美焉。至于心，独无所同然乎？心之所同然者何也？谓理也，义也。圣人先得我心之所同然耳。故理义之悦我心，犹刍豢之悦我口。”

【译文】

孟子说：“年景好的时候，年轻人多半懒惰；年景不好的时候，年轻人多半变得性情强悍，并不是他们天生的资质有多大差异，而是因为外在的恶劣环境使他们的心性陷溺在里面（，所以变坏了）。就好比大麦，经过播种和耙平土地，如果土地相同，种植的时节也一样，便都蓬勃生长，到了夏至的时候就都成熟了。即使收成有所不同，那么可能跟土壤的肥瘠、雨露的滋养、耕作者花的功夫不同有关系。所以凡是同类的东西，都是相似的，为何单单对人性而有所怀疑呢？圣人，也是与我们同类的。所以龙子说：‘我不用知道每个人的脚长得什么样，就能编草鞋。我知道我肯定编不成筐子。’草鞋都是相似的，因为天下人的脚都差不多。我们的嘴巴对于味道，有相同的爱好，易牙这样的人早就明白我们的嘴巴对于味道的共同爱好。假如我们的嘴巴对味道的爱好人与人不同，就像狗马与我们不同类一样，那么为什么天下人对口味的爱好都追随易牙对口味的判断呢？对于口味，天下人都期待同易牙一样，这是因为天下人的味觉是相似的。耳朵的听觉也一样。对于声音，天下人都期待师旷所发出的美妙乐音，这是因为天下人的耳朵的听觉是相似的。眼睛的视觉也如此。对于子都这样的人来说，天下人没有不知道他长得好看的。那些不知道子都长得好看的人，大概是没长眼睛。所以说，我们的嘴巴对于口味有相同的爱好，耳朵对于声音有相同的听觉，眼睛对于容貌有相同的美感。提到人们的心，难道独独没有什么相同的感受吗？心的相同之处是什么呢？是内心的理，是内心的义。圣人早就已经知道我们的心的共同之处。所以理和义使我的心愉悦，就像猪羊肉使我的口愉悦一样。”

11.8

孟子曰：“牛山之木尝美矣，以其郊于大国也，斧斤伐之，可以为美乎？是其日夜之所息，雨露之所润，非无萌蘖之生焉，牛羊又从而牧之，是以若彼濯濯也。人见其濯濯也，以为未尝有材焉，此岂山之性也哉？虽存乎人者，岂无仁义之心哉？其所以放其良心者，亦犹斧斤之于木也，旦旦而伐之，可以为美乎？其日夜之所息，平旦之气，其好恶与人相近也者几希，则其旦昼之所为，有梏亡之矣。梏之反复，则其夜气不足以存；夜气不足以存，则其违禽兽不远矣。人见其禽兽也，而以为未尝有才焉者，是岂人之情也哉？故苟得其养，无物不长；苟失其养，无物不消。孔子曰：‘操则存，舍则亡；出入无时，莫知其乡。’惟心之谓与？”

【译文】

孟子说：“牛山的树木曾经很茂盛，可是因为牛山位于大城市的近郊，人们常常带着斧头到山上砍伐树木，这样下去树木还能那么茂盛吗？山上的树木日日夜夜在生长，雨露在滋润着树木，因而并非没有树木的嫩芽新枝生长出来。可是接下来人们又在山上放牧牛羊，所以牛山就看起来好像光秃秃的了。人们看到牛山光秃秃的，误以为山上不曾长过什么树木，难道说这就是山的本性吗？存在于一些人身上的，难道没有一点点仁义之心吗？他们之所以丢掉了良心，就好像斧头对于树木一样，如果天天砍伐，还能够使树木茂盛吗？这些人日日夜夜所生长出来的良心善念，他们早上所呼吸到的清明之气，使他们的好恶与其他人也差不多；然而一到第二天白天，他们的所作所为，又使得那些生长出来的良心善念以及早上的清明之气被禁锢窒息而消亡。

如果他们反复地禁锢窒息他们的良心善念，那么他们夜里所生发的正气就不能够保存下来；夜里生发的正气不能保存，那么他们就离禽兽不远了。别人看到他们的品行近于禽兽，而误以为他们的天然资质本来就不具备良心善念，这难道符合这些人的本性吗？所以如果他们的本性良心能够得到正确适当的保养爱护，就没有不茁壮生长的；如果本性良心得不到很好的保养爱护，那么所有这些都会消失。孔子说：'执守它，就存留；放弃它，就亡失；它的出入没有定时，也不知道它要去的方向。'这里说的不就是人的良心本性吗？”

如果说《告子上》第一至五章是通过孟子与告子等人的论辩而对性善论有所发挥，那么第六、七章则是孟子在理论上的系统总结。“性善”的含义，从孟子这句话中可以看出一点端倪：“乃若其情，则可以为善矣，乃所谓善也。”（11.6）这个“情”字，有些人解为“天生之资质”，有些人解为“实际情况”，我比较倾向于后者。“情”，就是戴震《孟子字义疏证》中所解释的“情犹素也，实也”，就是“实情”之意。公都子问孟子，“性无善无不善论”、“性可以为善可以为不善论”、“有性善有性不善论”这些理论，难道都是错误的吗？孟子接公都子之问，“乃若其情”，就是“谈到人之本性的实际情形”，按此“实际情形”，人是“可以为善”的，于是孟子讲“乃所谓善也”。这句话大有玄机，孟子讲的“性善”，乃是“人可以为善”的这样一种“趋向”，并非以“性善”作为一种“确定的实在”。细细揣摩“乃若其情，则可以为善矣，乃所谓善也”这句话，孟子强调“性善”乃是一种人类“本然、内在且自在之性”，这种“本然、内在且自在之性”更指向一种“动态的道德趋向”，而不仅是（或更多地不是）指一种“静态的、不变的道德属性”。故“性善”更严格地说乃是“向善”，是人类“趋向善”的一种内在的、自在的、本然的道德动力；孟子在“性善论”中极力标举这种人类“向善”之本然、内在动力，并非仅为揭示一客观实在之事实，而更是寄托了他对于人性之发展的一种期待，从而显示出他要将人性引至向上一路的企望。

那么为什么有些人还会“为不善”呢？孟子的解释是因为有些人丧失其本心，不能“尽其才”。这里孟子又提出一个极为重要的概念“才”，这个“才”是解释“性善论”的关键之一。“才”就是根植于心的天然资质，人人俱备，不假他求。所以孟子说：“若夫为不善，非才之罪也”，也就是说，有些人“为不善”，并不是因为他不具备“才”这种人人皆有的天然资质，而是因为他不能“尽其才”，不能尽力扩充他们的内在天然资质。具体而言，孟子认为，人的根植于心的天然内在资质“才”，即是“四心”，即人人皆生而有之的“恻隐之心，羞恶之心，恭敬之心，是非之心”。然而在 11.6 中，孟子的表述与 3.6 略有不同。在 11.6 中，他说“恻隐之心，仁也；羞恶之心，义也；恭敬之心，礼也；是非之心，智也”，而在 3.6 中，则称为“仁之端”、“义之端”、“礼之端”、“智之端”。我认为，从上下文的语气来看，孟子讲的“四心”仍是“四端”，此处只不过在行文中皆简省“之端”二字而已。也就是说，人人皆有之“才”，即是人人皆有的“四端四心”，它表明人之本然内在之性中包含着此“四端四心”，包含着实现“仁义礼智”这些道德范畴的内在可能性。故而“四心四端”仍然代表着人心向善的一种动态的“趋向与可能”，故而“才”亦代表着一种人心向善的“趋向与可能”，而非“必然”与“事实”。“仁义礼智，非由外铄我也，我固有之也，弗思耳矣”，也就是说，代表着实现“仁义礼智”等道德范畴的一种趋向与可能性的“才”（即是“四心四端”），是“我固有之”的、根植于心的、内在自在的一种趋向，而非外在赋予或强制的一种趋势。有些人之所以会丧失这种人人固有的“才”（“四心四端”），乃是因为“不思”，从而也就丧失了这种本然固有的道德能力。《论语·子罕》说："'棠棣之华，偏其反而。岂不尔思？室是远尔。'子曰：'未之思也，夫何远之有？'"（古诗云："棠棣的花，翩然来回摇摆，难道我不思念你吗？只可惜家住得太远"。孔子说："只是不去思念罢了，如果真的思念，哪里还有什么遥远？"）你不去"思"，丧失了追求道德目标的那种内在冲动、内在动力，而只怪"远"，那是找借口。所以孟子说："求则得之，舍则失之"，你寻求就会得到，你抛弃就必然丧失，而更重要的是，这种"求"不是"向外求"，不是求外在的力量与环境来成就自己的德性，而只须"内求"，因这种内在本然之性"我固有之"，只要返回本心，不失其本心，则必得之，这就是"尽其才"的内在含义。孔子讲"为仁由己"（《论语·颜渊》），讲"君子求诸己"（《论语·卫灵公》），讲"仁远乎哉？我欲仁，斯仁至矣"（《论语·述而》），就是讲这种根植于内心的、人人固有的"向善之心"，也就是强调这种内在的、强大的道德冲动与动力。如果能够葆有这种"我固有之"的内在道德动力与道德能力，不使之丧失，则自然"欲仁仁至"，而很多人正是在各种情势的诱惑与压迫之下，放弃了对德性的追求，缺乏这种内心的动力与意志，于是"舍则失之"，丧其本心，遂"为不善"。孟子非常强调"求则得之"的这种道德之动力，孔子亦如此，他听冉求说"非不悦子之道，力不足也"（"我不是不喜欢老师您的学说，但我确实是能力不够"），于是批评冉求："力不足者，中道而废，今女（汝）画"（"力量不够的人，到了中途就不再走了，而你还没开始走呢，就自己给自己划定界线，不肯前进！"）（见《论语·雍也》）孔子批评冉求内心无追求仁德之强大动力，这是内心懦弱、意志力不强的表现，这样下去就会被外在情势所逼迫、诱惑、沾染，从而丧失"向善"之动力与能力。孔子也说："我未见力不足者"（《论语·里仁》），所谓"力不足"之借口，就如同说"才不足"一样，只是内心懦弱的表现，是滑向"为不善"的最大根源。

所以人之“为不善”，非“才”之罪，而是因为“势”，即外在的功利之诱惑、环境之压迫等导致的。所以在11.7中，孟子说：“富岁，子弟多赖；凶岁，子弟多暴。非天之降才尔殊也，其所以陷溺其心者然也。”外在之力使人心陷溺其中，遂失本心本性，迷而不知返矣。怎么办？只有“求其放心”（11.11），把那丢失的、迷失的本心再找回来，也就是“求则得之”。就好像大麦，虽然皆具备“浡然而生”之本性本心，都有“日至而熟”的“才”（天然资质），然而最终大麦长势如何，还与肥力、雨露之养、人事之不齐等这些外在的、后天的因素密切相关。因此，“性善论”所强调的是“人性向善”这一内在固有之趋向，强调人人具备此向善之资质与能力，此所谓“才”；然而是否能“尽其才”，则需要许多外在的、后天的条件，此所谓“势”。故凡同类必有相似之性，口有同嗜，耳有同听，目有同美，心有同然，“圣人，与我同类者”，只不过“圣人先得我心之所同然耳”（11.7）。在第七章中，孟子既揭示出使人心陷溺从而使人“为不善”的外在之“势”，又指出“类”这一范畴在人性中的作用。人与人同类，故心“有所同然”，而这“同然之心”即是礼义，即是人之本心本性，即是人的良知良能。故第八章讲到“牛山濯濯”，其原因并不在于山之本然之“性”与山之固有之“才”，而是因为“斧斤伐之”、“牛羊牧之”，故而虽然牛山之木也日夜生长，也不乏雨露滋润，然而外在之戕贼仍使牛山濯濯，“此岂山之性也哉？”人本具四心四端，固有为善之“才”与向善之“性”，然而终因外力戕贼而“放其良心”，终使人之固有之善性良知被禁锢遮蔽以致丧失，以致沦落到“违禽兽不远”的境地，这并不是“才”的原因，而是后天之“养”的原因。

戴震在《孟子字义疏证》中说：“孟子言‘人无有不善’，以人之心知异于禽兽，能不惑于所行之为善。且其所谓善也，初非无等差之善，即孔子所云‘相近’；孟子所谓‘苟得其养，无物不长；苟失其养，无物不消’，所谓‘求则得之，舍则失之，或相倍蓰而无算者，不能尽其才者也’，即孔子所云习至于相远。不能尽其才，言不扩充其心知而长恶遂非也。彼悖乎礼义者，亦自知其失也，是人无有不善，以长恶遂非，故性虽善，不乏小人。孟子所谓‘梏之反覆’，‘违禽兽不远’，即孔子所云‘下愚之不移’。”所以孟子言性善，并不否认现实中有“为不善者”，甚至有“违禽兽不远”的情形，而这种情形之所以出现，乃是因为不能“尽其才”，是因为戕贼其“才”，使“才”不能“得其养”，遂恶长而善消，以至于沦为禽兽，非谓“性不善”也。戴震说：“人之性善，故才亦美。其往往不美，未有非陷溺其心使然，故曰‘非天之降才尔殊也’。才可以始美而终于不美，由才失其才也。不可谓性始善而终于不善。性以本始言，才以体质言也。体质戕坏，究非体质之罪，又安可究其本始哉！”（《孟子字义疏证》）人性本善，其所以终沦为禽兽，其实经历了一个比较长的演变过程。“其日夜之所息，平旦之气，其好恶与人相近也者几希，则其日昼之所为，有梏亡之矣。梏之反复，则其夜气不足以存；夜气不足以存，则其违禽兽不远矣。”（11.8）人人本具向善之“性”，亦备向善之“才”，其每日每夜所生长的“善”之本心亦不缺乏，就如同牛山一样，“其日夜之所息，雨露之所润，非无萌蘖之生焉”，故而其“性”皆相近而不远，其良知良能、良心本心尚未被完全泯灭桎梏，其清晨时分所散发出来的清明之气尚存，故而其“为善”之机尚存。然而经过日间人事之侵染扰攘，尘世功利之压迫诱惑，其本然向善之心日见消磨蚀灭，其良知良能、良心本心日益“梏亡”，故而人心为“势”所迫所惑，遂“陷溺其心”（11.7），丧斫其“才”。而当这种向善之心被反复消磨蚀灭、遮蔽桎梏，即“梏之反复”，则其本应存养完好之良心本心终至消散殆尽，即所谓“夜气不足以存”，到了这个地步，“放辟邪侈无不为矣”，人与禽兽之间那一点点“几希”之区分（“人之异于禽兽者几希”），即荡然无存矣。从以上的叙述看，人是经历了漫长的过程，才可能导致本然固有之“性”丧失而沦于禽兽的，其根源不在于

“未尝有才”，“才”与“性”本然固有，天然自存；而在于日日梏梏戕贼之，而不知存养之道，如此“梏之反复”，如牛山之林“旦旦而伐之”，终至“违禽兽不远”。

所以孟子特重“存养”，屡屡标举“养气”之说，对孔子德性学说多有发挥。程子说：“孟子有功于圣门，不可胜言。……仲尼只说一个‘志’，孟子便说许多‘养气’出来，只此二字，其功甚多”，“孟子性善、养气之论，皆前圣所未发”（《朱子全书》第六册）。如果说“性善论”是孟子人性论的本体论，则“养气说”就是工夫论，涉及到孟子所特有的修身养性之心法，值得细细推究。实际上孟子的“存养”，就是“求则得之，舍则失之”（11.6），就是孔子讲的“操则存，舍则亡”（11.8），存养也即内求之功夫，亦即操存之工夫。

《告子上》中尤为值得关注和探究的是其中提出的“夜气说”，此范畴是理解孟子特创的存心养气之心法的关键，是孟子心性论中极为独特、极为精彩的部分。“气”是孟子思想中很特别的一个范畴，孔子没有仔细阐发过这个范畴，而孟子则屡屡论“气”，如“守气”（3.2），“善养浩然之气”（3.2）、“夜气”以及“平旦之气”（11.8）。宋明理学家对孟子的“气论”都非常重视且各有发挥，其中朱熹与王阳明对“夜气”的阐发都极富启发意义。

朱子解释“夜气”曰：“夜气者，乃清明自然之气”（《朱子语类》卷五十二），而“平旦之气，谓未与物接之时清明之气也”，“平旦未与物接，其气清明之际”（朱子《四书章句集注》）。看起来，朱子认为“夜气”与“平旦之气”都是一种“清明之气”，其发用的时间不同，然而都对心性之存养有重要作用。那么孟子讲的“夜气不足以存”，又是什么含义？朱子认为，这个“存”，存的是“心”，即人之本心：“‘夜气不足以存’，先儒解多未是。不足以存，不足以存此心耳，非谓存夜气也。”（《朱子语类》卷五十九）“气”对“心”（良心本心）的存养有至关重要的作用，“心之存不存，系乎气之清不清，气清则良心方存立得”；“歇得这些时后，气变清，良心便长。及旦昼，则气便浊，良心便著不得。如日月何尝不在天上？却被些云遮了，便不明”；“气清则心清。‘其日夜之所息’，是指善心滋长处言之。人之善心虽已放失，然其日夜之间，亦必有所滋长。又得夜气澄静以存养之，故平旦气清时，其好恶亦得其同然之理”（《朱子语类》卷五十九）。这里就牵扯出“气”与“心”的关系，孟子言“志（心），气之帅也”，“夫志至焉，气次焉”（3.2），明确“心志”对“气”的主导作用，而在“夜气说”中，孟子实际上又强调了“气”对“心”的反作用，“气”虽受“心”之主导（帅），但“气”之清浊，又关乎“心”之发动，“气”清则“心”得其养，不致放失；而“气”浊则“心”失其养，终至梏亡。朱子说：“这病根只在放其良心上。盖心既放，则气必昏。气既昏，则心愈亡。两个互相牵动”；“若气清，则心得所养，自然存得清气。浊，则心失所养，便自浊了”（《朱子语类》卷五十九）。所以“存夜气”，只是于夜间尘事渐息、世间扰攘皆不再侵染心性之时，存得一股清澄天然、返本归根之气，此清气到平旦与物未接之时，人之良心便灵明发动，不致陷溺梏亡。

所以孟子讲“夜气”，只是就存养工夫言之，并非将“夜气”视为修身养性之至高境界。到了修身养性的至高境界，日夜皆能不放失其心，其存养贯穿始终，无时懈怠，故其本心良心无时梏亡。故圣人的修养工夫，乃是日夜操存不息，其清明天然之气日夜盈沛于胸中，所以圣人是不管“夜气”、“旦气”、“昼气”的，他是浑然一体，其清明天然之气无一刻不流行发动，故其良心本心、良知良能无一刻放失梏亡。所以孟子讲“夜气”，乃是就普通人存养工夫而言，一般尘俗之人日间为生计功利所驱，为名位富贵所惑，陷溺其中，不能自拔，其“旦昼之所为”使其心性扭曲遮蔽，沾染失丧；故于深夜气清之时，尘俗万虑俱泯，此时良心本心方显露出来，若常存得此清明澄澈之“夜气”，则本心良心不至于梏亡。所以，存“夜气”是存养工夫，而日间操存之功更关键。朱子说："且如气，不成夜间方会清，日间都不会清？今人日用间，良心亦何尝不发见，为他又梏亡了。若存得这个心，则气自清；气清，则养得这个心常存。到'夜气不足以存'，则此心陷溺之甚，虽是夜气清时，亦不足以存之矣。"(《朱子语类》卷五十九）他又说："今日说夜气是甚大事，专靠夜气，济得甚事？"(《朱子语类》卷六十二）"若存得此心，则气常时清，不特平旦时清；若不存得此心，虽歇得此时，气亦不清，良心亦不长。"(《朱子语类》卷五十九）朱子所言极是，存养工夫，须在时时念念间用力，"夜气"之存养固然重要，然而日间面对万千尘事，能不被名利牵绊羁束，不被世俗沾染戕害，时时儆醒不昧，养得胸中一片澄明清扬之气，则不待夜气存养，即日间亦不放失其心也。所以操存之工夫，要在平常接物时用力，待夜间与物未接时存养，已落下乘，乃亡羊补牢之举也。所以儒家修心之工夫，不仅专在"存夜气"之养静工夫，更在于"旦昼之所为"，在寻常日用的践履中锤炼心性，葆养良知。所以儒家虽也主张养静以存"夜气"，但其心法与释、道两家不同，其落脚处仍在"旦昼之所为"，仍在强调于日常接物处世中时刻操存此心，如此则时时味得澄明气象，不为物拘，不为时役，这才是存心养性的真正工夫。

王阳明的《夜气说》的解读别具一格。他说："人一日间，古今世界都经过一番，只是人不见耳。夜气清明时，无视无听，无思无作，淡然平怀，就是羲皇世界。平旦时，神清气朗，雍雍穆穆，就是尧舜世界。日中以前，礼仪交会，气象秩然，就是三代世界。日中以后，神气渐昏，往来杂扰，就是春秋战国世界。渐渐昏夜，万物寝息，景象寂寥，就是人消物尽世界。学者信得良知过，不为气所乱，便常做个羲皇已上人。"(《王阳明全集》）阳明把人在一日间的心性神气之变化，与古今世界相比附，饶有新意，可谓发前人所未发。夜气清明之时，复归天然，私欲功利皆已屏蔽，人天交会，存养天机，如同羲皇世界一般顺其自然，不假人力；平旦之气，亦神清气朗，此时人与物尚未交接，黎明之清气贯彻肺腑，无些许沾染，无一丝造作，此时人好恶与人相近也，此之谓尧舜世界；待到日中以前，虽已与物交接，功利已浸染于心，“旦昼之所为”已对本心本性、良心良知发生影响，然夜气所存，平旦之气所养，尚能发动用功，故其礼仪秩序尚能维系，不至于崩塌溃败，此之谓三代世界；而到日中以后，夜气、旦气均已消散殆尽，人心不复操持清明之气，故神气渐昏，心性戕贼，神情疲惫，本心本性、良知良能泯灭殆尽，私欲狂作而放失其心，此犹春秋战国之礼坏乐崩世界；而到夜间，尘心渐息，私欲渐泯，静养身心，则清气复本，故人得返本归心，使心性良知不至于梏亡。阳明此说甚妙，可知常人日夜往来于古今世界，其心性亦随气之清浊而多所迁移，惟“夜气”寂寥之时，正可以趁物欲消尽之时而用功，以复其良知本体。阳明将“夜气”之存养视为致良知之工夫，如此则“夜气”具备了一种超越时间的意义，即澄心静虑、摒欲消尘之际的良知发见。他说：“良知在夜气发的，方是本体，以其无物欲之杂也。学者要使事物纷扰之时，常如夜气一般，就是通乎昼夜之道而知。”既“通乎昼夜之道”，则此清气即于日夜皆一以贯之，不用单说“夜气”。此观点是承继朱子而来，加上阳明自己的致知工夫：“夜气是就常人说。学者能用功，则日间有事无事，皆是此气翕聚发生处。圣人则不消说夜气”；“孟子说夜气，亦只是为失其良心之人指出个良心萌动处，使他从此培养将去，今已知得良知明白，常用致知之功，即已不消说夜气”（《王阳明全集》）。阳明解孟子甚为透彻，因阳明与孟子气象本相契相通，“夜气”之生命体验必已了然于胸，故言孟子“夜气说”乃是为常人存养心性标示一可行路径，使其于夜静欲尽之时幡然自省，复得心中一片光明澄澈之气。此气于工夫言，言“夜气”可，言“旦气”、“昼气”亦可，宜贯穿“日间之所为”，又凭借“夜气”之存养，时时用功，方不放失。阳明说：“向晦宴息，此亦造化常理。夜来天地混沌，形色俱泯，人亦耳目无所睹闻，众窍俱翕，此即良知收敛凝一时。天地既开，庶物露生，人亦耳目有所睹闻，众窍俱辟，此即良知妙用发生时。可见人心与天地一体，故上下与天地同流”（《王阳明全集》），此真知孟子者也。

“夜气”既是天地澄清、万物一体的生命体验，亦是存心养性、操存用功的涵养工夫，但“夜气”本身并不是良知良心之道德本体。要重视“夜气”之存养工夫，但勿将之神秘化。“夜气”在我看来，亦非不求自得、天然赐予的修养能力，孟子讲“求则得之，舍则失之”，孔子讲“操则存，舍则亡”，其“求”、其“操”，都包含着一个人主观上的修养工夫，都包含着道德主体的一种积极的、内心的道德追求，而并非一种“天赐”的神秘力量。深夜之时，浊气渐息，清气渐滋，此时人于天地之间，涤除玄鉴，摒去俗虑，如庄子“与天地精神往来”，又如孟子“上下与天地同流”，物我偕忘，天人交合，此际正是良心良知、本性本心流行发动处，也正是一个人身心修养工夫的绝妙锤炼之时。月华初上，夜露清凉，月空浩荡澄澈，我心复得空旷宁静之妙意，此中怵惕儆醒、省察操存功夫，正与日间无异。苟得此清澄“夜气”，则无往而不胜用矣。

二十六　立养其大

11.9

孟子曰："无或乎王之不智也。虽有天下易生之物也，一日暴之，十日寒之，未有能生者也。吾见亦罕矣，吾退而寒之者至矣，吾如有萌焉何哉？今夫弈之为数，小数也。不专心致志，则不得也。弈秋，通国之善弈者也。使弈秋诲二人弈，其一人专心致志，惟弈秋之为听。一人虽听之，一心以为有鸿鹄将至，思援弓缴而射之，虽与之俱学，弗若之矣。为是其智弗若与？曰：非然也。"

【译文】

孟子说："难怪王不聪明啊。即使是天下最容易生长的植物，如果在太阳底下晒一天，再冻它十天，也没有能长好的。我见王的次数也太少了（犹如一日曝之），我退后而那些谄谀之人则来到王身边（犹如十日寒之）。他即使有良知萌动，又能怎么样呢？下棋作为一门技术，乃是小技；然而如果不专心致志地学习，也是学不好的。弈秋是全国下棋最为擅长的人。假使弈秋教两个人下棋，其中一个专心致志，只一心一意听弈秋的教诲。而另一个人虽然表面上在听，可是心里却在想着有天鹅要飞来，就想拿弓箭去射它。这个人虽然跟第一个人一起学习，可是却不如人家学得好。那是因为他的聪明不及人家吗？并非如此。"

11.10

孟子曰："鱼，我所欲也；熊掌，亦我所欲也。二者不可得兼，舍鱼而取熊掌者也。生，亦我所欲也；义，亦我所欲也。二者不可得兼，舍生而取义者也。生亦我所欲，所欲有甚于生者，故不为苟得也；死亦我所恶，所恶有甚于死者，故患有所不辟也。如使人之所欲莫甚于生，则凡可以得生者，何不用也？使人之所恶莫甚于死者，则凡可以辟患者，何不为也？由是则生而有不用也，由是则可以辟患而有不为也，是故所欲有甚于生者，所恶有甚于死者。非独贤者有是心也，人皆有之，贤者能勿丧耳。一箪食，一豆羹，得之则生，弗得则死，呼尔而与之，行道之人弗受；蹴尔而与之，乞人不屑也。万钟则不辩礼义而受之，万钟于我何加焉？为宫室之美、妻妾之奉、所识穷乏者得我与？乡为身死而不受，今为宫室之美为之；乡为身死而不受，今为妻妾之奉为之；乡为身死而不受，今为所识穷乏者得我而为之：是亦不可以已乎？此之谓失其本心。"

【译文】

孟子说："鱼，是我想得到的；熊掌，也是我想得到的。如果两个不能同时拥有，我就舍弃鱼而得熊掌。生命，是我想得到的；义，也是我想得到的。如果两个不能同时拥有，我就舍弃生命而选择义。生命当然是我想得的，然而我想得到的东西有些比生命还重要，所以我不会去做苟且偷生之事；死当然是我所厌恶的，可是有些东西比死更令我厌恶，所以有些患难我并不逃避。如果让人想得到的东西没有比生命更重要的，那么凡是可以得到生命的方法，有什么会不使用呢？如果死是最令人厌恶的东西，那么凡是可以逃避患难的方法，有什么会不去做呢？能用这种方法生存下来却不去使用，能用这种方法逃避患难却不去做，这就说明我们有比生命还看重的东西，有比死亡还厌恶的东西。不光是贤德之人有这种心，实际上人人都有这种心，只是贤德之人能够始终不让这种心丧失罢了。一箪饭，一碗汤，得到就能活下来，不能得到就会死去，如果呼喝着施与别人，那么即使是路过的饥饿之人也不会接受；用脚踢着食物而施与别人，那么即使是乞丐也不屑于接受。然而对于万钟之俸禄，有些人却不去辨明它是否合乎礼义而接受。万钟俸禄对于我来说又有什么好处呢？难道我是为了华美的房屋，为了妻妾的照顾，以及为了我所认识（扶助）的穷人感激我吗？以前有些东西我宁死也不接受，而现在却为了华美的房屋而接受；以前有些东西我宁死也不接受，而现在却为了妻妾的照顾而接受；以前有些东西我宁死也不接受，而现在为了所认识（扶助）的穷人感激我而接受。这些难道说不能够停止不做吗？这就叫作丧失了他的本性。”

11.11

孟子曰：“仁，人心也；义，人路也。舍其路而弗由，放其心而不知求，哀哉！人有鸡犬放，则知求之；有放心而不知求。学问之道无他，求其放心而已矣。”

【译文】

孟子说：“仁就是人的本心，义就是人应该走的道路。舍弃应走的道路不走，丢失了自己的本心却不知道去找，真是悲哀啊！人丢了鸡狗，都知道去找回来；可是本心丢失了，却不知道去找回来。学问之道没有什么别的（奥秘），只是要把那丢失了的本心找回来罢了。”

11.12

孟子曰：“今有无名之指屈而不信，非疾痛害事也，如有能信之者，则不远秦楚之路，为指之不若人也。指不若人，则知恶之；心不若人，则不知恶。此之谓不知类也。”

【译文】

孟子说：“现在有个人的无名指能弯而不能伸直，虽然并不痛，也不妨害做事，可是如果有人能让他伸直，那么就会长途跋涉去找人疗治，即使从秦国走到楚国那么远也不在乎，就是因为他的无名指不如别人。手指头不如别人，就知道心里嫌恶；而自己的心性不如别人，却不知道嫌恶，这就叫作分不清轻重。”

11.13

孟子曰：“拱把之桐梓，人苟欲生之，皆知所以养之者。至于身，而不知所以养之者，岂爱身不若桐梓哉？弗思甚也。”

【译文】

孟子说：“一把粗的桐树梓树，如果想让它生长壮大，每个人都知道如何去养护它。而对于自己，却不知道如何来存养（心性），难道爱惜自己还不如爱惜桐梓树吗？真是太不去用心思求了。”

11.14

孟子曰：“人之于身也，兼所爱。兼所爱，则兼所养也。无尺寸之肤不爱焉，则无尺寸之肤不养也。所以考其善不善者，岂有他哉？于己取之而已矣。体有贵贱，有小大。无以小害大，无以贱害贵。养其小者为小人，养其大者为大人。今有场师，舍其梧檟，养其樲棘，则为贱场师焉。养其一指而失其肩背，而不知也，则为狼疾人也。饮食之人，则人贱之矣，为其养小以失大也。饮食之人无有失也，则口腹岂适为尺寸之肤哉？”

【译文】

孟子说：“人对于自己的身体，每一部分都同样爱护。每一部分都同样爱护，于是就每一部分都同样保养。没有一点皮肤不去爱护，于是就没有一点皮肤不去保养。所以要看他身体保养得好不好，难道有其他的方法吗？就看他看重哪一部分罢了。人的身体有重要的部分也有次要的部分，有小的部分也有大的部分，不能因为小的、次要的部分而损害大的、重要的部分。善于养护小的、次要的部分的人，是小人；而善于养护大的、重要的部分的人，是大人。现在有一个园艺师，他善于养护酸枣、蒺藜这些东西，而抛弃梧桐、楸树这些好木材不管，这就是一个坏园艺师。保养一根手指而使自己的肩背等重要部分丧失功能，自己还不醒悟，这样的人真是愚昏透顶。只讲究饮食（而不去注意存养心性）的人，令人鄙视，这是因为他只注意了小的、次要的部分的养护，而丧失了大的、重要的部分。讲究饮食的人并没有什么过失，然而饮食难道只是满足口腹之欲而仅仅养护尺寸肌肤吗？（当然存养道德心性更重要。）”

11.15

公都子问曰：“钧是人也，或为大人，或为小人，何也？”

孟子曰：“从其大体为大人，从其小体为小人。”

曰：“钧是人也，或从其大体，或从其小体，何也？”

曰：“耳目之官不思，而蔽于物。物交物，则引之而已矣。心之官则思，思则得之，不思则不得也。此天之所与我者。先立乎其大者，则其小者不能夺也。此为大人而已矣。”

【译文】

公都子问：“同样是人，有的人成为大人君子，有的人成为小人，这是为什么？”

孟子说：“顺应身体重要器官需求的，是大人君子；而顺应身体次要器官需求的，是小人。”

公都子说：“同样是人，有些人顺应身体重要器官需求，而有些人却只求顺应身体次要器官需求，这是为什么呢？”

孟子说：“耳目这些器官不会思考，所以就会被外物所遮蔽。耳目这样的东西（物）与外物交接，就会受到外物的误导与诱惑。心的官能是思考，（而人的善性，）思考（思求）就会得到，不思考（思求）

就得不到。（这种思善之心）是上天所赐予我们的。如果我们先把心这样的重要器官确立扩充起来，那么那些不太重要的器官就不会轻易地被外物侵夺诱惑。能做到这一点的，就是大人君子。”

11.16

孟子曰：“有天爵者，有人爵者。仁义忠信，乐善不倦，此天爵也；公卿大夫，此人爵也。古之人修其天爵，而人爵从之。今之人修其天爵，以要人爵，既得人爵，而弃其天爵，则惑之甚者也，终亦必亡而已矣。”

【译文】

孟子说：“有天赐爵位，有人赐爵位。仁义忠信这些高尚品德，乐于追求善性而不知疲倦的精神，都是天赐的爵位。而公卿大夫这些东西，是人赐的爵位。古代的圣贤修身养性，从而得到仁德这种天赐爵位，而人赐的爵位也会因其美德随之而来。现在的人（看起来在）修养身心以获得天赐爵位，（而实际上不过是借此）邀取人赐的爵位而已；他们一旦得了人赐的爵位（高官厚禄），就把（美德）这些天赐的爵位给抛弃掉了。这样的人愚昏之极，最终也必将失去他们的人赐爵位（高官厚禄）。”

11.17

孟子曰：“欲贵者，人之同心也。人人有贵于己者，弗思耳。人之所贵者，非良贵也。赵孟之所贵，赵孟能贱之。《诗》云：‘既醉以酒，既饱以德。’而饱乎仁义也，所以不愿人之膏粱之味也；令闻广誉施于身，所以不愿人之文绣也。”

【译文】

孟子说：“希望自己尊贵，这是人人共同的心理。每个人自己都有值得尊贵的东西，只不过我们不去思求罢了。别人眼里尊贵的东西，并非真正尊贵的东西。赵孟（晋国的卿大夫）所尊贵的东西，赵孟也会轻贱它。《诗经》中说：‘美酒令人陶醉，美德令人饱足。’说的是仁义能使人饱足，所以就不再羡慕别人的美味；自己因为具备美德而获得美好的声誉名望，所以就不再羡慕别人穿的华服。”

11.18

孟子曰：“仁之胜不仁也，犹水胜火。今之为仁者，犹以一杯水救一车薪之火也；不熄，则谓之水不胜火。此又与于不仁之甚者也，亦终必亡而已矣。”

【译文】

孟子说：“仁胜过不仁，就像水可以浇灭火一样。现在那些所谓仁德的人，（要胜过不仁之人，）就好像拿一杯水要救一车柴薪所烧成的大火（，这样根本不能胜过不仁之人）。如果火不熄，他们就说水不能浇灭火（也就是说自己的仁德不能胜过不仁之人）。他们跟那些根本没有仁德的人一样，最终就连他们仅有的那点仁德也必定消亡。”

11.19

孟子曰：“五谷者，种之美者也。苟为不熟，不如荑稗。夫仁，亦在乎熟之而已矣。”

【译文】

孟子说：“五谷，是粮食中的好品类。可是如果五谷不能长熟，就还不如（粮食中的劣等的）稊稗。仁，也在于要使它成熟罢了（，不可半途而废）。”

11.20

孟子曰：“羿之教人射，必志于彀，学者亦必志于彀。大匠诲人，必以规矩，学者亦必以规矩。”

【译文】

孟子说："羿教人射箭，其心志必定期于满弓；而跟随他学射箭的人，其心志也必定期于满弓。优秀的木匠教人木工，必定要严格依照规矩，而跟随他学习木工的人，也必定要严守规矩。"

儒家心性哲学体系，自孔子启其端绪，曾子、子思有所发挥，至孟子始开辟新境，张大其宗，探赜索隐，深造自得，可谓粲然大备，洵为集大成者。孟子以下千余载，应者渺渺，回声寂寥，心性儒学湮没式微，遂难以呼应中国知识阶层对理性世界之渴求，亦难以应对外部世界之现实挑战。晋唐以来，释家兴起，学派林立，士大夫蜂起追随，佛禅之道大行天下，儒家心性哲学遭遇前所未有之危机。有宋一代，学术昌明，濂洛关闽之学，蔚然大观，接续孟子泯而不传之道，圣学薪传之功盖莫大焉。朱熹《大学章句序》曰：

> 三千之徒，盖莫不闻其说，而曾氏之传独得其宗，于是作为传义，以发其意。及孟子没而其传泯焉，则其书虽存，而知者鲜矣！自是以来，俗儒记诵词章之习，其功倍于小学而无用；异端虚无寂灭之教，其高过于大学而无实。其他权谋术数，一切以就功名之说，与夫百家众技之流，所以惑世诬民、充塞仁义者，又纷然杂出乎其间。使其君子不幸而不得闻大道之要，其小人不幸而不得蒙至治之泽，晦盲否塞，反覆沉痼，以及五季之衰，而坏乱极矣！天运循环，无往不复。宋德隆盛，治教休明。于是河南程氏两夫子出，而有以接乎孟氏之传。实始尊信此篇而表章之，既又为之次其简编，发其归趣，然后古者大学教人之法、圣经贤传之指，粲然复明于世。

此序虽然讲的是《大学》之书，然而其宗旨却在接续孟子复兴圣学。宋明两代，自二程至于朱子，自朱子至于阳明，皆有“为往圣继绝学”之志。可以说，宋明理学之崛起，乃儒家心性哲学自孟子后湮灭千余载而得重生之标志，迎来儒学发展的第二个黄金时代。

儒家心性哲学，既有本体论，亦有工夫论，而在工夫论层面，无论朱子还是阳明，都对孟子有所发展。他们既继承了传统儒家心性论中强调践履（行动哲学）的一面，又在思孟学派基础上开出内省静观的一套方法论。就践履（行动哲学）一面而言，朱子强调于寻常日用间格物致知，扎实用功，从而形成朱子学问中笃实之气象；而阳明也极为重视“事上磨炼”，主张在“事功”的具体情境中修养心性。因而总体而言，朱子、阳明在心性论上都有“求实”的特点，反对空谈心性，而他们在现实政治中也确实都有极为丰富的实践，并非徒知坐言心性之腐儒。就内省静观的一面而言，实际上儒家心性论的源头之一曾子就极提倡内省（“吾日三省吾身”，见《论语·学而》），曾子的自我省思贯彻生命始终，其临终与弟子诀别之际，“启予足！启予手！”之遗训，正是其秉持终生的自省精神之体现（《论语·泰伯》：曾子有疾，召门弟子曰：“启予足！启予手！《诗》云：‘战战兢兢，如临深渊，如履薄冰。’而今而后，吾知免夫！小子！”）。曾子之后，子思作《中庸》，标举“反身而诚”之心法（见《中庸》第二十章），接曾子“省身”之论而主“反身”，将儒家心性论之工夫论向前推进了一大步。孟子上承子思“反身”之学，亦极为强调“反求诸己”（7.4、7.12），强调“自反”（8.28）的工夫，与曾子、子思可谓一脉相承，一以贯之。至宋明理学，朱子、阳明都重视内省静观之工夫，而朱子、阳明对静坐修身之法的强调，不能不说是受到了当时禅宗以及道家的若干影响。迨至末流，儒家心性之学被很多人理解为静坐、养静，渐入空虚之道，而轻践履实修之功，走上了一个极端，这是修习者需要极为警惕的。

孟子讲“存养之道”，其核心是将践履（行动哲学）与内省静观结合起来，不能偏执于一端。存养心性，不是静态的“存”，也不是“无为”的“养”。心性之存养，包含着道德主体的一种内在的、积极的、主动的追求与训练，通过不同外在情境下的适应、锤炼、反思、纠错，从而逐步臻至一种道德修养与心性锤炼的高境界。“存”并不是无所作为的“存”，心性是“存”不住的，一遇外物就会受到冲击与影响（即孟子所谓“蔽于物”，11.15），甚至心性放失、崩溃失守。所以这个“存”本身一定是一个主动修为的过程，我们前面讲到“存夜气”，就提到这一点。“存夜气”的关键是“旦昼之所为”，是与外物交接时主动的自律、反思、儆醒、克己、磨炼、改过，从而使心性不致丧失，这是“存”之精要处。无此工夫，则如何“存”得住？

“养”也不是简单的“静养”，亦非一味的“静坐”；如泥菩萨般终日枯坐，亦不能长一分一毫善性，无益于圣学，反成枯虚之病学。“养”还是取决于“事上磨炼”，还是取决于践履，还是取决于内在的深刻的省察，即“切问近思”（《论语・子张》）的工夫，静坐与养静只不过是达成省思的方便法门之一种，不要将其绝对化，更不可神秘化。所以孟子极其强调“求”，这是道德主体主动的作为，是基于道德自觉的一种主动追求，所以说“求则得之”（11.6）；孟子又极其强调“思”，思也是一种积极意义上的“思”，实际上孟子的“思”就是“求”，不是简单的理智意义上的“思考”，而是行动哲学意义上的“追求”，所以孟子说“思则得之”（11.15）。因此，“存养”在于道德主体内在动力的“发动”，无此主观意志之发动，“存养”即不可能自动实现。

现实中的学问，既有追求德性修养与心灵成就的学问，也有追求世俗成就的学问，这两种学问本来都无可指摘，可以并行而不悖，兼修而互进。实际上，儒学之心性论乃是一种平衡的工夫论，它从未鄙视和忽略现实中的事功与名利。相反，儒家心性哲学正是要通过面对这些俗世中的事功与名利，来考验和锤炼一个人的心性，来造就一个真正不为外物所遮蔽与戕贼的强大的道德自我：他不是逃避现实世界，不是通过与外物的绝缘，不是通过出世脱俗而获得自我之超越，而恰恰是要在这世俗中获得真正的解脱与超越，恰恰要在这滚滚红尘中锤炼与反思自己，克己用功，“乐善不倦”（11.16）。所以尘世不是他成圣成贤的障碍，而正是成就他超越人格的真正力量，他不寻求在一个寂灭虚拟的世界中“超凡入圣”，而是要在一个真实的俗世中达成自我人格的涅槃。这就考验一个人“在俗世而超越世俗”的能力，而不是通过“反俗世而超越世俗”。

在《告子上》中，孟子提出一组新的概念“天爵—人爵”（11.16）。“天爵”乃天赋之本然心性、良心良知，此本然心性与良心良知，人人本来具有，但日以世俗之蔽而消磨放失，故此“天爵”亦须“修”之，不“修”则易荒殆。“仁义忠信，乐善不倦，此天爵也”，孟子以道德心性与追求道德之行为来解释“天爵”，即同时包含着“静态”的道德规定性与“动态”的道德行动这双重意蕴。“公卿大夫，此人爵也”，功名利禄这些尘世中的荣耀，乃是人赐之爵，人能赐之，亦能夺之，故非根本恒久之爵。唯天赐之爵，植根于心，源泉于性，达乎仁义忠信之德，见乎乐善不倦之行，故任何外力不可剥夺，此是真爵也。古代贤达之人，保其心性不致丧失，“仁义礼智根于心”（13.21），“修其天爵”，故本然之性与良知良心日以发动而不泯；既得“天爵”，有此仁义忠信之德，必有尘世之功名事业随之，亦必有利禄在其中矣。孔子说：“君子谋道不谋食。……学也，禄在其中矣。”（《论语·卫灵公》）“禄在其中”，其原因在“学”，学什么？“修其天爵”也。有仁义忠信，得君子之德操，人爵必从之而来，何用忧贫？君子心性之修持操存，关乎生命，是“内求”之学，向内寻找，故不失其“天爵”；天爵既修，外部世界之世俗荣耀亦自然天成，不假人力。故由内而外，由天及人，自然而然，此古圣先贤兼“天爵”、“人爵”而有之的奥秘。而今之人“修其天爵，以要人爵；既得人爵，而弃其天爵”，则是得人而失天，得外而忘内，颠倒本末，故天人之爵，终必俱亡。今之人“修其天爵”，何尝真修，不过以此为晋升之阶，以“乡愿”之德来邀取“人爵”而已，故孔子曰：“乡愿，德之贼也。”（《论语·阳货》）用虚伪的“乡愿”来博得社会之信任，以表面上的仁义忠信为自己换取功名利禄，而一旦得到尘世中的功名利禄，那么就连那些虚伪的“乡愿”之德也抛弃得干干净净。孟子在此处鞭挞的是那种假借“天爵”以“要人爵”的“乡愿”虚伪之仁义忠信，这些人并非乐善不倦，而是以伪善作为荣华富贵的交换。“古之人修其天爵，而人爵从之”，乃是说“古之学者为己”（《论语·宪问》），学问之鹄的在于自我心性德义之存养，而不在外部世界的荣耀与别人的承认，为学不是去换取爵禄；然而“为己之学”精熟之际，其良心良知自然发动，仁义忠信自然扩充，故内能持己存心，外能接物治事，“为己”既成，“为人”必达，这就是“己达达人”（《论语·雍也》），功名荣耀自在其中，这就是孟子说的“修其天爵而人爵从之”。而今之人，“既得人爵，而弃其天爵”，乃外求之学，“为人之学”，学问的目的是为了满足一己之私欲，学问不过是名禄功利的敲门砖，此“为人之学”必导致为私利而忘公德，视天下为满足私欲之工具而已，长此以往，则放纵私欲以致身败名裂，天爵既失，而人爵亦亡，天人共弃，内外俱丧。所以可贵者，在“天爵”，不在“人爵”，有了“天爵”，则“人爵”自至；而丧失“天爵”，“人爵”亦不可能长久。孟子讲“人人有贵于己者，弗思而已”（11.17），这个“贵于己者”，就是天赋之良心良知、本心本性，这是每个人最可宝贵的东西，此“天爵”根植于内，“不思则不得”（11.15），因此需要道德主体的主观努力。君子以仁义忠信为乐事，故安贫乐道，乐善不倦，此之谓“饱乎仁义”（11.17），从不羡慕膏粱锦绣之尘俗享受，此“贵贱之分”、“内外之分”、“为人为己之分”、“天爵人爵之分”，学者宜深思之，若逐骛于外，孜孜孽孽为博

“人爵”，则终难入圣学之门。

存养之道，在乎“志一”，也就是孟子所谓“专心致志”（11.9），不为外物所移，不因私欲而惑，心思不散乱，能凝心静志，“用志不纷，乃凝于神”，此存养之根本。“专”者，“抟”也，凝聚心神使不纷乱之谓也。弈秋之徒，一个专心致志，一个心不在焉，虽曰“俱学”，其成就相差万里，非智不足，非力不逮，不能志一抟心之故也。志一抟心，凝神不乱，才能积聚起巨大的向善力量与道德激情，向更高的道德境界迈进。而有了这种专心致志的内在动力，才能时刻省察自己的道德行为，持之以恒，改过迁善；有一善之萌，心存之养之，守之惜之，付之践履，融于心性，务使日滋夜长，不使放失戕贼；有一恶之萌，必儆醒检讨，切己反思，慎独自律，不纵不隐，务使排除邪念，归于正途，勿“自暴自弃”（7.10），勿放任自流，勿刚愎自用，“知其非义，斯速已矣”（6.8）。

学者宜注意《告子上》第九章中提到的“萌”字与第八章中提到的“萌蘖”二字（11.8，11.9）。无论善恶，都有一个发展的过程，而在善恶心性萌动之初，如果能够给予重视，则必去恶扬善于起心动念之间。恶念勿助长、纵容之，经过“自反”的功夫，切己省思，必除之而后安，这就是“求放心、不远复”。如果“放其心而不知求”（11.11），有恶念而不知怵惕儆醒，悔改归正，则良心良知必丧失殆尽。儒家心性哲学并不否认人性的脆弱，就是君子也会犯错误，因此人应有子路“闻过则喜”（3.8）的豁达胸襟与迁善改过、知耻近勇的道德勇气，“古之君子，过则改之”（4.9），故不远而复，正是君子砺德内省的工夫所在。

对于善念，则要精心存养，在其萌蘖之际即小心呵护，就像以雨露滋润树苗一般，使之扩充生长，终至长成参天大树。故知大奸大恶之人，岂无一点良心良知？如同“人见其（牛山）濯濯也，以为未尝有材焉，此岂山之性也哉！”（11.8）只不过恶人不能在恶念初萌时省思改过，亦不能在善念萌蘖时操存保养而已，故终使恶愈纵而愈深，善愈损而愈丧，“苟失其养，无物不消”（11.8），最终“失其本心”（11.10）。故不能志一抟心，即不能守仁存性，一遇外物侵扰，便溃不成军矣。人对于“一箪食一豆羹”的“嗟来之食”，尚知礼义而守死弗受，然而在“万钟之禄”的诱惑前，却丧失了道德判断能力，这就说明如果缺乏坚定向善的道德定力和清醒深刻的自我省思精神，我们的心性就极易被外物所移所役，失去其本然自由之状态。故而存养之道，并非可无所作为而自然致之，必有强大而坚定的道德定力、强烈而自觉的追寻道德的内在动力，以及清醒的道德自律与自我反省精神，才可以完成心性的存养，“志”在其中发挥了巨大作用。“志”既是一种内在的动力与意志，也是一种专一不杂的身心修养工夫，更是一种追寻至善至德的境界。“羿之教人射，必志于彀，学者亦必志于彀”（11.20），如果没有“志于彀”的勇气、意志与内在冲动，就难以成就德性的至高境界。

存养之道，还要深谙“大小之道”。孟子屡次强调“养其大者”（11.14），“从其大体”（11.15）、“立乎其大者”（11.15），以告诫学者要懂得存养“其大”，而不要因小而失大。所谓“养其大者”，乃存养心也；所谓“养其小者”，乃养口腹四肢也。观人之所取所养，可知其格局、气象、境界、修养：取其大而养其大者，为大人；取其小而养其小者，为小人。世俗之人，知寸肤四肢之病而以为忧，而心性放失则不为忧，“指不若人，则知恶之；心不若人，则不知恶，此之谓不知类也”（11.12）。“不知类”，即不知大小轻重之谓，“不知类”，则因小而失大，泯灭仁义、丧失德性而不知忧虑，惟以口腹四肢之养为务，终为小人，不能在心性人格上进一境界。“考其善不善者，岂有他哉？于己取之而已矣”（11.14），取之大则能养其大，取之小则唯养其小，“养小以失大”（11.14），大人小人之分判矣。为什么有些人“养其大者”、“取其大者”、“从其大体”，而有些人却“养其小者”、“取其小者”、“从其小体”？孟子的回答是“弗思”（11.13），“弗思”即是放失其心，丧斫人之心思灵明，而心思灵明一旦窒梏，则人必被外物所遮蔽，此即孟子所说“蔽于物”（11.15）。“耳目之官不思，而蔽于物。物交物，则引之而已矣。心之官则思，思则得之，不思则不得也。”（11.15）人尽管都有耳目之官，然而这些感官仅仅是被动地接受外物，它们不会“思”，没有灵明感应与分辨体悟之能力，因而人就会蔽于外物，被事物的表象所迷惑，这就造成了人认知上的障碍。纯以耳目之官接于外物，则必生迷障，被外物所诱惑、牵引、浸染，此谓“物交物，则引之而已矣”，“引”即外物梏亡我心，戕贼我心也。而“心”与耳目之官不同，“心”有主动的感应体悟与分辨省察能力，所以孟子说“心之官则思”，此“心”非指人类身体器官，而是指人之心思灵明，此心思灵明乃天赋之能，即孟子所说“天之所与我者”（11.15）。心思灵明存之，则能应接外物而不为所蔽，这个“心”既向外部世界敞开着，接纳世俗中的“真实场景”，但又保持着自我内在的秩序，它有极强的判断力与省察力，故任何外部世界的诱惑与压迫都不能使此“心”移易与屈服；它时刻保持着清醒，观照万物，但不为万物所扰攘，如同月映大江的澄澈境界；此“心”使我坦然游走于真实世界之中，处世接物应对从容，“极高明而道中庸”（《中庸》第二十七章），接外物而不蔽，出淤泥而不染，此心昭昭明明，圆圆满满。正因为能存养其大，从其大体，立乎其大，故此心常与万物同在，坦坦荡荡，充实而有秩序，故“其小者不能夺也”，此即孟子所说的“上下与天地同流”（13.13）、“万物皆备于我”（13.4）的境界。此存养之妙也。然而存养又必赖乎“力”，无内在之强大动力，则如“以一杯水救一车薪之火”（11.10），外物甫至，而心性已散乱不可收拾，非谓“水不胜火”，乃是求仁之心不足，“思”之力不足，故不思则不得，不求则失之。故存养之道，必借求仁之力，若求思无力，则必半途而废。孟子说：“五谷者，种之美者也；苟为不熟，不如荑稗。夫仁，亦在乎熟之而已矣。”（11.19）“不熟”而止，则前功尽弃，故仁必在“熟”，不可丧失追寻道德的内在动力，要矢志不渝地去追寻，日夜存养，不懈不怠。存养非一日之功，必有“为道必卒”（焦循《孟子正义》）的决心与信念，志在得道，学不可已，勇猛精进，止于至善。

卷十二　告子下

二十七　向道志仁

12.1

任人有问屋庐子曰："礼与食孰重？"

曰："礼重。"

"色与礼孰重？"

曰："礼重。"

曰："以礼食，则饥而死；不以礼食，则得食，必以礼乎？亲迎，则不得妻；不亲迎，则得妻，必亲迎乎？"

屋庐子不能对，明日之邹以告孟子。

孟子曰："于答是也，何有？不揣其本而齐其末，方寸之木可使高于岑楼。金重于羽者，岂谓一钩金与一舆羽之谓哉？取食之重者，与礼之轻者而比之，奚翅食重？取色之重者，与礼之轻者而比之，奚翅色重？往应之曰：'紾兄之臂而夺之食，则得食；不紾，则不得食，则将紾之乎？逾东家墙而搂其处子，则得妻；不搂，则不得妻，则将搂之乎？'"

【译文】

有一个任国人问屋庐子（孟子弟子）说："礼和吃饭哪个重要？"

屋庐子说："礼重要。"

这个人又问："娶妻与礼哪个重要？"

屋庐子说："礼重要。"

这个人说："如果按照礼来找吃的，就会饥饿而死；如果不按照礼来找吃的，就会得到食物。那么一定要按照礼来吃饭吗？如果按照亲迎礼来娶妻，就娶不到妻子，如果不按照亲迎礼来娶妻，就能娶到妻子，那么一定要按照亲迎礼来办事吗？”

屋庐子回答不了，第二天来到邹国来告诉孟子。

孟子说：“回答这个问题，有什么难呢？如果不考虑其根基，而只比较其顶部，那么一寸高的木条可能比高楼还要高。我们说金子比羽毛重，难道是说一点点金子与一大车羽毛来比较吗？任国人拿吃饭的重要之处跟礼的细枝末节来比较，这样礼怎么会比吃饭重要呢？他拿娶妻的重要之处与礼的细枝末节来比较，这样礼怎么会比娶妻更重要呢？你就这样回答他：‘扭着兄弟的胳膊来抢夺他的食物，就能得到吃的，不扭着兄弟胳膊来抢吃的，就不能得到吃的，那么你会扭他的胳膊吗？跳过东邻的墙而去强行搂抱人家的女儿，就会娶到妻子，不去跳墙并强行搂抱人家女儿，就娶不到妻子，那么你还会去搂抱人家女儿吗？’”

12.2

曹交问曰：“人皆可以为尧舜，有诸？”

孟子曰：“然。”

“交闻文王十尺，汤九尺，今交九尺四寸以长，食粟而已，如何则可？”

曰：“奚有于是？亦为之而已矣。有人于此，力不能胜一匹雏，则为无力人矣；今曰举百钧，则为有力人矣。然则举乌获之任，是亦为乌获而已矣。夫人岂以不胜为患哉？弗为耳。徐行后长者谓之弟，疾行先长者谓之不弟。夫徐行者，岂人所不能哉？所不为也。尧舜之道，孝弟而已矣。子服尧之服，诵尧之言，行尧之行，是尧而已矣；子服桀之服，诵桀之言，行桀之行，是桀而已矣。”

曰："交得见于邹君，可以假馆，愿留而受业于门。"

曰："夫道，若大路然，岂难知哉？人病不求耳。子归而求之，有余师。"

【译文】

曹交问："人人都可以成为尧舜那样的人，有这种说法吗？"

孟子说："有的。"

曹交问："我听说文王身高十尺，汤身高九尺，而今我身高九尺四寸，可是只是老百姓一个，我怎样才能成为尧舜那样的人呢？"

孟子说："这有什么困难呢？也不过就是努力去做罢了。假如现在有一个人，他的力气都提不起一只小鸡，那他就是一个没有力气的人；而现在能举起百钧之重的东西，那他就是一个有力气的人。既如此，那么如果举得起乌获这样的大力士举起的重量，也就成了乌获一般的力士了。一个人难道应该因为不能胜任（乌获举起的重量）而担忧吗？只是不去做罢了。在长者后面慢走就叫作'悌'；在长者前面快走，就叫作'不悌'。慢走这件事，难道是人做不到的吗？只是不去做而已。尧舜的道，不过就是孝悌而已。你穿着尧的衣服，口诵尧的话，践行尧的行为，这便是尧了。你穿桀的衣服，口诵桀的话，践行桀的行为，也便成为桀了。"

曹交说："我打算去拜见邹国国君，如果能借个住处，我愿留在您门下向您学习。"

孟子说："尧舜之道，就像宽阔的大路，难道有什么难以理解之处吗？就怕人不去寻求而已。你回去寻求尧舜之道，老师恐怕多的是。"

12.3

公孙丑问曰："高子曰：'《小弁》，小人之诗也。'"

孟子曰："何以言之？"

曰："怨。"

曰："固哉，高叟之为诗也！有人于此，越人关弓而射之，则己谈笑而道之；无他，疏之也。其兄关弓而射之，则己垂涕泣而道之；无他，戚之也。《小弁》之怨，亲亲也。亲亲，仁也。固矣夫，高叟之为诗也！"

曰："《凯风》何以不怨？"

曰："《凯风》，亲之过小者也；《小弁》，亲之过大者也。亲之过大而不怨，是愈疏也；亲之过小而怨，是不可矶也。愈疏，不孝也；不可矶，亦不孝也。孔子曰：'舜其至孝矣，五十而慕。'"

【译文】

公孙丑问："高子说：'《小弁》，是小人所作的诗。'这样说对吗？"

孟子说："他为什么这么说呢？"

公孙丑说："因为《小弁》这首诗里有怨恨之气。"

孟子说："高老先生这样解释诗，真是太拘泥了！假如现在有个人，越国人要开弓射他，他就跟别人有说有笑地谈论这件事，没有别的原因，只是因为这个人跟他关系疏远。如果他的兄长开弓要射他，他就会哭哭啼啼地跟别人讲这件事，没有别的原因，只是因为兄长跟他关系亲近。《小弁》里面表现的怨气，正是挚爱自己的至亲之人的表现。挚爱自己的至亲之人，就是仁。高老先生解释诗，真是过于拘泥了！"

公孙丑问："《凯风》这首诗为什么没有怨恨？"

孟子说："《凯风》里之所以没有怨恨，是因为父母的过错小；《小弁》里之所以有怨恨，是因为父母的过错大。如果父母亲过错大却不抱怨，这就会导致愈加疏远自己的父母；如果父母亲的过错小而去抱怨，（这样反而会激起父母儿子之间更大的怨怒，）所以就不能去激怒他们。（父母过错大而不抱怨，）从而导致与父母更加疏远，这是不孝的行为；（父母过错小而去抱怨，）从而激起更大的怨怒，这也是不孝的行为。孔子说：'舜是一个最孝的孝子，五十岁还对父母有怨慕之情。'"

12.4

宋牼将之楚，孟子遇于石丘，曰："先生将何之？"

曰："吾闻秦、楚构兵，我将见楚王说而罢之。楚王不悦，我将见秦王说而罢之。二王我将有所遇焉。"

曰："轲也请无问其详，愿闻其指。说之将何如？"

曰："我将言其不利也。"

曰："先生之志则大矣，先生之号则不可。先生以利说秦楚之王，秦楚之王悦于利，以罢三军之师，是三军之士乐罢而悦于利也。为人臣者怀利以事其君，为人子者怀利以事其父，为人弟者怀利以事其兄，是君臣、父子、兄弟终去仁义，怀利以相接，然而不亡者，未之有也。先生以仁义说秦楚之王，秦楚之王悦于仁义，而罢三军之师，是三军之士乐罢而悦于仁义也。为人臣者怀仁义以事其君，为人子者怀仁义以事其父，为人弟者怀仁义以事其兄，是君臣、父子、兄弟去利，怀仁义以相接也，然而不王者，未之有也。何必曰利？"

【译文】

宋牼要到楚国去，孟子在石丘遇到他，说："先生要到哪里去？"

宋牼说："我听说秦楚两国要打仗，我要去见楚王，劝说他不要打。如果楚王不听，我就去见秦王，劝说他不要打。两个国君，我总会遇到一个愿意听我建议的。"

孟子说："我不想问得太详细，只想听听您大概的观点。您要怎样劝说他们呢？"

宋牼说："我会告诉他们战争对他们是不利的。"

孟子说："先生的志向是不错的，可是先生的说法却不对。先生用利来劝说秦王楚王，秦王楚王因为利而高兴，就放弃军事行动，于是军队的将士也乐于罢兵，并因为利而高兴。做臣子的老想着利来事奉君主，做儿子的老想着利来服事父亲，做弟弟的老想着利来照顾兄长，这就会使君臣、父子、兄弟之间完全没有了仁义，而老想着利来相互交往，这样下去国家没有不亡的。先生应该用仁义来劝说秦王楚王，秦王楚王就会以仁义为乐而罢兵，而将士们也都乐于休战并且都以仁义为乐。做臣子的存仁义之心事奉君主，做儿子的存仁义之心服事父亲，做弟弟的存仁义之心照顾兄长，这样的话君臣、父子、兄弟都远离利益的计算，而心存仁义互相交往。这样的国家如果不能以王道一统天下，是不可能的，何必总要讲到利呢？”

12.5

孟子居邹，季任为任处守，以币交，受之而不报。处于平陆，储子为相，以币交，受之而不报。他日，由邹之任，见季子；由平陆之齐，不见储子。屋庐子喜曰：“连得间矣。”问曰：“夫子之任见季子，之齐不见储子，为其为相与？”

曰：“非也。《书》曰：‘享多仪，仪不及物曰不享，惟不役志于享。’为其不成享也。”

屋庐子悦。或问之，屋庐子曰：“季子不得之邹，储子得之平陆。”

【译文】

孟子住在邹国时，季任在任国代理国政，他派人送礼物与孟子交往，孟子接受了礼物，但并无回报。孟子住在平陆县（属齐国）的时候，储子做齐国的卿相，也派人送礼物与孟子交往，孟子也接受了礼物，而无回报。过了一段时间，孟子从邹国到任国，见了季任；又从平陆到齐国首都，却不见储子。屋庐子高兴地说：“我这下抓到老师行为的漏洞了。”于是就问孟子：“您到任国，见了季子；到齐国首都，却不见储子，难道是因为储子只是卿相吗？”

孟子说：“不是的。《尚书》说：‘享献之礼，重视仪节，如果仪节不到位，而只是有享献的礼物，那就相当于没有行过享献之礼，因为

（这说明）那些参加享献之礼的人，并没有用心于享献之礼。’这就是说（这种只有礼品而没有仪节的享献），根本不成其为享献之礼。”

屋庐子听了很高兴。有人问他（孟子为什么到任国去见季子，而到齐都却不见储子），屋庐子回答说：“季子（是在任国代理国政），不能到邹国（去亲自送礼物并向孟子致礼），而储子（是齐国卿相），完全可以去平陆（亲自送礼并向孟子致礼，可他并没有这么做）。”

12.6

淳于髡曰：“先名实者，为人也；后名实者，自为也。夫子在三卿之中，名实未加于上下而去之，仁者固如此乎？”

孟子曰：“居下位，不以贤事不肖者，伯夷也；五就汤，五就桀者，伊尹也；不恶污君，不辞小官者，柳下惠也。三子者不同道，其趋一也。一者何也？曰：仁也。君子亦仁而已矣，何必同？”

曰：“鲁缪公之时，公仪子为政，子柳、子思为臣，鲁之削也滋甚。若是乎，贤者之无益于国也！”

曰：“虞不用百里奚而亡，秦缪公用之而霸。不用贤则亡，削何可得与？”

曰：“昔者王豹处于淇，而河西善讴；绵驹处于高唐，而齐右善歌；华周、杞梁之妻善哭其夫，而变国俗。有诸内，必形诸外。为其事而无其功者，髡未尝睹之也。是故无贤者也，有则髡必识之。”

曰：“孔子为鲁司寇，不用，从而祭，燔肉不至，不税冕而行。不知者以为为肉也，其知者以为为无礼也。乃孔子则欲以微罪行，不欲为苟去。君子之所为，众人固不识也。”

【译文】

淳于髡说：“那些以功名事业为先的，是救世济民的人；那些以功名事业为后的，是想独善其身的人。您位列三卿，身居高位，没有上为国君下为百姓做出什么功名事业，就离开这个国家，难道仁人就是如此行事的吗？”

孟子说：“处在臣下的地位，不以自己贤德之身去服事那些不值得服事的人的，是伯夷；五次到汤那里做官，五次到桀那里做官的，是伊尹；不厌恶服事坏君主，也不推辞当小官的，是柳下惠。他们三个人做事的方式不同，然而他们追求的方向是一致的。他们的共同点在什么地方？就是他们都保持了仁德。君子保持仁德就行了，何必要求做事的方式一样呢？”

淳于髡说：“鲁缪公的时候，公仪子主持国政，子柳和子思做辅佐之臣。鲁国的国力削弱得更厉害了。贤人对国家看来毫无益处，竟到如此地步！”

孟子说：“虞国不能重用百里奚而亡国，秦穆公因为重用百里奚而称霸。不任用贤人就亡国，国力削弱算什么？”

淳于髡说：“以前王豹居于淇水边，河西的人都会唱歌；绵驹住在高唐，齐国西部的人也都善于唱歌；华周杞梁的妻子痛哭其丈夫，国家风俗为之大变。有内在的原因，必定会表现在外面。从事某项工作却没有任何功绩，这样的事我未曾见到过。（今天国家治理到这个样子，）所以我认为现在是没有贤能之人，如果有贤能的人，我必定会知道。”

孟子说：“孔子做鲁国的司寇，国君不信任他。他跟着国君去参加祭祀，祭肉也不分给他，（这就违背了古礼，）于是孔子就匆匆离开了。不了解情况的人以为孔子因为分不到祭肉而离开，而理解孔子的人才明白孔子是因为鲁国不遵守礼制而离开。至于孔子，（为了照顾鲁国国君的脸面，）故意要自己因为一点小错误而离开，而不想被人认为是随便离开（，这是一般人不能理解的）。君子的所作所为，本来就不是凡夫俗子所能理解的。”

12.7

孟子曰："五霸者，三王之罪人也；今之诸侯，五霸之罪人也；今之大夫，今之诸侯之罪人也。天子适诸侯曰巡狩，诸侯朝于天子曰述职。春省耕而补不足，秋省敛而助不给。入其疆，土地辟，田野治，养老尊贤，俊杰在位，则有庆，庆以地。入其疆，土地荒芜，遗老失贤，掊克在位，则有让。一不朝，则贬其爵；再不朝，则削其地；三不朝，则六师移之。是故天子讨而不伐，诸侯伐而不讨。五霸者，搂诸侯以伐诸侯者也，故曰：五霸者，三王之罪人也。五霸，桓公为盛。葵丘之会，诸侯束牲载书而不歃血。初命曰：'诛不孝，无易树子，无以妾为妻。'再命曰：'尊贤育才，以彰有德。'三命曰：'敬老慈幼，无忘宾旅。'四命曰：'士无世官，官事无摄，取士必得，无专杀大夫。'五命曰：'无曲防，无遏籴，无有封而不告。'曰：'凡我同盟之人，既盟之后，言归于好。'今之诸侯，皆犯此五禁，故曰：今之诸侯，五霸之罪人也。长君之恶其罪小，逢君之恶其罪大。今之大夫，皆逢君之恶，故曰：今之大夫，今之诸侯之罪人也。"

【译文】

孟子说："五霸是三王（夏禹、商汤、周文王周武王）的罪人；今天的诸侯，是五霸的罪人；今天的大夫，是今天诸侯的罪人。天子巡查各个诸侯国，叫作'巡狩'，而各个诸侯国国君朝见天子叫作'述职'。（天子巡查各个诸侯国，）春天考察各国的春耕情况，补助那些衣食缺乏之人；秋天考察各国的收获情况，周济那些穷苦的人。天子到了各诸侯国的疆土，如果看到土地开辟，田野被耕种得很好，国家对老人供养得很好，贤人得到尊敬，优秀人才得到重用，就会对该国进行赏赐，赏赐用土地。如果天子到了各诸侯国的疆土，土地荒芜，老人得不到供养，贤能之人得不到任用，聚敛钱财的人立于朝廷，那么天子就会有责罚。（诸侯要定期向天子述职，）一次不去朝见天子，就会贬削他的爵位；两次不去朝见天子，就削减他的封地；三次不去朝见天子，就会用军队来讨伐他。所以天子对诸侯发动武力，是‘讨’而不是‘伐’，而诸侯若发动武力，则是‘伐’而不是‘讨’。五霸，是胁迫一些诸侯去攻打另一些诸侯，所以说五霸是三王的罪人。在五霸中，齐桓公声名最高。葵丘盟会，齐桓公率领各诸侯捆绑了献祭用的牛，把盟约放在牛身上，但不歃血。葵丘盟会订立了五条盟约：第一条盟约：‘诛杀不孝之人，不另树太子，不把妾立为妻。’第二条盟约：‘尊敬贤人，培育俊才，表彰那些品德高尚之人。’第三条盟约：‘敬养老人，慈爱幼小之人，不要怠慢远方来的宾客旅人。’第四条盟约：‘士人的官职不世袭，公家的岗位不要兼职，任用士人一定要恰如其分，不要无理杀戮大夫。’第五条盟约：‘不要到处建堤坝（以免以邻为壑坑害别国），不要阻止各国间粮食买卖，不要有封赏之行而不汇报（给盟主）。’盟约上说：‘凡是加入盟约的国家，既然共订盟誓，就要从此友好互信。’现在的诸侯，都违背了这五条盟誓，所以说现在的诸侯是五霸的罪人。（无意）助长国君的恶行，这个罪过还算小的；而对国君的恶行（有意）逢迎（以证明其合理性），那就罪过大了。现在的大夫都对国君的恶行逢迎拍马，所以说今天的大夫是诸侯的罪人。”

12.8

鲁欲使慎子为将军。孟子曰：“不教民而用之，谓之殃民。殃民者，不容于尧舜之世。一战胜齐，遂有南阳，然且不可。”

慎子勃然不悦曰：“此则滑釐所不识也。”

曰：“吾明告子。天子之地方千里；不千里，不足以待诸侯。诸侯之地方百里；不百里，不足以守宗庙之典籍。周公之封于鲁，为方百里也；地非不足，而俭于百里。太公之封于齐也，亦为方百里也；地非不足也，而俭于百里。今鲁方百里者五，子以为有王者作，则鲁在所损乎？在所益乎？徒取诸彼以与此，然且仁者不为，况于杀人以求之乎？君子之事君也，务引其君以当道，志于仁而已。”

【译文】

鲁国要任用慎子做将军。孟子说：“不教导人民而用他们来打仗，这叫作坑害百姓。坑害百姓的人，在尧舜的时代是不被容纳的。即使一仗就打败齐国，吞并南阳，这样尚且不可以（，更何况鲁国可能根本打不过齐国呢）。”

慎子突然不高兴地说：“这就不是我所能理解的了。”

孟子说：“我明白地告诉你：天子的土地方圆一千里，如果不够一千里，就不能接待诸侯。诸侯的土地方圆一百里，如果不足一百里，就不能够守住祖宗传下来的典章制度。周公被封于鲁，地方纵横一百里，土地并非不够，实际上略少于一百里。太公被封于齐，也是方圆一百里，地方并非不够，实际上略少于一百里。现在鲁国有五个方圆一百里的土地，那您以为假如有王者兴起，鲁国是在土地减少之列，还是在土地增加之列呢？（如果不用打仗，）只是拿那个国家的土地来给这个国家，（这样的事）仁人尚且不去做，何况用杀人的方法来获得土地呢？君子事奉君主，一定要引导君主走正道，有志于行仁政而已。”

12.9

孟子曰：“今之事君者皆曰：‘我能为君辟土地，充府库。’今之所谓良臣，古之所谓民贼也。君不乡道，不志于仁，而求富之，是富桀也。‘我能为君约与国，战必克。’今之所谓良臣，古之所谓民贼也。君不乡道，不志于仁，而求为之强战，是辅桀也。由今之道，无变今之俗，虽与之天下，不能一朝居也。”

【译文】

孟子说：“当今事奉君主的人都说：‘我能为君主开疆拓土，增加财政收入。’今天的所谓良臣，正是古时候所谓的戕害人民的‘民贼’。君主不追求正道，不志于行仁政，而臣子却想让他富足，就相当于使暴君夏桀富足。‘我能为君主与各国结盟，对外战争必取胜。’今天的所谓良臣，正是古时候戕害人民的所谓‘民贼’。君主不追求正道，不志于行仁政，而臣子却想为他努力作战，这就相当于辅佐暴君夏桀打仗。如果按照当今的做法，不改变今天的风气，即使把全天下都给他，他也一天都坐不稳。”

儒家哲学包含着内外两个系统，即统摄有关“内在生命”之修持操存与“外在生命”之接物治平。“内在生命”的学问，关注的是心性的修养、人格的涵育与境界的提升，“内在生命”向内展开，最终以达成圣贤人格为目标，这就是儒家的心性之学，我们也可以称之为“心性儒学”或“生命儒学”。

心性之学包含着内省思求（即孟子所谓“思则得之”（11.15）、“求则得之”（11.6））、反身（7.12）、立志（11.19）、贵己为己（11.17）、专心（11.9）、求放心（11.11）、存气养气（11.8）、立养其大（11.14）、深造自得（8.14）等一系列修身养性、存心养气之心法。而外在生命的学问，关注的是“我”与外部世界交接时所应采取的行动，这里面涉及到“我”进入一个真实世界之后所面对的极其复杂的社会、经济、政治、法律关系，甚至涉及到国际交往层面。人的“内在生命”即心灵与人格的世界极为浩瀚深邃，而人的“外在生命”即人所处之真实世界亦极为辽阔复杂，两种生命交互发生作用，相互影响、相互观照、相互促进，形成一个人不可分割的两面。一个人只要生存在这世界中，他就必然时刻面对这两方面的冲突与挑战：他既要迎接心灵世界的挑战，以保持心灵世界的澄明、安详、和谐，追求人格的开阔、高大与纯粹，又要时刻应对外部世界带来的冲突，他要勇于面对这个真实世界带来的矛盾，并以正确的方式与原则提出应对外在生命的方法。无论这个人的社会地位是高还是低，他总有一个应对外部世界的问题，更不必说到了治国平天下的层次，一个人所需要面对“外在生命”的挑战就更是复杂多变。

儒家应对外物的一整套方式，实际上反映了儒家特有的对人类世界发展的观念，这些观念从微观层面涉及我们一般意义上的“接物”、“应人”的方法论，从更宏大的方面而言，则涉及治国理政乃至国际战略，甚至涉及对人类长期发展的终极关切。儒家应对外部生命的哲学体系，可以称之为“政治儒学”，这个“政治”泛指人需要面对的整个外部世界，小至自己的家族治理，大至治国平天下之道。儒家哲学是一种极为平衡的哲学，“外在生命”与“内在生命”是相通的，而且在实践中也必须打通。因此所谓的“心性儒学”并不是单纯的“空谈心性”，更不是闭门隐居的“静坐观想”。儒家所倡导的“心性儒学”是面向外部世界、面向践履的修身养性之法，它主张向内“思求”，不使心灵失丧，然而又主张“事上磨练”，主张在践履与接物中培育心性，涵养人格。所以心性儒学与政治儒学是打通的，心性儒学是“内”，然个人必须在与“外”的交接碰撞中塑造与完成这个“内在的生命”；政治儒学是“外”，然而当人面对外部复杂的真实世界时，他所采取的一切行动却都必须（也必然）来源于他内心的决定，因而“内”修必然是“外”求的根基。所以任何把心性儒学与政治儒学割裂开来的思想都是不妥当的，在方法论上也会将人引入歧途。孔孟皆内外双修，既讲德性、心性之修养锤炼，也不忘匡时救世，其用世、入世之深切，为我们提供了内外兼融的典范，而正是这种内外均衡的人格，才是真正的儒家圣贤人格；也正是遵循这种“内在生命”与“外在生命”交接通达的方法论，也才使儒家与释、道两家区分开来。儒家心法兼摄内外，无论是轻视“外在生命”，还是轻视“内在生命”，都得不到完全的人格。

传统上讲儒家“内在生命”与“外在生命”之学，也称之为“内圣外王”之学。“内圣外王”这个范畴，较早见于《庄子·天下篇》。这个《天下篇》，其实是“最早的一篇中国学术史，批评先秦各家学派的论著，以这一篇为最古”（陈鼓应《庄子今注今译》），其中对儒家学说有比较深刻中肯的论述。“不离于宗，谓之天人。不离于精，谓之神人。不离于真，谓之至人。以天为宗，以德为本，以道为门，兆于变化，谓之圣人。以仁为恩，以义为理，以礼为行，以乐为和，薰然慈仁，谓之君子。”“古之人其备乎！配神明，醇天地，育万物，和天下，泽及百姓，明于本教，系于末度，六通四辟，小大精粗，其运无乎不在。其明而在数度者，旧法世传之史，尚多有之。其在于《诗》、《书》、《礼》、《乐》者，邹鲁之士、搢绅先生，多能明之。《诗》以道志，《书》以道事，《礼》以道行，《乐》以道和，《易》以道阴阳，《春秋》以道名分。其数散于天下而设于中国者，百家之学时或称而道之。”“天下大乱，贤圣不明，道德不一，天下多得一察焉以自好……判天地之美，析万物之理，察古人之全，寡能备于天地之美，称神明之容。是故内圣外王之道，暗而不明，郁而不发。天下之人各为其所欲焉以自为方。悲夫！百家往而不反，必不合矣！后世之学者，不幸不见天地之纯，古人之大体，道术将为天下裂。”《天下篇》第一章开头提出“天人”、“神人”、“至人”、“圣人”这几个概念，乃是为了张举古代完美人格的典范，是泛论各家学说中理想之人格，不是专门论儒家的。然而圣人人格，“以天为宗，以德为本，以道为门，兆于变化”，实际上接近儒家所崇尚的最高的圣贤人格，这种圣贤人格既然宗法天地，依德求道，顺应万物，则内与外皆能通达为一。下面所讲的君子人格，则纯粹是儒家士君子之风范：“以仁为恩，以义为理，以礼为行，以乐为和，薰然慈仁”，即君子以仁来施行恩惠，以义来建立规则条理，以礼来指导行动，以乐来调和性情，用仁、义、礼、乐这些儒家的道德规范与教化体系，来成就、涵养、塑造士君子人格。第三段讲古代圣贤人格的“备”，“备”就是“全”，正如蒋锡昌所释：“‘备’，谓备有道术之全，而不限于一曲。”古代圣贤人格全备，即是兼内外，通内外，而不窒于一曲一偏。“配神明，醇天地，育万物，和天下，泽及百姓，明于本教，系于末度，六通四辟，小大精粗，其运无乎不在”，这是讲古代圣贤全备人格的表现。这种全备人格，配神明造化之灵妙，取法天地之德，养育万物，均调天下，泽及百姓，既能洞察道术之根本，又能贯通细微的法章制度，六合通达，四时顺畅，大小精粗之理无不毕具。这几句对古代圣贤全备人格的描述，从文意来看，颇合庄子对儒家的评价，实际上是对儒家圣贤人格的进一步阐述，而后面紧接着就开始谈《诗》、《书》、《礼》、《乐》等儒家具体的学问修养。而在这几句对儒家圣贤全备人格的描述中，很显然有了上下精粗的层次之分，其中“配神明，醇天地”，乃是讲形而上的部分，讲圣人的人格可配天地神明，“与天地准”，也就是圣人具备了一种带有超越性的人格，可与天地相参相配，这是“内圣”的修养工夫所达到的至高人格境界。而“育万物，和天下，泽及百姓”，则是圣人人格中接于外物的部分，是形而下的部分。圣人对待“万物”、“天下”、“百姓”，皆能涵育之，使之生长；均调之，使之和美和谐；润泽之，使之安定富足。这是“外王”的部分，是圣人应对“外部生命”时所能达到的至高境界。“内圣”之境界，“明于本数”，是要洞察天地宇宙之本，与人之心性相契相合，这个“本”，乃是圣贤修心养性之本，乃是孟子所说“万物皆备于我”（13.4）之气象，圣贤明于大本，方能驾驭万物；“外王”之境界，“系于末度”，就是要通过具体的典章制度来应对外物，来治国平天下，来和天下泽百姓，这是“外王”之工夫，是古代圣贤面对外在生命时的表现。所以古代圣贤全备人格，乃是“内圣”与“外王”俱备，内外兼融，上下体用全部贯通。下面讲到儒家六经之学，承上面古代圣贤全备人格之说，更具体地开展出儒家“内圣外王”之学的学术体系。“《诗》以道志，《书》以道事，《礼》以道行，《乐》以道和，《易》以道阴阳，《春秋》以道名分”，六经宗旨各有不同，其中大略地说，《诗》、《书》、《易》乃内圣之学；《礼》、《乐》、《春秋》乃是外王之学，当然这个区分并不严密，并不绝对，只是粗略的说法，实际上六经是内外互通的。最后一段庄子讲到天下大乱，贤圣不明，古代圣贤的全备人格渐渐失丧，遂不能再“见天地之纯，古人之大体”，那种“内圣外王”的圣贤之道“暗而不明，郁而不发”，于是“道术为天下裂”。《天下篇》在此处讲到“内圣外王之道”，应不仅仅指儒家而言，而是指古代学问之大本，也就是“古之道术”之大本，梁启超云：“‘内圣外王之道’一语，包举中国学术之全部，其旨归在于内足以资修养而外足以经世”（《诸子考释》中《庄子天下篇释义》），这个说法大体中肯。而从《天下篇》第一章而言，整章绝大部分篇幅在评判儒家学说，故此处“内圣外王之道”所指的“古之道术”，即那种代表圣贤全备人格的、代表古人学问之大体的“道术”，在此语境中主要还是指以儒家为代表的学术流派。这个说法亦属公允。

从孟子的学术体系而言，他上承孔子家数，既重“内在生命”之修养，又重“外在生命”之涵育；既能在心性存养领域拓展孔子学说，而开一新境界，又能在治国平天下方面提出系统的主张。故孟子之学，既为心性儒学，又是政治儒学，既可称“内圣之学”，又可称“外王之学”，内外兼具而通达，为儒学一大高峰。

荀子这样解释“圣”与“王”：“圣也者，尽伦者也；王也者，尽制者也。两尽者，足以为天下极矣。”（《荀子·解蔽》）这“两尽”对“内圣外王”的阐释既简明又精到。“尽伦”，乃穷尽生命之奥妙，臻至心性之超越境界；“尽制”，乃是穷尽法度制术之妙，达到经邦济世之目的。“尽伦”就是庄子所说的“明于本数”，“尽制”就是庄子所说的“系于末度”，一内一外，一重生命，一重政治，二者相通相契，相得益彰。在孟子的理念中，心性之存养乃根本，接外物、施仁政、安天下，乃圣人良知良心的扩充与推广，圣人之所以“内圣”足以“外王”，正是得益于这推广扩充之工夫。所以孟子一直强调“推恩足以保四海，不推恩无以保妻子。古之人所以大过人者，无他焉，善推其所为而已矣”（1.7），这是“推及”的工夫。“凡有四端于我者，知皆扩而充之矣，若火之始燃，泉之始达。苟能充之，足以保四海，苟不充之，不足以事父母”（3.6），君子能不放失其心，不戕贼其性，保此四端，并“扩而充之”至于家国天下，此“扩充”之工夫。

所以由“内圣”至“外王”的工夫与路径，不过是由内而外、由己而人、由内在生命到外在生命，由诚正格致到修齐治平的一套“扩充”与“推广”工夫。内不失其“本数”，外能扩充推广此心并“系于末度”，即成就此内圣外王之完全人格。孟子重法度、重经邦济世之实学，故言心性而不空；他又特重心性之存养，强调治天下之本在仁义，故其言事功、言平天下而不失其根本，不会坠入“唯制度主义”之泥潭。

孟子在政治儒学上有出色的建树，所以很多学者称孟子为孔子公羊学之传人。孟子的政治思想包罗广泛，举凡国际关系（大国小国）、王霸之争、义利之辨、春秋大义、君臣大义、民贵君轻等重大问题，乃至于仁政实践中的财政税收、教育文化、社会保障、社会分工等制度层面的问题（即庄子所说的“末度”），都囊括其中，可谓皇皇大观，为公羊学（政治儒学）又开辟一新天地。孟子“述仲尼之学”（《史记》），是非常全面的，包摄心性儒学与政治儒学两方面，并不偏废。王霸之争是孟子政治儒学中比较重要的一部分。由夏商周三王（禹、汤、文武）的“王道”而变为春秋时期五霸（齐桓公、晋文公、秦穆公、宋襄公、楚庄王）的“霸道”，代表着中国在春秋之际国家制度的重大变化与天下体系崩溃的过程。三王之时，天子“巡狩”各国，而各诸侯国则定期向天子“述职”，天下体系保持了天子权威与各国力量的均衡。天子之“巡狩”，其目的在于通过对各诸侯国经济、政治、社会、文化治理的考察，以实施奖惩，从而维系王道之礼乐制度与天子之政治权威。“春省耕而补不足，秋省敛而助不给。入其疆，土地辟，田野治，养老尊贤，俊杰在位，则有庆，庆以地。入其疆，土地荒芜，遗老失贤，掊克在位，则有让。”（12.7）天子巡狩，要看各国耕作收获之情况，以救济贫乏灾荒，从而在天下实施公平的社会保障制度，这就需要天子具备相当强的财政分配能力。天子还要考察各诸侯国的土地开垦情况、养老制度、政治选拔制度，以实施有效的奖惩，而奖惩的前提是天子拥有一定的土地分配能力（权力）。天子对于那些不定期向其述职的诸侯国，要实施贬爵、削地、征讨等不同层次的惩罚，这就需要天子具备爵位颁授与褫夺、土地剥夺、统帅统领军队的能力（权力）。三王之“王道”时代，天子拥有极高的政治、宗教权威，也具备相当强的土地分配、授夺爵位、财政分配、军事决策的能力（权力），因此可以维系一个相对均衡和谐的天下秩序。

然而春秋时期，各诸侯国兴起，纷纷争霸，齐桓、晋文等先后成为霸主，这些霸主拥有极强的经济实力与军事实力，因此也就具备了在国际上结盟的政治权威与号召力，这样天子的权威就逐渐式微以至于失丧。这些霸主出来，在一定程度上替代了“天子”而成为新的天下政治秩序的维系者，他们“搂诸侯以伐诸侯”（12.7），“以力假仁”、“以力服人”（3.3），打着“仁”的旗号来树立自己的权威，在“尊王”的名义下会盟诸侯。齐桓公的葵丘会盟，宣布了五条盟约，这五条盟约，乃是新的天下秩序的宣言书，也是五霸提出的治理天下的政治经济文化纲领。第一条“诛不孝，无易树子，无以妾为妻”，这可不是家庭伦理手册，而是确立天下秩序的继承原则。那些“不孝”之继承人，就是不尊重以前的各诸侯国统治者既定的统治秩序的人，各国均可诛讨征伐之，以维护原有的国家秩序与天下秩序。不改变已立的太子，不以妾为妻，都是出于维护各国传统秩序的目的，即维护传统的嫡长子继承的王位嬗递制度。第二条盟约“尊贤育才，以彰有德”，既是文明教化、道德培育，又是为保障天下秩序奠定民众的文化心理基础。第三条盟约“敬老慈幼，无忘宾旅”，则是社会保障制度与公共服务，要建立对老幼病残的辅助政策，要为各国之间的旅客提供切实的服务与善待，这就兼顾了国内与国际政策，保障各国之间的人际交流。第四条盟约“士无世官，官事无摄，取士必得，无专杀大夫”，这是一条革命性的制度创新。要取缔传统的官僚世袭制度，而采取公正平等的官员选拔制度，并废除各诸侯国国君的专制屠戮大夫之权力，这就对世袭权力与专制权力进行了一定的限制。这是五霸在新的历史时代提出的新的政治制度安排。第五条盟约“无曲防，无遏籴，无有封而不告”，则集中于国际关系之维持，不到处筑堤以免以邻为壑，不要强制性地阻止各国间的粮食贸易以免引发饥荒，各国不要在有官员封赏、职位变迁时而不通报（盟主）。这些措施，是对国际关系的调整，各国要相互保障国家安全，相互保障自由贸易，相互保障政治信任与信息沟通。直到现在，这些原则也大多是各国间交往的基本原则。所以我们今天看五霸之盟约，其内容都是从内部保障礼乐教化与经济社会发展安定，从外部保障维持国际交往秩序并尊重各国主权安全，这些盟约对于当时各国内外修治是有一定积极意义的，也是春秋时代各霸主在天子权威失坠时努力维护天下秩序并强化自身霸权合法性的一种表现。

所以对于齐桓公、晋文公等霸主，孟子并非完全否定。他既批评说“五霸乃三王之罪人”，但同时又承认五霸在维系天下秩序中的正面作用，对于齐桓公等人，甚至怀有一定的尊敬与政治认同。孟子说：“尧舜，性之也；汤武，身之也；五霸，假之也。久假而不归，恶知其非有也？”（13.30）尧舜“性之”，乃本性仁义，未丧其本心良心，故因于自然，尽其性以施仁义；汤武“身之”，乃是努力维持仁义之性，身体力行，践履仁义之德，虽非因天然，然亦能不忘其本；而五霸

“假之”，乃假借仁义之名以成霸业，以谋其功利，然而借得久了而不归还（仁义），岂非弄假成真，终成仁义之实了吗？所以孟子对于五霸之“以力假仁”，还是怀有一种肯定与期待态度的。五霸之后的各诸侯，皆违悖盟约诫命，不再“久假而不归”，而是完全放弃了仁义仁政，所以说“今之诸侯，五霸之罪人也”（12.7）。而大夫阶层助纣为虐，逢迎助长诸侯之罪恶，而不是“格君心之非”（7.20），所以说“今之大夫，今之诸侯之罪人也”（12.7）。

孟子在其政治哲学中反复强调“仁义”在治国中的作用，用以排拒以利为先的治国原则，这就使他的政治理论跟孔子一样，带有理想主义色彩，故可称之为“理想主义的德性主义治国方略”。而在具体操作层面，孟子又用这种仁义为先的“理想主义的德性主义治国方略”来指导君臣关系、财政税收体系、对外关系以及其他经邦济世之制度设计，所以使得孟子的“外王之学”既有理想主义的高度，而在实施层面又有相当的操作性，并非完全如同司马迁所批评的那样“迂阔”。孟子屡言“何必曰利”（1.1，12.4），认为“上下交征利而国危”（1.1），如果君臣父子兄弟都“怀仁义以相接”（12.4），则必然一统天下。《告子下》第四章中宋牼（钘）要劝说秦楚罢兵，而他的方法是“言其不利”，即用利益（功利）之计算来劝说秦楚休战。孟子认为不可。以利言之，秦楚之战之所以会酝酿，双方之所以有交战之意图，则说明必至少有一方认为此战于己有利，故以利相劝必不能止战。春秋战国时期各国征战，哪一场战争中交战国不是认为战争于己有利？故以利止战，犹如扬汤止沸，不唯于事无补，还有加剧战争之可能性。所以孟子对宋牼（钘）的方法期期以为不可。而在《告子下》第八章中，孟子劝即将升任鲁国将军的慎子不可兴战事殃百姓：“不教民而用之，谓之殃民；殃民者，不容于尧舜之世。”（12.8）他的批评对雄心勃勃想在履新后为鲁国征战夺地的慎子不啻是当头一棒，故慎子“勃然不悦”。孟子认为，以杀戮手段来获取疆土，是仁德之人、仁德之国所不齿的，而作为臣子，应该劝说君主止杀行仁，对外修仁德以来远人，对内施仁政，以使国泰民安。臣子不应“逢君之恶”（12.7），而应该“引其君以当道”（12.8），把君主引导到正确的治国道路上，惜民力，得民心，施仁政，“志于仁”（12.8）。故孟子对那些逢迎君主，对外雄心勃勃以战争为君主开疆拓土，对内疯狂聚敛、搜刮民财、为君主积累财富的做法，持严厉批判态度，称他们为“民贼”。他说：“今之事君者皆曰：‘我能为君辟土地，充府库’，今之所谓良臣，古之所谓民贼也。”（12.9）这些所谓“良臣”，为了功名利禄不惜殃民兴战，不惜聚敛钱财而使人民陷于贫困，他们不是“良臣”，而是“民贼”，不是引导国君“向道志仁”，而是使国君“悖道弃仁”，这是“富桀”、“辅桀”之举，是把国君与国家推向绝境。“君不乡道，不志于仁”，这样的国家，“虽与之天下，不能一朝居也”（12.9），即使一时得到疆土，也必将失丧之。

“向道志仁”是个理想目标，然而国君“向道志仁”难吗？孟子必曰：此有何难！“人皆可以为尧舜”（12.2），故国君亦可人人成尧舜之君、仁义之君。治国者不能成为尧舜之君、仁义之君，不是不能为，乃是“弗为耳”（12.2）。尧舜之人格虽然高远，然人人皆可以追求这种人格境界，尧舜之别于庶人，在存心而已，苟存此仁义之心，则“尧舜与人同耳”（8.32）。尧舜之为君，亦存仁义而已，苟存此心，则为仁义之君，天下归心，有何难哉？所以国君“志于仁”，犹君子存仁义于心，日日“服尧之服，诵尧之言，行尧之行”（12.2），日日以尧舜之心立世行事，则为尧舜之君；而若失此仁心，丧此良知，则日日“服桀之服，诵桀之言，行桀之行”（12.2），仁心渐远，功利日重，则日久必成桀纣之君。

孟子从心性论出发，认为“人皆可以为尧舜”，进而认为治国者亦应操存此心，日久必成尧舜之君。“苟不志于仁，终身忧辱，以陷于死亡”（7.9），这是孟子身处其中的战国时代很多国君陷于悲惨境地之根源。为君之道，在存仁义之心，行仁义之政，“求则得之”（11.6），“天下可运于掌”（1.7），而不智者丧此仁义之心，“人病不求”（12.2），是以陷于忧辱祸患而不自知。为臣之道，在引导国君“向道志仁”，不可助纣为虐，“逢君之恶”。孟子说：“吾君不能谓之贼”（3.6，7.1），那些助纣为虐之臣，往往以“吾君不能”（我们的君主没有能力存仁心、行仁政）为借口，而引其君以邪道，不“引其君以当道”，这样的人，是“民贼”，亦是“国贼”。

二十八　动心忍性

12.10

白圭曰："吾欲二十而取一，何如？"

孟子曰："子之道，貉道也。万室之国，一人陶，则可乎？"

曰："不可，器不足用也。"

曰："夫貉，五谷不生，惟黍生之。无城郭、宫室、宗庙、祭祀之礼，无诸侯币帛饔飧，无百官有司，故二十取一而足也。今居中国，去人伦，无君子，如之何其可也？陶以寡，且不可以为国，况无君子乎？欲轻之于尧舜之道者，大貉小貉也；欲重之于尧舜之道者，大桀小桀也。"

【译文】

白圭说："我想定二十分之一的税率，您看怎么样？"

孟子说："您采取的治国纳税之道，是貉国（貘国）的方法。如果有一个一万户的国家，只有一个人制造陶器，可以吗？"

白圭说："不可以，这样器具就会不够用。"

孟子说："貉国，五谷都长不好，只生长黍；没有城池、宫殿房屋、宗庙和祭祀的礼节，也没有各国诸侯互送礼物、款待宾客之礼，没有负责行政事务的官吏，所以二十分之一的税率也就足够了。现在我们居于中国，如果去掉这些社会中的伦常礼节，不设置各种官吏，怎么可以呢？陶工太少，犹且不能使国家良好运转，更何况没有官吏呢？（在设置税率方面），如果其税率比尧舜的十分之一税率更低，那就是大貉小貉（这样的尚未开化的国家）；如果比尧舜的十分之一税率更重，那就是大桀小桀（这样的过度剥夺人民的国家）。”

12.11

白圭曰：“丹之治水也愈于禹。”

孟子曰：“子过矣。禹之治水，水之道也。是故禹以四海为壑，今吾子以邻国为壑。水逆行，谓之洚水。洚水者，洪水也，仁人之所恶也。吾子过矣。”

【译文】

白圭说：“我治水比禹更高明。”

孟子说：“你错了。禹治水，是顺应水的本性，因此禹把大海当成沟谷（，把水引入大海之中）。现在你却把邻国当成沟谷（，把水引到邻国去）。水不按正常的方式流动，就称为洚水，洚水就是洪水，这是有仁爱之心的人所厌恶的。你确实错了。”

12.12

孟子曰：“君子不亮，恶乎执？”

【译文】

孟子说：“君子没有诚信，怎么能有所执守？”

12.13

鲁欲使乐正子为政。孟子曰：“吾闻之，喜而不寐。”

公孙丑曰：“乐正子强乎？”

曰：“否。”

“有知虑乎？”

曰：“否。”

“多闻识乎？”

曰："否。"

"然则奚为喜而不寐？"

曰："其为人也好善。"

"好善足乎？"

曰："好善优于天下，而况鲁国乎？夫苟好善，则四海之内，皆将轻千里而来告之以善。夫苟不好善，则人将曰：'訑訑，予既已知之矣。'訑訑之声音颜色，距人于千里之外。士止于千里之外，则谗谄面谀之人至矣。与谗谄面谀之人居，国欲治，可得乎？"

【译文】

鲁国想让乐正子统管国家政事。孟子说："我听到这个消息，高兴得睡不着觉。"

公孙丑说："乐正子这个人坚强而有执行力吗？"

孟子说："不。"

公孙丑说："乐正子这个人很聪明、有谋略吗？"

孟子说："不。"

公孙丑说："他知识见闻广博吗？"

孟子说："不。"

公孙丑说："既然这样，您为什么还高兴得睡不着觉呢？"

孟子说："因为乐正子这个人喜欢接纳善言。"

公孙丑说："喜欢接纳善言就足以治国理政了吗？"

孟子说："如果一个人喜欢接纳善言，那么他治理天下都绰绰有余，而何况治理鲁国呢？如果治国者都喜欢接纳善言，那么各地的人都会不远千里来告诉他善言；如果治国者不肯接纳善言，那么别人就会（学着他的样子）说：'唉唉，我已经知道了。'这种'唉唉'的自以为是、不肯听取善言的声音表情，就会把人推到千里之外。如果那些贤能正直的士人在千里之外停下脚步，那么那些阿谀奉承、喜欢进谗言的小人就会来到。跟那些阿谀奉承、喜欢进谗言的小人在一起，国家还想得到治理，这可能吗？”

12.14

陈子曰：“古之君子何如则仕？”

孟子曰：“所就三，所去三。迎之致敬以有礼，言将行其言也，则就之。礼貌未衰，言弗行也，则去之。其次，虽未行其言也，迎之致敬以有礼，则就之；礼貌衰，则去之。其下，朝不食，夕不食，饥饿不能出门户，君闻之曰：‘吾大者不能行其道，又不能从其言也，使饥饿于我土地，吾耻之。’周之，亦可受也，免死而已矣。”

【译文】

陈子说：“古代的君子，在什么情况下出去当官？”

孟子说：“就职的情况有三种，去职的情况有三种。国君迎接致敬，非常谦恭有礼；对其言论，又打算付诸实践，则就职；如果国君的礼节和谦恭之貌并未减少，但是不打算将其言论付诸实践，那么就去职。其次，国君虽然没有实行其言论，然而对他还是迎接致敬、谦恭有礼，则就职；如果礼节和谦恭之貌减少了，就去职。最次的情况，早晨没饭吃，晚上没饭吃，饿得出不了门，国君听说这种状况，说：‘我从大的方面不能践行他的治国之道，又不能听从他的话，反而让他在我的国土上饿肚子，这是我的耻辱。’于是国君就周济他，这样也可以接受，（勉强就职，）这也仅仅是免于饿死而已。（免于饿死而已，那么不久也将离去了。）”

12.15

孟子曰：“舜发于畎亩之中，傅说举于版筑之间，胶鬲举于鱼盐之中，管夷吾举于士，孙叔敖举于海，百里奚举于市。故天将降大任于是人也，必先苦其心志，劳其筋骨，饿其体肤，空乏其身，行拂乱其所为，所以动心忍性，曾益其所不能。人恒过，然后能改；困于心，衡于虑，而后作；征于色，发于声，而后喻。入则无法家拂士，出则无敌国外患者，国恒亡。然后知生于忧患，而死于安乐也。”

【译文】

孟子说：“舜在田野中兴起，傅说在建筑行业中被举用，胶鬲从鱼盐业中被任用，管仲从狱官手中被释放而得以重用，孙叔敖在海滨被发现，百里奚则在市集中被提举。所以上天要是在某个人身上赋予重大使命，就必定先要使他的心志经受艰苦磨炼，使他的筋骨经受辛苦劳作，使他的身体经受饥饿的煎熬，使他的身心困顿穷乏，让他的每一个行动都被打乱而不能顺利，经过这样的锤炼之后，使他的心性受到震动并变得更加坚忍，从而增强他的能力。一个人总会犯错误，然后才能痛改前非；他内心困苦，思虑壅塞，然后才能发愤振作；这些艰难困苦表现在脸色上，呼发于声音中，然后才能被人理解。如果一个国家，国内没有持守法度的大臣和足以辅弼国政的士人，在国外又没有可以与之抗衡的邻国和外患侵扰，那么这种国家（往往因为过于安逸而不思进取），最后总是归于衰亡的命运。如此我们就可以知道，（无论是一个人还是一个国家，）总是在忧虑患难中不断进取从而生存兴旺，而总是在安逸享乐中不思进取从而趋于衰亡。”

12.16

孟子曰：“教亦多术矣，予不屑之教诲也者，是亦教诲之而已矣。”

【译文】

孟子说：“教育人也有很多方法。我不屑于教导的那些人，其实也已经（以另一种方法）受到我的教导了。”

孟子的心性哲学与政治哲学是相通的，内外打通，互为表里，故研究其政治哲学，须注意其心性论基础；而探讨其心性哲学，则须看到其落地处，不可悬空了看。孟子讲善政、仁政、良治，皆根源于他对治国者善心、仁心、良心之溯源与培育。孟子劝齐宣王行仁政，以齐宣王以羊易牛，“不忍其觳觫”（1.7）的“仁心仁术”为切入点，以喻人皆有“不忍人之心”，苟保此“不忍人之心”，并“善推其所为”（1.7），推广扩充及他人，“举斯心加诸彼”，则可以使天下归心。“老吾老以及人之老，幼吾幼以及人之幼”（1.7），治国者将自己的善心、仁心、良心推之四海，则可实现善政、仁政、良治，则“天下可运于掌”（1.7）。这就把心性之善与仁政、善政打通了。

《告子下》第十二章讲到孟子听闻乐正子将主持鲁国之政，“喜而不寐”，其原因并不在于乐正子坚强而富于执行力（“强”即“果”也），也不在于他聪明睿智、多谋善断、见闻博洽，而是因为他“好善”。何为“好善”？“好善”乃是葆存一片仁心仁术，不失其本心良知，故其乐于闻善，“乐善不倦”（11.16），察纳雅言，从善如流。而正因为他“好善”，则“四海之内皆将轻千里而来告之以善”（12.13），如此则贤能之士纷纷来附，“尊贤使能，俊杰在位，则天下之士皆悦，而愿立于其朝矣”（3.5），如此则“无敌于天下”（3.5），这就是孟子所标举的“天吏”的政治素质。

“天吏”好善乐善，仁心不泯，故能纳善言，得俊杰，虚怀若谷，包容天下。那种总是说“訑訑，予既已知之矣”的人，乃“自足其智，不嗜善言”（赵岐注）也，乃刚愎自用之人，不好善，故不能有海纳百川之胸怀，“拒人于千里之外”（12.13），正直之士皆裹足而不前，谄媚逢迎之小人则蜂拥而至。“好善者”保持自我光明澄澈之仁心，保持心灵的开放与敞开，故子路“闻过则喜”（3.8），禹“闻善言而拜”（3.8）。大舜之所以伟大，因为他“善与人同。舍己从人，乐取于人以为善。自耕稼陶渔以至为帝，无非取于人者。取诸人以为善，是与人为善者也。故君子莫大乎与人为善”（3.8）。大舜的心灵是开放的，他时时准备接纳别人好的东西，舍己之不是而从人之善，取人之善而补己之不足，他“闻一善言，见一善行，若决江河，沛然莫之能御”（13.16），那种从善如流的智慧、勇气、魄力与内心世界之澄澈无碍，实在是令人敬佩仰慕。所以孟子为有“好善”之德的乐正子将主政鲁国而“喜而不寐”，就是因为“好善”不仅可助益于仁心仁德之修持，还可以利国家、兴社稷、王天下。

具备“好善”之德，能察纳雅言，吸引贤才，这是治国理政的基础性工作，而财政政策更是基础之基础。孟子特别重视财政经济政策，并发表了很多富有创造性的观点。他强调要发展经济，要“治民之产”（1.7），也就是要使老百姓财用富足，“仰足以事父母，俯足以畜妻子，乐岁终身饱，凶年免于死亡”（1.7），而“制民之产”的原因是因为老百姓“无恒产则无恒心”（1.7，5.3），“苟无恒心，放辟邪侈无不为已”（1.7，5.3）。这句话见于《梁惠王上》与《滕文公上》，孟子屡次言及，可见其对“恒产恒心”关系的重视。要使百姓财用富足，有恒产，一方面当然要鼓励生产，不失农时，也就是孟子强调的“无失其时”（1.7），还要“钧井田”、“正经界”（5.3），调整土地制度；同时另一方面还要薄赋敛，“取于民有制”（5.3），即要有合适的财政税收制度。前者是要老百姓多生产，是“开源”，而后者是要统治者少取，是“节流”，二者缺一不可。

他曾具体谈到夏商周三代的贡赋之法：“夏后氏五十而贡，殷人七十而助，周人百亩而彻，其实皆什一也。彻者，彻也；助者，藉也。龙子曰：‘治地莫善于助，莫不善于贡。’”（5.3）此处谈及三代之税法，大体上都是“什一而税”，即税率为十分之一，这个税率标准，孟子在《滕文公下》中也曾提及（6.8中提到“什一，去关市之征”）。孟子主张薄赋敛，“取于民有制”，在贸易集市中给予免税，“关市讥而不征，泽梁无禁”（2.5），即关口与集市上只进行稽查，而不征税，捕鱼打猎不加禁止，目的是促进自由贸易，不是政府专其利。在《公孙丑上》中，孟子也说："市，廛而不征，法而不廛，则天下之商皆悦，而愿藏于其市矣；关，讥而不征，则天下之旅皆悦，而愿出于其路矣；耕者，助而不税，则天下之农皆悦，而愿耕于其野矣；廛，无夫里之布，则天下之民皆悦，而愿为之氓矣。"（3.5）对市场贸易，给予营业场所上的扶助而不征税，对于积压之货物则依法征购；关卡亦不征税，鼓励各国之间的贸易往来；对农民实行井田之耕助公田之制度，而不额外征税，对居民则免除雇役税与地税。孟子在税收政策方面主张尽量寡取而多予，从而减轻人民负担。而对于随意增加赋税，孟子是坚决反对的。孟子说："求也为季氏宰，无能改于其德，而赋粟倍他日。孔子曰：'求非我徒也，小子鸣鼓而攻之可也。'由此观之，君不行仁政而富之，皆弃于孔子者也。"（7.14）冉求提高赋税标准，为季氏聚敛，孔子鼓励弟子们"鸣鼓而攻之"（《论语·先进》），冉求之行动乃是"君不行仁政而富之"的助纣为虐之举。孟子则把那些声称能为君主聚敛民财、"充府库"的人，称为"民贼"，可见痛恨之至。

然而孟子并不主张税收越低越好，而是认为税率要适当，要合宜，实际上孟子可能是最早提出"最优税率"理论的学者。在《告子下》中，白圭认为可以执行二十分之一的低税率，提出这种想法之初衷未为不善，估计白圭也想从降税角度减轻人民负担。然而孟子则认为，执行如此低的税率，乃是"貉道"，即经济文化落后国家之财税模式，不可效仿。孟子在此处提出一国税收制度安排所必须考量的几个重要因素：一是貉国产业落后，种植业处于非常低级阶段，更不用说手工业；二是貉国尚没有大型城池、宫殿房屋，表明该国经济发展水平尚处于低级阶段；三是貉国没有宗教祭祀的设施与礼节，表明其文化、宗教信仰等尚处于低级阶段；四是"无诸侯币帛饔飧"，即貉国没有国际政治经济交往，为封闭国家；五是貉国无"百官有司"，行政管理的官僚体系尚处于十分不完善状态。综此五条，在貉国这种经济、政治、文化、宗教、国际交往都十分落后的非文明国家，执行二十分之一的税收，也就绰绰有余了。然而对于“中国”（指与蛮夷相对而言的文明国家）来说，由于经济（产业）、政治、文化、宗教、国际交往都十分发达，因而如果要执行低税率，就难以提供维系这样一个高度发达的文明社会所必须的财政支出费用，就势必“去人伦、无君子”（朱子《四书集注》曰：“无君臣祭祀交际之礼，是去人伦；无百官有司，是无君子”），国家就势必崩溃。所以孟子认为，针对不同情况（即国家经济、社会、政治、宗教、文化等），存在一个最优的税率，既可以满足国家作为一个文明体的正常运行，又能不过度侵夺老百姓（“取于民有制”），使国家文明运转与人民负担能力之间形成一个很好的均衡，这就是孟子所说的“尧舜之道”。“尧舜之道”代表着符合仁政良治标准的财税政策标准，低于这个标准，则是“大貉小貉之道”，即非文明的蛮夷国家之道，“去人伦、无君子”；若高于这个标准，聚敛过多，不加节制，则是“大桀小桀之道”，必成贪戾残暴之暴政。《公羊传》宣公十五年云：“古者十一而籍。古者何为十一而籍？十一者，天下之中正也。多乎十一，大桀小桀；寡乎十一，大貉小貉。”孟子所采取的“尧舜之道”，是一个符合最优税率原则的“中庸”税收模式，他强调适度，既反对白圭主张的“貉国”模式，也反对冉求的增赋税、重聚敛的行为。孟子不纵容统治者，也不过分取悦老百姓，他走中间路线，实事求是。

孟子的经世治国思想充满“权变”意识，“无过无不及”，“不为已甚”（8.9），强调根据时机、环境、条件而通权达变。有经无权谓之迂腐，有权无经谓之放失。只有“有经有权”，才能在坚持原则的前提下灵活变通，以应时变。对于礼制，孟子当然强调其必要性和优先性，但是当“礼”的形式原则与实质原则相悖的时候，孟子也主张不必拘泥、固守形式原则，而要有所变通。

《告子下》第一章中“礼与食孰重”、“礼与色孰重”的讨论中，孟子就指出，在正常情况下，当然礼重于食色，然而在极端条件下还要权衡轻重，进行灵活处置，这就是要“揣本”（12.1），而不要“取食色之重者与礼之轻者而比之”（12.1）。在这种极端化的情境下，还是要临事量宜，权其本末轻重，不可执一而偏。在孟子的理念中，儒家之“礼”并非是超出理性之外的一套固定僵化的刻板规定，而是一套与人类理性相匹配的、视情境与条件而加以权变的伦理体系。

在用世方面，孟子也讲“执两用中”，不走极端。君子总要用世的，只有用世才能实现政治理想与个人价值。所以孟子主张入世，而反对“假清高”，这一点倒是与孔子一脉相承。孔子“待价而沽”（《论语·子罕》），反对当“系而不食”的匏瓜（《论语·阳货》）。孟子则讥讽陈仲子这样的“廉士”有洁癖，“若仲子者，蚓而后充其操者也”（6.10），言陈仲子之“廉”过于矫情造作，只有变成“上食槁壤、下饮黄泉”的蚯蚓，才能有清高廉洁之节操，陈仲子哪算得“廉”？不过道德洁癖之伪廉而已！孟子讲“伯夷隘”（3.9）也是此理。孟子既认同“孔子三月无君，则皇皇如也”（6.3）的用世态度，但同时又主张出仕必须持守节操，不可为五斗米而折腰，不可为功名富贵而放弃人格操守与尊严。在《离娄下》中，他讽刺那个在坟地乞食祭物、“餍酒肉而后反，问其与饮食者，尽富贵也”（8.33）的齐人，那种为“富贵利达”而放弃人格尊严的做法，为孟子所鄙视。

在《告子下》第十四章中，孟子讲到君子出仕之“三就三去”，即如何决定去留的问题。孟子认为，决定君子在一个国家去留的主要因素，一是要看治国者能否采纳自己的政治观点与治国原则，二是要看治国者能否礼贤下士，能否对君子以礼相待。第一种情况，也就是最理想的情况，“迎之致敬以有礼，言将行其言也，则就之”，也就是国君既能以礼待之，又能践行其言，则君臣相洽：君能纳言礼贤，尊贤乐道，则臣必竭忠尽智，忠诚辅佐。而当国君不能行其言，则政见不合，故可去之。第二种稍次的情况，“虽未行其言也，迎之致敬以有礼，则就之”，也就是国君一时尚不能接受其政治理想，不能采纳其政治观点，然而尚能尽其礼而待之，此时以留观其变，期待国君能改变思想，故不可速去。孟子在《公孙丑下》中曾向齐人尹士解释为什么自己离开齐国时“三宿而后出昼”，为什么如此“濡滞”，恋恋不舍？那是因为孟子尚心存一线希望，盼齐王能回心转意而采用自己的政治观点：“予三宿而出昼，于予心犹以为速。王庶几改之！王如改诸，则必反予。夫出昼，而王不予追也，予然后浩然有归志。”（4.12）齐王若回心转意，改变态度，孟子必返齐而仕之，然而齐王不再追，孟子才“浩然有归志”，下定决心离开齐国。所以第二种情况下的就仕，乃是留观其变，不欲速去，因尚有一线转机故也。而“礼貌衰，则去之”，两个条件都不具备（既不能接纳其政治观点，又没有以礼待之），说明国君全无诚意，故宜去而不宜滞留招辱。第三种最次的情况是国君“不能行其道，又不能从其言”，但是看到君子贤士“饥饿于我土地，吾耻之”，于是周济之，饱之饮食而已，“免死而已”，故可暂就，然终将去之，不可久留也。以上这“三去三就”，既显示了孟子对实现政治理想与保持人格尊严的重视，又考虑到去留选择中的权衡与通融，亦属中庸权变之法，此孟子之通脱处，学者不可不察也。

《告子下》中最为闪光之篇章，乃是提出“生于忧患，死于安乐”之命题。此一命题，亦是将心性哲学与政治哲学打通的范例。君子心性之训练培育，固须于平时用功，于无事时涵养操存，然更须在有事时淬炼磨砺，在危难忧患中、在折磨困苦中经受考验，在颠沛造次中“动心忍性”，从而如烈火焚烧凤凰涅槃，如挣扎奋斗化茧为蝶，使心性境界为之一新。舜、傅说、胶鬲、管仲、孙叔敖、百里奚，这些孟子所标举的古代圣贤，皆经历过底层生活之艰苦磨炼，身处困境而不失其志，穷乏潦倒而不失操守，坚毅刚卓，自强不息，终成大业。“故天将降大任于是人也，必先苦其心志，劳其筋骨，饿其体肤，空乏其身，行拂乱其所为，所以动心忍性，曾益其所不能。”（12.15）士知其天命，故知天将降大任于己，心智虽受其苦，筋骨虽担其劳，体肤虽经受饥饿困乏之考验，而诸事皆不顺遂人意，凡此种种，皆天意所为，以铸炼心性，锻造意志，使其心性坚忍，使其生命蕴蓄磅礴之力。和风丽日时，心性之存养岂非轻易；然于狂风暴雨之时，能在雷霆迅发之际动心忍性、岿然不乱，此更是心性存养之绝佳时机也。苦难灾患、贫乏艰困之时，最易移人心性，使人守持不住。这是极为艰苦、极为寂寞的心灵煎熬过程，外在的患难挤压消蚀人的意志，把人推向绝境与深渊。只有坚韧不拔之人，能持定心性，不为所动，不唯能操存此心不致放失，更能在艰困忧患中养其意志，增其心力，故于忧患之后，成就一崭新自我，其心性、胸怀、意志、才干又远胜昨日之我。孟子说："人之有德慧术知者，恒存乎疢疾。独孤臣孽子，其操心也危，其虑患也深，故达。"（13.18）人处忧患危惧之中，日日战战兢兢，省思检讨，怵惕自强，其操心也儆醒戒慎，其思虑也忧患深沉，他不断内察改过，于心境艰困、思虑壅塞之时振作发愤。经此苦难穷乏之磨折淬炼，方能上达天命，下通人事，心性粹润坚贞，万物皆不能动其心，这就是孟子所说的"我四十不动心"（3.2）的境界。孟子经由此"动心忍性"之心性哲学，进而深入到政治哲学，认为一国之运命，亦如一人之运命，倘经过患难忧困之磨炼，必能使国家振奋其精神，如此则国常为新国。而安逸享乐使国家丧失进取之心，臣民陷于安乐而不知儆醒发愤，则国运必衰，故"入则无法家拂士，出则无敌国外患者，国恒亡"（12.15）。晋刘琨《劝进表》曰："或多难以固邦国，或殷忧以启圣明。"北宋宋祁、欧阳修在《新唐书》中说："古有多难兴国，殷忧启圣，盖事危则志锐，情苦则虑深，故能转祸为福也。""生于忧患，死于安乐"，"殷忧启圣，多难兴邦"，在忧困苦难之时多一分戒慎儆醒、自我反思之心，多一分坚忍自强、愈挫愈奋之志，多一点高瞻远瞩、宁静超越之眼光，个人如此必成大业，国家如此必无敌于天下也。

卷十三　尽心上

二十九　修身俟命

13.1

孟子曰："尽其心者，知其性也，知其性，则知天矣。存其心，养其性，所以事天也。夭寿不贰，修身以俟之，所以立命也。"

【译文】

孟子说："能充分扩充仁义良善的本心，就能洞察自我的本然之性；能洞察自我的本然之性，就会通达天命。保存仁义良善的本心，涵养自我的本然之性，这就是用来服事上天、顺应天命的方法。无论是短命还是长寿，我都专心一志，修炼身心，以等待天命。这就是我安身立命的方法。"

13.2

孟子曰："莫非命也，顺受其正。是故知命者不立乎岩墙之下。尽其道而死者，正命也。桎梏死者，非正命也。"

【译文】

孟子说："一切无非都是天命在起作用，我们顺应天命，就是正命；因此洞察天命的人，不会将自己置于危险环境。能尽力践行仁义之道而死的，是承受正命的人；而那些因犯法行恶而死的，不是承受正命的人。"

13.3

孟子曰："求则得之，舍则失之，是求有益于得也，求在我者也。求之有道，得之有命，是求无益于得也，求在外者也。"

【译文】

孟子说："探求就可以得到，放弃探求就会丧失，这是有益于收获的探求，因为探求的东西本来在我自身。探求它需要遵循一定的方法，而得到它却要听从天命，这种探求是无益于收获的探求，因为所探求的东西在我自身之外。"

13.4

孟子曰："万物皆备于我矣。反身而诚，乐莫大焉。强恕而行，求仁莫近焉。"

【译文】

孟子说："万物都在我身上具备了。反躬自省，达到至诚的境界，没有比这更大的快乐了。努力不懈地依恕道行事，如果要追求仁德，没有比这条道路更近的了。"

13.5

孟子曰："行之而不著焉，习矣而不察焉，终身由之而不知其道者，众也。"

【译文】

孟子说："每天都在做，却不明白其中的道理；习以为常，却不能洞察这样做的原因；终生都在这条路上走，而不了解自己走的到底是什么路，这是一般群众的情况。"

13.6

孟子曰："人不可以无耻。无耻之耻，无耻矣。"

【译文】

孟子说："人不可以没有羞耻心。没有羞耻心的那种羞耻，这才是真正的无耻。"

13.7

孟子曰："耻之于人大矣。为机变之巧者，无所用耻焉。不耻不若人，何若人有？"

【译文】

孟子说："羞耻心对于一个人的修身实在是太重要了。那些喜欢耍弄计谋诡诈的人，他们是用不到什么羞耻心的。不以（德性）不如别人而感到羞耻，这样的人（最终）怎么能赶上别人呢？"

13.8

孟子曰："古之贤王，好善而忘势。古之贤士，何独不然？乐其道而忘人之势，故王公不致敬尽礼，则不得亟见之。见且由不得亟，而况得而臣之乎？"

【译文】

孟子说："古代贤君喜好善言善政，而忘记了自己的权势。古代贤士何尝不这样呢？贤士以其仁义之道为乐，而忘记君主的权势，所以王公国君如果不对他恭敬有礼，就不能够多次见他。多次见他尚且不可以，更何况得到他而使他作为臣子来使用呢？"

13.9

孟子谓宋勾践曰："子好游乎，吾语子游。人知之，亦嚣嚣，人不知，亦嚣嚣。"

曰："何如斯可以嚣嚣矣？"

曰："尊德乐义，则可以嚣嚣矣。故士穷不失义，达不离道。穷不失义，故士得己焉。达不离道，故民不失望焉。古之人，得志，泽加于民，不得志，修身见于世。穷则独善其身，达则兼善天下。”

【译文】

孟子对宋勾践说：“你喜欢游事各国的君主吗？我告诉你如何游事。当别人理解你的时候，你要坦然自得；当别人不理解你的时候，你仍然要坦然自得。”

宋勾践说：“怎样才可以做到坦然自得呢？”

孟子说：“如果你崇尚仁德，以道义为乐，那么你就可以做到坦然自得了。所以士在穷困不得志的时候，也不失道义；在富贵发达的时候，也不偏离正道。穷困不得志之时不失道义，所以士就始终不会丧失本性；富贵发达时不偏离正道，所以人民就不会对他失望。古代的贤士，在得志之时，施恩泽于老百姓；不得志的时候，修养品性使世人得以看到其美德。穷困失意时，独自修炼完善自己的道德品格；富贵发达时，就与天下共同享有善德仁政。”

13.10

孟子曰：“待文王而后兴者，凡民也。若夫豪杰之士，虽无文王犹兴。”

【译文】

孟子说：“一定要等候文王这样的圣王出现，而后才奋发兴起的，是平常之人。而对于那些豪杰之士，即使没有文王这样的圣王出现，也会奋发兴起。”

13.11

孟子曰：“附之以韩魏之家，如其自视欿焉，则过人远矣。”

【译文】

孟子说："如果一个人，把韩、魏两家大臣的财富权势拿来以增强其势力，他还不自满（保持谦逊），那么这个人的品德就超出平常人太远了。"

13.12

孟子曰："以佚道使民，虽劳不怨。以生道杀民，虽死不怨杀者。"

【译文】

孟子说："以让人民安逸的原则来役使人民，那么他们即使辛劳也不会怨恨。以让人民生存的原则来惩罚责杀那些犯罪者，那么他们即使被杀，也不会怨恨杀他们的人。"

13.13

孟子曰："霸者之民，驩虞如也。王者之民，皞皞如也。杀之而不怨，利之而不庸，民日迁善而不知为之者。夫君子所过者化，所存者神，上下与天地同流，岂曰小补之哉？"

【译文】

孟子说："霸主（治国有方），在他治理下的老百姓心境舒畅欢欣；圣王（以仁德治国），在他治理下的人民心境开阔自得。老百姓（因犯罪）被杀而不心存怨恨，获得利益也不用心存感恩，人民每天都向着良善仁爱的目标发展，但他们并不知晓是谁在推动。圣人所经过之处，老百姓都受到熏陶感化，他所存养的乃是上天所赐的德性禀赋，他的精神世界（极其广大），上下与天地一同运转流通（，这是可以与天地相匹配的大德，）难道对老百姓只是小小的补益吗？"

读孟子书，每为先贤内心之强大与磅礴的道德力量而感奋。孟子在追寻至善人格时所展现出来的意志力和自信，每使人深受鼓舞，他那种昂扬发愤的姿态，“尊德乐义”（13.9）、“舍生取义”（11.10）的勇毅精神，那种“万物皆备于我”（13.4）、“人人皆可以为尧舜”（12.2）的自信，实在是前无古人，也是后无来者的，堪称中国士人的永恒的精神标杆。孟子在道德追求上有着超常的自信，这种道德自信既反映了他对自我本性的洞察与对天之所命的体认，又反映了他内心主动追求心性完善的圣人境界的强大动力。故孟子极其赞赏颜回的心追圣人的自信心：“舜，何人也？予，何人也？有为者亦若是。”（5.1）舜不也是个人吗？上天在舜身上所赋予的，与在我身上所赋予的，不正是同样的仁德心性吗？我为什么不能像舜那样成为一个具备伟大人格的人呢？《尽心上》曰：“待文王而后兴者，凡民也。若夫豪杰之士，虽无文王犹兴。”（13.10）文王，犹人也；我，亦人也；不待圣人出而兴，而我亦可为圣人矣。“待文王而后兴”，那是凡人；“无文王而犹兴”，乃是豪杰。豪杰之士，不仅能发扬自身的道德主体意识，具备极为清醒的道德自觉意识，更有深切的使命感，故能自奋其志，不待他人之激励鼓舞。这种道德自觉意识是极其宝贵的。尘凡之人，陷溺于庸常尘俗生活之中，对自我的道德使命毫无觉察，追逐功利，于庸庸碌碌中忙过此生，终身亦不得悟道，心性之亡，莫过于此。故孟子曰：“行之而不著焉，习矣而不察焉，终身由之而不知其道者，众也。”（13.5）“行之而不著”，谓之盲行，行过一世，亦不知所行何事，所由何道，所存何性；“习焉而不察”，谓之愚行，事事习以为常，不能究其根本，故终生不能得其本。唯君子行而明其道，习而察其源，终身践行大道而能悟其本。君子具备深切的省察功夫，具备清醒的道德自觉意识，因而他有明确的道德主体性，他的每一个行动既本于天之所性，又能在他内心形成强大的自觉。

孟子的这种强大的道德自信与自觉，来源于他的“万物皆备于我”的信念。“万物皆备于我”，将人们德性追求的目光由外物拉回到人自身，“我”之主体，即兼备万物之体；“我”之本然之性，即兼具万物之性。“我”作为道德主体的一切有意识的活动，均来自于天之所赋，天之所召，故“我”之道德追求，并不在自身之外寻求，而要在“我”自身寻求。所以孟子说：“求则得之，舍则失之，是求有益于得也，求在我者也。求之有道，得之有命，是求无益于得也，求在外者也。”（13.3）“求则得之，舍则失之”，所求何物？求自我心性也，即“我”之良心良知、本心本性也。“我”之良心良知、本心本性，求之，则必得之；不求不思，则必失之。故心性之求，求之在“我”，不在人；在内，不在外。而“求之有道，得之有命”，所求何物？求外在之功名利禄也。求外在之功名利禄，当然要“求之有道”，要按照礼与德的规则去追求；外在功名利禄之获取，不是由自身主观之“求”来决定的，而是由命运所决定的，故“得之有命”，“我”自己并不能决定是否能“得之”。这种功名利禄之求，无益于德性之养，无益于仁义之存，因为这是“求在外”。所以孟子讲“万物皆备于我”，乃是一种合天地之德的至高境界，而要达到这种至高的德性修养境界，则要经过“内求”、“求我”的一番工夫。这个“内求”、“求我”，就是孟子所讲的“反身而诚”，即他从子思学说中感悟借鉴来的反躬自省以达于至诚无外的工夫。孟子曰：“万物皆备于我矣。反身而诚，乐莫大焉。强恕而行，求仁莫近焉。”（13.4）既然“万物皆备于我”，既然上天赋予“我”一切道德本性，故此性完满无缺、自足自有，就像子思在《中庸》中所说的“诚者自成也，而道自道也”（第二十五章），“诚”具有自为、自在、自足、自有的性质。“万物皆备于我”，就是指“我”自身即具备天赋之性、天赋之诚，这种本然之性、自成之诚，其存在是不需要外部条件的。故求仁不必外求，“求在我”而已，“反身而诚”，就是要回归自我之内心，来找到这个本然自有之诚。而一旦自己能够与内心本然自有之诚相遇，那种快乐乃是不言而喻的最大快乐，此天人相交之乐，“上下与天地同流”（13.13）之乐，亦是俯仰无愧怍的人生至乐。内则“反身”自省，外则“强恕而行”，则仁德之性必归于我。“强恕而行”就是孔子所言“己所不欲，勿施于人”（《论语·颜渊》），行此恕道，则能知进退行止，而后乃能达成一个人的外在秩序。

羞耻之心，乃是“反身而诚”工夫的落脚处之一。人自我反省，乃能自知不足，故发愤向学，努力向善，其背后的心理根源与心理动力是“知耻”。“知耻而后勇”（《礼记·中庸》），“知耻”才能有改过自新的勇气，才能进德迁善。“知耻”才能“见贤思齐”（《论语·里仁》），才能觉悟自身德性之不足，以贤德之人为榜样，去除自我之污垢，进而塑造道德之新我。孟子说：“人不可以无耻，无耻之耻，无耻矣。”（13.6）人若没有羞耻之心，则内不能自省己过，外不能察人之贤，故无改过迁善之可能，其于仁德之远可知矣。孟子认为，羞恶之心，人皆有之，“羞恶之心，义之端也”（3.6），若丧失羞恶之心，则“放僻邪侈，无不为已”（5.3），行止失义，终至自亡。孟子又说：“耻之于仁大矣，为机变之巧者，无所用耻焉。不耻不若人，何若人有？”（13.7）为什么“耻”这么重要？乃是因为无此羞耻之心，则无向善之内在冲动，见贤人而不能自省其不足，不能鼓舞起内在的道德勇气去追求更高的善。故“不耻不若人”，则易堕入浑浑噩噩，心性丧失自觉，日益放失而不察，如此则陷溺于邪行恶念而不能“自反”。

所以“反身而诚”的修养工夫，要有羞耻心作为根基，无此羞恶之一端，则不能“反身”，不能“思齐”，不能改过，不能迁善。世俗之中那些陷溺于功利而不能自拔者，那些自恃“机变之巧”而谋私利者，皆丧此羞恶之一端，“无所用耻”，故无以向善致诚。所以“礼义廉耻，国之四维”（《管子·牧民》），如果一个人寡廉鲜耻，则其心性必丧失殆尽，何谈存养之工夫！

存养工夫的根本，乃在于“尽心知性”（13.1）。“尽心”即尽此仁义之心，尽此本然良心，尽力扩充推广其本然良心，使之充沛于天地之间，故天地万物皆在此心之内，此心可包罗宇宙万象。而此“心”并非抽象意义上的心灵或者意志，而是人类本然具备的道德良知，在孟子这里即是仁义好善之心。能尽此心，则此心囊括天地，故“万物皆备于我”，故“上下与天地同流”（13.13）。“尽其心者，知其性也”（13.1），“知性”乃洞察省悟自我本然之性，即上天所赋予人类之本心本性，也就是《中庸》开篇就言明的“天命之谓性”。“命”者，令也，赋予也，朱熹《中庸章句集注》中说：“天以阴阳五行化生万物，气以成形，而理亦赋焉，犹命令也”，此乃“天命”之性。人若不尽其心，不能尽力扩充推广其本然天赋之良心本心，则如何能彻知本性之真诚、广大、醇厚与深远？若不尽其心，则不知其性。若能洞察体悟自我本然之性，则必能恍然明了赋予此性之天命，故“知其性则知天矣”。不知此性，不能洞察体悟自我之良心本心，如何能知天命、尽天命、履天命？天之所命，犹天之所令也，那来自上天的命令与呼召，自有一种超越性的、形而上的、宗教性的意味，“尽心知性”的最高目的，乃是知天命、尽天命、履天命，响应上天之命令与呼召，并终其一生完成上天所赋予之命，此“命”乃上天之“令”，不可移易，不可推卸，须在“尽心知性”之中悟此天命，并履行此天命。

这就是孟子所言“存其心，养其性，所以事天”（13.1），即履行天命、尽其天命之谓也。“尽心知性”是境界，“存心养性”是工夫，“知天事天”是目的与结果，是成就。《中庸》里面讲：“唯天下至诚，为能尽其性；能尽其性，则能尽人之性；能尽人之性，则能尽物之性；能尽物之性，则可以赞天地之化育；可以赞天地之化育，则可以与天地参矣。”天下至诚之境界，乃心性圆满、无有放失之境界，人人尽心尽性，则天下至诚；而若“我”不失其本然之性，尽力推广扩充此性，则能尽人之性，进而尽物之性，进而参赞天地。自我道德心性之存养，其所以终能参赞天地，并不在于心性具备何种神秘的超自然力量，而在于若尽其心性，则自我本然之良知良心自不放矢，故天之所命乃可知；苟知天命，则自可以参赞天地。在孟子的语境中，无论心性、天命，皆从道德价值属性意义上而言，而非从宗教意义上而言，尽管孟子的天命观与心性观带有明显的超越意味，与宗教信仰之超越境界有相通之处。

《尽心上》中，关于天命的问题，孟子提到“知（天）命”、“顺（天）命”、“立（天）命”、“正（天）命”几个概念。一个能充分扩充其良心本心的人，乃能尽心知性，从而洞达天命，此之谓“知（天）命”；知命乃能顺命，即顺应天命，呼应上天之所命、所召，不违逆天命，唯顺乎天命，尽乎天命，担当此天命，完成此天命；能顺乎天命，则此命必根植于心，此心必不失天赋之性、之命，则人乃能立命，“立”者，确立、树立而不失不倾之谓也。一个人知命、顺命、立命，必得正命，即“尽其道而死”（13.2），尽其道，即尽其心、尽其性，尽其天命所赋，尽其本然良知，“尽道而终”犹“成命而死”，无怨无悔，无愧无怍，此乃正命，即“顺受其正”之最终成就之命。而不能知命、顺命，则不能立命；不能立其命，则其心性必丧，道德自我必不能确立，乃至于放僻邪侈无不为，故“桎梏死者，非正命也”（13.2）。桎梏而死，乃桎梏良心良知而死，乃丧仁义本心而死，乃不能“尽其道而死”，故曰“非正命”。

这里面可以看出孟子对命与生死的态度：尽性顺命、知天尽道之死，乃为正命之死，此死乃曾子之死，无所亏欠，无所愧怍，坦坦荡荡，充盈着对生命的自信、对道德自我的圆满认知和完成天命之慰藉；而那种因良心良知之桎梏亡失而死的人，其辜负天命之性、不能“顺受其正”，乃至放纵自我，终至身败名裂，良为可悲可叹。孟子说“夭寿不贰，修身以俟之，所以立命也”（13.1）。孟子面对生命的超然达观，与庄子不同。庄子超越生死，妻亡而“鼓盆而歌”，是因为庄子“齐生死”、“尚自然”，将生命融于天地之间，故庄子认为“息我以死”，死方得自在自由之境。而孟子对生命的超然达观、看破生死，“夭寿不贰”，乃是因为孟子能尽心知性、存心养性，故而知命、顺命，“修身以俟之”；他不以生死为意，而以知天达命为最高追求，苟能知晓天命、顺承天命，完成道德自我，此心性即可与天地同流，圆圆满满，盈乎天地之间，故心地光明，无有愧怍恐惧。这个“俟”字，值得深味之。“俟”并非消极意义上的“等待”命运，而是在人生中以修身砺德、存心养性之积极心态，应对生命的诸种环境与遭遇，无论顺逆荣辱、危亡艰困、颠沛造次、穷达得失，都能够以宁静坦然之心“俟之”，这个“俟”，乃是洞达天命之“俟”，乃是自知使命之“俟”；故其坦荡无私，光明无欲，迎接一切命运的到来，“顺受其正”，没有“颠倒妄想”，没有犹疑颓废，没有失意彷徨。这一个“俟”字包含着多么强大的生命自信与道德价值的自信！又何其宁静、安详、坦荡和豪迈！以这样的心态“修身俟之”，乃能履行这天赋之命，乃能达此光荣使命，所以才能有“夭寿不贰”的坦然，此是最终极意义上的超脱，也是最高意义上的看破！

如果能以“达天知命”、“修身俟命”的坦然开阔胸怀去面对生命，面对各种遭遇，则穷达荣辱都置之度外，此心唯知此命、唯达此命而后止。孟子说：“尊德乐义，则可以嚣嚣矣。故士穷不失义，达不离道。穷不失义，故士得己焉。达不离道，故民不失望焉。古之人，得志，泽加于民，不得志，修身见于世。穷则独善其身，达则兼善天下。”（13.9）“嚣嚣”者，无欲而自得也。知性尽性，不失其良心良知，故能好善求仁，尊德乐义；能好善求仁，尊德乐义，则君子所求，唯立命达命、“修身俟命”而已。所以士君子穷乏困厄之时坚守道义，富贵发达之时亦不偏离正道，穷时操存心性，达时自律自省，无论穷达都能专心致志向道好善。他得志之时，其仁义推之四海，人民广被其泽；他困厄之时，得己自持，不丧心性，不忘其本，“修身俟命”，无有怨尤。穷则存养身心，“不降志，不辱身”，所谓“君子固穷”者也；达则“光而不耀”，不纵佚，不张扬，与人为善，直至“兼善天下”。他进入了一个自得、从容的境界，正如《中庸》所言：“君子素其位而行，不愿乎其外。素富贵，行乎富贵；素贫贱，行乎贫贱；素夷狄，行乎夷狄；素患难，行乎患难。君子无入而不自得焉。”天命在我，修身俟之，何忧、何惧、何怨之有？此心光明，天地同流，坦然立于天地宇宙之间，此真知命、顺命、立命、达命者也。

三十　执中正己

13.14

孟子曰："仁言，不如仁声之入人深也。善政，不如善教之得民也。善政民畏之，善教民爱之。善政得民财，善教得民心。"

【译文】

孟子说："仁德的言语，不如仁德的声誉更能深入人心；良好的政治，不如良好的教化更能得民心。良好的政治，老百姓会心存敬畏；而良好的教化，老百姓会心存爱慕向往。良好的政治，会得到老百姓的财富（意谓使老百姓财富增加），而良好的教化会得民心。"

13.15

孟子曰："人之所不学而能者，其良能也，所不虑而知者，其良知也。孩提之童，无不知爱其亲者，及其长也，无不知敬其兄也。亲亲，仁也，敬长，义也。无他，达之天下也。"

【译文】

孟子说："人不学就能够做到的，就是良能；人不思虑就能知道的，就是良知。两三岁的小孩，没有不知道爱他的父母的，到他长大之后，没有不知道敬爱他的兄长的。爱父母，就是仁；敬爱兄长，就是义。（之所以这么说，）没有其他原因，只是因为爱父母和敬兄长这两种品德可以推广通行于天下。"

13.16

孟子曰："舜之居深山之中，与木石居，与鹿豕游，其所以异于深山之野人者几希。及其闻一善言，见一善行，若决江河，沛然莫之能御也。"

【译文】

孟子说："舜居住在深山里，与林木岩石相伴，与鹿猪打交道，他跟深山里的普通人不同的地方实在不多。等到舜听到一句良善的话，见到别人一件良善的行为，就像江河决口一般（立即效仿实践），没有任何力量能够阻止得了。"

13.17

孟子曰："无为其所不为，无欲其所不欲，如此而已矣。"

【译文】

孟子说："不要让老百姓做你自己不愿意做的事，也不要让他们想往你自己不想往的事。这样做就行了。"

13.18

孟子曰："人之有德慧术知者，恒存乎疢疾。独孤臣孽子，其操心也危，其虑患也深，故达。"

【译文】

孟子说："人之所以能具备道德、智慧、才能、见识，常常在于他经受灾患。因此，只有那些孤立之臣、地位卑贱的庶出之子，他们时常心存忧惧，他们的思虑忧患极其深切，所以他们能通达事理。"

13.19

孟子曰："有事君人者，事是君则为容悦者也。有安社稷臣者，以安社稷为悦者也。有天民者，达可行于天下而后行之者也。有大人者，正己而物正者也。”

【译文】

孟子说：“有事奉君主的人，他事奉这个君主就讨他一人的欢心；有安定国家社稷的人，他们以安定国家社稷为自己的快乐；有所谓‘天民’，就是他的治国理念可通行天下，而后就去努力践行的人；有所谓‘大人’，就是端正自己，就使万物都随之端正的人。”

13.20

孟子曰：“君子有三乐，而王天下不与存焉。父母俱存，兄弟无故，一乐也。仰不愧于天，俯不怍于人，二乐也。得天下英才而教育之，三乐也。君子有三乐，而王天下不与存焉。”

【译文】

孟子说：“君子有三种快乐，而使天下归服并不在其中。父母都健在，兄弟无灾患，这是第一种快乐。仰头不愧于天，低头不愧于人，这是第二种快乐。得到天下的英才而加以教育，这是第三种快乐。君子有这三种快乐，而使天下归服并不在其中。”

13.21

孟子曰：“广土众民，君子欲之，所乐不存焉。中天下而立，定四海之民，君子乐之，所性不存焉。君子所性，虽大行不加焉，虽穷居不损焉，分定故也。君子所性，仁义礼智根于心，其生色也睟然，见于面，盎于背，施于四体，四体不言而喻。”

【译文】

孟子说：“地域广大，人民众多，这是君子希望拥有的，但他的快乐不在这里；立于天下之中央，使天下百姓安定，这是君子乐于去做的事，可是他的本性不在这里。君子的本性，即使他的理想能够大行于天下，也不会因此而增加一点；即使他穷困潦倒，也不会因此而减损一点，这是因为他的本分早已确定（不可更改）。君子的本性，就是使仁义礼智根植于内心，所以他的神情是如此清和润泽，显露于颜面，表现在肩背，周遍其四肢，他的身体四肢不用言语，就能使人（对他的本性）一目了然。”

13.22

孟子曰：“伯夷辟纣，居北海之滨，闻文王作，兴曰：‘盍归来乎，吾闻西伯善养老者。’太公辟纣，居东海之滨，闻文王作，兴曰：‘盍归来乎，吾闻西伯善养老者。’天下有善养老，则仁人以为己归矣。五亩之宅，树墙下以桑，匹妇蚕之，则老者足以衣帛矣。五母鸡，二母彘，无失其时，老者足以无失肉矣。百亩之田，匹夫耕之，八口之家，足以无饥矣。所谓西伯善养老者，制其田里，教之树畜，导其妻子，使养其老。五十而非帛不暖，七十非肉不饱。不暖不饱，谓之冻馁。文王之民，无冻馁之老者，此之谓也。”

【译文】

孟子说：“伯夷避纣之乱，住在北海边，听闻文王兴起，就振作而起说：‘何不归到西伯（文王）那里？我听说西伯善于赡养老人。’姜太公避纣之乱，住在东海边，听闻文王兴起，就振作而起说：‘何不归到西伯（文王）那里，我听说西伯善于赡养老人。’如果天下有善于赡养老人的，那么仁德之人就会把他当作自己归附之人。五亩的宅院，在墙边种上桑树，妇女养蚕，那么老人就足够穿棉丝衣了。养五只母鸡，两头母猪，使它们按时繁殖，老人就不会没肉吃了。一百亩的耕地，由男丁去耕作，那么八口人的家庭就足以没有饥饿了。所谓西伯善于赡养老人，就是要制定好土地制度，教老百姓种植畜牧之事，引导其妻子儿女赡养老人。五十岁的人，没有丝棉衣就穿不暖；七十岁的人，没有肉就吃不饱。穿不暖、吃不饱，这就叫作受冻挨饿。文王的老百姓中没有受冻挨饿的老人，就是这种情形。”

13.23

孟子曰：“易其田畴，薄其税敛，民可使富也。食之以时，用之以礼，财不可胜用也。民非水火不生活，昏暮叩人之门户，求水火，无弗与者，至足矣。圣人治天下，使有菽粟如水火。菽粟如水火，而民焉有不仁者乎？”

【译文】

孟子说：“让老百姓好好耕作，对老百姓减少税赋，那么老百姓就会富足。按时（有节制地）食用，依照礼制来安排各种用度，那么财富就会用不完。老百姓缺了水和火就不能生活，傍晚敲人家的门户去求水和火，没有人会不给，这是因为水和火非常多。圣人治理天下，就要让老百姓的粮食像水火一样富足。粮食像水火一样富足，那么老百姓中怎么还会有不仁爱的人呢？”

13.24

孟子曰：“孔子，登东山而小鲁，登太山而小天下。故观于海者难为水，游于圣人之门者难为言。观水有术，必观其澜，日月有明，容光必照焉。流水之为物也，不盈科不行，君子之志于道也，不成章不达。”

【译文】

孟子说：“孔子登上了东山，就觉得鲁国小了；他登上泰山，就觉得天下也小了。所以观看过大海的人，很难再有什么江水能吸引他；在圣人门下学习过的人，也很难再有什么言论可以使他悦服。观察水是有方法的，一定要看它形成的波澜。日月光辉灿烂，就连那些细小的缝隙也可以照到。流水这种东西，如果不把前边的洼地填满，它就不再向前流动。君子有志于追求大道（也是如此），如果不取得一定成就，也便不会通达。”

13.25

孟子曰：“鸡鸣而起，孳孳为善者，舜之徒也。鸡鸣而起，孳孳为利者，跖之徒也。欲知舜与跖之分，无他，利与善之间也。”

【译文】

孟子说：“早上鸡叫就起来，勉力行善的人，那是舜这样的人；早上鸡叫就起来，挖空心思争利的人，那是跖这样的人。要想知道舜和跖的区别，没有别的，行善与求利的差异而已。”

13.26

孟子曰：“杨子取为我，拔一毛而利天下，不为也。墨子兼爱，摩顶放踵利天下，为之。子莫执中。执中为近之。执中无权，犹执一也。所恶执一者，为其贼道也。举一而废百也。”

【译文】

孟子说：“杨子主张为我，如果拔一根毛能对天下人有利，他也不去做。墨子主张爱无差等，即使磨秃了头顶、走破了脚后跟，而能对天下人有利，他也毫不犹豫地去做。子莫则主张采取中道，采取中道是比较适宜的办法。但是如果采取中道而没有权变，就相当于执着于一端。我之所以讨厌执着于一端，就是因为这种做法对于追求大道是有害的，它只是考虑到一个方面，而废弃了所有其他的方面。”

孟子仁政学说，包含着一套完整系统的政治治理理论与制度设计，既有较为形而上的政治目标与理想，又有细密扎实的制度安排，虚实兼备，体用相融，值得好好挖掘。仁政，也称为“善政”，在孟子看来，就是符合最高的人类道德原则（其主要伦理范畴即是“仁义”）的政治治理体系。孟子以人类心理准则为基石，进而从经济、政治、社会、教育、文化等方面构建了一个系统的制度框架和治理体系。

人类的心理准则是什么？就是人类所共有的本然心性，这一心理准则是构建“仁政”、“善政”的基础，亦是构成人类共同体（这一共同体包含各个层次）的基础。孟子把人类共有的本然心性称之为“良知”、“良能”，“良”者，“甚”也，焦循《孟子正义》引赵岐注曰：“不学而能，性所自能。良，甚也。是人之所能甚也。知亦犹是能也。”“良知”、“良能”乃是天赋于每一个人的知觉与能力，这一能力与生俱来，人人具有，不必假借，亦无可置疑。“人之所不学而能者，其良能也；所不虑而知者，其良知也。”（13.15）四心四端，人皆有之；恻隐之心、羞恶之心、辞让之心、是非之心（3.6），皆所谓人类本然之善也，即所谓“良知”、“良能”也。“亲亲”乃为仁之始，“敬长”为义之初，能知亲亲敬长，则仁义之本不失也。“亲亲，仁也；敬长，义也。无他，达之天下也”（13.15），关键处是这个“达”字。“达”即是推此本然之善、推此良知良能于天下，这就是孟子所屡屡言及的推广扩充之法。经此推广扩充之工夫，则人类个体所人人具备的本然之善、良知良能，就可以过渡到更大的共同体中，也就可以构建一个美好、和谐、幸福、富足的善治社会。“人皆有不忍人之心。先王有不忍人之心，斯有不忍人之政矣。以不忍人之心，行不忍人之政，治天下可运于掌上。”（3.6）由“不忍人之心”这种人类心理准则，到“不忍人之政”这种人类优良政治体系建构，孟子形成了一个自洽的逻辑，其中的动力机制就是推广扩充之法：“凡有四端于我者，知皆扩而充之矣，若火之始燃，泉之始达。苟能充之，足以保四海；苟不充之，不足以事父母。”（3.6）这就是将良知良能“达之天下”之法，这就是达致善政之途。此善政有强大的天赋的人类心性准则为基础，故其根深；此善政又有系统的刑政、教化、经济等制度为其辅助，使其得以致用，得以付诸实践，故其叶茂，不致悬空也。

善政、仁政，必以民为本，乐民之乐，忧民之忧，为民所愿为，欲民之所欲，故得到人民之拥戴。孟子说："无为其所不为，无欲其所不欲，如此而已"（13.17），这句话有点老子哲学的意味。天子、国君等治理者的所欲所为，必以人民的所欲所为为依归、为准绳、为目的，而不是以一己之私欲为依归、为准绳、为目的。所以孟子屡次劝说齐宣王等国君要"与民同乐"，"乐民之乐者，民亦乐其乐。忧民之忧者，民亦忧其忧。乐以天下，忧以天下，然而不王者，未之有也"（2.4）。"无为其所不为，无欲其所不欲"，也就是"乐民之乐，忧民之忧"。作为治理者，"无使人为己所不欲为者，无使人欲己之所不欲者"（赵岐注），你不要让老百姓干你自己所不想干的事，不要让老百姓想往你自己所不想往之事。这也就是孔子所说"己所不欲，勿施于人"（《论语·颜渊》）的"恕道"。治国者推己及人，乐民之乐，忧民之忧，而民亦推己及人，乐君之乐，忧君之忧，则上下同欲也。若君与民皆能有推己及人之心，皆能不失其仁义之良知良能，则天下必大治。若治理者从仁义之道出发，行仁义之善政，则老百姓就会以仁义之心悦服之，归附之，若有邪僻者被治理者惩罚，亦心无怨尤；若老百姓被治理者所役使，亦劳而无怨。所以文王"以民力为台为沼，而民欢乐之，谓其台曰灵台，谓其沼曰灵沼，乐其有麋鹿鱼鳖。古之人与民偕乐，故能乐也"（1.2）。这就是"以佚道使民，虽劳不怨。以生道杀民，虽死不怨杀者"（13.12）。因为治国者与民同忧乐，他的本意与初衷是"使民以佚道"，是要让人民生存，因此当他役使人民时，人民乐而赴之；当他惩罚奸邪之时，被罚之人虽死而不怨。正是由于上下同欲，君民同忧乐，所以老百姓心情舒畅，自得其乐，"霸者之民，驩虞如也。王者之民，皞皞如也"（13.13）。"驩虞"即欢欣之谓也，"皞皞"即"广大自得"之貌也（朱熹注）。霸者治国得其方略，使人民富足和睦，故人民心情欢欣舒畅；而王者治民以仁义之道，使人民复归仁义之性，故民心安乐，广大自得，此时善政施之于无形，如春雨润物无声。“杀之而不怨，利之而不庸，民日迁善而不知为之者。夫君子所过者化，所存者神，上下与天地同流，岂曰小补之哉？”（13.13）这是“善政”的最高境界。善政之极，君治民以仁义，民事君亦以仁义，仁义充塞，君民同忧乐；善政之下，民日以迁善，人人好善，风尚所及，天下皆迁善向善，然而老百姓并“不知为之者”，治国者似无为也，就如同老子《道德经》所言：“太上不知有之，……功成事遂，百姓皆谓‘我自然’。”（第十七章）老百姓身处善政，得仁义之润泽，犹鱼游水中，并不知道水的存在，悠然自得，天地同化。这也就是老子所说“我无为而民自化”（五十七章）的境界。所以善政的最高境界，就是这种融于无形、不露形迹的治理艺术，圣人所过之处，人人皆受其教化，“日迁善而不知为之者”；圣人存养仁义之本性，他所居留之处，人民皆受其沾染熏陶，其化民之术神妙无方，“上下与天地同流”，如同我们身边的空气，视之无形，嗅之无味，人人须臾不可离之，而不知其存在。此谓王道善政之极也。

在善政中，孟子强调人心之“化”，强调教化（教育）在政治治理中的作用。“仁言不如仁声之入人深也，善政不如善教之得民也。善政，民畏之；善教，民爱之。善政得民财，善教得民心。”（13.14）此处“善政”与“善教”对举，此“善政”并不是我们所讲的一般意义上的孟子“善政”学说，而是指与礼乐教化相对应的单纯的刑政之术。“仁声”乃礼乐教化所施，故其深入人心；“善教”乃人心之熏陶感化，使之重归仁义，故其得民心。刑政之术，仅关注政治法律之制度建构层面，而忽视人心之化，忽视了人的心灵与伦理层面的教导感化，故善政使人畏，而善教使人爱，善政得民财，善教得民心。礼乐教化，施之于人心，虽然无形，然而却是善政仁政之根本，乃善政仁政的心理学—伦理学基础。仁义之心，礼乐教化之所存也，此是仁政之体；刑政之术，乃仁义之心之所用也，是形而下的层面，唯有体用结合，才能形成系统的善政。

在善政的形而下的致用层面，孟子是很务实的，而不是空想主义的。他重视经济发展，强调保障民生，注重土地制度和财政制度设计，正视社会分工在经济发展中的作用，这些都体现出孟子继承了公羊学的务实精神和他以民为本、富民安民足民的政治理念。《尽心上》中谈到文王“善养老者”，“天下有善养老，则仁人以为己归矣”（13.22）。而孟子所谓“善养老”，并不仅是悬于伦理价值层面的空谈，而是将“善养老”落实到劝人农桑畜牧、发展农业生产、设计土地制度（“制其田里”）、降低税收（“薄其税敛”，13.23）、适度消费（“食之以时，用之以礼”，13.23），以达到富民足用的目的。孟子希望建立“死徙无出乡、乡田同井，出入相友，守望相助，疾病相扶持，则百姓亲睦”（5.3）的社会保障制度，希望老百姓拥有“恒产”而有“恒心”（1.7），希望在发展经济、使老百姓丰衣足食的基础上，国家能够“谨庠序之教，申之以孝悌之义”（1.7），从而在“庶之”、“富之”之后，实现“教之”（《论语·子路》）的目标。孟子的土地、财政、分工、经济发展、社会保障、消费等领域的思想创见极富前瞻性，亦很笃实，并非空疏之论。他全面继承了孔子公羊学的传统并加以符合时代的发挥与拓展，在经济思想史和政治思想史上拥有极高的历史地位。

在道德哲学层面，孟子之“心性论”则强调取法乎上，他为人类制订了高远的道德目标，他指出了人类道德追求的至高境界，并鼓舞人们以极大的道德勇气与自信去追寻这样的目标与境界。孟子立意高远，取法乎上，连他的得意门生都感觉孟子所标举的道德目标与人格境界太高，使人如登天一般望而生畏。公孙丑有一次就忍不住问：“道则高矣，美矣，宜若登天然，似不可及也。何不使彼为可几及而日孳孳也？”（13.41）公孙丑对老师的取法乎上也颇有抱怨，您所制订的目标太高，您所标举的人格境界过于美好高大，我们只能仰望，而无法企及；您为什么不放低一下您的目标，不那么高不可攀，不那么遥不可及，而让我们努努力就可以达到呢？孟子说：“大匠不为拙工改废绳墨，羿不为拙射变其彀率。君子引而不发，跃如也。中道而立，能者从之。”（13.41）那个至高的道德理想与人格境界是一个标杆，是我们追寻的最圆满、最光辉、最高远的至善至美道德目标，这个目标是不能变的，就像高明的工匠不能因为有些人拙笨就废弃规矩绳墨的标准，羿这样高明的射手不会因为有些人射不好箭就改变开弓射箭的彀率标准一样；君子将此至高至善的道德标准教诲学者，目的是让他们以此为楷范标杆，鼓起自己内心的道德勇气与意志，矢志追寻，止于至善，为道不卒则不罢休。他“中道而立”，而“能者自从之”，他提出这样一个理想目标，有能力、有志向、有勇毅精神的人，自会追随之、效仿之，何言“不可及”也？一个人，只有不断追求更高的人格境界，才会愈求愈深，愈登愈高；愈求愈深，才能最终达到“深造自得”、“左右逢源”（8.14）的境界；愈登愈高，才能使学问人格精进无疆，生命不止，则人格之进境亦无穷，“孔子登东山而小鲁，登泰山而小天下”（13.24），此人格之进境也。上一台阶，则生命景象不同，而人格境界自有进境，等到登至巅峰，则天下尽在我心胸之中，凡尘琐屑如眼底云烟，此时“一览众山小”（杜甫《望岳》），真可以“上下与天地同流”（13.13）矣。孟子说：“观于海者难为水，游于圣人之门者难为言”（13.24），见识过大海之广大开阔、辽远无垠之气象，则江河之水何足道哉？见识过圣人之高远深邃、博大宽广之人格气象，则庸言庸行何足道哉？“仰之弥高，钻之弥深，瞻之在前，忽焉在后”（《论语·子罕》），这是圣人的境界。圣人之人格，广大精微，神妙无方，而又光明充实，使人有入手处。“观水有术，必观其澜。日月有明，容光必照。”（13.24）大水之澜，乃水之境界；日月之明，乃光亮之境界。水若无澜，则为凡庸之水；光若不明，则为昏暗之光；谷若不熟，“不如荑稗”（11.18）。若无高远之追求，无宏伟之志向，无至善之道德目标，则终生昏庸，心性蒙垢，不得光明。所以流水“必盈科而后进”（8.18），“不盈科不行”（13.24），流水若无填满坑洼之志，则不能前行，何以致江海？君子亦应“志于道”，矢志不移，求之不倦，竭尽全力，“不成章不达”（13.24），有此境界之感召与鼓舞，有此意志之持守与推动，才能成就大人气象、君子人格。

而大人气象、君子人格的养成，则需要恒久的操存功夫，既须常葆本心，不使放失，“大人者，不失其赤子之心也”（8.12）；又须时刻砥砺发奋，时刻迁善改过，时刻“反求诸己”（7.4），才能在心性修炼中精进不已。孟子曰：“其身正则天下归之”（7.4），“反求诸己”乃为“正己”，“正己”即“自反”工夫，即省思工夫，即“内求”（11.6）功夫。“自反”而后“身正”，“身正”而后“天下归之”。《尽心上》第十九章讲到四种境界：第一种是庸臣境界，“有事君人者，事是君则为容悦者也”（13.19），趋炎附势，阿谀奉承，心存功利，唯以悦君上、得名禄为荣，此心性丧失之人，不足言之。第二种是能臣境界，“有安社稷臣者，以安社稷为乐者也”，心在邦国，胸怀黎民，能保国家、安四海，故可立功名、扬万世，然尚不足以言心性。第三种境界乃是“天民”境界，“有天民者，达可行于天下而后行之者也”，如伊尹这样的“天民之先知先觉者”（9.7），他们胸怀大志，怀抱仁政之理想，“自任以天下之重”（9.7），矢志于“使先知觉后知，使先觉觉后觉”（9.7），要在天下构建一个尧舜世界，其伟岸人格令人崇仰，千古圣贤，永垂不朽。而第四种最高境界乃是“大人”境界，他不追求外在的荣名富贵，不以尘世的安社稷、得天下的成就为荣耀，而是着重于自我道德人格的成就，着重于生命与心灵的成就。他唯一的工作那是内心的“成圣”，“正己”就是知天达命，就是安身立命。他端端正正，光明正大，圆满弘廓，不依赖于任何外在的东西而树立自己、标榜自己，“正己而物正”（13.19），一己正而万物正，一己正而天下正。他明白自己的天命所在，使命所在，故安其命，“顺受其正”（13.1）；他知道自己的本分在哪里，知道自己的幸福在何处，所以即使是拥有“广土众民”，即使“中天下而立，定四海之民”（13.21），也不能满足他的内心需求，因为他的“所乐”、“所性”都不在这些世俗的事上。他心性坚定，内心笃定，“大行不加，穷居不损”（13.21），因为“分定故也”（13.21）。“分”是职分，是天赋之责任与命运，即是“天命”。“分定”即是“命定”，知此天命，故一往无前，呼应天之感召，无所犹疑；“分定”乃安此天命，别无他求，故心态畅然，胸中磊落，达观旷放，内心生机一片，故“仁义礼智根于心，其声色也睟然，见于面，盎于背，施于四体。四体不言而喻”（13.21）。此内心之安详、从容、自得、广大，必表现于颜面、四肢，他清和滋润、生气勃发，活泼而静定，精进而笃定，此儒家养心性之法，亦是儒家养身、养生之法，而养心养性胜于养身养生也。大人正己，必行乎中道，不偏不倚，故孟子屡言“子莫执中”（13.26），“汤执中”（8.20）。“执中”方不失圣人之道，“执中”必有权宜，“执中无权，犹执一也”（13.26），而“执一”“举一而废百”，它偏离大道，故圣人不取。执中而有权，行于中道而知权变，则无往而不自得也。

三十一　尚志践形

13.27

孟子曰："饥者甘食，渴者甘饮，是未得饮食之正也，饥渴害之也。岂惟口腹有饥渴之害？人心亦皆有害。人能无以饥渴之害为心害，则不及人不为忧矣。"

【译文】

孟子说："饥饿的人吃什么都觉得好吃，干渴的人喝什么都觉得好喝，他体会不到饮食的正常味道，这是因为过度饥饿干渴损害了他的味觉。难道仅仅是口腹容易受到过度饥渴的损害（从而丧失正常的味觉）吗？人心也都容易受到这样的损害。如果人们能够使心不受到饥渴那样的损害，那么（他就会有正常的判断能力），就不会因为自己衣食赶不上别人而感到忧虑了。"

13.28

孟子曰："柳下惠，不以三公易其介。"

【译文】

孟子说："柳下惠不会因为做了三公这样的大官而改变他原来的操守。"

13.29

孟子曰："有为者辟若掘井，掘井九轫而不及泉，犹为弃井也。”

【译文】

孟子说：“做事情就好像挖井，挖到六七丈还挖不倒井水（，然后就这样放弃），那么它也就依然是一口废井而已。”

13.30

孟子曰：“尧舜，性之也；汤武，身之也；五霸，假之也。久假而不归，恶知其非有也？”

【译文】

孟子说：“尧舜施行仁政，是出于他们的仁义本性；商汤与周武王实行仁政，是因为他们亲身践行仁义，并加以推行；五霸实行仁政，则是借仁义之名来获得天下之民心。如果借得时间久了而不归还（指不放弃仁政），那么我们怎么知道这些霸主不是真正具备仁义了呢？”

13.31

公孙丑曰：“伊尹曰：‘予不狎于不顺。放太甲于桐，民大悦。太甲贤，又反之，民大悦。’贤者之为人臣也，其君不贤，则固可放与？”孟子曰：“有伊尹之志则可，无伊尹之志，则篡也。”

【译文】

公孙丑说：“伊尹说：‘我不亲近那些悖逆礼制之人，所以把太甲流放到桐邑，老百姓很高兴。太甲（悔改，）重新成为一个贤明之君，我又把他从桐邑接回来，恢复其王位，老百姓很高兴。’贤人作为臣下，如果君主不贤明，那么可以放逐吗？”孟子说：“如果有伊尹这样的节操，就可以；如果没有伊尹这样的节操，就是篡夺王位了。”

13.32

公孙丑曰："《诗》曰：'不素餐兮。'君子之不耕而食，何也？"孟子曰："君子居是国也，其君用之，则安富尊荣。其子弟从之，则孝悌忠信。不素餐兮，孰大于是。"

【译文】

公孙丑说："《诗经》上说：'不白吃饭啊。'君子不事农耕也吃饭，这是什么道理？"

孟子说："君子居住在一个国家，君主任用他为官，那么他就安于富贵，享受尊贵之地位荣耀。（如果不被君主所任用而留在家里，）他的子弟追随他学习，就会成为孝悌忠信之人。（君子的地位如此重要，）你还说'不白吃饭啊'，还有比君子的作用更大的吗？"

13.33

王子垫问曰："士何事？"孟子曰："尚志。"曰："何谓尚志？"曰："仁义而已矣。杀一无罪，非仁也。非其有而取之，非义也。居恶在？仁是也。路恶在？义是也。居仁由义，大人之事备矣。"

【译文】

王子垫问："士做什么？"

孟子回答："士崇尚志节。"

王子垫问："什么是崇尚志节？"

孟子说："就是遵行仁义罢了。即使杀掉一个无罪之人，也不算是仁；如果不是自己应该拥有的东西而去占有，这就不是义。士居住在何处？士居住在仁之中罢了。士走什么路？士走义路罢了。居住于仁而走义路，那么大人君子所做的事就都齐备了。"

13.34

孟子曰："仲子，不义与之齐国而弗受，人皆信之，是舍箪食豆羹之义也。人莫大焉亡亲戚君臣上下，以其小者，信其大者，奚可哉？"

【译文】

孟子说："陈仲子这个人，如果不遵循礼义而把齐国都给他，他也不会接受，人们都相信陈仲子能做到这一点。（然而陈仲子的所谓义）只是舍弃一箩饭、一碗汤的那种小义。人最大的不义是丧失父兄君臣尊卑之大义。因为陈仲子有小义，而相信他会遵循大义，怎么行呢？"

13.35

桃应问曰："舜为天子，皋陶为士，瞽叟杀人，如之何？"孟子曰："执之而已矣。""然则舜不禁与？"曰："夫舜恶得而禁之，夫有所受之也。""然则舜如之何？"曰："舜视弃天下，犹弃敝屣也。窃负而逃，遵海滨而处，终身欣然，乐而忘天下。"

【译文】

桃应问孟子："舜当天子，皋陶是法官，如果瞽叟杀了人，怎么办？"

孟子说："拘捕起来就行了。"

桃应问："舜难道不去阻止吗？"

孟子说："舜怎么会去阻止呢？他父亲是应该被皋陶拘捕的。"

桃应问："那么舜会怎么做呢？"

孟子说："舜把放弃天下当成丢弃破鞋一样。他会偷偷背起父亲逃走，循着海滨找个地方住下来，一辈子跟父亲愉悦地生活，甚至快乐得忘了自己曾经当过天子。"

13.36

孟子自范之齐，望见齐王之子，喟然叹曰："居移气，养移体。大哉居乎！夫非尽人之子与？”

孟子曰：“王子宫室、车马、衣服多与人同，而王子若彼者，其居使之然也。况居天下之广居者乎？鲁君之宋，呼于垤泽之门。守者曰：‘此非吾君也，何其声之似我君也？’此无他，居相似也。”

【译文】

孟子从范邑到齐都，远远看见齐王的儿子，感叹说：“居住的环境能够改变气质，平时的奉养能够改变体质。人居住在什么地方，对人的精神气质的影响真是大啊！不都是人的儿子吗？（为什么齐王的儿子的精神气质那么与众不同呢？）”

孟子说：“王子的宫室、车马、衣服大多跟别人差不多，而王子具有那样的精神气质，是因为他的居住环境使其如此。更何况那些居住在天下最广大的居所‘仁’之中的人呢？鲁国国君到宋国，在东城门下呼喊开门。守门人说：‘这个人不是我们的国君，可是他的声音跟我们的君主怎么那么相像呢？’没有别的原因，乃是因为鲁国国君与宋国国君居住的环境相似（，所以有相似的精神气质）。”

13.37

孟子曰：“食而弗爱，豕交之也。爱而不敬，兽畜之也。恭敬者，币之未将者也。恭敬而无实，君子不可虚拘。”

【译文】

孟子说：“养活他而不爱他，就跟养猪没有什么不同；爱他而不恭敬，就跟驯养家畜没有什么不同。恭敬之心，是在送礼之前就应该具备的心态。然而若仅仅是表面上的恭敬，而不是发自衷心的恭敬（，这样的虚礼是无用的），君子不可被这种虚假的礼仪所拘束。”

13.38

孟子曰："形色，天性也。惟圣人然后可以践形。"

【译文】

孟子说："形貌容色，是人天生的（；美好的形貌容色，要以内在的仁德来充实）。只有圣人在具备内在的仁德之后，能够使天赋的形貌容色得以呈现。"

儒家的修身养性与经世致用之道，本是一个系统性的整体，前者是心性哲学，后者是政治哲学，二者相融相契，而不可相隔相分。在传统儒家观念中，最高的心性修养成就与最高的经世致用成就是相通的。生命与心灵的高度，与治国平天下的世俗成就，能够同时达到极致，且完美地统一在一个人身上，这是儒家的最高理想。

在这个最高理想中，尧舜之人格（心灵与生命的高度）与尧舜之天下（治国平天下的高度）是一件事，不可切开看。所以在儒家的王道政治中，那个最高的"王"，不是世俗意义、功利意义上的"王"，而是道德人格与生命境界意义上的"王"，他与天地合德，与万物一体，沟通天人，至诚至善。

《中庸》中讲到的圣人，"博厚、高明、悠久"，"博厚配地，高明配天，悠久无疆"（二十六章）；"大哉圣人之道，洋洋乎，发育万物，峻极于天。优优大哉！礼仪三百，威仪三千，待其人而后行。故曰苟不至德，至道不凝焉。故君子尊德性而道问学，致广大而尽精微，极高明而道中庸"（二十七章）；"仲尼祖述尧舜，宪章文武，上律天时，下袭水土。辟如天地之无不持载，无不覆帱，辟如四时之错行，如日月之代明。万物并育而不相害，道并行而不相悖。小德川流，大德敦化，此天地之所以为大也"（第三十章）。这种圣王境界，与天地偕行而成其广大、博厚、高明、悠久之性，以至高至全之德性，覆载万物，包容万物，内在心性之圆满与外在功业之恒久达成高度的统一。孔子与尧、舜都达到了这样的精神高度，只是孔子未得其位而已，故称“素王”。

西方政治学说很难将心性哲学与政治哲学进行有机的整合融汇，这一哲学传统只有在中国儒家哲学中才受到特别的尊重与发扬，这不能不说是一种极为特殊的现象。儒家政治哲学的这一特征，在今天仍然对中国人的政治观念有着根深蒂固的深刻影响，这在西方“心性—道德”与“政治治理”二分的观念世界中是很难想象的。在今天的西方政治实践中，治国者的道德人格与其世俗意义上的国家治理成就是被“理性而清晰”地切割开的。

一个君子，在儒家观念中，就应该终生追求二者的统一。他既要在内心修炼与人格养成上以圣贤人格为榜样，刻苦砥砺，不断进取，又要成功地应对外部世界的挑战，以期达成对外部世界的完全的适应与充分的掌握，顺天达命，从容自如。君子所到之处，所居之处，就是一个安详、和谐、正确、光明的世界，不管这个世界是一个家庭、一个家族、一个社区、一个国家还是一个天下，“无入而不自得焉”（《中庸》第十四章）。孟子可“独善其身”，也可“兼善天下”（13.9），出入从容，行藏自得，“居仁由义”（13.33），“动容周旋”无不“中礼”（14.33）。所以当公孙丑以《诗经》中的“不素餐兮”来质疑“君子不耕而食”时，孟子当即反驳“孰大于是？”（13.32）。公孙丑之问，与彭更质疑孟子“传食于诸侯”、“士无事而食”（6.4），乃是出于同一逻辑。在孟子看来，士君子是天下之道德运命的自觉承担者，他肩负伟大的道德使命，为天下树立一种道德楷则，承前启后，继往开来，使人类之文明得以赓续繁衍。“于此有人焉，入则孝，出则悌，守先王之道，以待后之学者，而不得食于子？子何尊梓、匠、轮、舆而轻为仁义者哉？”（6.4）孟子以为，士君子的道义担当乃天下至重之责，君子担之，责无旁贷，而天下若无士君子之道义担当，则不成其为天下矣。君子亨达之时，为国君所用，安居其位，而行仁义于天下，此“兼善天下”也；若不为世所用，则修其身，齐其家，教子弟以孝悌忠信，所谓“独善其身”也。“君子居是国也，其君用之，则安富尊荣；其子弟从之，则孝悌忠信”（13.32），无论用还是不用，士君子都有清醒的使命担当，“在邦必达，在家必达”（《论语·颜渊》），守身行义，不稍懈怠，“孰大于是”？哪个人承担的使命能比士君子承担的使命更大？“天不生仲尼，万古如长夜”（《朱子语类》第九十三），斯之谓也。所以“士何事”？孟子曰：“尚志。”（13.33）士君子之所为，乃是修心性，尚志节，行仁义，如此而已。“仁义而已矣。杀一无罪非仁也，非其有而取之非义也。居恶在？仁是也。路恶在？义是也。居仁由义，大人之事备矣。”（13.33）士君子的行为，岂不简单轻易？居其仁，“仁”乃是君子最为开廓广大之居所；由其义，“义”乃是君子最为平直之大道也。如此坦坦荡荡，轻省自然，出乎天性，接于万物，其间并没有神秘高深之事，这才是儒家的真精神。

在心性训练上，孟子在《尽心上》中提出“居养”、“践形”两个新概念。“居养”与“践形”都是由内而外的心性功夫，含摄身心两方面。孟子讲“睟面盎背”（13.21），表面上是讲容色面貌，实际上是讲一个人的深层内在气质，这种深层内在气质之养成，是因为“仁义礼智根于心”（13.21），因而外化为其清和润泽之面色、气机生动之肩背，使他的整个身心都洋溢出一种生气勃发、鸢飞鱼跃之气象。孔子讲“知者乐，仁者寿”（《论语·雍也》），圣贤处世明哲，洞察万物，无事不从容自在，故常乐；“仁者不忧”（《论语·子罕》），去私欲，保天和，身心舒泰，故长寿。所以“睟面盎背”、“知乐仁寿”的原因，乃在于士君子善养其心，善护持此心，这个“养”字在孟子心性哲学乃至养生哲学中极为重要。

孟子讲“养心莫善于寡欲”（14.35），这是心性存养之学，也是养生之学，实际上身心一体，养心养生岂能分作两截？“苟得其养，无物不长，苟失其养，无物不消”（11.8），这里说的也是身心两事，有德之人，私欲尽泯，心思旷远而安宁，不为琐屑小利而萦绕于心，无一日不舒畅，无一日不尽其性情，心君泰然，所以他能长寿无病。所以养好了心，养好了德，没有心事，才是养生之正道。

马一浮先生写过一个养生四诀：“食要少，睡要早，心要好，事要了。”“心好”如何关乎养生？“心好”即是具备仁者之心。就像董仲舒在《春秋繁露·必仁且智篇》中所言：“仁者，恻怛爱人，谨翕不争，好恶敦伦，无伤恶之心，无隐忌之志，无嫉妒之气，无感愁之欲，无险陂之事，无辟违之行，故其心舒，其志平，其气和，其欲节，其事易，其行通，故能平易和理而无事也。”所以仁者“心好”则“无事”。这就是马一浮讲的“心要好，事要了”之深意。不仁者日夜忧虑，为小利而患得患失，天天想着那些邪僻险陂之事，则其心何得平安舒畅？所以要想心君舒泰，就要远离那些会戕害心性之事。所以孟子讲：“岂惟口腹有饥渴之害？人心亦皆有害。”（13.27）饥渴之害，使人丧失对饮食的正常判断能力，故“饥者甘食，渴者甘饮，是未得饮食之正也，饥渴害之也”。而“心害”也会如“饥渴之害”一样，使人心丧失正常的认知能力，故人心浮躁，陷于争竞、不安、焦虑、妒忌、愁苦等情绪之中而不能自拔。《尽心上》中之“心害”，实是功利物欲之害也。饥渴之害，使人不知味，强甘之也；功利物欲之害，“以不及人为忧”，使人心扰攘不安，渐生诡诈贪欲。苟无“心害”，“不及人不为忧”（13.27），则寡欲心和，达天知命，“不忮不求”（《诗经·邶风》），不忧不惧，此心坦然，此亦老子所言“长生久视”之道。

孟子在《尽心上》中，还特别讲到“居移气，养移体”，前者是养心，而后者是养形，亦是身心合起来说。“居移气”，表面上是说一个人的居住环境会深刻改变一个人的精神气质，而更深层次上乃是讲心性之养，所以这个“居移气”之“居”，乃更是指“居天下之广居”之“居”，观孟子《尽心上》“王子宫室车马衣服多与人同，而王子若彼者，其居使之然也。况居天下之广居者乎？”（13.36），即可明白。而“养移体”亦然，此中之“养”亦非唯口腹之养，而更是心性之养，仁义德性之涵育，正是心性之存养，可使身心安泰，故其形体健爽，常葆“睟面盎背”、“鸢飞鱼跃”之畅达活泼、生机蓬勃之气象。外在的形色固然人人不同，然而真正决定一个人精神气质的，乃是内在的深层的心性之养。所以孟子说：“形色，天性也；惟圣人然后可以践形。”（13.38）所谓“践形”，就是内与外、心与身相洽而归一，相契而合一。圣人内外一致，形神相合，身心一体，外在的形色容貌与内在的道德心性完美结合。故无论“居养”还是“践形”，都是由内而外，如此则身心不二，形神不离，这样才合乎养生养心之道。

三十二　时雨化之

13.39

齐宣王欲短丧，公孙丑曰："为期之丧，犹愈于已乎？"孟子曰："是犹或紾其兄之臂，子谓之姑徐徐云尔。亦教之孝悌而已矣。"王子有其母死者，其傅为之请数月之丧，公孙丑曰："若此者何如也？"曰："是欲终之而不可得也，虽加一日愈于已。谓夫莫之禁而弗为者也。"

【译文】

齐宣王想要缩短丧礼之制。公孙丑说："父母死后守孝一年的丧制，也还比完全不守孝要好些吧？"

孟子说："这就好比一个人扭他兄长的胳膊，你却对他说慢点扭吧。（这怎么能行呢？）教导他要孝顺父母、敬爱兄长，就行了。"

有王子死了母亲，他的师傅替他请求为母亲守孝几个月。公孙丑说："像这样的做法怎么样？"

孟子说："这是因为王子想要守完三年的孝而不能做到。即使多一天守孝，也比完全不守孝要好些。然而这是对那些没有人禁止他守孝而他自己却不去守孝的人来说的（，对于有孝心的人，还是守三年之丧礼比较好）。"

13.40

孟子曰："君子之所以教者五：有如时雨化之者，有成德者，有达财者，有答问者，有私淑艾者。此五者，君子之所以教也。”

【译文】

孟子说：“君子有五种教育人的方法：有的像及时雨使其得到润育，有的成就其德行，有的培育其才华，有的解答其困惑，有的则是受教育者私下自己效仿学习到的。这五种方式，就是君子教育熏陶人的基本方法。”

13.41

公孙丑曰：“道则高矣，美矣，宜若登天然，似不可及也。何不使彼为可几及而日孳孳也？”孟子曰：“大匠不为拙工改废绳墨，羿不为拙射变其彀率。君子引而不发，跃如也。中道而立，能者从之。”

【译文】

公孙丑说：“您说的道实在太高了，太好了，几乎像登天一样，似乎是高不可攀的。为什么不把目标定得让学习者刚刚有希望达到，从而让他们每天努力寻求呢？”

孟子说：“高明的工匠不会因为徒弟手艺笨拙而改变或废弃绳墨规矩，羿这样高明的射手也不会因为别人拙于射箭而改变标准的弯弓幅度。君子教导别人，正如射手拉满了弓却不发射，只做出跃跃欲试的样子。他站立在正确的道路上，有能力的人自然就会追随他。”

13.42

孟子曰：“天下有道，以道殉身，天下无道，以身殉道。未闻以道殉乎人者也。”

【译文】

孟子说：“天下政治清明之时，君子身出，就使大道得以通行；天下政治昏暗，君子就要守道不移，甚至不惜为道而死。没听说牺牲道来迁就逢迎人的。”

13.43

公都子曰：“滕更之在门也，若在所礼，而不答，何也？”孟子曰：“挟贵而问，挟贤而问，挟长而问，挟有勋劳而问，挟故而问，皆所不答也。滕更有二焉。”

【译文】

公都子说：“滕更在您门下学习的时候，似乎还在礼遇之列，而您却不回答他的问题，这是为什么呢？”

孟子说：“有的人仰仗自己的富贵权势来发问，有的人仰仗自己的贤能来发问，有的人仰仗自己年长而发问，有的人仰仗自己有功劳来发问，有的人仰仗自己是老朋友来发问，（他们发问时居高临下，动机不纯，）我对他们的提问都不予回答。滕更占了刚才说的两种情况（，所以我不回答他）。”

13.44

孟子曰：“于不可已而已者，无所不已。于所厚者薄，无所不薄也。其进锐者其退速。”

【译文】

孟子说：“对于不可停止的事情却停止去做，那么就没有什么事情不能停止的了。对应该厚待的人却去薄待他，那么就没有什么人不可以薄待了。前进太迅猛的人，他后退得也快。”

13.45

孟子曰：“君子之于物也，爱之而弗仁；于民也，仁之而弗亲。亲亲而仁民，仁民而爱物。”

【译文】

孟子说："君子对于万物，爱惜它却对它不施仁德。对于老百姓，施行仁德，但却不亲爱他们。亲爱父母，然后对百姓施行仁德；对百姓施行仁德，然后爱惜万物。"

13.46

孟子曰："知者无不知也，当务之为急；仁者无不爱也，急亲贤之为务。尧舜之知而不遍物，急先务也。尧舜之仁不遍爱人，急亲贤也。不能三年之丧，而缌小功之察，放饭流啜，而问无齿决，是之谓不知务。"

【译文】

孟子说："智者没有什么不知道的，但是他们首先要急于当前最重要的事情（去深入了解）。仁者没有不爱的，但是他们首先要以爱亲人与贤人为急务。以尧舜的智慧都不能遍知一切事物，是因为他们首先急于了解首要之事；以尧舜的仁德尚不能普遍地爱一切人，是因为他们先要爱亲人与贤人。不能守三年之孝，却去讲究缌麻三月、小功五月的琐屑葬礼，（在尊长面前毫不知礼地）大吃大喝，（你不去管他，）却去过问他不该用牙齿咬断干肉这样的琐屑礼节，这就叫作不知轻重，不识大体。"

如同孔子一样，孟子也是一位伟大的教师。他教弟子、教王侯、教百官，对当时不同学派的学者与年轻人亦无所不教。孟子与亲密弟子万章、公孙丑之间的论辩，乃是师生之间极为精湛、精妙的学术对话与课堂答问，循循善诱，充满智慧，堪与苏格拉底师生对话相媲美。他教王侯，既讲究言语引导之技巧，又能直言不讳，言无不尽，恳切坦荡，有大师之风。他教百官，随机接引，不拘一格，务期合宜。当他施教于不同学派之求教者，则辩风凌厉，当仁不让，而又富有学理气息，绝不以势压人，而是以理服人。孟子天生就是一个伟大的教师，他有教化人的激情与使命感，有一个教师所必备的学术造诣与人格魅力，所以他既可以被称为“经师”，更堪称“人师”，使人立德成人。孟子可能也对自己经常教导别人有所反思与检讨。他说：“人之患，在好为人师。”（7.23）若徒“好为人师”，而无真正的学术根基，又无为师者应有的人格修养，无以教人而强加于人，则灾患必至。故“好为人师”者流，固应引以为戒，然而像孟子这样伟大的教师则难能可贵，不可多得，其“好为人师”，正显示其救世之切、矫世之急也。

孟子教人，立意高，标准高，取法乎上，同时又循循善诱之，使学生能从高处着眼，打开格局，又能循序渐进，有入手处。他说：“大匠不为拙工改废绳墨，羿不为拙射变其彀率。君子引而不发，跃如也。中道而立，能者从之。”（13.41）传道之师，固宜如此。悬高标而励后学，又以“引而不发”引导后学循此路径学而不已。他教导学生不要以功利之心去学习，而是要以圣贤之学为务，他对乐正子说：“子之从于子敖来，徒哺啜也。我不意子学古之道，而以哺啜也。”（7.25）学习乃学圣人之道，以成就圣贤人格为目标，非为世俗之功利饮食也。若立意不高，以博取衣食名利为目标，则终生必不入圣道。孟子强调对学生进行人格、品质教育，而不仅仅是具体的学问的传授。乐正子到齐国拜谒孟子晚了，遭到孟子严厉批评：“子闻之也，舍馆定，然后求见长者乎。”（7.24）乐正子幡然悔悟“克有罪”，尊师重礼，比学习知识更重要。孟子以逢蒙学射于羿而杀羿为例，教导公明仪教人宜以德为先，这是教师的责任。子濯孺子教尹公之他，学射必德性端正，故深知尹公之他为“端人”；而尹公之他又教庾公之斯，故知庾公之斯亦必为德性端正之人，所以子濯孺子听闻庾公之斯来迎战，自己虽“疾作，不可以执弓”，但相信必不为庾公之斯所害，庾公之斯果然遵从师教，“不忍以夫子之道反害夫子”（8.24），放了子濯孺子。羿作为老师，他在教学生的时候，徒教以射而不教以德，此羿之罪也。所以孟子特重道德教育，务使学生好德向善，成就君子人格。对于他批评过的乐正子，当孟子听说他要主持鲁国之政，“喜而不寐”，他认为乐正子“为人也好善”（12.13），故足够使鲁国得到善治。

作为一个伟大的教师，孟子有高超的教学艺术，他教育学生总是不拘一格，方式灵活多样。孟子说：“君子之所以教者五：有如时雨化之者，有成德者，有达财者，有答问者，有私淑艾者。此五者，君子之所以教也。”（13.40）“时雨化之”之教，乃师者因时制宜，随时点化，应机接引，在不同环境、不同语境中给学者以提点教育。“化”是春风化雨，润物无声，是应时而作，不拘于常，如孔子见滔滔流水，则教学生“逝者如斯夫，不舍昼夜”（《论语·子罕》），见孺子歌沧浪之诗，则教学生“清斯濯缨，浊斯濯足，自取之也”（7.8），如阳明先生与学生踏青出游，见花灿然，而导之以“心外无花”、“心外无物”之理。禅宗之祖师，点化徒众，亦多道眼前事，随机发挥，使其当下顿悟。故“时雨化之”之教法，要讲究“化机”，见机而作，应机接引，这的确是最高的教学艺术。

“成德”之教，乃儒家教法之核心，君子所学，端在为人立世，故儒学即圣人君子之学，孟子教人亦以成就人格为最高鹄的，与当今重知识传授之西学系统迥异。中国的学问，目标是成人、立人、达人，而非单纯追求所谓客观知识，故中国教育传统乃是“人统”，而西方教育传统乃是“知统”（钱穆）。

“达财（才）”之教，乃增进见识、提高智识、增加能力之教学，“达才”必因材施教，使从学者人人尽其才，人人尽其天赋，各自成就，不可一概而论，没有固定之范式。

“答问”之教，是不同环境下、不同地位身份的人，时相问学，而随时答复之。答问必有交接论辩，而孟子最擅长此答问辩难之道。《孟子》一书，大多属答问之语，或答国君王侯，或答庶臣百官，或答学界同僚，或答远道访客，无不因时因地而随其宜：或条分缕析，循循善诱；或棒喝直言，使其当下顿悟，如醍醐灌顶；或智斗旁击，使提问者落入逻辑困境，从而自知醒悟。凡此种种，在《孟子》一书中，俯拾皆是，读来令人兴味盎然，真是“读其书，想见其为人”（《史记·孔子世家》）。

“私淑艾”之教，非亲教，乃以为师者之流风余韵，使后人受到熏陶感化，“私取诸人”谓之“私淑”也。“私淑艾”乃是“私自拾取”之义。孟子自己就说：“予未得为孔子徒也，予私淑诸人也。”（8.22）“私淑”之教，师生悬隔万里，生不同时，而能在精神上遥相继承，此是最高境界之教育也。

孟子教人，既讲因机施教，不拘一格，又能在教育中坚持原则，并非有问必答，“来者不拒”（14.30）。他既讲“得天下英才而教育之”（13.20）乃人生至乐，同时又在教育中有所拣择，体现出孟子特有的是非分明的风格。孟子曰：“教亦多术矣，予不屑之教诲也者，是亦教诲之而已矣。”（12.16）所以“不屑之教”，也是一种特殊的教育方式。何故“不屑教之”？必是因为被教者有不齿于师者，或其动机不正，或其目的不纯，或其态度不恭，或其心意不诚，师不屑教之，是亦教之矣。此“不言之教”（《道德经》），乃使学者退而自悟也。《论语·阳货》：“孺悲欲见孔子，孔子辞以疾。将命者出户，取瑟而歌，使之闻之”，这也是“不屑之教诲”。孔子先以疾病为托辞而不见孺悲，而待前来传达孺悲意思的人出门之后，孔子取瑟而歌，且故意让他听到，此中无言胜有言，不屑之教，亦已教之，孺悲若能省思体悟，自能有所改进。

孟子曾说过“五问不答”：“挟贵而问，挟贤而问，挟长而问，挟有勋劳而问，挟故而问，皆所不答也。”（13.43）所以他对滕君之弟滕更便不予接待，是亦“不屑之教诲也者”。自以为地位尊贵者不教，自以为了不起的人不教，倚老卖老的人不教，自以为有功劳的人不教，套近乎拉关系的人不教。因为这五种人过来求教，皆有所依仗，故动机不正，态度倨傲，毫无求学问道之精诚，毫无求师尊师之谦逊，这样的人孟子“不屑教之”，然亦已教之，苟退而内省，当有进境。虽孟子“有教无类”(《论语·卫灵公》)，可谓“诲人不倦”(《论语·述而》)，但是又很有原则性，教与不教，泾渭分明。他持守师道尊严，用各种方式使学者体道向学，其教学艺术既继承了孔子的优良传统，又有所发展，真可谓千古人师。

圣人之教，广大简易，“所过者化，所存者神”(13.13)，所以教化以无形，润物以无声，千载之下，其流风余韵，亦未稍歇。圣人之教，其究竟处，在教人体道成性，弘道达命。学者须深体此道，成就自性，弘扬此道，达于天命，此为圣人之教之根本。“天下有道，以道殉身；天下无道，以身殉道。未闻以道殉乎人者也。”(13.42)君子生此世间，求道而已。若天下有道，“身出则道在必行”(朱子《四书集注》)，故俊杰在位，行其大道，平治天下，立德立功；而天下无道，亦修身不懈，持节不移，即使以身殉乎道义，亦在所不辞也，此之谓“守死善道”(《论语·泰伯》)、“舍生取义”(11.10)者也。不“以道殉乎人”，即不阿世，不媚人，不枉大道以事王侯，朱子曰：“以道从人，妾妇之道”，孟子教人，亦以“守身为大”(7.19)。然而孟子教人以圣贤之学，又讲究次第，讲究轻重、大小、缓急、先后、本末，此学问次第，不可轻忽。任人问屋庐子：“礼与食色孰重？”(12.1)乃不知临事量宜，不能权其轻重；场师“舍其梧槚，养其樲棘”(11.14)，则是不知小大之分，以小害大；陈仲子“舍箪食豆羹而亡亲戚君臣上下”(13.34)，亦执小而失大。“尧舜之知而不遍物，急先务也；尧舜之仁不遍爱人，急亲贤也”(13.46)，乃因尧舜知缓急先后之分，“当务之为急”，“急亲贤之为务”(13.46)，故“不知务者”不能分缓急先后也，失却次第，则圣学无存焉。

孟子教人，特重此成圣之次第，不可错乱胡来。孟子说：“君子之于物也，爱之而弗仁；于民也，仁之而弗亲；亲亲而仁民，仁民而爱物。”（13.45）“亲亲为大”（7.19），圣人之教、士君子之养成，必自“亲亲”始，此为圣学之本也；由亲亲而至于仁民，由仁民而至于爱养万物，皆是孟子所谓扩充推广之工夫。舍此阶梯，失此次第，则大小、先后、本末、轻重皆乱，“其进锐者，其退速”（13.44），此之谓“欲速则不达”也。

卷十四　尽心下

三十三　民贵君轻

14.1

孟子曰："不仁哉，梁惠王也！仁者以其所爱及其所不爱，不仁者以其所不爱及其所爱。"

公孙丑问曰："何谓也？"

"梁惠王以土地之故，糜烂其民而战之，大败；将复之，恐不能胜，故驱其所爱子弟以殉之。是之谓以其所不爱及其所爱也。"

【译文】

孟子说："梁惠王实在是不仁啊！有仁德的人，将对他所爱的人的恩惠推广到他所不爱的人，而没有仁德的人，却将对他所不爱的人所施加的祸害推广到他所爱的人。"

公孙丑问："您这话是什么意思呢？"

孟子说："梁惠王因为要争夺土地，所以极力驱使老百姓上战场，致使老百姓尸骨糜烂，军队被打得大败；他还要再战，害怕不能取胜，所以就驱使他所爱的子弟去到战场上丧命。这就是把对自己所不爱的人施加的祸害推广到自己所爱的人。"

14.2

孟子曰："春秋无义战。彼善于此，则有之矣。征者，上伐下也，敌国不相征也。"

【译文】

孟子说："春秋时代没有一场战争是正义的。可是一个国家的君主比另外一个国家的君主要好些，这种情况是有的。征讨是在上位的人讨伐在下位的人（指天子讨伐诸侯），同一等级的敌对双方的国家是不能相互征讨的。"

14.3

孟子曰："尽信《书》，则不如无《书》。吾于《武成》，取二三策而已矣。仁人无敌于天下，以至仁伐至不仁，而何其血之流杵也？"

【译文】

孟子说："全相信《书》，还不如没有《书》。我对于《武成》篇，只是摘取其中两三页而已。仁德之人天下无敌，武王这个最仁德的君主去讨伐最不仁德的纣王，怎么会到血流成河把槌衣棍都漂起来的地步？（书上的记载不可尽信啊。）"

14.4

孟子曰："有人曰：'我善为陈，我善为战。'大罪也。国君好仁，天下无敌焉。南面而征，北夷怨；东面而征，西夷怨。曰：'奚为后我？'武王之伐殷也，革车三百两，虎贲三千人。王曰：'无畏！宁尔也，非敌百姓也。'若崩厥角稽首。征之为言正也，各欲正己也，焉用战？"

【译文】

孟子说："有人说，'我善于摆军阵，我善于指挥作战'，这实在是极大的罪恶。如果国君爱好仁德，则天下无敌。商汤征讨南方，北方的老百姓就埋怨；他向东征讨，西方的老百姓埋怨，他们都说：'为什么把我们这里放在后面（征伐）？'武王讨伐商纣时，有三百辆战车，三千个勇士。武王（对老百姓）说：‘你们不要害怕！我是来安定你们的，不是与你们老百姓为敌的。’老百姓对王的欢迎就像山崩一般，他们纷纷以头触地向武王敬拜。‘征’这个字的意思是‘正’，每个人各自都想使自己端正，哪还用得着什么战争？”

14.5

孟子曰：“梓匠轮舆，能与人规矩，不能使人巧。”

【译文】

孟子说：“木匠和造车匠可以教人制作的规范准则，却不能让人具备高超的技巧。”

14.6

孟子曰：“舜之饭糗茹草也，若将终身焉。及其为天子也，被袗衣，鼓琴，二女果，若固有之。”

【译文】

孟子说：“舜在穷困之时，吃的是粗劣的饭菜，（可是他安之若素，）就好像要终身如此；等到他当了天子，穿好的衣服，弹琴，尧的两个女儿服侍他，（他也安之若素，）好像本来就应该拥有这样的生活。”

14.7

孟子曰：“吾今而后知杀人亲之重也。杀人之父，人亦杀其父；杀人之兄，人亦杀其兄。然则非自杀之也，一间耳。”

【译文】

孟子说：“我从今而后算明白杀害别人的亲人会得到多么重的报复了：杀别人的父亲，别人也杀他的父亲；杀别人的兄长，别人也杀他的兄长。虽然不是自己亲手杀害自己的父亲兄长，然而也相差不多了。”

14.8

孟子曰："古之为关也，将以御暴；今之为关也，将以为暴。"

【译文】

孟子说："古代人设立关卡，是为了防御残暴之人；今天设立关卡，则是打算施行残暴。"

14.9

孟子曰："身不行道，不行于妻子；使人不以道，不能行于妻子。"

【译文】

孟子说："自己假若不能依大道而行事，那么大道在妻子身上都不能通行；自己如果不用正确的方式来使唤别人，那么也就连自己的妻子也难以使唤。"

14.10

孟子曰："周于利者，凶年不能杀；周于德者，邪世不能乱。"

【译文】

孟子说："如果一个人财利富足，那么即使是在灾荒之年，也不会走上绝路；如果一个人具有高尚的道德，那么即使是在邪恶的世道，他也不会迷惑乱干。"

14.11

孟子曰："好名之人能让千乘之国。苟非其人，箪食豆羹见于色。"

【译文】

孟子说："好虚名的人，可以把拥有千辆兵车的国家的君位让给别人，然而如果对方并不是他想要辞让的对象，那么即使要让他让一箩饭一碗汤，他都会表现出不乐意的神色。”

14.12

孟子曰：“不信仁贤，则国空虚；无礼义，则上下乱；无政事，则财用不足。”

【译文】

孟子说：“如果不能信任仁德贤能之人，那么国家的力量就会空虚；如果不讲礼仪，一国之中上下关系就会混乱；如果没有很好的政治治理，那么国家的财政力量就会匮乏。”

14.13

孟子曰：“不仁而得国者，有之矣；不仁而得天下，未之有也。”

【译文】

孟子说：“没有仁德而能得到一个国家的，可能会有；没有仁德而能得到天下的，没有这样的事。”

14.14

孟子曰：“民为贵，社稷次之，君为轻。是故得乎丘民而为天子，得乎天子为诸侯，得乎诸侯为大夫。诸侯危社稷，则变置。牺牲既成，粢盛既絜，祭祀以时，然而旱干水溢，则变置社稷。”

【译文】

孟子说：“（一个国家，）老百姓最重要，代表国家的土谷之神其次，而君主为轻。所以得到老百姓的拥戴方可成为天子，得到天子信任的方为诸侯，得到诸侯信任的方为大夫。如果诸侯危害国家，就改立诸侯。如果祭祀用的牺牲已肥，祭祀用品也已整洁备用，而且又按时祭祀，却遭遇上天降下的干旱与水灾，那就改立土谷之神。”

公羊春秋之学，创自孔子，而孟子继之。《孟子·滕文公下》曰：“世衰道微，邪说暴行有作，臣弑其君者有之，子弑其父者有之。孔子惧，作《春秋》。《春秋》，天子之事也。是故孔子曰：‘知我者其惟《春秋》乎！罪我者其惟《春秋》乎！’”（6.9）三代而后，天下混乱，“圣人之道衰”（6.9），礼乐崩坏，纲纪倾圮，孔子深怀忧惧，乃以深沉的使命感与历史忧患意识，作《春秋》，以图“正人心，息邪说，距诐行，放淫辞”，故孔子“成《春秋》而乱臣贼子惧”（6.9）。而撰著历史，寓褒贬，乃是天子之职权，孔子作《春秋》，乃开平民私家著史之先河，乃平民代天子立言作史，代行“天子之事”。故孔子说：“知我者其惟《春秋》乎！罪我者其惟《春秋》乎！”知我罪我，惟留予后人评说。孔子以空前的勇毅担当，为天下正心，为历史立言，其功至伟。孔子作《春秋》，非惟意在保存史实，而更意在阐发“春秋大义”，他的“春秋笔法”乃是秉承其史观，弘扬三代之礼法，抨击礼崩乐坏之现实，以图恢复尧舜禹汤文武周公之治。《离楼下》曰：“王者之迹熄而《诗》亡，《诗》亡然后《春秋》作。晋之《乘》，楚之《梼杌》，鲁之《春秋》，一也；其事则齐桓、晋文，其文则史。孔子曰：‘其义则丘窃取之矣。’”（8.21）

三代之时，天子设官采诗，“迹”即古之“遒人”，“以木铎纪诗言”（许慎《说文解字·丌部》）。“遒人”就是行人之官，持木铎（木舌金铃），询于道路，求各地歌谣之言，天子据以观民风，故不出户牖，尽知天下之治，此采诗之义也。所以《诗经》中的很多篇章，反映了各地的民风民意，描述了老百姓的生活以及民生疾苦，天子由此知天下苦乐。孔子继承《诗经》的笔法来著《春秋》，他要在历史的撰述中阐发他的史观，融进他的政治哲学，借以表达他的政治理想。孔子删《春秋》，褒贬分明，乱臣贼子，焉得不惧？

孟子赞成孔子寓褒贬、阐大义的春秋笔法，实际上，孟子在其书中对历史的阐释用的也是春秋笔法，爱憎分明，重在揭橥其仁政思想，而非意在“复述”历史事实。这也就是孟子特色的阐释学。孟子对历史著作的描述采取客观鉴别之态度，理性判断，并不盲从古人。他说“尽信《书》，则不如无《书》，吾于《武成》，取二三策而已矣。仁人无敌于天下，以至仁伐至不仁，而何其血之流杵也？”（14.3）“尽信《书》，则不如无《书》”，这里的《书》指的是《尚书》这部书，然而孟子的这个读书治学原则，似可通用于一切“书”。孟子对《尚书》中的记载并不全信，而是有所质疑，有所拣择。如所谓武王伐纣“血流漂杵”之说，他就抱怀疑态度。这个质疑本身，就表明了孟子对武王伐纣这一历史事件的基本史观。武王伐纣乃是“以至仁伐至不仁”，这样的仁君伐不仁之暴君，必受到民众之拥戴，“南面而征，北狄怨；东面而征，西夷怨，曰：‘奚为后我？’武王之伐殷也，革车三百两，虎贲三千人。王曰：‘无畏！宁尔也，非敌百姓也。’若崩厥角稽首”（14.4）。武王伐纣是安百姓，诛残暴，所以孟子认为“血流漂杵”之说并不可信，恐史家极尽夸张之能事。

孟子承公羊之学，其主张“春秋大义”、止暴去兵的思想态度是极为鲜明的。孟子说过“春秋无义战”（14.2），认为春秋时代诸侯之间频繁征战，其中并无正义战争。梁襄王问孟子“天下恶乎定？”孟子说“定于一”，而“孰能一之？”孟子认为“不嗜杀人者能一之”，“如有不嗜杀人者，则天下之民皆引领而望之矣。诚如是也，民归之，犹水之就下，沛然谁能御之？”（1.6）。孟子对梁惠王、梁襄王父子的规劝是一样的，要行仁政，去兵革，“与民偕乐”（1.2）。而梁惠王一味好战，并不听从孟子之规劝。梁惠王曾自己描述国家的惨状：“及寡人之身，东败于齐，长子死焉；西丧地于秦七百里，南辱于楚。”

（1.5）梁惠王在与齐、秦、楚的战争中，失地受辱，还把长子的命也搭进去，不可谓不惨。而孟子则屡劝惠王“施仁政于民，省刑罚，薄税敛，深耕易耨，壮者以暇日，修其孝悌忠信，入以事其父兄，出以事其长上”，这样就可“仁者无敌”（1.5）。在《尽心下》中，孟子感叹：“不仁哉梁惠王也！仁者以其所爱及其所不爱，不仁者以其所不爱及其所爱。”（14.1）梁惠王为了争夺土地，扩张疆域，不惜发动战争，驱民而战，到最后甚至不惜“驱其所爱子弟以殉之”（14.1），这是“至不仁者”。孟子反战，是基于爱民、仁民的观点：“不教民而用之，谓之殃民。殃民者，不容于尧舜之世。”（12.8）他把那些自称“能为君辟土地、充府库”（12.9）的人称为“民贼”，“君不乡道，不志于仁，而求为之强战，是辅桀也”（12.9）。他认为这样的所谓能臣实乃祸国殃民之大恶之人，罪不容赦：“争地以战，杀人盈野；争城以战，杀人盈城。此所谓率土地而食人肉，罪不容于死。故善战者服上刑，连诸侯者次之，辟草莱、任土地者次之。”（7.14）孟子的止杀、止暴、反战的思想一以贯之，他反战的态度也极其激烈，在这一点上，他与老子、墨子、庄子等思想家的态度是一致的，这也是与孔子的行王道、反霸道的政治观一脉相承的。

行王道、施仁政者，大得民心，故可得天下。即使遇到战争，也是“天时不如地利，地利不如人和”，孟子把人的因素置于战争胜败的核心，是极有远见的。“域民不以封疆之界，固国不以山溪之险，威天下不以兵革之利。得道者多助，失道者寡助。寡助之至，亲戚畔之；多助之至，天下顺之。”（4.1）仁者爱民、仁民，所以能得天下，“三代之得天下也以仁，其失天下也以不仁。国之所以废兴存亡者亦然”（7.3）。中国历史上三千年王朝兴替，不正是为这句话所做的注脚吗？文王“视民如伤”（8.20），爱之而不扰之，故大得民心，而“桀纣之失天下也，失其民也。失其民者，失其心也”（7.9）。如何得天下？“得天下有道，得其民，斯得天下矣。得其民有道，得其心，斯得民矣。得其心有道，所欲与之聚之，所恶勿施，尔也。”（7.9）得民贵得民心，得民心贵能顺民之意，“无为其所不为，无欲其所不欲”（13.17），圣人之道，原本如此广大简易！只要以民为本，顺从民意，就可以使天下归心，就可以王天下，得天命。“天视自我民视，天听自我民听”（9.5），上天的意志最终要通过人民的意志呈现出来，故逆民意者逆天，丧民心者失天命。故民之“所欲与之聚之”，这就是要“制民之产”，使其“有恒产然后有恒心”（1.7，5.3），不夺民时，使其安心生产，百姓自然富足，人民自然知礼，这就是“周于利者凶年不能杀，周于德者邪世不能乱”（14.10）。孔子“罕言利”（《论语·子罕》），孟子屡言“何必曰利”（1.1，12.4），然而对于民众之利、民生之利，则不仅言，还要行，宽政厚民，制产富民，皆是为民兴利，这就是“所欲与之聚之”。而“所恶勿施”，则薄赋敛、止战去兵，不“糜烂其民而战之”（14.1），此即不施民之所恶也，这就是最大的仁政。

孟子强调以民为本，爱民、富民、安民、厚民，与民偕乐，并进而提出“民贵君轻”的思想，这在中国思想史上如空谷足音，弥足珍贵。“民为贵，社稷次之，君为轻。”（14.14）得天下者，贵得民心，故民为至贵，民意即天意，不可违逆，儒家政治哲学这一思想，将“民”置于政治治理的核心与最高目的，其民本主义内核至今仍不失其光辉。诸侯可变置，社稷（祭祀之神）可变置，而民心不可违逆。对于那些残贼之君，害民虐民之主，则亦应代表人民的意志变置之，如孟子所言：“贼仁者谓之‘贼’，贼义者谓之‘残’，残贼之人谓之‘一夫’。闻诛一夫纣矣，未闻弑君也。”（2.8）“民为邦本，本固邦宁”（《尚书·五子之歌》），仁则得民，因得天下，不仁失民，因失天下。孟子说：“不仁而得国者，有之矣；不仁而得天下者，未之有也。”（14.13）民心向背，乃国家治乱之本，治国者不可不察也。“仁也者，人也；合而言之，道也。”（14.16）仁者爱人，仁人即为王道，欲得天下，舍仁人焉有他途？

三十四　美大圣神

14.15

孟子曰："圣人，百世之师也，伯夷、柳下惠是也。故闻伯夷之风者，顽夫廉，懦夫有立志；闻柳下惠之风者，薄夫敦，鄙夫宽。奋乎百世之上，百世之下，闻者莫不兴起也。非圣人而能若是乎？而况于亲炙之者乎？"

【译文】

孟子说："圣人，是百代以来值得效法的人，伯夷、柳下惠就是这样的圣人。所以听闻伯夷为人风范的人，那些贪顽的也变得清廉了，那些懦弱的也开始树立坚贞之志了；听闻柳下惠为人风范的人，那些刻薄的也变得敦厚了，那些胸怀狭窄的也变得的宽宏能容了。这些圣人，他们在百代以前奋发有为，而百代之后，听闻他们为人风范的人，没有不受到激励鼓舞而感奋的。如果不是圣人，怎么能做到这一点？（百代之后我们还受到他们的激励，）更何况那些亲身从他们那里接受熏陶的人呢？"

14.16

孟子曰："仁也者，人也。合而言之，道也。"

【译文】

孟子说："所谓'仁'，就是'人'；'仁'和'人'合起来讲，就是所谓的'道'。"

14.17

孟子曰："孔子之去鲁，曰：'迟迟吾行也。'去父母国之道也。去齐，接淅而行，去他国之道也。"

【译文】

孟子说："孔子离开鲁国，说：'我们放慢脚步走吧。'这是离开父母之邦应有的心态。当他离开齐国，不等把米淘洗好就出发了。这是离开别国时的心态。"

14.18

孟子曰："孔子之厄于陈、蔡之间，无上下之交也。"

【译文】

孟子说："像孔子这样的君子也会被困在陈蔡两国之间，这是因为他与两国的君臣上下都没有什么交往。"

14.19

貉稽曰："稽大不理于口。"

孟子曰："无伤也。士憎兹多口。《诗》云：'忧心悄悄，愠于群小。'孔子也。'肆不殄厥愠，亦不殒厥问。'文王也。"

【译文】

貉稽说："我被别人贬损得很厉害。"

孟子说："那没有什么伤害。真正的士，对别人的七嘴八舌的评说，本来是憎恶的。《诗经》上说：'将忧虑之心潜藏起来，不理那些小人对我的怨恨。'这就是孔子的做法。'不去忙着消除别人的怨恨，也不丧失自己的美好声誉。'这就是文王的做法。"

14.20

孟子曰："贤者以其昭昭，使人昭昭；今以其昏昏，使人昭昭。”

【译文】

孟子说：“贤人是因为自己彻底明白道理，才去教导别人，让别人也彻底明白道理；现在很多人，自己稀里糊涂，却要去教导别人，试图让别人明白道理。（这怎么行呢？）”

14.21

孟子谓高子曰：“山径之蹊间，介然用之而成路。为间不用，则茅塞之矣。今茅塞子之心矣。”

【译文】

孟子对高子说：“山坡上的小路，经常有人去走就成了路；假如有一段时间不去走，茅草就会堵塞小路。现在你的心，已经被茅草堵塞住了。”

14.22

高子曰：“禹之声，尚文王之声。”

孟子曰：“何以言之？”

曰：“以追蠡。”

曰：“是奚足哉？城门之轨，两马之力与？”

【译文】

高子说：“大禹的音乐要高于文王的音乐。”

孟子问：“你凭什么这么说呢？”

高子说：“禹时代流传下来的钟钮都被勒断了。”

孟子说：“凭这个理由怎么能够做出这样的判断？城门下的车辙印很深，难道仅仅是几匹马就能压出来的吗？（那是年代久了，许多车马轧出来的，禹那个时代的钟钮勒断，也是年岁已久的缘故。）”

14.23

齐饥。陈臻曰："国人皆以夫子将复为发棠，殆不可复。"

孟子曰："是为冯妇也。晋人有冯妇者，善搏虎，卒为善士。则之野，有众逐虎。虎负嵎，莫之敢撄。望见冯妇，趋而迎之。冯妇攘臂下车，众皆悦之，其为士者笑之。"

【译文】

齐国遭遇饥荒。陈臻说："齐国人都以为您会再次劝说齐王打开棠地的粮仓（来赈济饥民），我觉得您大概不会再这样做了。"

孟子说："如果我再这样做，就成了冯妇了。晋国有个叫冯妇的人，善于与虎搏斗，可是他后来不再干这事，最终成为一个善人。有一次他到野外去，看到有一些人正在追逐老虎，老虎靠着山角（抵抗），没有人敢去近前抓捕。人们远远看见冯妇，就跑过去迎接他，冯妇就撸着袖子伸展手臂下了车。大家都很高兴（冯妇能帮忙打虎），但是那些作为士的人却耻笑他。"

14.24

孟子曰："口之于味也，目之于色也，耳之于声也，鼻之于臭也，四肢之于安佚也，性也。有命焉，君子不谓性也。仁之于父子也，义之于君臣也，礼之于宾主也，知之于贤者也，圣人之于天道也，命也。有性焉，君子不谓命也。"

【译文】

孟子说："口喜悦美味，眼喜悦美色，耳喜悦美声，鼻喜悦好闻的气味，四肢喜悦安泰舒服，这是出于天性，（然而是否能够享用这些东西，）却也要看天命。所以君子不把这些享受看作是出于纯粹的天性（，从而不去强求这些享受）。父子之间要有仁爱，君臣之间要讲忠义，宾主之间要讲礼仪，贤人要有智慧，圣人要通达天道，这些东西的实现要看天命，然而其中也有天性的因素，所以君子不把这些东西作为纯粹的天命（，而是要顺从天性，努力去实现它们）。”

14.25

浩生不害问曰：“乐正子何人也？”

孟子曰：“善人也，信人也。”

“何谓善？何谓信？”

曰：“可欲之谓善，有诸己之谓信，充实之谓美，充实而有光辉之谓大，大而化之之谓圣，圣而不可知之之谓神。乐正子，二之中、四之下也。”

【译文】

浩生不害问：“乐正子是个什么样的人？”

孟子说：“他是个善人（即好人），又是个信人（即为人信实）。”

浩生不害问：“什么是善？什么是信？”

孟子说：“一个人具备大家喜欢的品德，叫作‘善’。这种‘善’的品德实实在在地存在于他身上，这就是‘信’。（既能做到‘善’和‘信’，）又能将‘善’和‘信’加以扩充，使之盈满身心，这就叫作‘美’（，也就是有美德之人）。能将善信之美德充实在自己身上，并且使之发扬光大，这就叫作‘大’（，也就是美德照于四方的大人）。既能将善信美德发扬光大，又能融会贯通，这就叫作‘圣’（，也就是能够使大道通行，而且使天下化之的圣人）。既能具备圣人之德智，而其道又深不可测，这样的境界就叫作‘神’（，也就是已达化境、神妙无方的神人）。乐正子，是介于善人与信人之间的那一类人，他的境界在‘美’、‘大’、‘圣’、‘神’四个境界之下。”

14.26

孟子曰：“逃墨必归于杨，逃杨必归于儒。归，斯受之而已矣。今之与杨、墨辩者，如追放豚，既入其苙，又从而招之。”

【译文】

孟子说："脱离墨家学派，必然会归入杨朱学派；脱离杨朱学派，必然会归入儒家学派。如果一个人重新回归儒家学派，那么宽容接受他就是了。今天与杨、墨两个学派辩论的人，好像追赶走失的猪一样，已经送回到猪栏里了，又用绳把它的脚捆起来。（这样有什么必要呢？）"

14.27

孟子曰："有布缕之征，粟米之征，力役之征。君子用其一，缓其二。用其二而民有殍，用其三而父子离。"

【译文】

孟子说："国家对老百姓征取赋役，有的征收布帛，有的征收粮食，有的征用劳力。治国的君子只征收一种，而其他两种则暂缓征收。如果同时征收两种，就会有人饿死。如果同时征收三种，那么父亲和儿子都互相顾不上了，只能是家破人亡。"

14.28

孟子曰："诸侯之宝三：土地、人民、政事。宝珠玉者，殃必及身。"

【译文】

孟子说："国君有三样宝贵的东西：土地、百姓和政治。把珠玉当作宝贝，就会使灾殃临到自己。"

14.29

盆成括仕于齐。

孟子曰："死矣，盆成括！"

盆成括见杀，门人问曰："夫子何以知其将见杀？"

曰："其为人也小有才，未闻君子之大道也，则足以杀其躯而已矣。”

【译文】

盆成括在齐国做官。孟子说：“盆成括要完了！”

盆成括后被人杀害。弟子问孟子：“您怎么能预知他会被杀害？”

孟子说：“他这个人有一点点小才，但却不能通晓成就君子的大道，（所以他就会卖弄小聪明而失去道义，）这样的话就足以使自己丧失性命了。”

14.30

孟子之滕，馆于上宫。有业屦于牖上，馆人求之弗得。

或问之曰：“若是乎从者之廋也？”

曰：“子以是为窃屦来与？”

曰：“殆非也。夫子之设科也，往者不追，来者不拒。苟以是心至，斯受之而已矣。”

【译文】

孟子到滕国，住在上等馆舍。馆舍里有人把一双未织成的草鞋放在窗台上，却找不到了。有人便对孟子说：“难道说是跟您学习的人把鞋子藏起来了？”

孟子说：“你以为这些人是为偷草鞋才来这里的吗？”那人回答：“大概不是。您在这里开科授课，（什么人都接受。）他们离开这里，您从来不追问；他们来这里，您从来也不拒绝。如果他们带着学习的意愿来这里，您都一概接受罢了。（所以来的人难免好坏混杂吧。）”

孟子作为战国时期著名的学者，大半生游走于各国之间，游事诸侯，宣扬自己的学说，与孔子的情形很相似。他们都有迫切的用世愿望，希望自己能奋其才智，在现实政治上施加影响，希望自己的仁政学说能够造福苍生，挽救当时礼崩乐坏的局面。孟子曾经与齐国、鲁国、梁（魏国）、宋国、邹国、滕国等大大小小国家的国君接触过，在大部分时间，孟子虽然在各国备受礼遇，但是却没有国君真正赏识和采纳他的学说与政策。孟子“道性善，言必称尧舜”（5.1），他言辞激烈地批评当时的统治者“为民父母，行政，不免于率兽而食人，恶在其为民父母也？”（1.4）。孟子对当时政治之黑暗、施政者之贪暴的抨击，比孔子要直率得多，激烈得多，他面对“庖有肥肉，厩有肥马，民有饥色，野有饿莩”、“率兽食人，人将相食”（6.9）的危颓局面，已经不可能保持温文端雅的姿态，故孟子之激越率直、针砭时弊，实在是时势使然。孟子对治国者的规劝与批评，常常是语辞殷切而激烈，饱含着对统治者实行仁政的期待。他劝梁惠王“省刑罚，薄税敛”，以“仁者无敌”晓谕激励之，从“王请勿疑”（1.5）这四个字，可以读出孟子态度之恳切、心情之急切与期待之深切！他劝齐宣王善推其仁心以及于家邦，“发政施仁”，“治民之产”，从“王请度之”（1.7）这四个字，更可看出孟子劝国君行仁政的用心之苦，“其操心也危，其虑患也深”（13.18）。他鼓励年轻的滕文公以尧舜为榜样，“为善国”（5.1），“恭俭礼下，取民有制”（5.3），并以“周虽旧邦，其命维新”激励腾文公；他“子力行之，亦以新子之国”（5.3）一言，语气中饱含的那种期待与勉励，那种救世忧民的深切关怀，教之谆谆，期之殷殷，千载而下，亦令人感奋。

但总体上孟子游事诸侯比孔子的遭际要好得多，他大多数时候受到各国君主优渥之礼遇，以至于达到“后车数十乘，从者数百人，以传食于诸侯”（6.4）的程度，其场面之盛、礼遇之隆可谓空前，这是孔子难以想象的。孔子在陈绝粮，“厄于陈蔡之间”（14.18），孟子对此亦寄予同情，认为是孔子“无上下之交”的缘故，这种窘困情形在孟子来说比较罕见。孟子对孔子周游列国的情形应该很熟悉，而且应该情感相通，感同身受，所以他引孔子去鲁时的话："迟迟吾行也，去父母国之道也"，恐怕也是夫子自道吧。可是孟子没有孔子凄凄惶惶、"累累若丧家之狗"（《史记·孔子世家》）的惨痛经历，可见孟子所处之时代，士的境况总体而言已不同于孔子之时代，虽然孔孟相隔才不过百年之久。到了晚年，孟子也和孔子一样，自知不可能实现政治抱负，故返国回乡，整理历史文献，授徒立说，期以著作传诸后世，启迪后人。孟子晚年与"万章之徒序《诗》《书》，述仲尼之意，作《孟子》七篇"（《史记·孟子荀卿列传》），孟子几乎复制了孔子晚年作《春秋》、序《书传》、述《礼记》、删《诗经》、培育弟子的做法，终以文章传世而不朽。

孟子游事诸侯，率直敢言，行事不苟，必然会引致别人的非议与猜忌。他说："人之患在好为人师"（7.23），孟子恐亦属于"好为人师"者，他对好为人师之患自然深有感触。孟子说："有不虞之誉，有求全之毁"（7.21），对于别人的毁誉，孟子并不在意，仁人之心，唯求礼义而自安。身外之毁誉，岂能动我心？所以孟子自信"四十不动心"（3.2），而且认为自己的长处即是"知言"（3.2）。"不动心"是基于仁者自反之工夫，"自反而不缩，虽褐宽博，吾不惴焉；自反而缩，虽千万人，吾往矣"（3.2），所以他能"不动心"，身外之物，人之毁誉，难以撼动他的道德意志。

孟子又"知言"："诐辞知其所蔽，淫辞知其所陷，邪辞知其所离，遁辞知其所穷。"（3.2）他善于洞察别人的言语背后所隐藏的本质，故不为人言所蔽，不为毁誉所陷，真正做到"举世誉之而不加劝，举世非之而不加沮"（《庄子·逍遥游》）的从容自得之境界。当貉稽向孟子诉苦："稽大不理于口"（14.19），即"我老是遭人恶评"时，孟子则平静地说："无伤也。士憎兹多口"，孟子的意思是说，没有什么，不必担忧，对于外间的闲言碎语，何必介意？"忧心悄悄，愠于群小"，《诗经》中的这句诗不正是孔子的写照吗？对于那些小人之构陷非议，不必措意，更不必忧心忡忡。“肆不殄厥愠，亦不殒厥问”，《诗经》中的这句诗不正是周文王的写照吗？对于小人之怨、卑鄙者之讥讽陷害，何必忙于对付，徒劳无已？重要的是修己身，反躬自省，保持节操，洁身自好，方不丧失名声。“殄厥愠”即是消除小人之怨恨，此之谓“求在外”；而“不殒厥问”，此之谓“求在我”（13.3）：我“反身而诚，乐莫大焉”（13.4），不失声誉节操，别人的毁誉与我何干？小人的乱言恶语又怎么能伤害我呢？

孟子讲“知言”，实际上是洞察别人言语，即是“知人”。因为他“知言”，所以不为群小之言所动，能“不动心”；因为他“知言”，所以能秉持中道，“言必有中”（《论语·先进》），这就是《论语·宪问》中所说的“时然后言，人不厌其言”；因为他“知言”，所以孟子主张不轻易言，不轻言易言，“人之易其言也，无责耳矣”（7.22），轻易言之，轻易诺之，必有失信于人者，故轻诺必寡信，正如孔子所说“君子欲讷于言而敏于行”，“古之言者不出，耻躬之不逮也”（《论语·里仁》）。正因为孟子“知言”，他知道什么时候“可以言”，什么时候“不可以言”：“士未可以言而言，是以言餂之也；可以言而不言，是以不言餂之也。”（14.31）言与不言，须因人、因时、因事而异。孔子说：“可与言而不与之言，失人；不可与言而与之言，失言。知者不失人，亦不失言。”（《论语·卫灵公》）这是言说的智慧。孟子一生直道而行，敢言而不乱言，可言则进，不可言则退，这是“知言”的极高境界。不看时机而言，则自取其辱；不看言说对象而言，则若对牛弹琴，无益甚至有害。

齐国饥荒，陈臻以“国人皆以夫子将复为发棠”（国人都以为孟子会再次劝齐王开棠地之粮仓，以赈饥民）来试探孟子之意。而孟子则不为“冯妇”，以齐王不可与言也，强与之言，乃自取其辱也。冯妇“善搏虎，卒为善士”，而“众逐虎，虎负嵎，莫之敢撄”，冯妇则“攘臂下车”（14.23），重操旧业，虽众悦而为士所讥笑，以其不合时宜也，孟子不为冯妇，乃“时然后言”也。“时然后言”，又儆醒我们不可逞一己之小聪明而乱言，要“可以言则言”，明哲察时，“是故知命者不立乎岩墙之下”（13.2），此乃明于大道之举也。盆成括在齐国做官，孟子则预料“死矣盆成括”，何也？因为盆成括“小有才”而“未闻君子之大道”（14.29），故逞其小才，失言失行，必招大祸。

“知言”仍是“外”的功夫，“知言”而后知行止，知进退，其根本仍在于“内”的修持工夫，即性命之学。故孟子言“告子之不动心”乃表面功夫，告子“不得于言，勿求于心”（3.2），乃是知其外而不知其内，求其外而不求其内，故大谬。真正的“不动心”乃是基于心性之操养，基于对自我生命价值与天赋使命的深刻认知。只有“尽心知性”、“存心养性”、“知天立命”、“修身俟命”（13.1），才能真正臻至“穷不失义，达不离道”、“穷则独善其身，达则兼善天下”（13.9）的境界，才能在任何境遇下皆能尽性顺命，此心岿然不动。

孟子强调天命，然而此天命之知并非教人消极地接受一切命运，而在于教人“知命”，“顺受其正”（13.2），在于教人在洞察生命与使命的前提下，尽其性，达其道，行其仁义，造就人格。“口之于味也，目之于色也，耳之于声也，鼻之于臭也，四肢之于安佚也，性也。有命焉，君子不谓性焉。”（14.24）人之天性皆爱美味、美色、美声、香气，喜安逸而恶劳苦，然而君子所乐不在此处，口体之养不与大道。虽出于天性，然得之有命，富贵安逸、尊荣享乐，非君子所求也。“仁之于父子也，义之于君臣也，礼之于宾主也，知之于贤者也，圣人之于天道也，命也。有性焉，君子不谓命也”（14.24），君子所求，乃亲亲之仁、君臣之义、交接之礼，乃处世通达之智慧，乃天地永恒之大道。君子所求，既是对自我生命价值之探求，又是对天赋使命之追求，此中有命，君子乃顺命知命，矢志不渝，一以贯之，为道必卒，死而后已。君子能否臻至此一境界，既取决于自我的道德意志，又取决于自我禀赋，故君子之求，唯求尽其天性。“仁义礼智，非由外铄我也，我固有之”（11.6），君子毕生所求，即是存此性，尽此心，如是而已。口目耳鼻四肢之养，乃口体之养，小也；仁义礼智之养，乃心性之养，大也。君子“无以小害大，无以贱害贵。养其小者为小人，养其大者为大人”（11.14），“从其大体为大人，从其小体为小人”（11.15），小人求安逸尊荣，富贵利达，君子求修身俟命，尽性顺命，君子小人由此分野矣。

而君子修身养性、存心尽性之训练，自有阶梯可循，循序而渐进，进一境自有一境之风光，不可躁急，勿求速达，进锐则退速也（13.44）。“可欲之谓善，有诸己之谓信，充实之谓美，充实而有光辉之谓大，大而化之之谓圣，圣而不可知之之谓神”（14.25），此言心性存养之阶梯也。“可欲之谓善”，欲者，好也；可欲者，众人好之，皆曰善也，故谓之“善”。其人具备众人所好之美德，众人悦之，此善形之于外，誉于众口，虽曰善人，未知其内质究竟如何，此为第一阶。若仅追求“可欲”，求众人之誉，以众人之所好，以定吾之所好，则心性易失，沦为“乡愿”（14.37），此为“德之贼也”（14.37，另见《论语·阳货》）。故第一阶之善，仅仅是表面上的“善”，须由外及内，真正具备此善，方为真善。

“有诸己之谓信。”一个人不仅是众人称誉的具备“可欲”之美德的善人，而且此善心仁性存诸己，有诸己，真实不虚，由外及内，表里如一，此为真善，心性本具，非徒外表。此谓“信人”，为修心第二阶也。“为善”不求人誉，唯求无愧无怍，故信于人，安于己。

“充实之谓美。”苟能扩充此善心仁性，使之盈满全备于己，行住坐卧皆不离此仁义之心，穷达荣辱皆不丧此本然之性，则此时“无入而不自得”（《中庸》第十四章），任何境遇下自我之道德人格皆毫无亏缺，此为第三阶也。

“充实而有光辉之谓大。”善心仁性充盈此身，则畅于四体，“睟面盎背”（13.21），人格之光辉可照于四方；此时心地澄澈光明，充盈廓大。到此境界，大人人格已备。此为第四阶。

“大而化之之谓圣。”既能成就此光辉充实、澄澈伟岸之大人人格，又能通而化之，不拘一格，随时量宜，通权达变，以合天地之德，以应四时之节，此是圣人境界，为第五阶。

“圣而不可知之之谓神。”“尧舜，性者也”（13.30，14.33），圣人秉承天命而不失其性，其人格灿烂浩瀚，而不可言喻，神妙无方，微幽不测，他与万物同游，众民仰之而不可知，“神而化之，使民宜之，圣而不可知之”（焦循《孟子正义》卷二十八）。此为第六阶。

有善乃“可欲”，众人皆称好之，然形外而非内；内化于心，真实不虚，乃为“信”；“信”而扩充盈满，无使亏缺，谓之“美”；心性充盈，一片光明，昭于日月，谓之“大人”；大而能通，通权达变，谓之“圣人”；圣而无方，深不可测，妙不可言，谓之“神人”。一阶有一阶之磨炼，一阶有一阶之修行，一阶有一阶之胸怀眼量，一阶有一阶之境界风光。登高而望远，要知境界之高低；然而行者须看脚下，“道在迩而求诸远，事在易而求诸难”（7.11），吾辈欲观巅峰之风光，务必脚踏实地，寻常日用之间皆用力处。若舍近求远，舍易求难，跬步不积，何能臻至“小天下”之境哉？

三十五　寡欲返经

14.31

孟子曰："人皆有所不忍，达之于其所忍，仁也；人皆有所不为，达之于其所为，义也。人能充无欲害人之心，而仁不可胜用也；人能充无穿逾之心，而义不可胜用也；人能充无受尔汝之实，无所往而不为义也。士未可以言而言，是以言餂之也；可以言而不言，是以不言餂之也，是皆穿逾之类也。"

【译文】

孟子说："人都有不忍心干的事，如果把这种心情扩充推广到他所忍心干的事上，这就是仁；人都有不愿干的事，如果把这种心情扩充推广到他所愿意干的事上，这就是义。一个人如果能把不想害人的心扩充推广到所有事上，仁便多得用不尽；一个人如果能把不挖洞跳墙的心扩充推广到所有事上，那么义便多得用不尽；一个人如果能把不受别人轻贱鄙视的真实行为扩充推广到所有事上，那么他无论走到哪里，都会做符合义的事。士人对其他人，如果不可以同那个人言谈，而却和他言谈，那就是用言谈来取利；如果可以同那个人言谈却不和他言谈，那就是用不言谈来取利，这些做法都跟挖洞跳墙这类行为是类似的。"

14.32

孟子曰："言近而指远者，善言也；守约而施博者，善道也。

君子之言也，不下带而道存焉；君子之守，修其身而天下平。人病舍其田而芸人之田，所求于人者重，而所以自任者轻。”

【译文】

孟子说：“言语平易浅近而其意旨却深远的，是善言；所遵循操持的原则简约，而其实施效果却广大的，是善道。君子的言谈，浅显平易而大道就存在于其中；君子的操守，修养自己的身心而后使天下太平。人的弊病，在于舍弃自己的田地，却去耕别人的田地，他对别人的要求苛重，而自己所承担的却很轻省。”

14.33

孟子曰：“尧、舜，性者也；汤、武，反之也。动容周旋中礼者，盛德之至也。哭死而哀，非为生者也。经德不回，非以干禄也；言语必信，非以正行也。君子行法，以俟命而已矣。”

【译文】

孟子说：“尧舜行仁政乃是出于本性；商汤、周武王行仁政，乃是经过修身而回归本性。行动情貌、待人接物都符合礼的，是仁德达到极点的表现。为死者悲哀哭泣，并不是为活着的人看的。遵循德义而行事，从不违背，并不是借此来谋求俸禄。言语讲求诚信，并不是要别人知道自己行为端正。君子言行都依据礼法，（至于结果如何，）等候命运就行了。”

14.34

孟子曰：“说大人则藐之，勿视其巍巍然。堂高数仞，榱题数尺，我得志，弗为也；食前方丈，侍妾数百人，我得志，弗为也；般乐饮酒，驱骋田猎，后车千乘，我得志，弗为也。在彼者，皆我所不为也；在我者，皆古之制也。吾何畏彼哉？”

【译文】

孟子说："向国君进言，一定要轻视他，（有居高临下的气势，）不要把他看得高高在上、高不可攀。国君们殿堂高大，宫檐宽阔，而如果我得志，是不屑这样的。美食满桌，侍妾几百人侍奉，如果我得志，是不屑这样的。天天纵情享乐，宴饮无度，驰骋猎场，跟随的车子有上千辆，我如果得志，是不屑这样的。以他们的这些享乐来说，都是我不愿意干的，而以我的行为来说，都是合于古人的礼制的，我干嘛要畏惧他们呢？"

14.35

孟子曰："养心莫善于寡欲。其为人也寡欲，虽有不存焉者，寡矣；其为人也多欲，虽有存焉者，寡矣。"

【译文】

孟子说："修养身心，没有比减少欲望更好的。如果一个人的为人，欲望很少，那么即使他也有丧失的善性，恐怕也不会很多；如果一个人的为人，欲望很多，那么即使他也保存了一些善性，恐怕也不会很多。"

14.36

曾皙嗜羊枣，而曾子不忍食羊枣。公孙丑问曰："脍炙与羊枣孰美？"

孟子曰："脍炙哉！"

公孙丑曰："然则曾子何为食脍炙而不食羊枣？"

曰："脍炙所同也，羊枣所独也。讳名不讳姓，姓所同也，名所独也。"

【译文】

曾皙喜欢吃羊枣，所以曾参就不忍心吃羊枣（，而留给父亲吃）。

公孙丑说：“炒肉烤肉跟羊枣相比，哪个更好吃？”

孟子说：“当然是炒肉烤肉了！”

公孙丑说：“既然这样，那么曾子为什么吃炒肉烤肉却不吃羊枣呢？”

孟子说：“炒肉烤肉是大家都喜欢的，而羊枣是个别人（指父亲）喜欢的（，所以吃炒肉烤肉而不吃羊枣，是为父亲留下羊枣）。就像父母的名要避讳，而姓并不避讳，因为姓是大家共同使用的，而名是单独使用的。”

14.37

万章问曰：“孔子在陈，曰：‘盍归乎来？吾党之士狂简，进取不忘其初。’孔子在陈，何思鲁之狂士？”

孟子曰：“孔子：‘不得中道而与之，必也狂狷乎！狂者进取，狷者有所不为也。’孔子岂不欲中道哉？不可必得，故思其次也。”

“敢问何如斯可谓狂矣？”

曰：“如琴张、曾皙、牧皮者，孔子之所谓狂矣。”

“何以谓之狂也？”

曰：“其志嘐嘐然，曰：‘古之人！古之人！’夷考其行，而不掩焉者也。狂者又不可得，欲得不屑不洁之士而与之，是狷也，是又其次也。孔子曰：‘过我门而不入我室，我不憾焉者，其惟乡原乎！乡原，德之贼也。’”

曰：“何如斯可谓之乡原矣？”

曰：“‘何以是嘐嘐也？言不顾行，行不顾言，则曰，古之人，古之人。行何为踽踽凉凉？生斯世也，为斯世也，善斯可矣。’阉然媚于世也者，是乡原也。”

万章曰：“一乡皆称原人焉，无所往而不为原人，孔子以为德之贼，何哉？”

曰："非之无举也，刺之无刺也，同乎流俗，合乎污世，居之似忠信，行之似廉洁，众皆悦之，自以为是，而不可与入尧、舜之道，故曰'德之贼'也。孔子曰：'恶似而非者：恶莠，恐其乱苗也；恶佞，恐其乱义也；恶利口，恐其乱信也；恶郑声，恐其乱乐也；恶紫，恐其乱朱也；恶乡原，恐其乱德也。'君子反经而已矣。经正，则庶民兴；庶民兴，斯无邪慝矣。"

【译文】

万章问："孔子在陈国，说：'为何不回到家乡呢！我那些弟子们志向远大而行为狂放，富有进取精神而能不忘本。'孔子在陈国，为何思念那些鲁国的狂放之士？"

孟子说："孔子：'不能得到那些能持守中道的人来交往，那就必定只能结交那些狂放之士和狷介之士了。狂放之士富有进取精神，而狷介之士则有所不为（以保持节操）。'孔子难道不想与那些持守中道的人结交吗？他不能够一定得到，所以就只能退而求其次了。"

万章说："请问怎么样就可以称为狂放之士了？"

孟子说："像琴张、曾皙、牧皮这些人，就是孔子所谓的狂放之士。"

万章说："什么叫狂放之士？"

孟子说："狂放之士，志向大，口气也大。他们老是说古代的圣贤如何如何。而实际考察他们的行为，却不能跟他们说的相吻合。（如果中道之士不可得，）狂放之士也不可得，于是就想得到那些不屑于为不洁之事的人来结交，这就是狷介之士。（如果狷介之士也不可得，那就只剩乡愿之士了，）孔子说：'经过我的门却进不到我屋里来（做我的学生，）而我不觉得遗憾的，只有那些乡愿之人了！乡愿之人，是戕害道德之人。'（这些人是不能交往的。）"

万章问："什么样的人可以称为乡愿之人呢？"

孟子说："乡愿之人常常说：'为什么这么狂放呢？言语顾不上行

为，行为顾不上言语，天天说古代圣贤如何如何。行动为什么这么特立独行、落落寡合呢？我们生于这个世界，就为这个世界做事，只要别人称善也就行了。’于是他们就做那种取悦于世的好好先生，这就叫乡愿。”

万章说：“全乡的人都称赞他是好人，他所到之处无不称他为好人，孔子却认为这样的人是贼害道德的人，为什么呢？”

孟子说：“乡愿之人，要指责他却找不出他的大错，要批评他却找不到可讥评之处，他与世俗同流合污，居处为人看似忠诚信实，行动处世看似清廉自守，众人都喜欢认可他，他也自认为行动正确，然而这样的人根本不可能符合尧舜之道，所以孔子说乡愿之人是戕害道德的人。孔子说：‘我讨厌那些表面看起来正确，然而实际却不正确的东西’：他讨厌稗草，恐怕它伤害禾苗的生长；他讨厌佞幸伪善之人，恐怕他们把真正的义搞坏了；他讨厌伶牙俐齿的人，恐怕他们有害于真正的诚信；他讨厌郑国的音乐，恐怕它把真正的雅乐搞坏了；他讨厌紫色，恐怕它把纯正的红色搞乱了；他讨厌乡愿之人，恐怕他们损害真正的道德。君子只是使所有行动都返回到正道正礼而已。君子回归正道，遵行礼法，那么老百姓就会奋发进取；老百姓奋发进取，那么社会就不会有丑恶奸邪的事了。”

在孟子心性哲学之工夫论中，于“反身”、“存养”、“尚志”、“内求”、“尽心”、“知性”、“正命”等之外，特重“寡欲”。在孟子看来，“寡欲”乃是存心养性、尽心知性、顺天俟命的前提。“养心莫善于寡欲。其为人也寡欲，虽有不存焉者，寡矣；其为人也多欲，虽有存焉者，寡矣。”（14.35）宋代理学家程朱一派亦极重寡欲。周敦颐《养心亭说》在引用孟子“养心莫善于寡欲”一段之后，说道：“予谓养心不止于寡焉而存耳，盖寡焉以至于无。无则诚立、明通。诚立，贤也；明通，圣也。是圣贤非性生，必养心而至之。养心之善，有大焉如此，存乎其人而已。”“寡欲”是修养工夫，然而到了“无欲”这样的层次，就是圣贤境界。孟子言“寡欲”而不言“无欲”，乃是使学者有入手处。孟子之“寡欲说”，并不能简单地理解为“消灭人类的欲望”，程朱一派也不可能倡导“消灭人类一切欲望”，然而“灭”与“寡”一字之差，其意蕴自迥异。儒家心性哲学中，“欲”通常指过度的、超出人类正常需求的愿望与欲求，因此“欲”通常与那些人类的正当欲望与需求对立，从而往往带有贬义，指向那些过度的贪婪与获取。而人类正常的、正当的、合宜的、合度的那些欲望与需求，在儒家心性哲学中则通常被称为“性”，即“食、色，性也”（11.4），“形色，天性也”（13.38）之“性”。然而在孟子的心性论中，“性”除了这些天然的、自然的人类属性之外，更包含着道德含义。当孟子讲“尽其心，知其性”、“存其心，养其性”（13.1）时，他主要指向“性”的道德含义，即指带有道德意蕴的人类本性，而不仅仅是“自然天性”，而这种带有道德意蕴的人类本性正是“人之所以异于禽兽者几希”（8.19）中的那个“几希”的部分。所以在孟子的语境中，“欲”乃指人类非正常的、过度的贪婪与欲望，而与“欲”相对应的“性”则包含着两层意蕴，一为人类自然属性意义上的“性”，二为人类道德属性意义上的“性”，孟子更多地指向后者。因此孟子所讲“寡欲”，乃是减少不正当、不正常、过度的欲望，如以前人所解“寡欲”，则嫌偏矣。人类的很多内在的心理欲求是客观存在的，人皆好利、好名、好色，又皆好口体之欲，“口之于味也，目之于色也，耳之于声也，鼻之于臭也，四肢之于安佚也，性也”（14.24），孟子承认这些欲望都是天生的，都是客观的、自然存在的，在这方面，他和孔子一样，从来没有倡导一种虚伪的、绝对禁欲的人类生活，而这正是儒家的伟大之处。“欲贵者，人之同心也”（11.17），“生亦我所欲”、“死亦我所恶”（11.10），“口之于味也，有同嗜焉；耳之于声也，有同听焉；目之于色也，有同美焉”（11.7），这些客观、自然、来自天性的人类欲望，正是人类这个共同体能够达到某种价值认同的基础。所以孟子讲“寡欲”，绝非指减少正常的人类需求，而是指过度的需求。人好富贵利达，人好美名令誉，不也是正常的人类欲望吗？孔子说：“富而可求也，虽执鞭之士，吾亦为之”（《论语·述而》），可见孔子亦好富贵。孔子又说：“君子疾没世而名不称焉”（《论语·卫灵公》），可见孔子亦好美名。儒家倡导一种正常的、均衡的、中庸的生活态度，“仲尼不为已甚者”（8.10），正常的欲望人皆有之，乃一个人生存所不可或缺，而且更进一步地说，对这种正常的人类欲望的追求（当然必须以正当的方式），正是促进人类物质与精神发展的重要推动力。孔子好富贵，而主张以义节之，以义制之；孟子在承认人类对声色嗅味的享受具备正当性的前提下，以心性提振之，指出人类精神生活中向善向上一路。声色嗅味固人之所欲也，然而如果人类陷于其中，过于贪婪，放纵自己的欲望，则必“陷溺其心”（11.7）、“放其良心”（11.8），这就是“以饥渴之害为心害”（13.27）、“茅塞子之心”（14.21），这样就“违禽兽不远矣”（11.8）。如果人能够“寡欲”、“克己”，不放纵自己的欲望，时时存养其心，不使放失，则贪欲渐敛，心性渐养，为道日损，故可渐入尧舜之道。人若多欲，则贪婪放僻，无所不用其极，自然伤身害心，“苟失其养，无物不消”（11.8）。孟子讲“寡欲”，既有个人修身养性（心性哲学）的层面，也有治国安民（政治哲学）的层面。孟子主张治国者“与民同乐”（2.1、2.2），与民同欲，主张兴天下之利，因民之所利而利之，“明君制民之产，必使仰足以事父母，俯足以畜妻子，乐岁终身饱，凶年免于死亡”（1.7），所以孟子强调要满足老百姓的“欲”，使其安居乐业，不致穷苦流离。孟子讲“三宝”：“土地、人民、政事”（14.28），他力倡治国者关心土地、人民、政事，而要克制自己的欲望，要节用爱民；“无为其所不为，无欲其所不欲”

（13.17），治国者要与民同欲，以民之欲为欲，以民之利为利，这样才能得民之心。孟子将“寡欲”更多地指向治国者，这是与他的民本主义思想一以贯之的。

孟子终生以匡时救世为己任，自任甚重，而又能直道而进，特立独行，不阿世，不媚俗，不枉己（6.1），为自己的仁政理想呼号奔走于诸侯之间。然而孟子同孔子一样，终其一生都未获得世俗意义上的成功，暮年归回故土，与万章之徒讲论学问，著书立说，以俟来者。当孟子与万章谈论到孔子在陈，“思鲁之狂士”时，恐怕亦是夫子自道，正切合孟子此时之心境与志愿。辗转一生，遍干诸侯，唇焦舌敝，不遇知音，孟子转而寄希望于故乡的年轻学子，希望他们能继其学，扬其志。“孔子在陈曰：‘盍归乎来！吾党之士狂简，进取不忘其初”（14.37），这岂不正是孟子暮年归乡的心境吗？《论语·公冶长》中记载了这段话，与孟子的引述略有不同：“子在陈，曰：‘归欤！归欤！吾党之小子狂简，斐然成章，不知所以裁之。’”孔子对家乡这些志向远大、勇于进取、狂放自信的年轻人充满期待与赞许。尽管他表面上责其志狂而不知敛藏，有违中庸之至道，然而又发自衷心地赞许他们蓬勃勇猛的进取精神，欣赏他们身上的“斐然成章”的才华与创造力，称扬他们“不忘其初”、本色天然、不被世俗所沾染的那种淳朴的豪气。“不知所以裁之”，既是珍爱、欣赏与感叹，又是期待与瞻望，面对这些“鲁之狂士”，孔子当然内心欣慰，然后又希望教导之，裁剪之，使之达于中庸、中和之大道。

孟子亦自知“得鲁之狂士”已属难能可贵，这些青年才俊的进取精神、淳朴气质与丰沛才华值得珍视，然而“狂”毕竟不是生命修养的最高境界。孟子引孔子的话回答万章：“孔子：‘不得中道而与之，必也狂狷乎！狂者进取，狷者有所不为也。’孔子岂不欲中道哉？不可必得，故思其次也。”“狂狷”一句，见于《论语·子路》，孔子“不得中道而与之”，中道之士不可得与，不能与中庸之士同行，只好退而求其次，选择狂狷之士。中道之士，“不为已甚”（8.10），择乎中庸，无过亦无不及，能在任何事上保持一种均衡、中和的态度，不偏不倚，有经有权，这是立世为人的极高境界。春秋之世，礼乐崩坏，人心散乱，中道之士，中庸之行，已渺不可寻，故孔子感叹：“中庸之为德也，其至矣乎，民鲜久矣。”（《论语·雍也》）

中道之士不可得，退而择狂放之士。什么是狂士？孟子说，狂士“其志嘐嘐然，曰：‘古之人！古之人！’夷考其行，而不掩焉者也”。狂放之士，志趣高远，格局弘廓，富于进取精神，充满道德自信，他们以古圣先贤为榜样，勇猛精进，有一种昂扬向上的斗志。然而狂放之士也有缺陷，他们在气象上极其有为、勇猛，然而往往志大而疏，言大而空，行高而虚，因而行不能笃实，往往流于空疏，此为修心进学之大弊。一个人既要有广大格局，有弘廓襟怀，有高远抱负，有海天气象，但同时又要有笃实坚定的修养工夫，不可大言不惭，不可空言蹈虚，不可言行不一，而要以稳健、笃实之行动，践履圣贤之精神。故狂者虽志大而进取，然难入尧舜之道。

而狂者又不可得，退而求其次，则“欲得不屑不絜之士而与之”，即只好选那些不屑于做不洁之事的“狷者”同行。这些人志趣高洁，清高自守，守身如玉，不失节操，“有所不为”，乃为狷介之士也。狂放之士，知有为；狷介之士，知不为。狂放之士知进取，狷介之士知退守。狂放之士知入世而行，狷介之士知遁世而藏。狷介之士虽不能大有为于世，然亦不失其节操，不放其心性，“独善其身”（13.9），亦可安顿身心、乐善不倦也。故孔子与孟子亦许之与之。

而孔孟之所憎恶者、不屑与之为伍者，唯乡愿之人。孔子说：“过我门而不入我室，我不憾焉者，其惟乡原（愿）乎！乡原（愿），德之贼也。”（14.37）“乡原（愿），德之贼也”，亦见于《论语·阳货》。“乡愿”，即是一乡之内谁都称善的好好先生，“愿”者，谨厚也，乡愿之人貌似谨厚，而实则伪善，乃贼害仁德者。乡愿之人，“一乡皆称原人也，无所往而不为原人”，全乡之人都以之为谨厚之人，所到之处人皆誉之为谨厚之人，为什么孔子憎之为“德之贼”，而孟子恶之为“阉然媚于世也者”？乡愿之人的处事哲学，乃是“生斯世也，为斯世也，善斯可矣”，他们处世不以仁义为标准，不以德操为原则，而是以乡人称善为目的。乡愿之人丧失自我道德准则，而以乡人之称誉为准则，故非“求在我者”，而“求在外者”（13.3）。乡愿之人丧失独立意志，“媚于世”，“同乎流俗，合乎污世”，他们看不起狂狷之士“踽踽凉凉”的特立独行，而曲阿世俗，甘作不问是非曲直的好好先生。孔子说：“众恶之，必察焉；众好之，必察焉。”（《论语·卫灵公》）众人之好恶，乡人之毁誉，并不是评判是非的标准，君子应有独立不倚的道德判断。子贡问孔子：“乡人皆好之，何如？”孔子答：“未可也。”子贡又问：“乡人皆恶之，何如？”孔子说：“未可也。不如乡人之善者好之，其不善者恶之。”（《论语·子路》）不以众人意见定是非，而秉持自我道德价值的独立性、主体性，这是孔子、孟子的宝贵品格。他们重视自我良知，而不以阿俗媚世为贵。而乡愿之人，“非之无举也，刺之无刺也”，“居之似忠信，行之似廉洁，众皆悦之，自以为是，而不可与入尧舜之道，故曰‘德之贼’也”（14.37）。

这些乡愿之人，看起来平时谨厚忠信，谨小慎微，行事廉洁，乡邻皆称誉之；你要指摘他的缺点，似乎也找不出什么大错；你要批评他，也抓不到什么把柄；他们不似狂者之志大而进取，也不似狷介之士清高而自守，而是混同世俗，唯求不得罪于乡人。乡愿之人的行动，并非出于自身的“道德善”，而是出于寻求外部世界的肯定，故其善乃伪善，非真善。“色取仁而行违”（《论语·颜渊》），不可入于尧舜之道，而悖于圣贤之理。所以孔子“恶似是而非者”（14.37），他憎恶一切表面上符合道德原则，而实质上却伤害道德原则的东西，恶莠恐其乱苗，恶佞恐其乱义，恶利口恐其乱信，恶郑声恐其乱乐，恶紫恐其乱朱，恶乡愿恐其乱德。孔孟倡导中庸，并非倡导一种似是而非、混淆真理的生活态度，并非鼓励大家做不问是非曲直、唯求他人称誉的好好先生。正好相反，他们坚守自我的道德判断，倡导独立不倚的君子人格，中道而行，“居仁由义”（13.33）。此之谓“反经”。“反”者，返也，回归也，“反经”即归正。“有大人者，正己而物正者也。”（13.19）归于正道，则正己而物正，正己而天下正。乡愿之人，似是而非，不与入尧舜之道，不能成就大人人格，此“贼德”之行，宜深戒之。

三十六　百世之师

14.38

孟子曰："由尧、舜至于汤，五百有余岁。若禹、皋陶，则见而知之；若汤，则闻而知之。由汤至于文王，五百有余岁。若伊尹、莱朱，则见而知之；若文王，则闻而知之。由文王至于孔子，五百有余岁。若太公望、散宜生，则见而知之；若孔子，则闻而知之。由孔子而来，至于今，百有余岁。去圣人之世，若此其未远也；近圣人之居，若此其甚也。然而无有乎尔，则亦无有乎尔！"

【译文】

孟子说："从尧舜到汤，有五百多年，像禹、皋陶这些人，是亲眼见到尧舜，从而知晓他们的事迹的；像汤这些人，则是通过听闻而知晓尧舜的事迹的。从汤到文王，有五百多年，像伊尹、莱朱这些人，是亲眼见到汤而知晓他的事迹的；而像文王，则是通过听闻而知晓汤的事迹的。从文王到孔子，又是五百多年，像太公望、散宜生这样的人，是亲眼见到文王而知晓他的事迹的，而像孔子，则是通过听闻而知晓文王的事迹的。从孔子到现在，有一百多年，我们距离圣人的时代如此近，我们距离圣人的家乡也是如此近，然而如果这样，圣人之志业还没有继承的人，那也就真的没有什么继承的人了。"

在《孟子》全书的最后一章，孟子写下了意味深远的一段结语：“由尧、舜至于汤，五百有余岁。若禹、皋陶，则见而知之；若汤，则闻而知之。由汤至于文王，五百有余岁。若伊尹、莱朱，则见而知之；若文王，则闻而知之。由文王至于孔子，五百有余岁。若太公望、散宜生，则见而知之；若孔子，则闻而知之。由孔子而来，至于今，百有余岁。去圣人之世，若此其未远也；近圣人之居，若此其甚也。然而无有乎尔，则亦无有乎尔！”（14.38）。此章辞气含蓄委婉，而余韵悠长，令人回味不已。在这里，孟子以极简约、极概括的历史分析法，以五百年为单位，为我们描绘了一个儒家道统的完整谱系：自尧舜至汤，五百余年；自汤至文王，五百余年；自文王至于孔子，又五百余年。尧、舜、汤、文王、孔子，一千五百余年来，这些伟大的灵魂照亮了中国早期文明的星空，他们光辉灿烂的人格，为中国五千年文明史奠定了辉煌峻伟的道德基调，他们为后人树立了无与伦比的道德榜样，润泽百世而不竭，其流风余韵渗透进中国人之心灵肺腑，至今仍绵飏不息，生生不已。

孟子第一次将这一儒家道统描绘出来，寄托了他为“往圣继绝学”之宏愿伟志。孔子距孟子一百余年，“去圣人之世，若此其未远也”，孟子能够时时刻刻感受圣人之光辉，时时受到孔子思想之惠泽。“君子之泽五世而斩，小人之泽五世而斩。予未得为孔子徒也，予私淑诸人也”（8.22），尽管圣贤之“在位者”与“不在位”者之流风余韵均五世而斩，然而孔子之风范却深深地感召、熏陶、鼓舞着孟子，使他相信孔子之泽必不断绝。他虽以“未得为孔子徒”而感到遗憾，然而“私淑诸人”，亦深得圣人之泽，亦能领悟圣人之思想精髓与人格魅力。“近圣人之居若此其甚也”，“我”（孟子）之居处与孔子之居处又离得如此近，仿佛能够触摸感受到圣人之音容笑貌与行住坐卧之点滴。“我”（孟子）与圣人在时空上距离如此之近，“我”（孟子）又有什么理由不继承孔子之志业与风范呢？“然而无有乎尔，则亦无有乎尔”，如果这样还没有人继承圣人的德行学问，那圣人的德行学问就真的到此断绝了。

在这里，孟子用假设的口吻，以委婉的口气，表达了继承道统、传薪圣人之德的自我期许：看似含蓄，实则雄心万丈；看似谦逊，实则充满自信；看似低调，实则自任甚重，大有“舍我其谁”之气概。夫子继承道统之志，亦不言自明矣。“五百年必有王者兴，其间必有名世者。由周而来，七百有余岁矣。以其数，则过矣；以其时考之，则可矣。夫天未欲平治天下也，如欲平治天下，当今之世，舍我其谁也？”（4.13）此段可作《孟子》末章之注脚。孟子继承孔子、发扬道统的自信、自任，其人格意志之伟岸雄强，至今仍有撼动人心之力量。

孟子将孔子作为自己学问人格的榜样，屡屡称誉之。“可以仕则仕，可以止则止，可以久则久，可以速则速，孔子也。皆古圣人也，吾未能有行焉；乃所愿，则学孔子也”（3.2），“自有生民以来，未有孔子也”；孟子又引子贡的话说：“由百世之后，等百世之王，莫之能违也。自生民以来，未有夫子也”；他又引有若的话说：“岂惟民哉？麒麟之于走兽，凤凰之于飞鸟，太山之于丘垤，河海之于行潦，类也。圣人之于民，亦类也。出于其类，拔乎其萃。自生民以来，未有盛于孔子也”（3.2）。虽然孔子不自居于圣人（“夫圣，孔子不居”（3.2）），然而其德业之伟大，其人格之崇峻，其影响之深远，已无人能匹。孟子称孔子为“集大成者”（10.1），表达了对孔子深深的追慕、崇仰之情，其为圣人继绝学之志已跃然纸上。

孟子有着极不寻常的强烈而清晰的使命感，他自许为圣人之徒，要在乱世奋起，继承道统。对于这一雄心壮志，孟子在书中已经直言不讳：

> 圣王不作，诸侯放恣，处士横议，杨朱、墨翟之言盈天下。天下之言不归杨，则归墨。杨氏为我，是无君也；墨氏兼爱，是

> 无父也。无父无君，是禽兽也。……杨墨之道不息，孔子之道不著，是邪说诬民，充塞仁义也。仁义充塞，则率兽食人，人将相食。吾为此惧，闲先圣之道，距杨墨，放淫辞，邪说者不得作。……昔者禹抑洪水而天下平，周公兼夷狄，驱猛兽而百姓宁，孔子成《春秋》而乱臣贼子惧。……我亦欲正人心，息邪说，距诐行，放淫辞，以承三圣者，岂好辩哉？予不得已也。能言距杨墨者，圣人之徒也。（6.9）

在孟子这段因为别人指责自己“好辩”而进行的长篇自我辩护词中，他将自己“正人心，息邪说，距诐行，放淫辞，以承三圣”、为“圣人之徒”的志向和盘托出，毫不讳言自己的平生抱负，同时也将自己的事业与尧、舜、文、武、周公、孔子等古圣先贤天然地连结起来了。他对自己身上担负的使命有极为清晰的认识，这种使命无可推卸，“舍我其谁”（4.13），“是诚在我”（5.2），他终生被这种使命感所鼓舞、所引领，也正是这种使命感造就了一个独一无二的孟子，使他能够上接孔子，承续道统；而我们很难想象，如果没有“亚圣”对孔子学说的继承与发展，儒家哲学在战国之后会呈现一种什么状态。从中国文明史与思想史的大视角来审视，孟子应该说已经实现了他作为“圣人之徒”的使命，他成为儒家思想谱系中一个耀眼的存在，成为中国士大夫心目中的人格理想的化身，他也是中国古代圣贤中最具有思想冲击力与影响力的人之一，是最具有生命感召力与震撼力的人之一。就这一点而言，孟子确实是不可缺少的，也是不可替代的。

孟子与孔子一样，终生热心于政治，入世之心甚切，充满用世救世之志。孟子对自己的政治理想十分笃定，对于仁政之实现有牢不可破的信念。他“言必称尧舜”（5.1），相信行仁政者“无敌于天下”（3.5）。孟子对“天下归仁”的那种强大的自信，甚至超过了孔子。在《孟子》一书中，你甚至看不到孟子有任何失意、绝望、颓唐、犹疑的时刻，看不到孔子式的“凤鸟不至，河不出图，吾已矣夫”（《论语·子罕》）式的感叹，也看不到如同孔子“泰山其颓，梁木其坏，哲人其萎”（《礼记·檀弓上》）的失望与彷徨。即使在各诸侯间奔走时偶遇挫折，他也丝毫不改其雄强之自信。当因臧仓阻止而不得见鲁平公时，他豪迈地说：“吾之不遇鲁侯，天也。臧氏之子，焉能使予不遇哉？”（2.16）言辞之中，颇有孔子“天生德于予，桓魋其如予何”（《论语·述而》）的豪气（《史记·孔子世家》云：“孔子去曹适宋，与弟子习礼大树下。宋司马桓魋欲杀孔子，拔其树。孔子去”）。孔子和孟子都有一种拯救天下的使命感，孔子相信“天之未丧斯文也，匡人其如予何”（《论语·子罕》），而孟子则激赏伊尹，视伊尹为同道：“天之生此民也，使先知觉后知，使先觉觉后觉也。予，天民之先觉者也，予将以斯道觉斯民也。非予觉之，而谁也？”（9.7）这种“自任以天下之重”的道德担当与自信，自孔子以至于孟子乃一脉相传，一以贯之。

孟子堪称中国“士”的典范。他树立了“士”的人格与行动的标杆。在王公贵胄、国君诸侯面前，孟子保持了强大的自尊，他傲视王侯，始终持守人格之尊严。“说大人则藐之，勿视其巍巍然。堂高数仞，榱题数尺，我得志，弗为也；食前方丈，侍妾数百人，我得志，弗为也；般乐饮酒，驱骋田猎，后车千乘，我得志，弗为也。在彼者，皆我所不为也；在我者，皆古之制也。吾何畏彼哉？”（14.34）孟子游走于诸侯，始终珍视自我人格的独立性，这是“士”的最可宝贵的品格。他屡言：“管仲犹不可召，而况不为管仲者乎？”面对王侯，孟子的脊梁是挺直的，人格是高大的。他坚信“焉有君子而可以货取乎？”（4.3），故不为利而丧其仁义，不为物欲而丧其操守。正因为他在游事诸侯时能保持士之节操，所以他行藏自如，出入从容，“进退绰绰然有余裕”（4.5）。他“人知之，亦嚣嚣；人不知，亦嚣嚣”（13.9），“穷不失义，达不离道”，“得志，泽加于民；不得志，修身见于世”，“穷则独善其身，达则兼善天下”（13.9），无论境遇如何，他都能保持一种从容达观的心境。

读《孟子》一书，贵在得其“大”。孟子之格局极大，气魄极大，抱负与理想亦极大。孟子自许“我善养吾浩然之气”（3.2），所以他身上自有一种弘大廓朗之气象，如天风海雨，其势浩瀚，其气峥嵘，蓬勃充沛，精力弥满，宋儒称之为“英气”者也，而无此“英气”，则不成其为孟子矣。孟子人格之难能可贵之处，亦正在此。孟子亦极为珍视士人人格中的这个“大”，他期望士人立养其大，“养其小者为小人，养其大者为大人”（11.14），“从其大体为大人，从其小体为小人”，“先立乎其大者，则其小者不能夺也”（11.15），要成就“大人”之人格，就必须具备这种大气象，有这种大格局。孟子鄙视市井功利之“贱丈夫”（4.10），鄙视那种心胸狭窄、眼量逼仄之“小丈夫”（4.12），他所追求与赞赏的是那种独立不倚、独行其道的“大丈夫”人格：“居天下之广居，立天下之正位，行天下之大道。得志，与民由之；不得志，独行其道。富贵不能淫，贫贱不能移，威武不能屈，此之谓大丈夫”（6.2），堂堂正正，坦坦荡荡，不忧不惧，不忮不求，孟子这种“大丈夫”人格，对中国士人之影响可谓深远。孟子这种大人格、大气象、大格局，是基于“万物皆备于我”（13.4）的道德自信，是一种可以“上下与天地同流”（13.13）的精神气概，是一种“充实而有光辉”（14.25）的灿烂明亮的生命境界。臻至这种广大弘阔境界的，在中国历史上能有几人？孟子人格之可贵，正在乎此。

孟子终生倡言“性善”，他对人类之向善本性有着无与伦比的信心与期待。他相信“可以为善矣，乃所谓善也”（11.6），他相信人皆有“四心四端”（3.6），故人之向善本性，乃“我固有之”，“仁义礼智，非由外铄我也”（11.6）。孟子岂不知人亦有恶，岂不知人亦有放辟邪侈无所不为者？故孟子“道性善”（5.1），与其说是一种道德价值判断，不如说更是一种对人类的道德期许。孟子在内心深处期待人类光明的未来，他对人类之道德前景怀着殷切的期望，他希望人类能像大舜一样“闻一善言，见一善行，若决江河，沛然莫之能御也”（13.16）。如果人人像舜一样，“善与人同”、“与人为善”（3.8），则天下皆归善向善。孟子深信，人之良知良能、本性本心，根植于人之生命，人人俱有，“求则得之，舍则失之”（13.3），故存养工夫极为重要。世俗功利之心，富贵利达之欲，使人心逐鹜于外，而斫丧其天然本然之良知本心，所以“学问之道无他，求其放心而已矣”（11.11），把放逐丢失之心找回来，安顿好，存养好，如此而已。

圣人操存之道，看似简易，然而却需要极为坚毅笃实的修养工夫。孟子既强调修身养性之境界，又强调修身养性之工夫，境界与工夫都不可或缺。“登泰山而小天下，观于海者难为水，游于圣人之门者难为言”（13.24），这是境界；然而要达此境界，必有笃实精进之工夫，为谷必熟，“苟为不熟，不如荑稗”（11.19）；“射必志于彀”（11.20），不中则不止；“流水之为物也，不盈科不行”（13.24），这就是学而不已、为道必卒的笃实工夫。有此笃实工夫，则日日“反身而诚”（7.12），日日操存不已，由修身至于齐家，由齐家至于治国，由治国至于安天下。“天下之本在国，国之本在家，家之本在身”（7.5），若寻此阶梯，行此扩充推及之法，“亲亲而仁民，仁民而爱物”（13.45），则天下之平何足道哉？孟子既教人具备“人皆可以为尧舜”（12.2）之道德信心，又教人以坚毅的行动、无比的勇气、笃实的态度扎实用功，故其道高而美，其修坚而实。“言近旨远，守约施博”（14.32），圣人之道，既广大简易，又深远博厚，“仰之弥高，钻之弥深”（《论语·子罕》）。然而“夫道若大路然，岂难知哉？人病不求耳”（12.2），苟有勇猛精进的精神、“动心忍性”（12.15）的意志、“不成章不达”（13.24）的决心，就必定成就君子之人格，必定臻至大人之生命境界。“舜，人也；我，亦人也”（8.28），圣人离我们并不遥远；“舜，何人也？予，何人也？有为者亦若是”（5.1），“尧舜与人同耳”（8.32），我辈岂可惰怠丧志？这就是孟子所倡导的昂扬有为、自信自任的人格精神。

“圣人，百世之师也”，“奋乎百世之上，百世之下，闻者莫不兴起也”（14.15）。这是孟子对往圣先哲之礼赞，亦是对自我道德使命之期许。在两千四百年后的今天，读孟子书，想见其为人：孟子身上那种浩然正大、“上下与天地同流”之气象，那种“舍我其谁”、自任天下的使命担当，那种不计得失、特立独行，卓然自立、进退自如的洒脱姿态，那种“万物皆备于我”的生命自信，那种“志士不忘在沟壑，勇士不忘丧其元”（10.7）的“舍生取义”（11.10）的无畏精神，都成为中华民族精神史上最为璀璨的人格样本。而孟子在政治哲学中所坚守的爱民仁民的“王道”与“仁政”思想，他的“民为贵，社稷次之，君为轻”（14.14）的民本主义精神，他的“贼仁者谓之贼，贼义者谓之残，残贼之人谓之一夫，闻诛一夫纣矣，未闻弑君”（2.8）的变革思想，在中国两千多年政治思想史上占有极为崇高的、不可替代的位置，对中国政治社会发展之影响至为深远。孟子全面继承并极大地发展了孔子的心性哲学与政治哲学，将儒家学说推向了一个新的高度，对于后来的宋明理学在儒家哲学上的复兴影响巨大，可谓承前启后，居功甚伟。韩愈《原道》云：“尧以是传之舜，舜以是传之禹，禹以是传之汤，汤以是传之文、武、周公，文、武、周公传之孔子，孔子传之孟轲，轲之死，不得其传焉。”故孟子于战国世衰道微之时，圣学存亡绝续之际，以深沉的忧患意识（“其操心也危，其虑患也深”），以“虽千万人，吾往矣”的磅礴之力，一己担当，百折不回，方使儒家之薪火得以传递不绝。作为“圣人之徒”，孟子履行了他神圣的使命；而作为“百世之师”，他的思想与人格亦必将千古不朽。

后　记

《孟子心证》手稿计十七册，自二〇一六年一月一日开笔，迄二〇二〇年四月二十四日竣稿。此稿所引《孟子》原文，以清焦循《孟子正义》（中华书局本）为基准，旁参朱子《四书集注》与杨伯峻《孟子译注》订成。译文则斟酌权衡各家之说，参以己意，务求通达流畅，便于今人理解，至于文字之烦琐考释，则非本书之宗旨也。解读文章凡三十六篇，大体以专题研究与文本论析相结合之形式，贯通《孟子》全书，将孟子政治哲学与心性哲学诸重要主题加以综合诠释，使读者可以系统理解孟子学说之大要，从而获得一种整体感，而不致陷于章句之琐细解析。本书尤重以当代社会科学之理念来观照与阐发孟子学说，以期彰显与发掘孟子思想之当代意蕴。中国古代经典之常读常新，其意义正在于此。小稿仅为笔者研习孟子学术思想与身心修养之法之笔记，见陋学浅，期同道有以正之。

王曙光

二〇二〇年四月二十五日

庚子年四月初三日于善渊堂